「無意識」があなたの一生を決める

人生の科学

The Hidden Sources of Love, Character, and Achievement

The Social Animal

デイヴィッド・ブルックス
David Brooks
夏目 大［訳］

早川書房

人生の科学

――「無意識」があなたの一生を決める

THE SOCIAL ANIMAL

The Hidden Sources of Love, Character, and Achievement

by

David Brooks

Translated by

Dai Natsume

First published 2012 in Japan by

Hayakawa Publishing, Inc.

This book is published in Japan by

arrangement with

Random House

an imprint of The Random House Publishing Group

a division of Random House, Inc.

through The English Agency (Japan) Ltd.

目次

はじめに

これはおそらく、史上最高に幸せなストーリーである。主人公は二人。そのどちらもが満足のできる、素晴らしい人生を送った。仕事に打ち込み、大きな成果をあげていたし、友人や周囲の人たちから尊敬も集めていた。自分たちの住む地域社会にも、国にも、世界にも十分に貢献していたと言えるだろう。

ただし、二人とも生まれつき秀でたところがあったというわけではない。IQテストやSAT（アメリカの大学に進学する際に全員が受験する共通テスト）の成績も、せいぜい「悪くない」といったところ。知力、体力ともに、ずば抜けてはいなかったのだ。見た目も良い方ではあったが、抜群の美男美女というほどでもない。テニスやハイキングをするなど、身体を動かすことは嫌いではなかったが、ハイスクール時代に何かのスポーツでスター選手だったということもない。若い頃の彼らを知る人の中で、二人が将来、何かで成功を収めるなどと予想した人は誰もいなかったに違いない。しかし、それでも二人は成功した。彼らが幸福な人生を送っていることは誰の目にも明らかだった。

なぜそんなことができたのか。彼らにそのための能力があったことは確かだ。ただし、その能力の有無は既存のテストで簡単に測れるような種類のものではない。わかりやすく目に見えるわけではないが、確かに存在している、そういう能力だ。その能力のおかげで、二人は満足のできる幸福な人生を歩むことができた。

まず大切なことは、二人がどちらも善良な人間だったということである。いずれもエネルギーに満ち、誠実で頼りがいがあった。何か失敗をした時はそれを素直に認め、また失敗したからといって物事を簡単に諦《あきら》めたりはしなかった。自信があったのでリスクを冒すこともできたし、一度すると決めたことはやり遂げる意志の強さもあった。自分の弱点を知る努力を常に怠らず、良くないことをしたと思えば、必ずその埋め合わせをしようとした。悪い衝動が湧いてもうまく抑えることができた。

彼らは人付き合いも上手だった。他人の気持ちを敏感に察知したし、他人の考え方もよく理解した。状況を把握してそれに応じた行動を取ることにも長《た》けていた。大勢の人の前に出ることも厭《いと》わなかった。多様な意見に同時に耳を傾けることもできた。ともかく、今、自分がどのような状況に置かれていて、どう動くべきなのかが直感的にわかるのだ。相性の良い組み合わせ、そうでない組み合わせを見抜くこともできたし、進める意味のあること、進めても意味のないことを区別する力もあった。まるで優れた船乗りが海の上で針路を見極めるように、二人はこの世界における自分たちの針路を見極めることができた。

成功の秘訣を書いた本は、これまで無数に出版されてきた。でも、その多くは、人生のごく表面だけを扱っていたのではないかと思う。こういう勉強をしろ、こういう技術を身につけろ、そういうことを書いた本はたくさんあった。あるいは、意思決定のコツや、人間関係構築の極意を書いた本、会社でどうすれば昇進できるかを書いた本も多い。どれも、見た目にわかりやすい成功を目指す本ばかりだ。富や名声など、いわゆる「世俗的成功」が目的である。そういうことなら、当然、ＩＱの高い人が有利になるに違いない。

だが、この本で語られる成功や幸福は、もっと深いものだ。問題とされるのは、心の奥底の部分である。無意識の感情や直感、偏見、自分でも気づいていない願望、その人の心が生まれつき持つ癖、社会からの影響など。これらはみな、私たちが日頃、「性格」と呼んでいるものに大きく関係している。そして、深い意味で人生に成功するためには、その性格がとても大事なのである。他人とうまく関わっていける性格かどうか、それが鍵となる。

近年、「意識」や「心」というものに対する認識は大きく変わってきている。遺伝学や神経科学、心理学、社会学、経済学、人類学など、いくつもの研究分野で新たな発見があり、理解が進んだのだ。そして、意識や心と、「成功」との関係もかなりわかるようになってきた。一つ重要なことは、私たちが日々、意識的に考えていることは、私たちの「人となり」にはあまり関係がないということである。「人となり」を決める上で大事なのは、意識の下のレベルの心だ。

意識の下のレベルの思考といっても、それは、脳が未発達だった頃の原始的な思考の名残というわけではない。理性で抑えるべきものでもない。あるいは、かつてよく言われたような、抑圧された性的衝動が押し込まれた暗い洞窟などでもない。心の中で、私たちが自分で意識している部分は実はほんのわずかしかなく、大部分は意識の下にある。そして、思考や意思決定の多くも、この意識下の心でなされている。幸福な人生を送れるかどうかも、多くは意識下の心のはたらきで決まるのである。

バージニア大学のティモシー・D・ウィルソンは自著『自分を知り、自分を変える――適応的無意識の心理学』の中で、人間の脳は同時に一一〇〇万個もの情報を扱えると書いている。どれほど多く見積もったとしても、私たちが意識しているのは、そのうちのせいぜい四〇ほどだという。ウィルソンは、「研究者の中には、『すべての情報処理は無意識によって行なわれている』とまで言う人もいる。私たちは、意識的に情報処理をしているように思っているが、それは錯覚にすぎないというのだ」とも書いている。意識は、無意識のした仕事の結果を私たちに伝えるために物語を作り上げるという。それだけが意識の仕事だというのだ。

この本で私が取りあげる研究者の中に、そこまで極端なことを言う人はほとんどいない。だが、思考の多くが意識の下で行なわれていること、そうした無意識の思考が、物事の判断や性格の形成に大きく影響していること、またそれが幸福な人生を送る上で大切であるということに関しては、皆、意見が一致している。イェール大学のジョン・バージ教授はこう話す。「ガリレオは、地球を宇宙の中心という特権的な地位から引きずり下ろした。それと同じように、意識も、人間の行動の支配者という特権的な地位から引きずり下ろされようとしているのだ。これはまさに知の革命というべきだろう」この本を読めば、日常生活における私たちの行動を支配しているのが意識ではないことがわかるだろう。そして、幸福や成功の意味がこれまでとは違って感じられるはずである。

感情の帝国

意識下の世界、そこに光を当てるには、科学の力を借りなくてはならない。だが、そこは決して無味乾燥な世界ではないし、冷たい世界でもない。意識の世界では、理性的な分析というものが重要な役割を果たすが、無意識の世界においては、直感や感情が重要な役割を果たすことになる。また、意識の世界においては、「個」の力が重要だが、無意識の世界においては、目に見えない人のつながりが重要になる。意識は地位や富、名誉をほしがるが、無意識は人との調和や絆を求めるのだ。必死に目標に向かっていく時、あるいは心が他人への愛、神への愛に満ちている時、人はあまり自分というものを顧《かえり》みなくなる。無意識の姿が表に現れるのはそういう時だ。

見方を変えると、意識は、軍隊を率いる大将のようなもの、ということもできる。大将は全体の戦況を少し離れたところから眺め、論理的、理性的に一つ一つ判断を下していく。それに対し、無意識というのは、一〇〇万もの兵士から成る軍隊である。兵士たちはそれぞれに実際の戦場を走り回り、そこで得た情報を逐一、本部に送る。また、個々の兵士がその場の状況に即応する。現場から距離を置くということは一切ない。常に目の前の状況への対応に没頭しているのだ。周囲の人たちの気持ち、考えが時々刻々どう変わっているかも、絶えず敏感に察知し、それに反応する。

兵士たちは、起きていることの重要性を、感情を基準にして判断する。旧《ふる》くからの友人と会った時には、優しい気持ちが湧いてくるだろう。暗い洞窟の中へ入っていけば恐怖心を感じる。美しい風景を目の前にした時には、爽やかな、心洗われるような気持ちになる。誰かの深い見識に触れた時には、感動と喜びを覚え、公正でないことが行なわれているのを見れば義憤に駆られるだろう。私たちは五感によって様々なことを知覚するが、知覚情報にはそれぞれ独特の風味や手触りがある。また、情報の持っている力の強さも一つ一つ違っている。無意識の世界では、その風味や手触りに応じた反応が起きている。知覚情報への反応として、衝動や欲望などの感情が起きるのに加え、次にどう行動すべきかの判断も行なわれている。

知覚情報は私たちを支配してしまうわけではないが、周囲の世界がどういうものかを教えてくれる。言ってみれば、GPSのようなものである。その情報を頼りに私たちは進路を決めるのだ。大将である「意識」は、知覚情報にその都度対応したりはしない。情報がある程度以上蓄えられてから、それをまとめて理性的に処理する。意識による思考は、散文によってかなり正確に表現できるだろう。しかし、無意識の思考はそうはいかない。無意識の思考は詩や神話、音楽、映像などによって表現するしかない。場合によっては、祈りで表現することもあるだろう。

私は自分自身のことを決していわゆる「感情的な人間」だとは思っていない。そのことは、私を最も長い間見てきた妻が認めてくれるはずだ。それでも、人間にとって感情が非常に重要であることは否定できない。脳科学、認知科学の研究に関してはすでに数多くの本が書かれ、色々なことが言われている。その中でよく紹介されているのは、被験者がMRIなどの装置にかけられる実験だ。被験者は、装置にかけられた状態でホラー映画などを見るよう言われる。または、自分の配偶者をどう思っているかなどと尋ねられたりもする。その時、脳内で何が起こっているかを見ようというのである。どちらの実験においても、被験者は大変な恐怖を味わうことになる。本当の恐怖に駆られた時、人間の脳がどうなるか、その方法で少しはわかるに違いない。とはいえ、こうした実験でわかるのは、ほんの短い間、それも特殊な状況での脳のはたらきだけである。感情は日常生活の中で次々に湧いてくる。愛情や恐怖、嫌悪など、種々の感情が短い間に入れ替わり立ち替わり現れるのだ。それが絶え間なく続く。無視することのできない事実である。これを無視してしまえば、脳や心のはたらきについて肝心なことを見落とすだろう。私たちは、こうした一瞬一瞬の感情の動きを通じて、周囲の世界がどうなっているのかを把握している。そして、自分のあり方も、これからの行動も、その中で無意識のうちに決めてしまっている。前に進むのか、踏みとどまるのかは、意識して決めるのではないのだ。この本の主人公である二人がいかに幸福な人たちであったかは、無意識の世界で何が起きていたかに注目すればよくわかる。

この本の目的

私がこの本を書いた最大の目的は、読者に無意識の役割を知ってもらうことである。人間が幸福になる上で、無意識がいかに重要な役割を果たすか、それを知ってもらいたいのだ。私たちの日々の行動は、無意識の世界で生じる愛情や嫌悪などの感情によってかなりの部分が決められてしまう。つまり、この無意識の感情の扱い方によって、私たちが幸福になるかどうかがほぼ決まってしまうと言ってもいいのだ。意識と無意識はもちろん、互いに影響し合っている。具体的にどう影響しているかを、この本では数多くの例を使って説明していくつもりだ。大将である「意識」が、兵士である「無意識」をどう教育すべきなのか、また無意識の声をどうすれば聞くことができるのか、といったことにも触れる。「意識より無意識が重要」という認識を持つ人は今のところまだ少数だろう。これまでの社会通念からすれば、まさに革命的な考え方である。だが、社会学者ダニエル・パトリック・モイニハンのように、違う文脈とはいえ、同様のことを言う人は現れている。そして、大事なことは、意識の側から無意識にはたらきかけることも可能だということだ。

私は、この本をあえて物語という形で書いた。それは、無意識の世界があまりに多面的なためだ。無意識については、様々な分野の多数の研究者が調べている。分野が違うので、それぞれが、無意識という暗い洞窟の違った場所に光を当てている。どうしても理解が断片的なものになりがちだ。しかも、その成果の多くは、学問の世界の外にいる一般の世界の人には知らされない。私は、そうしたばらばらの研究成果を何とか統合し、一般の人にもわかりやすくしたいと思った。そのための手段として物語が有効だったのだ。

この本は、読んだ後、人間というものに対する見方が大きく変わるような本であってほしいと思っている。脳科学の研究成果が新しい哲学を生み出したという例はこれまでにはほとんどない。従来からある考え方を証明するのに研究成果が使われることはあっても、脳科学研究によって新たな発想が生まれたということは少ないのだ。この本を読めば、人間にとっていかに感情というものが重要かがわかってもらえると思う。理性よりも感情、なのだ。そして、個人よりも、人と人とのつながりが重要である。IQよりも、いわゆる「人柄」が大切になる。人間は機械のように、ただ単純に同じ動きを繰り返すような存在ではない。それぞれが独自の、予測不能な行動をする創造的な存在である。また一人の人間が持っている人格は一つではない。あらゆる人の中に複数の人格が同居しているのだ。ごく簡単にまとめてしまえば、理性を重視するフランスの啓蒙思想に、感情を重視するイギリスの啓蒙思想が勝利した、ということになるかもしれない。

無意識の感情を重視する脳科学の新しい知見が、今後、社会にどのような影響を与えていくか、この本ではそのことについても考察したいと思っている。特に道徳や政治などにどう影響するかを考えたい。フロイトによって「無意識」という概念が考え出されてから後、社会はその概念の大きな影響を受けた。それによって人々の考え方は大きく変わったと言えるだろう。文学から政治にいたるまで、その影響は社会のあらゆる側面に及んだ。その無意識について、現在ではフロイトの時代よりもはるかに正確に理解できるようになったのだ。ただ、そうした研究成果は今のところ、広く社会に影響しているとは言えない。

これまで、無意識は不当に低い地位に置かれてきたと思う。その状況を変えたいという気持ちもある。人類の歴史の中で、多くの人が知っているのは、あくまで「意識の歴史」である。意識だけが自らの歴史を文章に残すことができたからだ。内側の無意識の世界で何が起きていたのか、それはまったく知らないまま、意識は自らを主役であると信じて疑わなかった。実際にはまったくそうではないのに、あらゆることは意識の力で制御できるはずと思い込んでいたのだ。自らが理解できることだけを重視し、それ以外は無視する、それが意識の世界観だった。

私たちは、古くから、この一面的な世界観に慣れきっている。プラトンは、感情を原始的なものととらえ、理性の下に置いた。そして、人間が幸福になるためには、理性が感情を征服する必要があると信じたのだ。合理主義者と呼ばれた人たちは、論理を知性の最高の武器と考えた。理性の力で因習や迷信を制圧することにより、人間は自由を獲得してきたのだと考えた。一九世紀に書かれた小説『ジキル博士とハイド氏』に出てくるジキル博士は意識や文明、科学などの象徴、反対にハイド氏は、無意識、未開の象徴と見ていいだろう。

さすがに現在では、それほど極端な見方をする人は減っている。だが、無意識の好悪《こうお》の感情が日常生活に大きく影響していることに気づいていない人は多い。実際的な能力ではなくＩＱによって人を評価することもまだ広く行なわれている。多くの学問分野で、人間は、常に自らの利益を最大化すべく行動する「理性的な存在」とみなされている。教育においても、ただ知識を身につけ、それを応用することばかりが重視される傾向がある。道徳や感情に関わる心の教育はどうしても後回しになっている。子供たちには、目の前にあるハードルをいかにして越えるか、その方法ばかりが教え込まれる。それよりも、誰と友達になるか、誰と結婚するか、誰を愛し誰を軽蔑すべきか、強い衝動をいかに抑えるかということの方が人生においてははるかに重要なのに、それは誰も教えてくれない。自分一人の力で何とかするしかないのだ。物質的な欲求についてなら語れることがいくらでもあるのに、目に見えない感情や直感について語れる人はあまりいない。技術や技能をどう磨くか、ということならわかる人は多いが、もっと重要な「人柄をどう磨けばいいか」ということになると、ほとんど何も言えなくなってしまうのではないだろうか。

改革の失敗

脳科学の研究の進展により、人間というものの姿が以前より正確にわかるようになってきた。ただ、白状しておくと、私は元々、そういうことを求めて脳科学に興味を持ったのではない。私の興味の範囲はもっと狭かったし、求めていたのは非常に即物的な利益だった。私は長らく、政治、政策についての文章を書くことを生業《なりわい》にしてきた。その間ずっと、政府の打ち出す政策が期待外れの成果しかあげられないのを見てきた。たとえば一九八三年以降、アメリカの教育制度は何度も何度も改革されている。にもかかわらず、高校に入学した生徒の四分の一以上が結局、退学してしまうという状況が続いている。退学者を減らそうと、いくら具体的なインセンティブを設けても効果はなかった。人種間の成績の差を縮めようと努力が続けられてきたが、成功しているとは言えない。大学入学者を増やす取り組みも一世代ほどの時間、続けられているが、入学しても卒業しない若者が多いことが問題になっている。なぜ、そうなのか理由はわかっていない。

同じような例はいくらでもあげることができる。たとえば、政府は、不平等の拡大を食い止めるような手立てをいくつも講じてきた。経済の流動性を高める努力、母子家庭、父子家庭の増加に歯止めをかける努力もしている。極端な景気循環の緩和のための施策にも取り組んでいる。この二、三〇年の間は、ロシアの資本主義化、中東の民主化、アフリカの開発促進などにも力が入れられてきた。しかし、そのどれも成果は思うようなものではない。

どれも失敗の原因は一つに集約することができる。それは、「人間というものを単純に考えすぎている」せいである。政策は、人間の行動に関する社会科学的研究を基礎としたものが多いが、そうした研究の大部分が非常に表層的なものにとどまっているのだ。研究者は、その大半が、いわゆる秀才であり、どうしても数値化、定量化できる事柄ばかりを相手にしがちである。議会から求められれば、彼らは人間の行動原理について詳しく語ることができる。対象が人間であろうが、古代アラム語であろうが、彼らの話は同じようなものである。その知識は、あくまで学問的なものにすぎず、実用的なものとはとても言えない。また、施策を実行に移す役人たちも、ほとんどは人間を表面的にしか理解しておらず、本質的なことはまったくわかっていない。当然のことながら施策は失敗に終わることになるのだ。この状況が根本的に変わらない限り、今後も失敗は続くことになるだろう。そのためにも、この本に書いたような物語が必要なのである。

ルソーに倣う

この本で私がしていることは、ある意味で、ジャン＝ジャック・ルソーの真似とも言える。一七六二年に刊行された教育学についての名著『エミール』の手法を真似ているのだ。この本でルソーは、人間の本性についてただ抽象的に語るようなことはしていない。彼は、「エミール」という人物を創造したのだ。エミールと、その家庭教師とのやりとりを通じて、幸福とはいかなるものかが具体的にわかるようになっている。この手法には、数多くの利点がある。その一つは、楽しく読める本が書けるということだ。また、単に一般論が語られるより、特定の人物の話として語られた方が、読者は実感を伴った理解ができる。

もちろん、私にルソーのような才能があるわけではないが、同様の手法を採ることにしたのは、そうした利点があるためである。最新の科学研究の成果も、物語の形にすれば、一般の読者にもわかりやすくなるし、何より、理解に実感が伴うというのが大きい。私が物語のために創造したのは、ハロルドとエリカという二人の人物である。二人の人生とともに物語が展開していく。彼らの誕生から、成長し、年齢を重ねていく姿を描いていく。その中で何を学び、どういう人たちと友情を結び、誰をどう愛したのか、そして、どんな仕事をしたのか、といったことを描いていくのだ。舞台となるのは主に今、二一世紀初頭の世界である。そういう設定にしたのは、私たちが現在、生きている世界のことを書きたかったからだ。物語を読んでいけば、遺伝子が人生にどう影響するのか、様々な状況に出会った時、脳の中では具体的に何が起きるのか、ということもわかるはずである。その他、文化が人の成長に与える影響などについても詳しく書いている。研究者はどうしても人間全般を対象にして抽象的なことを言いがちなので、その話が自分の実際の人生にどう関係するのかが見えにくい。その隙間を埋めるのが、この物語というわけだ。

絆

ハロルドとエリカの二人は、年を重ねるごとに円熟し、人間性に深みを増していく。物語が幸福なものになっているのはそのためでもある。常に前に進んでいこうとする人間、前進の価値を信じる人間の物語である。前に進むために、両親をはじめとする先人たちから学ぶことを忘れない。絶えず挑戦をし、苦労も厭わない。二人ともがお互いの幸せのために力を尽くす。

これは、友情、連帯の物語でもある。無意識の奥深くを覗き込むと、自分と他人とを隔てる境界線は実は曖昧なものであるとわかる。私たちが自ら判断や決断を下したと思っていても、そこには必ず周囲の人たちからの影響があり、また、自分の判断や決断はまた周囲に影響を及ぼすのだ。私たちは他人がいてはじめて自分になれる。互いが互いを人間にしていると言ってもいい。

古くから「人間は万物の霊長」と言われる。私たちは、人間を他の生物とは違う、特別な存在と考えがちである。理性という強力な力によって他の生物より上位に君臨していると思い込んできた。ロダンの『考える人』、拳《こぶし》にあごをのせ、一人考える姿、あれが人間であると思ってきたのである。しかし実際には、人間という生物の重要な特徴は別にある。それは社会性だ。人間は互いに物事を教え合うことができる。お互いに学び合える。感情を表現し合い、相手の気持ちに共鳴することができる。皆で協力して、文化、文明をつくることができる。その文化や文明がまた、一人一人の思考、感情に複雑に作用することになる。ニューヨークにグランド・セントラル駅という駅があるが、人は誰もがこのグランド・セントラル駅のようなものかもしれない。駅では一日中、大勢の人たちが行き交い、列車を乗り換え、通り過ぎて行く。それと同じように、一人の人間の頭の中では、絶え間なく多数の知覚や感情が行き交い、通り過ぎて行く。通り過ぎた知覚や感情の行き先はそれぞれに違っている。誰もがコミュニケーションの中継点なのだ。その仕組みはまだ明確にはわからないが、私たちには、常に大量に流れている情報をうまく処理する能力がある。時々の状況に応じて、どの情報に注目すべきかを瞬時に判断しているのだ。重点的に処理すべき情報とそうでない情報を切り分けている。私たちの人格は、その情報処理を通じてつくりあげられていると言ってもいい。人格の深い部分は、外界、他者との関係で成り立っているのだ。

この後、いよいよハロルドとエリカの物語が始まるわけだが、その前に、もう一組、別の夫婦の話をしておこう。こちらは架空ではなく、実在の夫婦である。ダグラス・ホフスタッターとキャロル・ホフスタッターだ。ダグラスは、インディアナ大学の教授で、二人は深く愛し合っていた。自宅でよくディナーパーティーを開いたが、パーティーの後はいつも一緒に皿を洗いながらその日に交わした会話を振り返る、そんな夫婦だった。

だが、キャロルは五歳と二歳になる子供とダグラスを残し、脳腫瘍《のうしゅよう》で亡くなってしまった。その数週間後、ダグラスはキャロルの写真を見ていて、あることに気づいた。著書『私は不思議の環（*I Am a Strange Loop*）』には、それについて次のように書かれている。

私は彼女の顔に見入った。ずっと見入っていると、その目の奥に確かに私がいると感じられた。気づくと私は、涙を流しながら「ここに私が！　私がいる！」と声に出して言っていた。その言葉をきっかけに、以前から考えていたことを思い出した。それは、私たち夫婦の魂はすでに一つに融け合っていて、融け合った魂は、人間よりも上の存在になっているのではないかということだ。たとえば、子供たちに対しては、二人がまったく同じ希望、夢を抱いていて、もはや二つに分けることはできず、どこからどこまでがどちらのものか区別できなくなっていた。もはや二人は一体で、不可分だった。結婚する前、子供が産まれる前から漠然と予感していたとおりのことが起きていたのだ。キャロルは死んでしまったけれど、彼女の核の部分はまだ死んでいないのだと悟った。彼女の一部はすでに私の中にいて、確かにまだ生き続けていた。

知恵へといたる道には苦難がつきものである。古代ギリシャの時代からそう言われている。妻の死後のホフスタッターも、真実へと向かう苦難の旅をしている。科学者である彼は、日常生活を通じて、自らの仮説の正しさを検証しているのだ。すなわち、私たちの日々の行動を支配しているのは、意識ではなく無意識であるという仮説だ。無意識は、私たち自身も知らない間に物事を見つめ、それが自分にとって好ましいか否かを判断している。その判断が人生を決めるのだ。無意識の視点、判断は、自分一人だけのものではない。親しい人、愛する人へと伝わっていく。逆に親しい人や愛する人から伝わってくることもあるだろう。無意識は、決して心の中の暗闇の部分、未開の部分などではない。恐怖や痛みを隠しておく場所でもない。人と人がつながる場所、心と心がつながる場所である。無意識には、長い時間をかけて知恵が蓄積される。また無意識は、人間という種《しゅ》がこれまでの歴史の中で蓄えてきた知恵を備えているのだ。もちろん、無意識が神の被造物だなどと言うつもりはない。だが、もし仮に創造主がいたとすれば、無意識の創造に最も力を入れたことは間違いないと言える。それほどに人間にとって重要なものだ。脳が無意識を生んでいることは確かだが、その無意識のはたらきがまた脳の作りに影響を与えている。

無意識は感情的、感覚的で、衝動的でもある。また、はたらきを予測するのは難しい。欠点もあるのだ。管理は必要だろう。しかし、素晴らしい可能性を秘めている。一度に大量のデータを処理することで、行き詰まった状況を一気に打開する発想を生むこともある。何より大事なことは、無意識が極めて社交的であるということだ。無意識は心の内側にありながら、いつも外を向いていて、いつも他人とのつながりを求めているのだ。友人や家族との交流を必要としているし、仕事をし、使命を果たすことで社会に貢献したいと望んでいる。無意識にとって最大の幸福とは、人の輪の中に自らの居場所を確保することである。無意識は愛を強く求める。ダグラスとキャロルのように一つに融け合うことを望むのだ。それは、人が生きていく中で得られる最高の贈り物だろう。

1章　意思決定——男女の感じ方

好景気、その後の世界的な金融危機を経て、再び脚光を浴びるようになったのが「コンポージャー・クラス」と呼ばれる種類の人々である。彼らは、ヘッジファンドで一攫千金《いっかくせんきん》を狙おうなどとは決してしない人たちだ。お金にお金を産ませることには興味がない。地道に着実に力をつけ、まるではしごを上るように地位を上げていこうとする。社会的成功によって財産を得ようとするのだ。学校では優秀な成績を収めるよう努力し、人間関係を大切にする。卒業後は、優良企業に勤務するか、医師などの専門職に就くか、自ら起業するか、いずれかの道を良しとする。そうして、懸命に働いた結果として、ゆっくりと雪が積もるようにお金も貯まっていけばいい、と考える。

そういう人種に会いたければ、アスペンやジャクソンホールのビストロに昼頃、行ってみるといい。屋外席のパラソルの下で昼食をとる姿が見られるだろう。中国出張から帰ったばかりで、これから会社の取締役会に出るところかもしれない。乳糖不耐症撲滅運動を支援する五〇〇マイルバイカソン（自転車マラソン）に出るところかもしれない。彼は中性的なハンサムで、体脂肪はミケランジェロのダビデ像よりもやや少ないくらいだ。髪はふさふさとしてきれいなウェーブがかかっている。もし、ロサンゼルスでジョージ・クルーニーと一緒にいたとしても「あのハンサムな人は誰？」と注目されるに違いない。組んでいる脚は、とても長く、細い。太ももと呼べる部分がないくらいに見える。上から下までふくらはぎくらいの太さなのだ。

　彼はとても静かに話す。まるでペルシャ絨毯《じゅうたん》の上を誰かが靴を脱いで歩いた時のように静かだ。いつも穏やかに冷静に話をする。彼に比べれば、バラク・オバマでさえ、コメディアンのレニー・ブルースくらいにやかましく感じられる。妻とは、国際会議「クリントン・グローバル・イニシアティブ」で出会った。たまたま二人とも同じ「国境なき医師団」への支持を表明するブレスレットをしていたのだ。しかも、ヨガのインストラクターが同じで、フルブライト奨学金をたった二年違いで受けていたこともわかった。本当にお似合いのカップルだ。唯一違いがあるとすれば、日頃のエクササイズの仕方くらいだった。どういうわけか、近年、地位の高い男性には、エクササイズというと、ランニングやエアロバイクなど、下半身を鍛える運動に力を入れる傾向がある。逆に、同様に地位が高くても、女性の場合は、胴体、腕など上半身の鍛錬をしたがる。夏の間、ノースリーブを堂々と着られるように、ということだろうか。もちろん、岩をも砕くような腕力がほしいなどとは思っていないだろう。

　二人はビル・ゲイツ、メリンダ・ゲイツ夫妻など、経済界の大物夫妻の立ち会いのもと、結婚した。そして三人の素晴らしい子供たちが産まれた。生まれつき聡明で、思いやりもあり、芸術的な才能にも恵まれた子供たちが。アッパーミドルクラス以上の子供は多くがそうだが、三人も地味なスポーツが得意だ。これは、何世紀も前から、高い教育を受ける階級の伝統となっている。アメリカン・フットボールや野球、バスケットボールといったメジャーなスポーツではもはや活躍できないことを悟った彼らは、ネイティブ・アメリカンたちを真似てラクロスを始めた。自分たちが優位に立てるスポーツを探したのである。

　三人はみな私立高校に入学する。同じような生徒ばかりが集まる、進歩的であることが誇りの高校だ。三人ともが優等生で、夏休みには、ドイツの科学研究所での研修などもそつなくこなす。高校二年になると、両親の前に座らされ、そろそろ『エコノミスト』を読み始めるよう、厳《おごそ》かに言い渡される。やがて彼らは、デューク大学やスタンフォード大学など、スポーツも盛んな一流大学に進学し、両親の意向も十分に考慮した上でキャリアをスタートさせる。たとえば、民間の金融機関で何年か修行を積んでから、いずれは世界銀行のチーフエコノミストに、というような道を歩み始めるのだ。「コンポージャー・クラス」の人間は、特に大人になってからは、「周囲の人間に劣等感を抱かせる存在」として人生を送ることになる。その人がそこにいるというだけで、周囲の人間は劣等感を抱くのである。たとえその人自身がいくら誠実で謙虚で、感じの良い人だったとしても、それは劣等感を強める役に立つだけだ。彼らが何より喜びとするのは、友人を週末の別荘に招待することである。特に、金曜日の午後、プライベート空港で友人と会う時の喜びは格別だ。彼らは、荷物をトートバッグに入れて持って来る。自家用機なら、口の閉まらないカバンであっても何も問題はないからだ。

ただ、もし、こういう人たちの別荘に来るようお誘いを受けたら、必ず、荷物の中に保存のきく食べ物を入れて行くべきだろう。彼ら「現代の貴族」たちには、厳格な「ぜいたく規制ルール」があり、常にそれを守っているからである。自分でも食べ物を用意して行かなければ、週末中、飢えに苦しむことにもなりかねない。彼らの「ぜいたく規制ルール」とは、「耐久消費財にならお金をかけてもよいが、消耗品にはできるだけお金を使わない」というものだ。ガルフストリーム5（プライベートジェット機）になら億単位のお金を払うのに、食べる物といえば、スーパーで買ってきてすでに硬くなったパンに薄く切った七面鳥の肉をはさんだだけのサンドイッチだったりする。週末用の別荘はベッドルームが九つもある大邸宅なのに、中に置いている家具はイケアで買った安物だったりする。土曜日のランチに出されたものを見て、驚愕するかもしれない。「もしかしてハンガーストライキ中？」と思うような貧弱な内容だからだ。レタスの葉が四枚に、ツナが少々、それだけ……誰もが自分たちと同じように「ヘルシー」な食生活をしていると思い込んでいるのだ。

彼らの間では犬を飼うのが流行している。大きな犬だ。体高が天井高の三分の一くらいはありそうな大きな犬を飼う。クマくらいはありそうな大きなハウンドに、ジェーン・オースティンの小説の登場人物の名前をつける。セントバーナードとヴェロキラプトル（小型恐竜の一種）の雑種のようにも見えるその犬は、テーブルの上にも、レンジローバーの屋根の上にも、口輪を楽々とのせることができる。その週末、別荘の客は長く激しいエクササイズにつき合わされることになるかもしれない。その合間に、世界経済の動向についての貴重な情報を提供してもらえることもある。彼らの「親友」である、ルパート・マードック、ウォーレン・バフェット、コリン・ダイアー（総合不動産会社ジョーンラングラサールの社長）、セルゲイ・ブリン（グーグルの共同創業者）、ボノ、ダライ・ラマとの華々しいエピソードを聞かされることもある。夜には、近所の散歩に連れ出されるだろう。運が良ければアイスクリームくらいは食べられる。完璧な成功者である彼らが、人目を引く変わったジェラートをなめながら街を歩けば、沿道では自然に拍手喝采が起きるかもしれない。「完璧な成功者とはどういうものか」それを肌で知るためにも、皆、一度くらいはこういう週末を過ごしてみるといいだろう。

出会い

二人が出会ったのは、ある夏の日、場所はどこにでもある郊外の街だった。歳はどちらも当時二十代後半、後にこの本の主人公の一人、ハロルドの両親となった二人である。まず知っておいてほしいのは、二人が気のいい人たちだったということ、そして、さほど知的とは言えない人たちだったということだ。息子のハロルドは知的で、深みのある人物に成長したのだが、それとは大きく違っていた。二人とも「コンポージャー・クラス」的成功に強く引きつけられていた。いつか成功者の仲間入りをしたいと強く望んでいたのだ。どちらも、同じような野心を持った若者たちと共同生活をしていた。

そして、互いの友人がセッティングしたブラインドデートで出会った。

名前はロブとジュリア。最初に顔を合わせたのは、書店「バーンズ・アンド・ノーブル」の前だった。相手の姿を認めた彼らは笑顔でお互いに近づいていったが、その時、両者の中で起きていたのは、太古の昔から営々と繰り返されてきたことだった。二人が見ていたのはそれぞれ別のことだった。男であるロブが見ていたのは、男ならほぼ誰もが知りたがることだ。更新世《こうしんせい》に生きた彼の祖先たちは、一つの大きな問題に直面し、戸惑っていた。それは、人間の女には、他の多くの動物のような、排卵期を知らせる目に見えるサインがないということである。そのため、受胎可能かどうかが間接的にでもわかる手がかりを探すようになったのだ。

異性愛の男性であれば、ほぼすべてが、女性を見る時、ロブとまったく同じところを見るだろう。デイヴィッド・バスは、世界の三七の地域で一万人を超える人たちを調べ、女性の美しさを決める基準はどこでも非常に似通っているということを発見した。男性が美しいと感じる女性はまず、肌が美しく、唇がふっくらとしている。髪が長く、艶《つや》がある。左右の対称性が高く、口と顎、鼻と顎の間が離れていない。ウエストとヒップの比率が〇・七になっている。過去数千年の絵画を調べた研究でも、描かれている女性の大半はだいたいこの比率になっているとわかった。プレイボーイバニーもほぼこの比率になっている。全体的な体型は、その時々の流行によって変化するが、ウエストとヒップの比率は不変なのだ。華奢《きゃしゃ》で有名だったモデルのツイッギーですら、ウエストとヒップの比率は〇・七三だった。

ロブは自分の目に映ったジュリアの姿が気に入った。彼女のまとう雰囲気も魅力的で、ロブを惹きつけた。ジュリアの心の中には自信があり、それがいっそう、彼女を美しく見せていた。ロブは、ジュリアの顔に浮かぶ微笑に好感を持った。笑う時、眉の端が下がっていることを、無意識のうちに察知していたのだ。眉の端を動かす眼輪筋《がんりんきん》という筋肉は、意識して動かすことはできない。つまり、眉の端が下がったということは、その笑顔が作り笑いではなく、本物であるということだ。

ジュリアが総じて魅力的な女性であることをロブはすぐに感じ取った。魅力のある人というのは、そうでない人より、収入が明らかに多くなる傾向がある。実は、ほとんどの人がそのことを無意識のうちに知っているのだ。

ロブは、ジュリアの、ブラウスの上からでもはっきりとわかる曲線も気に入った。どうしても見てしまう。心の底から湧いてくるものに突き動かされているとしか言いようがない。乳房も皮膚と脂肪からできた、単なる体の器官の一つであるということは、ロブも頭ではわかっている。しかし、ただそれだけのものだとは、彼には決して思えなかった。常に、周囲にその存在を感じながら日々を送っている。紙に描かれた乳房の絵にすら、注意を奪われてしまう。「おっぱい」という言葉を目にしたり、耳にしたりするだけで、何となく落ち着かない気分になる。一種、神聖なものだという気持ちもあるので、それに比べて言葉が軽すぎるのではないかという気がするのかもしれない。特に女性がこの言葉が使った時には、自分の根深い執着が嘲笑《あざわら》われているようにも思える。

そして、女性の乳房があのような形になっているのは、まさに男性にそういう反応を起こさせるためだろうと考えられる。人間の乳房は、他の霊長類の動物と比べてはるかに大きいのだが、そんなに大きい理由が他に考えられないのだ。人間に最も近い類人猿の胸も平らである。人間の乳房が大きいからといって、小さいほかの動物より多くの母乳を出すわけではない。子供に栄養を与えるという意味ではまったく役に立たないのだ。男性に、女性の存在を知らせる信号の役目をしていると考えるのが妥当だ。それを見た男性の脳で、原始的な欲求が呼び起こされれば、目的は達したと言えるだろう。男性は常に、顔は魅力的だが身体が魅力的でない女性より、顔は魅力的とは言えないが身体が魅力的な女性を高く評価する。自然は確かに芸術家かもしれない。しかしそれは「芸術のための芸術」ではない。「生産のための芸術」なのである。

一方、未来の夫を初めて見たジュリアの反応は、もう少し落ち着いたものだった。目の前の男性に魅力を感じていなかったわけではない。実際、ロブは間違いなく魅力的な男性だった。だが、女性と男性では相手の見方が違うのだ。女性が男性を見る時に主に注目するのは、目である。特に瞳の大きい男性には性的な魅力を感じる。また、大事なのは、左右の均整がとれていることである。そして、自分より少し年齢が上で、背が高く、身体が丈夫そうな男性に惹かれる。そうした観点からすれば、ロブはテストに合格できる男性だった。

ただ、生まれつきの性格なのか、それとも両親のしつけのせいなのか、ジュリアはとても慎重だった。人を信用するまでに時間がかかるのだ。彼女は一目惚れを信じていなかった。大多数の人はそうで、ある調査では約八九パーセントの人が信じていないという結果が得られている。何より大事なのは、彼女が、未来の夫ほどには、相手の外見に関心がなかったということである。一般に、女性は男性ほど、視覚によって性的欲望を喚起されることがない。女性のポルノグラフィーへの消費が男性の半分程度にとどまっているのはそのせいだ。

こうした男女の違いも、更新世に生きた私たちの祖先に発していると思われる。その当時、男性は、目で見てわかる手がかりをもとに、女性の受胎能力を判断し、それによって相手を選ぶことができた。しかし、女性には厄介な問題があった。それは、人間の子供が自立するまでには大変に長い時間がかかるということである。先史時代の環境では、女性が一人で子供を育てるのはまず不可能だっただろう。それだけの食糧を手に入れることができないからだ。どうしても、授精だけでなく、その後も継続的に協力をしてくれるような男性を選ばざるを得なかったのだ。現在でもなお、女性は無意識に同じような観点で男性を選んでいる。男性とは違う時間枠で相手を選んでいるということである。

「ベッドに直行」したがる男性は多くても、女性は普通、そうではないという理由はそこにあるのだ。簡単な実験で証明できる。いくつもの研究チームによって繰り返し行なわれた実験だ。魅力的な女性にお金を払い、どこかの大学に行ってもらう。そこで、男子学生に「私と寝ませんか」と言ってもらうのだ。すると、七五パーセントの男子学生が「はい」と答える。何度、実験をしても、結果は同じである。しかし、反対に、いくら魅力的な男性が女子学生に対して同じことを言っても、「はい」と答える人は皆無だ。

女性が慎重になるにはそれだけの理由がある。繁殖力という点では、ほとんどの男性に問題はないが、安定性ということになると、個人差が非常に大きい。男性は女性に比べ、ドラッグ中毒やアルコール中毒になりやすい。殺人を犯す率も、子供を捨てる率も女性よりはるかに高い。いわば、男性には女性に比べて「欠陥品」が多いのだ。それで、女性は、男性の外見に多少の難があっても目をつぶる。外見の良さよりも、人柄が信頼できること、社会の中でうまく生きていけることを重視するのだ。ロブがジュリアの胸を見ている間、ジュリアは、ロブが信頼できる人間であることを示す証拠を探していた。意識的にそうしていたとは限らない。遠い祖先から受け継がれ、何千年もの間に研ぎ澄まされたセンサーは、本人が意識しなくても素晴らしい働きをするのだ。

ヨーク大学のマリオン・イールズ、アーウィン・シルバーマンが行なった研究によれば、たとえ一緒に同じ部屋にいても、女性は男性より、その場の様子や、物の配置をよく覚えているという。その場合の女性の記憶の正確さは、平均して男性を六〇から七〇パーセント上回るらしい。ロブに出会う前の数年間、ジュリアはその観察眼によって、何人もの男性に対し「ダメ」の判定を下してきた。交際を断った男性の種類は様々だった。時には、とても変わった理由で断ったこともあった。一度などは、「バーバリーを着ているから」という理由で断ったことがある。その男性はマフラーもレインコートもバーバリーだったが、彼女としては、その同じ柄を見続けて残りの一生を過ごす自分が想像できなかったのだ。スペルミスが多いからというのが理由だったこともある。スペルミスの多い文章を見ただけで、その男性への興味が完全になくなってしまったのである。香水をつける男性も嫌った。

香水をつける男性を、まるでチャーチルがドイツ人を見るような目で見たのだ。拒否しなければ、完全に服従させられてしまうとでもいうように。スポーツに関係するアクセサリーを身につける男性も嫌がった。「恋人が自分よりデレク・ジーター（ニューヨーク・ヤンキースの名選手）に夢中」ということでは困るというのだ。「料理のできる男性がいい」と思っていた時期もあったが、考えが変わった。自分より料理がうまい男性と真剣に付き合おうとは思わなくなった。喧嘩の後に、いとも簡単に美味しいホット・チーズサンドイッチを作って、ご機嫌を取ろうとするような男性は嫌だと思うようになったのだ。それでご機嫌が取れると考えている自信も嫌だった。あまりにあざといのではないかとも思う。

ジュリアは、歩道を歩いて近づいてくるロブをこっそりと観察していた。プリンストン大学のジャニン・ウィリス、アレクサンダー・トドロフによると、人間は、初対面の相手がどのくらい信用できるか、能力はどの程度か、攻撃的でないか、好感の持てる人か、というようなことを、最初の一〇分の一秒くらいの間でかなり正確に判断できるという。多くの場合、数カ月後にも、同じ人物について最初とほぼ同じことを感じるというのだ。つまり、最初の判断が驚くほど正確であるということだ。第一印象を修正する必要を感じることはまずない。逆に、時が経つほど自分の判断が正しいという確信を深めることが多い。トドロフは、選挙で争っている二人の候補者の顔をほんの短い間だけ被験者に見せ、どちらが勝つかを予測させるという実験も行なっている。この実験で被験者たちは、七〇パーセントもの確率で、勝つ候補者を当ててみせた。

ジュリアもロブについて瞬時に色々な評価を下した。まずわかったのは、ロブはハンサムではあるが、何の努力もせずに女性を惹きつけられるほどのハンサムではないということだ。ロブが頭の中でジュリアの服を脱がせていた間、ジュリアは逆に頭の中でロブに服を着せていた。西欧社会では人に信用されやすいとされる茶色のコーデュロイのスラックスを穿《は》かせ、紫がかった茶色のプルオーバーを着せた。全体としては「エレガントな茄子《なす》」とでも言うべき印象の服装である。頬を見ると真っ白ではないが、フェレットのような色でもない。多分、良い年のとり方ができるだろうと思われる。老人ホームに入った時には、施設内で一番のハンサムになれるかもしれない。

ロブは身長が高かった。現代のアメリカでは、身長が一インチ（約二・五四センチメートル）高ければ、年収が六〇〇〇ドル高いのと同じくらい、女性を惹きつける力が増すとも言われる。また、漂う雰囲気から、彼の内面がとても穏やかであることもわかった。何があっても、何を言われてもあまり動じないので、口論になったら、イライラさせられるかもしれないが、悪いことではないだろう。神の恵みなのか、彼はどうやら、心に深い傷というものを一つも負っていない稀有な人のようだった。癒すべき傷がなく、そのために、人に対する警戒心もあまりない。

こうして、ロブに対するプラスの評価ばかりが次々に積み重なっていったのだが、ある時点で、ジュリアの気分に大きな変化が訪れた。彼女は、わざと物事を批判的に見たがるところがある。観察眼の鋭さに強い自信を持っているため、ついそれを存分に活用したくなるのだ。それが人に良く思われないことはわかっていたが、なかなかやめられない。特に、平凡な頭の男性と付き合うと、相手を細かく批判し、それを楽しむようなことをしてしまう。まるで、辛口批評で知られた女流作家、ドロシー・パーカーにでもなったようで、楽しいのである。気づくと、男性は血まみれで床に倒れている、ということになる。

この時も、ジュリアの観察眼は、ロブの靴がきれいに磨かれていないことを発見していた。男性には、自分の靴がきれいだろうが汚れていようが、どうせ誰も気にしない、と思っている人が多い。彼もその一人のようだった。爪の長さが揃っていないのも気になった。挙句に、ロブが独身だということすら批判したくなった。独身男性はどうも不真面目な気がして、ジュリアは信用できなかったのである。もちろん、結婚している男性と付き合うことはあり得ないから、彼女にとって、非の打ち所のない交際相手というのは事実上、存在しないことになる。

独身者はどうしても、付き合うかもしれない相手のあら探しをしがちである。そのことについては、ニューヨーク・タイムズ紙のジョン・ティアニー記者も書いている。とにかく、何かしら欠点があればすぐにそれに気づき、いちいち気になるのだ。ハンサムで非常に優秀な男性を、「肘《ひじ》が汚い」というだけで嫌になってしまう女性がいる。大きな法律事務所の共同経営者になるくらい優秀な女性のことを、ただ「ゲーテ（Goethe）」という名前の発音を間違えた、というだけで「付き合えない」と思ってしまう男性もいる。

ジュリアの男性を見る目に偏見があるのは確かだった。古くからある「男は豚」という偏見だ。女性は無意識に「男は女の身体だけが目的」と思っているところがある。この偏見の存在は科学者たちも認識していて、研究の対象にもなっている。彼女たちはいわば、敏感すぎる火災報知機のようなものだ。あまりに軽率に相手を信じてしまうよりは、慎重すぎるくらい慎重な方が安全ということである。また、男性には、これとは逆方向の偏見がある。男性は、女性が実は何とも思っていなくても、すぐに「自分に気がある」と思ってしまいがちだ。

ジュリアの心は、ほんの数秒という短い間に揺れ動いた。「この人は信用できる」という気持ちと、「やはり信用できない」という気持ちが交互に生まれた。そして、残念なことに、全体の流れは、ロブにとって不利な方に傾きつつあった。ジュリアの鋭い観察眼が大活躍し、次々に欠点を見つけ出していたのだ。だが、幸い、もう少しで「ダメ」と判断されそうな危ういタイミングで、ロブはジュリアのそばまでやってきて、挨拶をした。

食　事

ロブとジュリアはお互いに「運命の人」だったらしい。「人は自分にないものを持った人に惹かれる」、「自分とは正反対の人に惹かれる」ともよく言われるが、実際には、自分に似た人と恋に落ちることが多い。ヘレン・フィッシャーは著書『新しい愛の心理学（*The New Psychology of Love*）』の中で、「男性も女性も、自分と民族的、社会的、宗教的な背景が似ている異性と恋に落ちる傾向がある。また、教育程度や経済力、外見的な魅力、知性なども同じくらいの方が恋に落ちやすい。物事に対する態度、価値観、関心の対象、自己評価の高さ、社交能力やコミュニケーション力の高さなども同じ程度の方がいいのだ」と書いている。何と、多くの人が、鼻の横幅や目と目の間の距離なども自分と似通った人を相手に選びたがる、という調査結果まである。

おそらくそれと関係があるのだろうが、たとえごく短期間であっても、近くに住んだことのある人を無意識のうちに恋愛対象に選ぶことが多い、ということもわかっている。一九五〇年代に実施された調査では、オハイオ州コロンバスで結婚許可証を申請したカップルの五四パーセントが、付き合い始めた時点で、一六ブロック以内の距離に住んでいて、三七パーセントが五ブロック以内の距離に住んでいた、という結果が得られている。大学では、寮の部屋が同じ建物、あるいは同じ敷地内にある相手と付き合う学生が多いようである。自分と共通点があると信頼感が生まれやすいということは言えるだろう。

ロブとジュリアの場合は、すぐにお互いに共通点が数多くあることがわかった。まず、二人とも、部屋の壁にエドワード・ホッパー（アメリカの画家）の同じポスターを貼っていた。ちょうど同じ時期に同じスキー場に行っていた。政治に対する関する考え方も似ていた。どちらも映画『ローマの休日』が好きで、映画『ブレックファスト・クラブ』の登場人物についての意見もだいたい同じだった。イームズの椅子やモンドリアンの絵のことを熱心に話している人を見ると、教養があると勘違いしてしまうところも同じだった。

どちらも、「通《つう》」と呼ばれるような人になりたがっていた。どこにでもいるような、ありきたりな人間だとは思われたくなかったのだ。高校時代の思い出を語る時、二人は自分がいかにもてたかを実際より誇張した。そうして話すうちに、出入りしていたバーが同じだったことや、同じロックバンドのコンサートを見ていたこともわかった。しかも、どちらも同じツアーの中のコンサートだった。まるで、適当においてみたパズルのピースが立て続けに合ったようで、とても驚いた。人は皆、自分の人生の特殊さを過大評価しているから、他人との共通点がいくつも続けて見つかると奇跡のように感じてしまう。偶然の一致が多くあると、二人が出会ったことを運命だと感じやすいのだ。

出会ったばかりの二人は、無意識のうちに、自分たちの知的レベルが合っているかも確かめようとする。ジェフリー・F・ミラーが著書『恋人選びの心――性淘汰と人間性の進化』に書いているとおり、人間には自分と知的レベルの合う相手を配偶者に選ぶ傾向がある。知的レベルを知るには、その人のボキャブラリーを手がかりにするのが最も簡単だ。IQが八〇程度の人でも、「布地」、「巨大」、「隠す」といった言葉なら知っているだろう。しかし、「刑罰」、「消費」、「商取引」となると怪しくなってくる。IQが九〇程度になればそうした言葉も知っていると思われるが、「法定代理人」、「沈思黙考」、「不承不承《ふしようぶしよう》」などの言葉は知らない可能性が高い。そのため人は、誰かと知り合う時、無意識のうちに相手のボキャブラリーのレベルが自分と合っているかを知ろうとするのだ。

ウェイターがそばに来たので、二人は食べ物と飲み物を注文した。当然、何を注文するかは自分の意志で決めるわけだが、重要なのは、人は必ずしも自分の好きなものを選ぶとは限らないということだ。自分の本当の好みは、自分でも気づいていないことがある。もしかすると、ロブは、カベルネワインが好きで、メルローワインが嫌いなのに、自分ではそれを知らないということもあり得るのだ。だが、困ったことに、ジュリアがカベルネを注文したために、ロブはメルローを注文する羽目になった。ここは同じにしない方がいいと思ったのだ。食事は惨憺たるものになった。料理自体は美味しかったのだが、色々と問題があったのだ。店を指定したのはロブだ。彼自身はこのレストランに来たことがなかったが、二人の共通の友人の助言に従って決めた。友人は自分の選択に自信を持っているようだった。まず困ったのは、サラダがじつに食べにくいということである。そういう店は時々あるので、ジュリアは警戒して、前菜もメインディッシュも、ナイフとフォークをさほどうまく使えなくても食べられるものばかり注文していた。しかし、ロブはサラダを注文してしまった。メニューを見る限りは美味しそうだったからだ。だが、口へ持っていこうとすると、どうしてもドレッシングが撒き散らされ、両頬に大量にかかることになる。メインディッシュも食べにくいものを選んでしまった。ステーキとポテトとオニオンが三段重ねにしてあり、映画『未知との遭遇』に出てくるデビルズタワーのようになっていた。一九九〇年代に、そういう「背の高い」料理が流行《はや》ったことがあるが、それを復活させたのかもしれない。一口食べる度に、あのラシュモア山を削り取っているようでもあった。

　だが、食事での失敗など、些細なことだった。ロブもジュリアも互いに「この人だ」と感じていたからだ。メインディッシュを食べながら、ジュリアは自分のこれまでの人生について話した。子供の頃のこと、大学時代には、コミュニケーション学を勉強したということ。今は広報の仕事をしているが、色々とストレスが多いこと。将来は、自分でPR会社を立ち上げたいと思っていること。バイラルマーケティング（口コミを利用したマーケティング）の手法を使ってみたいということ。

　ジュリアはロブの方に身を傾けて話をした。立て続けに水を飲み、リスのような速さで食べ物を咀《そし》嚼《ゃく》した。口に食べ物が入っていると話ができないからだ。彼女は強いエネルギーを発散していた。そばにいると伝染しそうなエネルギーだ。「きっとすごいことができる」、「すべてが変わるかもしれない」そんな考えに自分で興奮していたのだ。

　人の感情の九〇パーセントは、言葉以外の要素によって伝わる。話す時の態度、体の動きなども大切な要素だ。それは「無意識の言語」と言ってもいいかもしれない。また、体の動きは、話し手の感情を他人に伝えるだけでなく、話し手自身の感情にも影響を与える。話し手の心の中の状態は、自分がどんな態度を取り、体をどう動かすかによって大きく左右されるということだ。ロブとジュリアは、話しながら、何度も下唇《したくちびる》をなめていた。どちらも椅子から身を乗り出していた。そして、時々、目の端でちらっと相手のことを見ていた。どれも、好意を持っている相手に人が無意識にするしぐさだ。ジュリアは自分でも気づかないうちに、頭を少し傾けて、首筋を相手に見せつけるようなしぐさもしていた。これは、女性が性的に興奮していることを示す。もし、その時、目の前に鏡があって、ジュリアが自分の姿をつぶさに眺めることができたとしたら、彼女はひどくショックを受けたに違いない。髪を整えるために腕を持ち上げる、同時に胸も持ち上がる、その動きはまるでマリリン・モンローのものまねでもしているようだったからだ。

ジュリアはロブとの会話をとても楽しんでいたのだが、自分でそのことに気づいていなかった。しかし、ウェイトレスは、二人の頬が興奮で少し赤くなっていることに気づいていた。それを見れば、楽しんでいることは明らかだった。初デートの男性は誰よりも気前良くチップをくれるので、ウェイトレスもそのカップルを気をつけて見るのだ。この日の食事の大切さをジュリアが本当に理解するのは、何日も経ってからである。何十年経っても、ジュリアはその時の出来事を細部にいたるまで決して忘れない。ロブがパンかごのパンを全部食べてしまった、ということをはじめ、ありとあらゆることをずっと覚えているのだ。

ともかく、この日の会話はずっと淀みなく進んだ。

人間の場合は、言葉が求愛を進めるための「燃料」の役割を果たす。他の動物の中には、求愛の際に踊って相手の気を引こうとするものもいるが、人間の場合には、踊る代わりに言葉を使うのだ。ジェフリー・F・ミラーによれば、大人のボキャブラリーは通常、六万語くらいだという。それだけのボキャブラリーを身に付けようとすれば、生後一八カ月から一八歳までの間に、だいたい一日一〇～二〇語ずつ覚えなくてはならないことになる。ただし、会話の六〇パーセントは、最頻出の一〇〇語くらいを使えばできてしまう。そして、最頻出の四〇〇〇語を使えば、会話の九八パーセントは成り立つのだ。にもかかわらず、なぜ人間は、めったに使うことのない余分な言葉を五万六〇〇〇も覚えるのだろうか。

それは異性を惹きつけるため、また異性を選別するためではないか、とミラーは考えている。仮に、カップルが一日に二時間ずつ会話を交わすとし、女性が妊娠するまでの三カ月間、セックスをし続けるとする（三カ月というのは現代の感覚では短いようだが、先史時代のサバンナではそのくらいが普通だっただろう）。だとすれば、二人は、その間に一〇〇万語くらいの言葉を交わすことになるだろう。単に数多くの言葉が交わされるだけでなく、一方がもう一方を怒らせたり、いら立たせたり、退屈させたりといったこともよく起きるに違いない。喧嘩をして、仲直りをする場面も多いだろう。咎《とが》めたり、咎められたり、反省の弁を述べたりということも何度もあるはずである。そうして、たくさんの言葉、色々な言葉を交わした後でも、二人が別れることなく暮らしていれば、その後も子供が育つまでの長い間、一緒にいられる可能性が高いと言える。

ロブとジュリアが初デートの日に使ったのは、今後交わすであろう何百万語のうちのわずか数千語だったが、その時点での二人の関係は驚くほどうまくいっていた。一般には、男性より女性の方が「ロマンティック」で、恋愛には熱心であるとされている。しかし、実際には、男性の方が恋に落ちるのが早いということを示す証拠が数多くある。男性は浮気者と思われやすいが、真の愛ならば、永遠に続くことも多いことがわかっている。女性は恋に落ちるまで、男性よりも少し時間がかかるのだ。ジュリアの場合も、最初の日と、その後数カ月の会話によって徐々に、ロブへの警戒心を解いていった。

ジュリアと出会った日のロブは、普段とは別人のようだった。ひょっとすると親しい友人ですら、彼だとわからないくらいにいつもとは違っていた。彼は、恋愛に関しては冷めたことを言うのが常だった。自分が恵まれた体格をしていることにもまったく無頓着な素振りをしていた。時折、自分の腕をほれぼれと眺めていることがあるというのは、皆が知っていたが。この日のロブには、冷めた態度などは微塵《みじん》もない。通常、男性は会話する時、全体の三分の二は自分の話をしていると言われるが、そんなことはなく、ジュリアの抱える悩みに真摯に向き合っていた。デイヴィッド・バスなども言っているとおり、男女関係において何より必要で、重要なのは、互いに対する思いやりである。人間の場合、求愛とは、その大部分が、互いへの共感や同情を示すことだ。そして、相手に対し、「私はこれだけ優しい人間ですよ」と訴えるのだ。子供や犬を連れてデートをしているカップルの様子を見ていればそのことがよくわかるだろう。

もちろん、人は交際相手を、優しさだけで選ぶわけではない。もっと現実な計算もはたらく。その計算は、ベテランの株式トレーダーのようでもある。無意識のうちにではあるが、社会という市場において、相手の価値が今後、上がるのか下がるのかを予測して行動を決めるのだ。本能的に、投資に対して最もリターンが大きくなる道を探るのである。

男性は金持ちであればあるほど、付き合う女性が若くなる傾向がある。また、女性は外見が美しいほど、付き合う男性の収入が多いという傾向がある。男性の収入の多寡は、配偶者が美しいかどうかでわかることが多い。

男性は、何か欠点があっても、他に何か秀でたところがあれば、それで埋め合わせることができる。たとえば、身長が低くても、収入が多ければ身長の高い男性よりも、女性の人気を勝ち得ることができるのだ。ギュンター・ヒッチ、アリ・ホルタクス、ダン・アリエリーは、インターネットのいわゆる「出会い系サイト」で集められたデータを基に調査をした。その結果、身長が一六八センチの男性でも、もし、年収が一七万五〇〇〇ドル多ければ、一八二センチの男性と互角になれることがわかった。アフリカ系アメリカ人の男性が白人女性と付き合いたい時は、だいたい年収が一五万四〇〇〇ドル多ければ、白人男性と同等になれることもわかった（女性は、男性に比べ、自分と違う民族の異性を敬遠する傾向が強い）。

ロブとジュリアも、この種の計算を無意識のうちにしていた。外見の美しさと収入のバランス、言ってみれば二人の「社会資本」の釣り合いが取れているかを探り合っていたのだ。そして、あらゆる面から見て二人の釣り合いが完璧に取れていることは明らかだった。

遺伝情報の交換

人間には文化というものがあるが、その大きな役割は、人間が生物として自然に持っている欲望を抑制することにあると言ってもいいだろう。たとえば、本能だけに任せていたら、求愛などの行動はどうしても性急すぎるものになってしまう。その動きを減速させるのが文化の重要な役割なのだ。従って、文化と本能の間には緊張関係が生じることになる。初デートの時のロブとジュリアは、とても強い衝動を感じていたが、その一方で、あまりに情熱的なこと、あまりに先走ったことを自分が言ってしまうのを恐れていた。人間の世界で求愛に成功する人というのは、自分と相手の関係に合ったメロディやリズムを見つけ出せる人のことだろう。自分を抑えながら、お互いに相手の様子を探り合っているうちに、うまく同調できるようになった二人の関係は続いていくし、同調ができなければ長続きしない。「同調できるようになる」というのは、二人の間で守るべき暗黙のルールが確立されるということでもある。いったんルールが確立されれば、その後二人は、お互いに対して何をする時にも、そのルールの下で行動することになる。

フランスの作家、スタンダールは「恋愛が与えうる最大の幸福は、愛する人の手をはじめて握ることである」と言った。ロブとジュリアの初デートの時の会話は、実は会話というよりは、サルで言えば「毛繕い」のようなものだった。テーブルから立ち上がって、出口へと向かう時、ロブはジュリアの腰に手を回したいと思ったが、なれなれしいと思われるのを恐れてできなかった。ジュリアはジュリアで、大きなリュックを背負ってきてしまったことを悔やんでいた。本が何冊も入るようなリュックで、入れようと思えば折りたたみの自転車くらいなら入りそうな大きさである。朝、出かける時に迷ったのだが、小さなバッグを持っていると、「いかにもデート」という印象になり、今日の出会いにとても期待している感じになってしまう。それが嫌だったのだ。しかし、これが人生の中でも特に大切な出会いだということがはっきりした今、彼女は「やはり小さなバッグで来るべきだった」という思いでいっぱいになっていた。

店から外に出る時、ロブはようやくジュリアの腕に触れた。ジュリアはロブを見たが、その目を見れば、ロブを信頼していることはよくわかった。二人は、高級文具店の脇を歩いて行った。本人たちは気づいていなかったが、その歩き方はすでに恋人同士の歩き方だった。互いに寄り添い、どちらも笑顔を浮かべている。前から見れば、すぐに幸せそうとわかる笑顔だ。ジュリアは、ロブといることを本当に心地良いと感じていた。食事の間、ロブはジュリアをじっと見つめていた。その眼差しは、映画『めまい』でジェームズ・ステュアートがキム・ノヴァクを見つめていた時のような偏執的なものではない。ただ、とにかく強く惹かれているという目で、その目にジュリアも惹きつけられた。

ロブはジュリアをエスコートして車に戻る間、少し震えていた。心臓の鼓動は速くなり、呼吸も速くなっていた。彼は、食事の時、いつになく軽妙に話をした自分に気づいていた。ジュリアが目を輝かせて聞いていたので、それに促されたようでもある。彼の胸には、得体のしれない、漠然とした感情が押し寄せてきていた。ロブは思い切って「明日も会えるかな」と訊いた。もちろん、ジュリアの答えは「イエス」だ。別れ際、ロブは、ただ握手だけですませるのは嫌だった。でも、キスはまだ早すぎる。それで彼女の腕を握りしめ、彼女の頬に自分の頬を擦り寄せた。

二人は軽く抱擁しながら、無言のうちに互いのフェロモンを感じ取っていた。その時、体内のコルチゾールレベルは下がった。これはストレスが低下したということだ。嗅覚は、この種の状況で重要な役割を果たす感覚である。嗅覚を失った人は、視覚を失った人よりも感情に問題を抱えることが多いとも言われる。それは、嗅覚が、他人の感情を読み取る上で非常に役立つ感覚だからである。そのことは、モネルセンターで行なわれた実験でも証明されている。その実験ではまず、男女の被験者を集め、脇の下にガーゼを貼るよう指示し、その状態でホラー映画かコメディ映画を見てもらった。その後、別の被験者を集め、（おそらくは相当の報酬を払って）ガーゼのにおいを嗅がせた。すると皆、かなりの確率で（偶然よりは明らかに高い確率で）、どちらがホラー映画を見た人のにおいで、どちらがコメディ映画を見た人のにおいかを当てることができたのだ。また、女性の方が男性よりも正答率が高い傾向が見られた。

付き合い始めた二人はいずれ、互いの唾液の味も知ることになる。人間は実は、唾液の味から相手の遺伝情報を得ることができる。クラウス・ウェデキンドの有名な実験によれば、女性は、遺伝子の中の〝ＨＬＡ（ヒト白血球型抗原）〟と呼ばれる領域の中が自分と大きく違っている男性に惹かれやすいということがわかっている。男女のＨＬＡの型が違っているほど、産まれてくる子供の免疫系のはたらきが良くなるが、それと関係があるのではないかと言われている。

ロブとジュリアは、遺伝情報の点でも相性が良く、お互いが無意識にそれを感じ取った。初めて昼食を共にした二時間は、結果的に、二人の人生の中でも最も重要な二時間になった。幸せな人生を送る上で、誰と結婚するかは非常に大事なことだろう。結婚相手を決めるほど大事な決断はそうはないはずだ。その日の午後、二人はその決断に向けて動き出したわけである。

とても楽しい時間だった。でも、その間、彼らはＳＡＴですらやさしすぎると思うほど、難しく大変な知力を必要とする試験に挑んでいたのだ。一二〇分間、どちらにも実にきめの細かい振る舞いが求められる。まず、愛想が良くなくてはならないし、思いやりも必要だ。ウィットも、状況に応じて臨機応変に対応する機転もいる。「初デートでこれは行き過ぎ」、「ここまではいい」というような、暗黙のうちに社会にあるルールも守らなくてはならない。細かく言えば、おそらく一〇〇〇くらいの判断を下す必要が出てくるだろう。判断を下す、その結果に基づいて行動する。どうするのが良くて、どうすると良くないのか、それを決める明確な基準はないのだ。言葉ではない、無言のうちの態度から、色々なことを読み取らなくてはいけない。ふとした笑顔、一瞬の沈黙にはどんな意味があるのか。二人が同じジョークを面白いと思っていれば、それも大事なヒントになるだろう。両方が次々に相手に問題を出し、両方がそれを解いているようなものだ。そして、相手の解答を採点したり、自分の解答を自己採点したり、ということを繰り返す。採点結果がずっと良好ならば、徐々に恋人に近づいていく。

この、本当は非常に難しいはずの試験を、私たちはまったく意識することなく、いとも簡単にやってのけている。それは、その能力が、長い長い生命の歴史のすべてをかけて進化してきたものだからだ。私たちは、まさにその時に対応できるよう、進化を遂げてきたと言ってもいい。ロブもジュリアも、結婚相手を選ぶための知識や技術を学校で身につけたわけではない。数学などとは違い、学校で教わるものではないのだ。生まれつきの能力なので、それを使うのに、意識的な努力はいらない。ただ、自然に振る舞っていれば、ひとりでに能力がはたらくのである。

初デートが終わったくらいの時点では、どちらも、自分の下した結論を言葉にはできない。様々な感覚、感情はどれも、まだ意識には伝えられていないのだ。もう「恋に落ちる」ということは決まっているのだが、その決定は心の底にあり、すぐには浮かび上がって来ない。本人の自覚としては、自分で決定を下した、という感じではない。先に決定があって、その決定に動かされるという印象だ。相手を求める気持ちはすでにあるのだが、どちらも、それに気づくのにしばらく時間がかかる。気づいた時にはもう、心の中で相手に対する強い感情が固まっているというわけだ。ブレーズ・パスカルも言っているとおり、「心には理性でわからない理屈がある」ということである。

何とも理不尽なようだが、実は人間の決意、決心というのはこういうものなのだ。自分が何を望んでいるのかは、後から知ることになる。これは、結婚相手を決める時だけでなく、他の多くの場面、特に重要な場面で同じようなことが起きる。自分でも知らない間に決まってしまっているのは、誰を愛するか、だけではないのだ。むしろ、こういう決まり方が人間にとっては普通と言えるだろう。何を食べるかから、どういう仕事に就くかまで、あらゆる種類の決定がうかがい知れないところで下され、自分には後から知らされる。もちろん、愛する相手を決めることは、後の人生に大きく影響するので特別に重要な決定と言えるが、決め方は特別ではない。意思決定は、理性の仕事ではなく、実は感情の仕事なのだ。

理性の限界

意思決定は私たちの知らないところでなされ、私たちの意識には後で知らされる、そうわかったことは、一つの革命だったと言っていい。意思決定は感情によるもので、理性によるものでないという発見も、大きな転換だった。その発見のきっかけとなったのが、「エリオット」という名で知られる一人の人物である。エリオットのエピソードは、脳研究の世界でも特に有名なものの一つだ。エリオットは脳腫瘍にかかり、前頭葉の切除手術を受ける。彼は元々、知性が高く、博識で、社交性にも富んだ人だった。世の中を少し斜めから見ているところがあり、その視点も魅力的だった。しかし、手術後は、日常生活を送るのにも支障をきたすようになった。何かをしようとしても、それに集中できない。すぐにどうでもいい些細なことに気を取られて、脇道にそれてしまうのだ。仕事場で書類の整理を始めると、途中で書類の中身を読み始めてしまい、作業が進まない。そもそも「絶対に書類の整理をするぞ」と決意を固めるまでに丸一日を費やしてしまうことも珍しくない。「昼食にしよう」と決意するだけでも何時間もかかり、決意した後も、一箇所にとどまっていることができない。なけなしの貯金を、わけのわからないことに投資してしまったりもする。妻と別れ、家族全員が反対する女性と再婚したかと思うと、すぐ離婚したり、ということもあった。要する彼には、もはや分別のある意思決定ができなくなっていたのだ。

エリオットは、神経学者で神経科医でもあるアニトニオ・ダマシオの診察を受けた。ダマシオはエリオットに何種類もの試験を受けさせ、詳細に調べた。まず、彼のＩＱは平均以上であった。数や幾何学図形の記憶力なども優れていた。不完全な情報を提示されて、欠落部分を埋めるということも非常にうまくできた。しかし、ダマシオがエリオットと何時間も会話を交わして気づいたのは、彼が常に無表情であるということだ。まったく感情があるように見えない。自分の身に降りかかった悲劇的な出来事について話す時でさえ、平然と、悲しそうな顔一つ見せることはない。

ダマシオはエリオットに、地震や火事、交通事故、洪水などの時に写された、凄惨な写真を見せてみた。エリオットは、それが普通ならば大きく感情を動かされるはずの写真であることは理解していた。だが、彼自身は見ても何も感じないというのだ。ダマシオは、エリオットの意思決定に問題が生じたことと、感情がなくなったことに重要な関係があるのではないかと考え、その点について調査を始めた。

意思決定をする際には、いくつか選択肢があり、その中から一つを選ぶということが多い。調査の結果、わかったのは、エリオットは個々の場面で自分にどういう選択肢があるかは理解しているということだ。二つの道があり、一方しか選べないが、どちらにも正当性があるという場合には葛藤が生じる。そのこともエリオットは正しく理解できた。つまり、かなり複雑な状況下であっても、意思決定ができるだけの素地が彼にはあったということだ。

彼にできなかったのは、「意思決定そのもの」だけ、と言ってもいい。あとはすべて普通なのに、決定を下すことだけができない。選択肢が複数ある時、その一つ一つの価値評価ができないのだ。ダマシオは「彼にとってはどの選択肢も同等でしかなく、地形にたとえれば、平原がどこまでも広がっているようなものだった」と言っている。

ダマシオが調査した中には、エリオットよりもさらに深刻な状況に陥っている人もいた。その人は中年の男性だが、脳に損傷を受けたことで、感情に関する機能を失っていた。彼は、ダマシオとの面会が終わり、次の面会日の候補を二つ提示されても、すぐにどちらが良いか判断できなかった。スケジュール帳を出して、二つの候補のそれぞれにつき、良い点と悪い点を列挙してみなくては決めることができないのだ。三〇分くらいの時間を費やして、「天気が良さそうなのはどちらか」、「他の約束と日が近いのはどちらか」などと順に書いていった。ダマシオは「テーブルを叩いて、『やめてくれ！』と言いたくなるのをこらえて、じっとその様子を見ているのは大変な苦行だった」と言っている。しかし、ダマシオと同僚の研究者たちは、しばらくは何も言わず、ただ黙って見守った。最後にはダマシオの方から声をかけ、次回の面会日を指定したのだが、相手はまったく躊躇することなく「それで結構です」と言い残してすぐに帰って行った。

「このケースを見ると、理性というものの限界がよくわかる」とダマシオは自著『デカルトの誤り――情動、理性、人間の脳』に書いている。感情がなくなってしまうと、人間は自滅的な行動をしやすく、とても危険なのである。感情がない人間、というと、つい『スター・トレック』のミスター・スポックのように、常に冷静で計画的に行動する人を思い浮かべてしまうが、実際にはそうではない。感情がなくなると、人間は、愚かな人生を歩むことになってしまうのだ。極端な場合、彼らは反社会的な人間になってしまう。他人の心の痛みを推し量ることもできないから、平気で粗暴な振る舞いをする。

　こうした障害を抱えた人たちの実例を基に、ダマシオは「ソマティックマーカー仮説」という仮説を立てた。これは、人間の認知における感情の役割についての仮説である。脳と身体の相互関係に対する考え方が研究者によって違うこともあり、細部についてはいまだ異論があるが、価値判断に感情が大きく関与しているという点については広く認められている。私たち人間は、人生において、無意識のうちに感情に基づいて進むべき道を決めていることが多いというのである。つまり、無意識に、自分にとって不都合な結果を生みそうな選択を避け、満足できる結果につながりそうな選択をしているわけだ。ダマシオは次のようにも書いている。「いくつかの選択肢がある場合、そのどれが好ましくて、どれが危険なのかを、ソマティックマーカーが教えてくれる。私たちが意識して深く考えなくても、個々の選択肢にソマティックマーカーが付けられるので、それを手がかりにすれば、危険な選択肢は最初から検討の対象にしなくてすむ。いわば、自動価値判断システムである。本人が意識の上でそうしたいと思わなくても、これからの未来に起こり得る出来事の逐一について、望ましいか否かの判断を自動的に行なうのだ。先入観を作るシステム、と言ってもいいかもしれない」

　私たちが日々、普通に暮らしているだけでも、脳には絶えず膨大な感覚情報が流れこんでくる。聴覚情報や視覚情報、嗅覚情報や触覚情報などが一斉に押し寄せてくるのだ。そのままでは、ただの混乱状態である。そこで、脳のいくつもの部位と身体とが連携して、まるで車に取りつけられたGPSのようなはたらきをする。GPS（Global Positioning System）はまず、まず自分の現在地を把握し、その上で、どの方向に行けば目的地に着くかを教えてくれる。それとほぼ同じということだ。人間に備わったこのシステムを仮に、〝EPS（Emotional Positioning System, Emotional = 感情の）〟と呼ぶことにしよう。EPSはまず、周囲の現在の状況を把握する。そして、記憶に蓄えられた膨大な量のデータとそれを比較する。過去のデータと比較することで、今のまま物事が進んだ場合に、好ましい結果が得られるか、それとも悪い結果になるかを判断するのだ。さらに、周囲に存在する人や場所、あるいは周囲で起きている出来事などの一つ一つを、特定の感情（恐怖、興奮、感嘆、嫌悪など）に結びつけ、それにより、個々に対しどう反応すればよいかを暗黙のうちに指示する（対象が人であれば、笑うべきか、笑わないべきか、近づくべきか、逃げ出すべきか、など）。ＥＰＳはこのようにして、日々、私たちを導いてくれているのだ。

たとえば、レストランのテーブル越しに、誰かがあなたの手に触れてきたとしよう。その時、脳は即座に、似たような出来事の記憶がないかを探る。ひょっとして、映画『カサブランカ』の中で、ハンフリー・ボガートが、イングリッド・バーグマンの手に触れるシーンが記憶に残っているかもしれない。随分前、高校生の時のデートでそんなことがあったかもしれない。幼い日、マクドナルドにいる時に、母親が手を握ってきた、という記憶が見つかることもあるだろう。

脳が過去のデータとの照らし合わせにより、出来事の意味を解釈すると、身体も反応する。心臓の鼓動が速くなり、アドレナリンレベルが上がる。顔には微笑が浮かぶ。身体と脳の間では、非常に複雑な経路をたどって情報が行き来する。脳と身体は一体であり、両者の間の境目はないのだ。その意味で、肉体と心を別のものであるとしたデカルトの考えは誤っていたと言える。物理世界と精神世界はつながっており、両者は複雑に関係し合っている。一方がもう一方に影響を与えると、また反対方向に影響が与えられる。心からの指示によって身体が動き、その結果についての情報がまた心に伝えられる、それが繰り返されることで、個々の人や物、出来事をどう解釈すればいいのか、どういう感情と結びつければいいのか、その判断に役立つデータが蓄積される。過去のデータから、テーブル越しに手を触れられる、という出来事は「好ましい」と解釈された、また「性的な意味を持つ」とも解釈された。心臓の鼓動が速くなるなどの反応が起きたのはそのためだ。

手を触れられるという出来事のすぐ後には、脳と身体との間の経路だけでなく、別の経路での情報のやり取りも行なわれる。脳の進化的に古い部位と、前頭前野などの新しい部位との間の経路である。この経路での情報の流れは比較的遅いが、脳と身体の間に比べ、複雑な情報処理が行なわれる。何か出来事があると、まず脳と身体の間の経路により、即座に何らかの反応が起きることが多い。二つ目の経路では、この反応の結果を踏まえ、今、起きていることをさらに細かく分析する（「テーブル越しに私に触れてきたこの手は、母の手とはまったく違う。この手は、私がセックスしたいと思う人の手だ」など）。また、同時に、軽率な行動は取らず、分別をもって自重せよ、という警告も発せられる（「今はとても嬉しいし、この手を取ってすぐにでもキスをしたい。でも、そんなことをすると、ただもてあそばれるだけになるかもしれない。前にもそういうことがあった」など）。

このような情報処理が行なわれていても、その間、私たちがそれを意識することはほとんどない。やはりこの分野では著名な研究者の一人である、ジョセフ・ルドゥーもそう言っている。手を触れられたという情報は何度も繰り返し吟味され、出来事についての解釈も何度もやり直される。触れられたことに対し、身体は反応し、同時に次の行動の計画が立てられ、その計画に基づいて次の反応が起きる。非常に複雑なことが行なわれているわけだが、すべては意識下で瞬きする間に起きることであり、本人が自覚することはないのだ。こういうことは何もデート中だけに起きるわけではない。スーパーマーケットでシリアルを選んでいる時にも起きるし、転職先の会社を探している時にも起きる。EPSはあらゆる場面ではたらき、あらゆる選択肢を特定の感情に結びつけ、価値判断を助ける。

私たちが自分の気持ちを自覚するのは、情報処理がすべて完了した後である。突如として、自分がどのシリアルを買いたいのか、どの会社に行きたいのか、また相手の手を握りたいのか（そして、一生を共にしたいのか）を悟るのだ。気持ちは、心の奥底から表面に浮かび上がってくる。それはおそらく、普段私たちが「衝動」と呼んでいるものだ。だが、そのすべてが、理性に照らして望ましい衝動とは限らない。私たちを良い方向に導いてくれる衝動もあれば、従ってしまうと道を踏み外すような衝動もある。それでも、衝動が湧いてくるのを抑えることはできないのだ。衝動に逆らって行動することができないわけではないが、衝動が強く私たちをある行動に駆り立てること、一定の方向に導こうとすることは確かだ。ルドゥーは、この点について次のように書いている。「感情の基本的な部分は、脳と身体の無意識のうちの相互作用によって決まっている。私たちが自覚できる感情というのは、言ってみれば、感情というケーキの『アイシング』のようなものだ」

理性と感情は一体

人間の意思決定について詳しく調べていくと、重要な事実に行き当たる。それは、「理性と感情は決して切り離せない」ということだ。両者は明確に分けられるものでもなければ、敵対するものでもない。理性は感情があってはじめて機能できるものである。感情に依存していると言ってもいい。感情は、物事の自分にとっての価値を決める役割を果たす。理性はただ、感情によって高い価値を与えられたものを選択するだけだ。どれほど現実的、理性的と見られている人でも根本を探れば感情的、ということになる。

私たちは何気なく「心」、「自分」といった言葉を使う。だが、ここで大事なことは、「心」や「自分」は決して一つではないということだ。どこかに「心」と呼べるようなものが存在するわけではない。脳と身体の間でいくつも並行して行なわれ、極めて複雑に絡み合う情報のやりとり、情報処理をひとまとめにして、「心」や「自分」と呼んでいるだけである。心が飛行機で言う「機長」のようにコックピットに座り、意思決定をしているのではない。「デカルト劇場」のようなものは存在しない。脳の中にスクリーンがあって、そこに過去に経験されたことがらが映し出され、小人がそれを見ている、などということはないのだ。スクリーンを見た小人が、過去のデータを基に意思決定をするわけでもない。実際には、ノーベル賞を受賞した生物学者、ジェラルド・エデルマンが言うとおり、脳は一つの生態系のようなものである。様々な要素が複雑に関係し合うネットワークと言ってもいい。脳内のあらゆる部位、身体の各器官が相互に情報をやりとりし、受け取った情報に反応する。身体の各器官に指示をするのは脳だが、脳の指示ははじめから一つに統一されているわけではなく、同時に複数の指示が出され、それが競合する。そして、競争に勝った指示に身体は従うことになる。

さらにもう一つ、覚えておくべきなのは、私たちの意思決定は通常、さほどきっぱりしたものではないということだ。人間は絶えず迷い、揺れ動く存在である。過去一世紀くらいの間、人間の意思はいずれかの時点で固まるもの、と考える人が多かった。まず多くの情報を集めて状況を把握し、ある程度「これでいい」という確信が得られたら、決心をする、そんなふうにとらえるのが一般的だったのだ。しかし、実はそれは正確ではない。むしろ、人間は、時々の状況に応じて日和見的に進む方向を変える放浪者のようなもの、と言った方がいいだろう。同じ人間、同じ状況であっても、見方は刻一刻と変わっていき、それにつれて行動も変わるのだ。その過程で、脳は無数の価値判断をすることになる。その価値判断が蓄積されることで、いわゆる「目標」や「野心」、「夢」、「欲望」といったものが生まれる。行動全般がそれに左右されると言ってもいい。幸福で充実した人生を送れる人は、まず、その価値判断が適切な人である。また、価値判断の微妙な変化を敏感に察知できることも大切だ。

ロブとジュリアは、最高の教育を受けた人たちとは言えないし、何もかもを知り尽くした人たちというわけでもない。だが、二人とも、恋愛の仕方は知っていた。レストランで向かい合った彼らは、お互いへの関心を徐々に強めていった。その間、脳内では短時間のうちに、感情を基に多数の価値判断が行なわれ、その結果が行動における小さな意思決定に反映された。そうして、少しずつ二人の進むべき方向が決まっていったのである。ケネス・ドッジは次のように言っている。「脳内での情報処理には必ず、感情が関わってくる。感情は人間の認知活動を支えるエネルギーである。大量の情報を整理し、どの情報に注目すべきか、どの情報は無視できるかを判断する上でも感情は重要だ。私たちがどう行動するか、また世界が私たちにどう見えるかを決めるのも感情だと言っていい」

ロブとジュリアは、お互いを自分にとって大事な存在だと認め合った。二人は、何か強い流れに自分が押し流されるのを感じていた。それは二人にとって喜ばしいことだった。その流れが、自分たちを、ずっと行きたいと熱望していた場所に連れて行ってくれる、そんな気持ちでもあった。ジュリアは、初めて会った瞬間にロブを細かく分析したが、その気持ちは、分析の結果として生じたものではなかった。もっと全体的な評価の結果である。分析とはまったく違ったルールに基づいて行なわれる評価であり、非常に影響力が大きい。ともかく、ジュリアは恋に落ちた。なぜ、ロブに惹かれるのか、ジュリアはその理由を後になってから考えるだろうが、どれも後づけの理由である。彼女とロブは、共に同じ道に迷い込んだ。それは、人生を実り多いものにする道だった。

2章　生活観の違い――結婚とセックス

ロブとジュリアは結婚した。その後の何カ月かはとても幸せに過ごしていたのだが、同時にある問題に直面してもいた。結婚した二人が必ずと言っていいほど直面する問題である。それは「生活観の違い」である。人はそれぞれ、自分が日々の暮らしをどう営んでいくか、ということを無意識のうちに考えている。それが生活観だ。生活観は一人一人違っている。結婚をするというのは、その生活観の違う人間どうしが共に暮らすということである。無意識なので、本人も最初はそれに気づいていないことが多い。しかし、毎日毎日、同じ家で暮らしていれば、やがて違いに気づくようになる。一見、大きな違いではない。些細な違いだ。生き方のパターンのようなものが少しずつ違っているのだ。結婚するまでは、その存在さえ、想像もしなかったような違いである。

たとえば、ジュリアは、食器は使ったらその都度洗うものだと思っていた。しかしロブは、食器は、シンクにためておいて、一日の終わりにまとめて洗うものだと思っていた。トイレットペーパーのかけ方も反対だった。ジュリアは、先の部分が前に垂れるようにかけるものだと思っていた。だがロブは、それとは反対で、先の部分が後ろに垂れるようにするものだと思っていた。

朝、新聞を読む、ということに関しても考え方が違った。ロブにとって新聞を読むことは孤独な作業であり、たまたまそばに人がいたとしても、それとは無関係に静かに黙って読むものだった。しかし、ジュリアにとって新聞を読むことは一種の社会活動だった。記事に書かれていることをきっかけに、世界の情勢について会話し、意見を交換し合う機会というわけだ。スーパーに行った時に買ってくるものも違う。ロブは、もうできあがっている料理を買ってくる。トルッテリーニ（中に具の入ったパスタ）のパック、冷凍のピザやキッシュなど、すぐに食べられるものを買ってくるのだ。一方、ジュリアは、卵、砂糖、小麦粉など、料理の材料を買ってくる。ジュリアがスーパーで二〇〇ドル（約一万五〇〇〇円）も使ったにもかかわらず、帰ってきた時点でまだ夕食に食べられる料理が何もない、と知ってロブはとても驚いた。

ただし、こういう問題があっても二人がひどく悩むということはなかった。何と言ってもまだ結婚したばかりだったからだ。この時期には、一緒に行動することも多く、セックスの回数も多い。これから相互に依存して生きるにあたって、ゆっくりと、慎重に交渉、取引をしている時期だと言える。

はじめのうちは、何もかもが珍しい。自分とは違う相手の生き方を発見することを面白いと感じられるのだ。たとえば、ジュリアは「靴下を履く」ということに異様に執着していたが、ただそれだけのことがロブにはとても魅力的だった。ジュリアは、ロブのどんなエロチックな要求にも応えてくれたが、靴下を脱ぐことだけは絶対に承知しなかった。逆に、靴下を履いたままでいいとさえ言われれば何でもしてくれたのだ。どれだけ激しく動いて息が荒くなっても、汗まみれになっても、彼女の足の末端まで血が流れることは決してなかった。ライフルで脅すか、無理やり剝ぎとるかしなければ、彼女のその、死んだように冷たい足から靴下を取ることは絶対に不可能だろう。

ジュリアはジュリアで、ドラッグストアに行く度にハミガキ粉を買ってくるロブに驚いていた。そんな人はこれまで一人も知らなかった。とにかく一週間に一度はハミガキ粉を買ってくるのだ。まるで、もうすぐ火星人が攻めてきて、ハミガキ粉をすべて強奪してしまうとでも思っているように。ロブの関心の向かう方向も、彼女には面白かった。ロブは、何千キロも離れた遠いところで起きていることにばかり強い興味を向けるのだ。特に『スポーツセンター（スポーツ専門テレビ局ESPNのスポーツニュース番組）』で報道されていることには異常な興味を示す。しかし、ごく身近で起きること、本来、自分の感情に直接、影響を与えるはずのことには関心を示さないのだ。そういう出来事に注意を向けることができない。そんなところも、結婚してからしばらくの間は、全部、逐一面白く感じられ、決して不快にはならないのだ。

しかし、そういう時期はやがて終わりを迎え、結婚生活は「第二ステージ」に入る。第二ステージは、「来るべき戦いに備える時期」と言ってもいいかもしれない。日に日に、二人の互いに対する「耐えられない」という思いが募っていく。そもそも最初の段階から、二人は無意識では相手の行動を「おかしい」と感じている。ジュリアには毎朝、六時にベッドでノートパソコンを立ち上げる癖がある。ロブは、家事となるといつも「何もできない」というふりをする。最初は、そういうところも愛嬌がある、魅力的だ、と思うのだが、第一段階が終わり、第二段階になると変わってくる。同じような行動を見て、時には殺意すら抱くようになるのである。

二人は心の中でチェックリストを作り始める。「相手にここは直してほしい」という項目のリストだ。ただし、彼らは、何が何でも相手を自分の思い通りにしようとするような人たちではなかった。もっと繊細で分別もある人たちである。無理に言うことをきかせようとすれば相手は怒り、反発する。それがわかっていた。表面上は言うことをきいたように見せながら、内心は裏切っている、そんな状態になることもあり得る。人の行動や習慣を変えることは不可能でないにしても、ゆっくりと時間をかける必要がある。二人はそのことを十分に承知していた。

特にジュリアは、特に最初の数カ月間、まるでジェーン・グドールがチンパンジーを観察するようにロブを観察していた。目を離さないよう絶えずじっと見つめていたのだ。そして、その行動パターンに何度も何度も驚かされることになった。一緒にモールに買い物に出かけても彼は、チーズの微妙な味や香りの違いに一切、興味を示そうとしない。どれでも同じだというのだ。なのに、同じモール内を二〇〇メートル歩いたところで突然、室内用ゴルフ練習機に興味を示し始めた。自動的にボールが戻ってくる機能がついた練習機だ。よほどほしいのか、うっとりと眺めている。ロブは自分のことを整理整頓が好きな人間だと思っているらしい。だが、彼の「整理整頓」というのは、ただ、キッチンカウンターの上にのった物を引き出しにしまうという程度のことだ。しかも手近な引き出しに適当に突っ込むのだ。家具などを組み立てる時の行動も不可解だ。組み立てを始める前に、必要な道具や部品を手近にきちんと並べておけばいいのに、そういうことは一切しない。何の準備もないまま、いきなり作り始めてしまう。だから、作り始めてから「あれがない、これがない」と探し回って無駄な時間を費やすことになる。アメリカン・フットボールに関しては、どんなコーチよりも先がよく読めるらしいが、寝室からトイレに向かう通り道に靴を脱ぎっぱなしにしておくと、夜中に困った事態になることは読めないようだ。

こんなこともある。ロブは仕事を終えて家に帰る途中、映画館の前を通りかかる。すると、観たいと思っていた映画がやっている。席は空いているようだ。彼はとっさにチケットを買ってしまう。独身時代にはいつもやっていたようなことだ。映画を観る前に、一応、ジュリアに電話をする。誰か友達とばったり会ったとか、適当な理由を作って今夜は遅くなると告げる。楽しい気分で、深い考えもなしに電話をしているので、受話器の向こう側で急に温度が二〇〇℃くらいも下がったのを感じ取って仰天する。ジュリアが深呼吸をしている音が聞こえる。怒りをぶちまけたい衝動を必死に抑えている人のやることだ。ロブは自分が今夜、映画を観るべきではない、ということをすぐに悟る。楽しそうだと思っても、気軽に自分勝手な行動をすることはもはや彼には許されないのだ。結婚するまでは、ある意味、少年時代の延長のような感じで生きていくこともできる。しかし、結婚した後はそうはいかない。結婚しているというのは、同じ人と繰り返し食事をし、同じ人と繰り返しセックスをするということだ。そうなると、その前とは色々なことが違ってくる。

ロブは、ジュリアの言葉によって否応なく、そのことを理解させられた。ジュリアは、時折、氷のように冷たい沈黙をはさみながら話した。まだ何もわかっていない未就学児に何かを教え込もうとしているような話しぶりでもあった。結婚した以上、相手に対して、それまでの誰とも違う責任を負わなくてはならないこと、何をするか、どうするかは基本的に二人で話し合って決めるべきだということ。相手を気遣うことなく、今、自分がこうしたいからこうする、というような考えは捨てなくてはならないということも言った。

そういう「パラダイムシフト」が、ロブの頭の無意識のレベルで起きれば、二人の関係は、比較的スムーズに、より高いレベルに移行できるだろう。高いレベルの関係において、二人はそれぞれに「自分なりのモンロー宣言」を発することになる。一九世紀、アメリカはヨーロッパ諸国に対して相互不干渉を提唱したが、それと同じようなことをするわけだ。どちらも、相手の人格のうちのある部分に関しては、それを「聖域」とみなし、干渉しないものとする。そう暗黙のうちに認め合うのである。もし、干渉すれば、宣戦布告をしたことになる。移行がうまくいった二人なら、お互いのためにこのように妥協することをむしろ、喜びと感じるはずだ。ロブは、トイレで用を足した後、便座を忘れずに下げる。無私の行為、純粋に相手のためだけの行為だ。それができる自分の気高さを称賛する気持ちになる。ジュリアは、ロブに誘われてアクション映画を観に行った時、心から楽しんでいるふりをする。その時、彼女は自分をマザー・テレサにも匹敵する存在のように思うことだろう。

二人は家庭内に生じる仕事の役割分担を始めた。どちらも、自分が元々、興味を持ちやすい仕事、やる気の出やすい仕事を担当することにした。たとえば、旅行の計画を立てるのはロブの仕事だ。旅慣れているという点にかけて、ロブは相当の自信があったからだ。豊富な知識や経験を活かし、普通の人がなかなか真似のできないようなこともできると自負していた。キャンセル待ちをして格安で航空券を手に入れるくらいのことは簡単だし、空港でトラブルが起きてもうまく切り抜けられる。案内されたホテルの部屋が気に入らなければ、すぐに文句を言って替えさせる。あまりに自信を持っているために、ジュリアは時に昼食までに六箇所のワイナリーを巡る、などというとんでもない強行軍に耐える羽目になった。しかし、それでもジュリアにとっては、旅行代理店のカウンターに長く座ったり、ホテルに予約の電話を入れたりするよりはましだった。その代わり、ジュリアは家財道具の購入を一手に引き受けることになった。よく行くのは、気取らない、庶民的な店ばかりなのだが、そういうお店でさえ、ロブは買う物について自分の意見を言いたがらない。ましてや、買うのか買わないのか、どれを買うのかの最終決定を下すとなるとますます嫌がるのだ。

結婚生活の満足度は、一般にU字型の曲線を描いて変化すると言われる。はじめのうちは、だいたいどの夫婦もとても幸せに過ごす。しかし、満足度はその後、低下をはじめ、子供たちが思春期を迎える頃に最低まで落ち込むことが多い。その後は、低いままの状態が続き、仕事を引退するくらいの時期に再び上昇を始める。結婚したばかりのロブとジュリアは総じて言えば、非常に幸せだったし、お互いの相性も良かった。セックスの回数も多かった。これは重要なことである。

夫婦間のセックス

結婚後、半年くらい経ったある日、遅く起きたロブとジュリアは、近所の店でブランチをとった。カントリー調の内装、アンティークな木のテーブルが気に入っている店だ。その後はショッピング。ひと通り買い物を終えた二人は、公園のベンチでサンドイッチを食べることにした。人間は五感から絶えず、様々な情報を受け取っている。サンドイッチを食べている時には、まず、手に持ったパンの感触の情報を受け取るはずである。もし公園の池に石を投げれば、石の感触も伝わってくるだろう。ジュリアは、小さなプラスチックのナイフでサンドイッチにマスタードを塗るロブの手をぼんやりと見ていた。彼女は意識の上では、自分が彼にしていた話の内容を考えていたが、同時に無意識のうちに性的な興奮を覚えていた。ロブは彼女の話を聞いていたが、同時に、自分でも気づかないうちに彼女の首筋にできた小さくかすかなしわを眺めていた。

彼の心の奥底には「今すぐ、ここでセックスしたい」という気持ちが生まれていた。そばに、周囲から身を隠せるような都合の良い茂みでもあれば、すぐにでも、という気持ち。性欲に男女の違いはないと思っている人も多いかもしれないが、実はそうではない。まず、男性の性欲は非常に一定している。パートナーの女性が生理中であることを何らかの理由で察知すると一時的に下がることがあるが、それ以外は変動が少ない。ストリップクラブのダンサーは、生理中、普段よりチップが約四五パーセント減る、という調査結果もある。ただ、その調査では、チップの減った理由が本当はどこにあるのか、はっきりとした説明はなされていない。

その日、公園にいたロブは、身体と心のすべてでジュリアを求めていた。それは相手が性的に興奮していることを感じ取ったから、だけではない。ロブの心には、いくつもの壁があり、その壁が、奥底にある感情が表に出るのを抑えていた。奥の奥にある感情は、確かにそこに存在したとしても、表面からは見えないよう隠されていて、本人でさえ簡単にはそれを把握できないし、理解もできない。時には、その感情の存在を自分で察知することもないとは言えない。だが、たとえ察知できたとしても、それは言葉ではまず表現できない。ただし、セックスをしている最中には、心の中の壁は一時的に溶けてなくなってしまう。熱情に駆られ、理性的、合理的な思考がほとんどできなくなるからだ。周囲の様子に鈍感になり、自分がどう見えるかもほとんど意識しなくなる。壁がなくなったことで、彼のジュリアに対する感情は、すべて表に出てしまう。彼は嘘偽りのない自分の感情を目の当たりにする。「ロブが唐突にセックスを求めてきたので、ジュリアは仕方なくそれに応じた」ということに形の上でなったとしても、実際にはジュリアはロブのためにそうしたとは限らない。そうなった時、実際には、二人が同時に熱情に駆られている、ということが多いのだ。そして、無意識と無意識のコミュニケーションによってお互いにそれを感じ取ることができる。そうなれば、最高に素晴らしいことだろう。特に、ロブにとっては、何よりもほしかったものが手に入ったという気持ちである。「女は本当に愛されていると感じなければセックスをしないが、男はセックスをしなければ本当に愛されていると感じない」という古いジョークがあるが、まさにその通りだろう。

女性の性欲は男性に比べて複雑である。それはまるで、支流の多い川のようなものだ。女性の性欲は、まずその時々のテストステロンの分泌量に影響を受ける。またセロトニンがどう処理されるかにも影響される。その日の忙しさや、全体的な気分、それから、友人との昼食でどういう会話をしたか、というようなことにも影響されるのだ。自分でも気づかないうちに見たもの、触れたものに影響されることもある。ある絵を目にしたこと、メロディを聴いたこと、花畑の中を歩いたこと。そういうことすべてが彼女の性欲に影響する。男女問わず、人間の裸の身体を見たことで刺激されることもあり得る。それだけではない。何と動物の交尾を見ることですら刺激になるのだ。もちろん、意識の上では、動物の交尾に刺激されるなどというのは想像したくもないほど嫌なことかもしれないが、実際にそういうことはある。

女性の性欲には、男性に比べて文化の影響を受けやすいという側面もある。たとえば、男性がセックスに求めることは、その人の教育レベルを問わずだいたい同じである。しかし、女性の求めることは、教育や文化、所得のレベル、社会的地位などによって変わってくる。オーラルセックスや同性愛などには、教育レベルの高い女性の方が積極的である。教育レベルの高い女性の方が、総じて、色々なことを試みようとする傾向があるのだ。また、信仰心の厚い女性の方がそうでない女性に比べ、セックスに関しては冒険心が少ないということもわかっている。男性の場合にはそういう違いは見られない。信心深い男性であろうが、そうでない男性であろうが目立った違いはないのである。

女性にとっては、セックスの前の二四時間に起こることすべてが前戯だと言う人もいる。その日のロブとジュリアは、サンドイッチを食べた後、映画を観て、少しお酒を飲んだ。そして間もなく、はじめはじゃれ合うように、やがて激しく愛し合い、いつもと同じように絶頂へと向かって行った。

オーガズムは単なる刺激に対する反射ではない。オーガズムを引き起こすのは、認知、知覚である。つまり、身体だけでなく頭が引き起こすものだということだ。身体と心の間のフィードバックループから生まれると言ってもいいだろう。相手の身体に触れること、また触れられることで、その触感により、ドーパミンやオキシトシンといった化学物質が分泌される。すると、それによって触覚刺激は強く感じられるようになり、さらに化学物質が多く分泌されることになる。するとさらに……ということがしばらく続くと、いずれ絶頂に達するというわけだ。その時、脳では、いくつもの部位が一度に活発にはたらくことになる。そして、複数の部位が複雑に連携してはたらくのだ。女性の中には、身体的な刺激なしで、頭で物を考えるだけでオーガズムに達することのできる人もいる。また、脊髄に障害を抱えていて、首から下の身体の感覚がないが、耳への刺激によってオーガズムに達するという人もいる。事故により性器の感覚が麻痺したが、それでも刺激すればオーガズムに達するという患者の例もある。台湾には、側頭葉の発作により、歯磨きをしただけでオーガズムに達する、という女性もいるという。カリフォルニア大学サンディエゴ校の神経科学者V・S・ラマチャンドランによれば、自身が研究した中に、存在しない足でオーガズムを感じるという人がいたという。その人は片方の足をなくしていたのだが、実際には存在しない足でオーガズムを感じたというのだ。足を失うと、脳内の足の感覚を司る部分は何もすることがなくなってしまう。しかし、脳には「可塑性《かそせい》」があり、変化に順応する力がある。この人の場合は、本来、足の感覚を司る部位が、「足がなくなった」という変化に順応するため、ペニスの感覚を司る仕事を始めたようだ。そのため、ペニスで感じるべきオーガズムを、存在しないはずの足で感じるようになった。

セックスをする時、男女はお互いの心と身体で同じリズムを伝え合い、そのリズムを感じ合うことになる。ジュリアには、オーガズムに比較的、容易に達する傾向があった。それは、暗示にかかりやすく、催眠術などにかかりやすいということと関係があるかもしれない。セックスをしている間、彼女は自分の思考をコントロールすることができなくなった。しかし、ロブとセックスしている時には、自分が正しい方向に進んでいると感じられた。行為が始まってしばらくすると、脳の前頭葉の一部は、そのはたらきを止めてしまう。それと同時に、触覚は普段よりも鋭敏になるのだ。ロブもジュリアも、自意識というものを失ってしまった。時間の感覚もなくなり、どこまでが自分の身体でどこからが相手の身体かもわからなくなった。目に映るものは、もはや意味のない単なる色の集まりにすぎない。そうして最後はいつも絶頂に達し二人は満足した。それを繰り返しているうちに、ついに息子が産まれることになった。

3章　乳児期の成長——親子の絆

二十代後半になっても、ジュリアには、まだどこか学生気分が抜け切らないところがあった。長い春休みがまだ続いているようでもあった。平日の昼間、仕事をしている時は、責任もあるし、成功したいという野心もあったので、そんな自分を抑えていたが、それが土曜の夜には爆発するのだ。すぐにでも学生時代と同じ自分に戻れた。今でいうレディー・ガガにも似ていたかもしれない。乱暴な口をきき、派手な化粧、派手な服装で、全力でパーティーを盛り上げる、とにかく目立つことが大事だと信じていた。彼女は、胸の谷間の見せ方で、自分をどのくらいセクシーに見せるかを調整できると思っていた。そして、網タイツをはくのは、自分の身体に自信がある証拠だと思っていた。パーティーでのジュリアのエンターテイナーぶりは素晴らしかった。飲み比べにも率先して挑んでいたし、ふざけて女どうしでキスし合う時も、だいたいは彼女のキスが発端になるのだ。夜、酔っ払っていて、みんなと一緒だと、彼女は相当危険なことにでも手を出してしまう。もちろん、一線は越えないようにしていたが、危険なことは確かだ。

はっきり言ってしまえば、ジュリアの心に母性らしきものが芽生えたのは、妊娠がわかってからかなり時間が経った後のことだった。やがて産まれてくる息子、ハロルドは、まだ、子宮の中でようやく人の形を成し始めていたところである。ジュリアを本当の母親にするまでに彼はまだ、たくさんの仕事をこなさなくてはならなかった。誕生までには、この先、いくつもの発達過程を経なくてはならない。

それでも、ハロルドは大変な速度で成長していた。胎児の脳では、毎分、二五万個というペースで神経細胞が増えていく。そのため、誕生時にはすでに二百億個にも達するのだ。早い段階から味蕾《みらい》なども機能し始める。そのおかげで自分の周囲の羊水《ようすい》が、母親の食べた物によって甘くなったり、ニンニクの味になったりしたことを感じ取れるようになるのだ。そして、胎児は、甘い羊水ほど多く飲む。妊娠一七週くらいになると、胎児は自分の周囲の様子を感じ取れるようになる。へその緒に触れたり、指と指を押しつけ合ったりもする。その頃には、子宮の外の世界からの情報を受け取る能力も大幅に向上する。妊娠五カ月になると、苦痛を感じれば、その苦痛から逃れようとするようにもなる。誰かがジュリアのお腹に強い光を当てたりすれば、ハロルドはそれを感じ取って光から逃れようとするのだ。

妊娠第三期になると、胎児は夢を見るようになる。少なくとも、大人が夢を見ている時と同じような眼球運動が見られるようになる。「母性」というものが真に意味を持ち始めるのは、この時期以降のことだ。もちろん、この時期になっても胎児は胎児であり、「意識」と呼べるようなものはまだほとんど生まれていない。しかし、もうすでに音が聞けるようにはなっている。母親の声を耳にし、その音色や口調を記憶し始めているのだ。誕生後の乳児に、録音をしておいた母親の声を聞かせると乳首を強く吸う、ということが調査でわかっている。母親以外の女性の声を聞かせても乳首を強く吸うということはない。

子供は、母親の声の音色だけを聞いているわけではなく、話し方のパターンやリズムも聞いている。それは後に相手の言葉の意味を理解し、コミュニケーションをする際に必要になることだ。フランス人の赤ん坊の泣き方はドイツ人の赤ん坊とは違っている。それぞれ、子宮内でフランス人、ドイツ人の母親の話す声を聞いていたために、その影響を受けているのだ。ノースカロライナ大学のアンソニー・J・デキャスパーらは、妊娠している女性に、絵本『キャットインザハット』を何週間にもわたって音読してもらう、という実験をした。後で調べると、子供たちは、本が読まれた時の母親の声の音色、話し方のパターンやリズムを記憶しているらしい、ということがわかった。『キャットインザハット』の音読を聞かせると、韻律の違う他の本を音読した時よりも、落ち着いて、リズミカルにおしゃぶりを吸うのだ。

ハロルドは子宮の中で絶え間なく成長し続けて九カ月間を過ごし、そしてある日、ついにこの世に産まれてきた。認知能力の発達、という観点からは、この誕生というイベントはさほど重要とは言えない。子宮の外に出た瞬間に劇的に何かが変わるということはないからだ。大きな変化と言えば、視界が圧倒的に良くなるということくらいである。

一方、ジュリアの方は、ハロルドの誕生によってすっかり人が変わったようになった。パーティーに夢中だった彼女はもういなくなり、代わって生まれたのは「スーパーママ」のジュリアである。二人の間には、時が経つにつれ、何物にも勝る絆ができていく。その絆の前には、他のあらゆることが脇に追いやられてしまうのだ。産まれてわずか数分後から、すでに絆は作られ始めていた。毛布にくるまり、母親の胸で寝ているハロルドのすること何もかもが、絆を作ることにつながる。ハロルドにはそのために役立つ様々な能力が生まれながらに与えられているからだ。

一九八一年、アンドリュー・メルツォフは、発達心理学の歴史を変えるような発見をした。生後四二分しか経っていない乳児に対し、メルツォフが舌を突き出したところ、乳児も同じように舌を突き出したのだ。産まれて間もないのだから、おそらく舌というものを見るのは生まれて初めてのはずである。人の顔自体、ほとんど見たことがないはずだ。それなのに、目の前にある妙な形の物が人の顔であり、その真中にある小さな物が舌である、ということを最初から知っているかのようである。その上、顔と舌の持ち主は自分とは違う生き物であるということ、自分にも顔と舌があり、その舌を同じように動かせるのだということを生まれながらにわかっているようなのだ。

その後、同じ実験は、被験者となる乳児の日齢を様々に変えて繰り返し行なわれた。そして、これをきっかけに、乳児の生来の能力を詳しく調査する動きが一気に活発化した。すると、知られていなかった能力がいくつも発見されたのである。かつて、子供というのは、真っさらな白紙の状態で産まれてくると信じられていた。ところが、調べれば調べるほど、生まれつき持っている能力の豊かさがわかり、研究者たちは驚くことになった。また、それに加え、産まれてわずか数カ月の間に乳児が学ぶことの多さにも驚いた。

私たちが生まれつき知っていることは、正確には、産まれる前から知っていたこと、とも言えるだろう。祖先たちが色々な時代に、色々な理由で学んだこと、身につけた行動パターンなどを私たちは引き継いでいるのだ。生物が進化していく間には、数多くの情報が遺伝子にのせられて、世代から世代へと伝えられていく。それに対し、もちろん、誕生後に、大人から教わることによって知ることも多くある。そういう情報は、遺伝子で伝えられる情報に比べ、はるかに歴史が浅い。たとえば、宗教、文化と呼ばれるものも、せいぜい数千年、数百年の間、受け継がれてきただけである。ある一族の中だけの「家風」や「家訓」などになると、なかなか百年は続かない。ちょっとした知識や教訓の類だと、長くて数年、短いと何時間かで消えてしまうこともあるだろう。

ただ、どの情報にも共通して言えることは、必ずしも、伝える側と伝えられる側の両方が生きていなくてもいい、ということだ。特に遺伝子にのった情報は、すでに死んでしまった祖先たちから私たちに伝えられていて、まだ産まれていない子孫たちにも、ほぼ間違いなく伝わっていくことになる。私たちの脳は、大量の情報を蓄え、活用することに適応している。長く、多くの支流があり、その中で魚など多様史を流れる川のようなもの、と考えてもいいだろう。長く、多くの支流があり、その中で魚など多様な生き物が暮らしている川のようなものだ。私たちの思考は、深いところで、この川の流れに影響を受けている。私たちは誰も過去と無関係には存在できないということだ。何もないところから自分のすべてを自分の意思で作ることなどできない。過去からの豊かな遺産を、すでに新生児の時点で持っているからである。そして誕生後にはさらに多くの情報を吸収し、また新たな情報を創りだして川に返すこともできる。私たちはそういうふうに作られている。

産まれたばかりのハロルドには、まだ「自分は一人の人間である」という認識すらなかった。だが、それでも、ジュリアを自分に惹きつけ、夢中にさせるための武器を数多く持っていた。その一つが、彼の外見である。赤ん坊の身体的特徴は、その一つ一つが、どれも母親を自然に惹きつけるものになっている。大きな目、広い額、小さな口とあご。そういう特徴に強く惹きつけられるのは母親だけではない。人間ならば皆が惹きつけられるのだ。赤ん坊だけでなく、ミッキーマウスやE.T.など、多くの人気者が同様の特徴を持っている。

赤ん坊は、人を見つめる技術にも長けている。ハロルドも、ジュリアの隣に寝ている時にはずっと、彼女の顔を見つめていた。生まれて数カ月経つと、ただ見つめるよりもさらに魅力的なしぐさを身につける。見つめたかと思うと目を背け、再び見つめる、ということを絶妙のタイミングでするようになるのだ。ハロルドがジュリアを見つめると、ジュリアもハロルドを見つめ返す。たくさんの顔の中から母親の顔を探し出す能力も、驚くほど早い時期から持っている（目の前に多くの顔があっても母親の顔だけ他より長く見つめることから、探し出す能力があるとわかる）。しかも、嬉しそうな顔と悲しそうな顔の違いもごく早いうちから区別できるようになる。表情を読む極めて高い能力をすぐに身に付けてしまうのだ。目や鼻の周りの筋肉のかすかな動きを敏感に察知するのである。何と、生後六カ月の乳児には、サルの個体ごとの顔の特徴の違いを見分けることさえできる。大人にとってはどれも同じに見えるようなサルの顔を見分けることができるのだ。

見る以外には、「触る」という技術もある。まず、赤ん坊には、とにかくできるだけ多く、長く、母親に触れたいという、おそらく太古から変わらない欲求があるのだろう。ハリー・ハーロウのサルを使った有名な実験の結果が示すとおりだ。この実験で、ハーロウは、生まれたてのサルを母親から隔離し、代理の人形を与えた。一方は、授乳はできるが針金でできた人形、もう一方は、授乳はできないが、母親に似た柔らかい材料でできた人形である。そうすると、子ザルは時に、たとえ乳は与えられなくても、母親の感触が得られる人形の方を選ぶ。身体的接触は、栄養の摂取と同じくらい、生存や成長（特に脳の発達）にとって重要なのである。ハロルドに触れることはジュリアにとって、生活をすっかり変えてしまうほどの喜びになった。人間の皮膚には、二種類の受容器官がある。一方は、脳内の体性感覚野と呼ばれる部位に情報を送る受容器官だ。触れている物が何であるかを認識するため、あるいは物を思い通りに操るために必要になる。もう一方の器官は、社会性に関係する脳内部位を活性化させる。赤ん坊との身体と身体のコミュニケーションは、母親にこの上もない安心感と幸福感を与えるが、それはこの器官と脳内部位のはたらきによる。いくつものホルモンや化学物質を連鎖的に分泌させるのだ。それにより、血圧が下がるなどの変化が体内で起き、幸福感も生じる。ハロルドがジュリアの胸に抱かれ、乳首を吸うと、二人の間には緊密なつながりが生まれる。そして、その時の刺激は、ハロルドの脳内の神経細胞の発達も促す。ジュリアは、自分が今まで想像さえしなかったような深い満足感でいっぱいになっていることに気づいた。一度などは、いつの間にか「セックスなんてもうしなくていい。セックスなんかより、この方がはるかに幸せ」などと考えている自分に気づいて驚いてしまった。学生時代に、皆の投票で決める「将来、ポルノ映画に出そうな女」ランキングに顔を出したのと同じ人間とはとても思えない。

そしておそらく、赤ん坊の最も強力な武器は「匂い」である。ハロルドの匂いは、とにかく素晴らしかった。彼の小さく、温かい頭から発せられるかすかな匂いは、ジュリアにとって自分の存在の奥深くまで染み込んでいくように感じられた。それもやはり息子との強いつながりを感じるものだった。

もう一つの武器はものまねだ。ハロルドはすぐにジュリアの真似をするようになった。生後数カ月で、母親が口を開けたら、同じように口を開ける、ということができるようになる。頭を左右に動かせば、同じように左右に動かす。ハロルドは間もなく、身振りも真似をし始めた。

ジュリアを見つめるのも、触れるのも、しぐさを真似るのも、すべて原始的なコミュニケーションであると言える。そうすることで、無意識のうちに自分の感情、気分を表現し、また相手の感情や気分に反応しているのだ。ジュリアはいつの間にかハロルドに調子を合わせている自分に気づいた。同じようにハロルドを見つめてしまうし、口を開けたり、頭を動かすしぐさを何度も繰り返してしまうのだ。

以前、ある大学の心理学専攻の学生たちが、こうした「原始的コミュニケーション」を利用して、教授にちょっとしたいたずらを仕掛けたことがあった。学生たちは事前に打ち合わせ、教授が自分たちから見て教室の左側にいる時には、じっと顔を見て話を熱心に聞いている素振りをすることにした。反対に教授が教室の右側に移動した時には、顔を背け、話を聞いていない素振りをすることにしたのだ。授業が進むにつれ、教授は無意識のうちに徐々に教室の左側にいることが多くなった。授業の終わり頃になると、教授はほぼ教室のドアの外に出ているような状態になっていた。彼は学生たちが何をしているのかはまったくわかっていなかったが、左側にいる方が気分が良いということは感じ取っていたのである。他人の行動が一種の重力としてはたらき、それに引っ張られたと言ってもいい。

ジュリアとハロルドの原始的コミュニケーションはもちろん、もっと底の深いものである。何週間経っても、ハロルドは、このコミュニケーションにより、ジュリアの母親業を継続させていたのだ。何週間経っても、何カ月経っても、その間に何があろうと、絶え間なく変わらない熱心さで母親業に取り組むよう仕向けていた。そして、ジュリアの心にあった壁を壊し、人格を根底から作り替えてしまった。彼女が何を考えていようと、何を感じていようと、決して自分の存在が頭から離れないようにしたのだ。ジュリアは徐々に、独立した一人の人間ではなくなっていった。ハロルドと自分との境目が少しずつ曖昧になっていったのである。

侵略

ただし、ジュリアの古い人格もそのままおとなしく引き下がったわけではなく、やがて反撃を始めた。それは特に驚くべきことでもないだろう。何も、突如現れた新しい生き物に、戦わずして降伏したわけではないのだ。

最初の一年間は、ほとんど授乳に費やされたようなものだった。授乳は、ハロルドの部屋の隅に置いた椅子に座ってすることが多かった。出産前には、友人たち（そのほとんどはまだ出産経験がないのだが）が育児に役立ちそうなものをあれこれとプレゼントしてくれた。もらったのは、たとえば、動画と音声で赤ん坊の様子が見られるベビーモニター、デジタルフォトフレーム、空気清浄機、除湿機、知育用ＤＶＤ、視覚を刺激するフロアマット、手先を器用にするガラガラ、心を落ち着かせるための波の音発生器、など。ジュリアは、そういうものたちに囲まれて椅子に座り、授乳していた。まるで宇宙船エンタープライズ号（ＳＦドラマシリーズ『スター・トレック』に出てくる宇宙船）のカーク船長のようでもあった。

それはハロルドが生まれて七カ月ほど経った頃だった。ある夜、ジュリアはいつものように、ハロルドを胸に抱え、椅子に座っていた。柔らかな部屋の灯りが二人を包み、物音一つしない。表面上は、実に穏やかな「母と子の情景」に見えた。母親が我が子に乳を飲ませている。愛情と優しい気持ちに満たされた時間だ。しかし、もし誰か、その時のジュリアの心を読める人がいたとしたら、こんな声が聞こえたはずだ。「もうイヤ！　ほんとにイヤ！　助けて、助けてよ！　頼むから誰か助けて！」

彼女は疲れきっていた。そして、目の前の「小さな怪物」が憎らしくなっていた。この子がいるせいで、私は何もかもあきらめなくちゃならない、この子が私の人生をめちゃくちゃにしている、そんな気分になっていたのだ。ハロルドはその可愛らしさを武器に、巧みに彼女の心の中に入り込んだ。そして、侵入に成功すると、彼は何もかもを踏みつけ、次々に破壊していったのだ。

ハロルドは天使のようでもあり、ナチス突撃隊の兵士のようでもあった。ともかく強欲で、何もかもを奪い取ろうとする。まず、睡眠時間を奪う。他のことに注意を向ける時間も奪う。うかうかシャワーも浴びていられないし、トイレに行くこともままならない。時にはゆっくり休憩したいがそれもできない。今、彼女が何を見て、何を考えるかさえ、ハロルドに決められてしまうのだ。泣くか笑うかもハロルド次第である。ジュリアは、すっかり打ちのめされ、惨めな気分だった。

乳児には、平均で約二〇秒に一回くらい、何かしらの理由で大人が注意を向けなくてはならない。そのため、子供を産んだばかりの母親は、最初の一年で約七〇〇時間の睡眠を奪われることになる。その間、結婚生活に対する満足度は七〇パーセント低下するとも言われる。しかも、母親が鬱《うつ》になるリスクは倍になるという。ハロルドの耳をつんざくような泣き声はあまりに不快なものだった。そのため、ついには、「もうすぐ泣くかもしれない」という兆候が少し見えただけで、ジュリアが大声で泣き出すということまで起きた。そんな時にはロブも不機嫌になり、怒り出す。

ジュリアは、授乳中に疲れた頭でよく、すっかり太ってしまった自分の身体のことを考えた。彼女の思考は暗い森を彷徨《さまよ》っているようだった。この体型では、もうタイトスカートは穿けないだろうと思った。以前のように思いつきで行動をすることも許されなくなった。これからは母親としての役割に拘束され、常に母親らしい態度をとることが求められるのだ。何と退屈なことだろう。世の中には、子育てに関して色々なことを言う人がいる。「子供は絶対に母乳で育てるべき」と強く主張して譲らない人たちもいる。実際、ジュリアの知り合いにもいた。自分の子育て法が絶対と信じ、他人に意見しないと気がすまない人も多いのだ。また、母親の中には、いつも気分が沈んでいて、愚痴ばかり言う人も大勢いる。自分がどれほど退屈でひどい日々を送っているかを言い続ける。そんな自分に対して夫や親たちはあまりに冷たいというのだ。公園での母親どうしの会話で交わされるのは、そういう言葉ばかりだ。ジュリアも知らず知らずのうちにそんな会話に加わっていた。ハーバード大学のジル・レポール教授が言うとおり、母親になると誰もが多かれ少なかれ、そういう状態に陥ってしまう。少し、鷹揚《おうよう》になれると救われるのだが、なかなか難しい。また、妻の状況を理解しない夫、褒めない夫も問題である。

ジュリアは、楽しかったパーティー三昧の日々に別れを告げた。新しい人生が始まったわけだが、この時の彼女には、自分の未来が明るいとは思えなかった。暗い想像ばかりをしてしまうのだ。同じような小言ばかりを繰り返す自分、毎日毎日、子供の弁当を用意する自分。突然、子供が感染症にかかり、病院に走る自分……。そして、今は日々「少しは昼寝できますように」とひたすら祈っている。その上、一つ気がかりなことがあった。女性は男の子を産むと、寿命が短くなるという話を聞いたのである。男の子のテストステロンが免疫系のはたらきを損なうのが理由らしい。

母子の絆

ジュリアは沈んだ気分で椅子の背にもたれていたが、ふと、ハロルドを持ち上げてみた。ハロルドの顔が彼女の鼻のあたりまで来た。再びジュリアの胸に下ろされると、彼は小さな手で母親の小指をつかみ、また乳を飲み始めた。喜びと感謝の気持ちが込み上げ、ジュリアは少し涙を流した。

ケネス・ケイによれば、人間の赤ん坊の乳の飲み方には、他の哺乳動物には見られない変わった特徴があるという。それは、飲み方が断続的であるということだ。何秒か飲んだかと思うとやめてしまう。まだ乳首が口の中にあっても、いったん飲むのをやめてしまうのだ。そして、しばらくするとまた飲み始める。飲むのをやめた時、母親はよく赤ん坊を揺するのだが、実は飲むのをやめることで揺するよう促しているのだ、というのがケイの主張である。揺する時間は、赤ん坊が成長するにつれ短くなるというデータもある。生後二日の時点では三秒間だったのに、生後数週間になると、同じ子でも揺する時間が二秒になったというのだ。

これは、いわば二人で一つのリズムを生み出しているようなものだ。同じリズムに合わせ、二人でバレエを踊っていると言ってもいい。ハロルドが飲むのをやめる、ジュリアが揺する、ハロルドが飲み出す、ということを繰り返すのだ。これも一種の会話である。このリズム、会話は、ハロルドが成長してもしばらく続く。ハロルドがジュリアを見つめる、ジュリアが見つめ返す、という会話もある。二人の世界は、こうした会話から成り立っているのだ。

二人の会話は、ミュージカルにも似ていた。ジュリアは元来、歌が得意ではないが、気づくとハロルドに向かって本当に歌いかけていることがあった。なぜかはわからないが、歌っていたのは、ほとんどが『ウエスト・サイド物語』の中の歌だ。時には、ウォール・ストリート・ジャーナルの記事をハロルドに読み聞かせることもあった。気晴らしに、連邦準備制度理事会（ＦＲＢ）に関連する記事ばかりを選んで、いわゆる「マザリーズ」で読むのである。マザリーズというのは、母親が幼い我が子に話しかける時の独特の口調のことだ。速度が遅く、イントネーションが普通よりも強調された、歌うような口調である。世界各国、文化の違いを問わず見られるものらしい。

子供が産まれて何カ月か経つと、「ものまねの練習」を始める母親もいる。といっても、自分自身が誰かのものまねをするわけではない。自分の真似をした時の子供の顔が、誰か有名人に似るよう、あれこれと工夫を始めるのだ。たとえば、ジュリアは、自分が顔をしかめると、息子の顔がムッソリーニのようになることに気づいた。ジュリアがうなり声をあげると、今度はチャーチルそっくりになる。そして、彼女が口を開けると、まるで、ジェリー・ルイスがおびえている時のような顔になるのだった。また、ハロルドは、時にはあまり感じの良くない笑顔を見せることもあった。抜け目なさそうな、ひねくれた笑いである。女性のシャワールームに隠しカメラを仕掛けるような、最低な人間の顔を連想させた。

ハロルドの方では、母親との絆を強くしようと必死だったに違いない。それには、こうした「会話」が極めて重要になる。何らかの理由で会話がうまくいかなければ、生きていくことすら危うくなるかもしれないからだ。こうした母と子の会話をあえて阻害する実験も行なわれている。赤ん坊と接する時、母親に一切、表情を変えないようにしてもらったのだ。すると、赤ん坊は、大きな戸惑いを見せた。顔をこわばらせ、すぐに大声で泣き出し、暴れた。しばらくは、母親の関心を引くために、あれこれと表情を変えるのだが、それでも反応がないと、今度は自分からはまったく何もしなくなる。まるで鏡に映したように、母親の表情がそのまま子供の表情になるのである。おそらく心の中の状態も、母親の心の中を鏡に映したようになるのだろう。

ジュリアが疲れきってしまった時は別として、それ以外の時には、二人の会話はまるで交響曲のようだった。互いに呼応し合って、一つの音楽を作っていたのだ。そうすることで、ハロルドの脳は作り上げられていく。母親の脳により、子供の脳が作られると言ってもいいかもしれない。

生後九カ月になっても、ハロルドはまだ「自己」を認識していなかった。まだ、できないことばかりである。それでも、彼は、その時期までにしておくべきことを立派にやり遂げてきた。中でも重要なのは、他人と十分にコミュニケーションをしたということだ。コミュニケーションは、人間の様々な能力の発達に不可欠なものだからだ。

人間は、栄養さえ与えれば育つというものではない。確かに栄養が十分なら、身体は大きくなるかもしれないが、それだけでは、脳が十分に発達せず、人間として必要な能力が身につかないのだ。脳の発達のためには、他者と関わる必要がある。それは人間に限らない。少なくとも哺乳類全般には言えることである。ラットの子供を使った実験でも、母親がなめたり、毛繕いをした子供の方が、そうでない子供に比べ、脳のシナプス結合が増えるという結果が得られている。ラットの子供を母親から引き離すと、そうでない場合に比べ、大脳皮質、小脳皮質で死滅する神経細胞の数が二倍になる、というデータもある。また、遊具の置かれたケージで育ったラットは、何もない普通のケージで育ったラットに比べ、シナプスの数が約二五パーセント多くなるという。外的な環境の違いが脳に影響を与えるということだ。

一九三〇年代には、H・M・スキールズが、孤児を対象とした研究をしている。知的障害を抱え、養護施設で暮らしていたが、後に里親に引き取られた孤児たちについて調べたのだ。引き取られてから四年後にIQを検査したところ、驚いたことに、そのまま施設に住み続けた孤児たちに比べ、約五〇ポイントも高くなっていたのである。注目すべきなのは、このIQの向上が、いわゆる「教育」によるものではないということだ。そう言えるのは、孤児たちを引き取った母親たちは皆、自身が知的障害を抱え、別の養護施設で暮らしていた人たちだったからだ。教育ではなく、母親が愛情を注ぎ、注意を向けたことがIQの改善につながったというわけである。

ハロルドは、ジュリアが部屋に入ってくるだけで、明るい表情を見せるようになった。それはジュリアにとっては大きな救いだった。彼女はもう精神的にも体力的にも追い詰められていたからだ。ここ何カ月かは、まともに眠ることすらできない日々が続いていた。彼女は自分のことをきれい好きな方だと思っていたが、今、家の中は散らかり放題だった。蛮族の襲撃を受けた直後のローマはこういう感じだったかもしれない、と思うほどである。誰かに話しかけられても、気の利いた答え一つできなくなっていた。最後にまともな受け答えをしたのがいつか、思い出せないくらいだった。しかし、それでも、朝にはいつもハロルドが満面の笑みで迎えてくれる。そのおかげでまた一日、頑張れるのだ。

ジュリアは、この地球上に、自分よりハロルドのことをよくわかっている人間は一人もいないのだということを徐々に実感するようになった。彼女は我が子が自分に何を求めているのかをわかっていた。彼は、もといた世界から外の世界に出され、新しい環境に馴染むのに苦労しているのだ。ハロルドが最も望んでいるのは、胎内に戻ることだ。母親ともと通りの関係に戻りたいのだ。ジュリアはそれを感じ取っていた。しかし、悲しいことに、その望みをかなえることは彼女には決してできない。

ジュリアとハロルドは、まだ一言も言葉は交わしていない。ハロルドはまだ話せないからだ。二人は主に、お互いを見ること、触ることで理解し合っていた。また、匂いや涙、笑い声などで理解し合うこともあった。以前は、意図や考えは言葉でしか伝わらないもの、と思い込んでいたジュリアだが、すでに必ずしもそうではないと悟っていた。言葉がなくても、人間どうしの複雑な関係が成り立ち得ることを理解したのだ。

ミラーニューロン

人間はいかにしてお互いを理解するのか、はるかな昔から哲学者たちはその問題について意見を戦わせてきた。あるものは、こんな説を唱えた。我々は常に、他人の行動について仮説を立てている、というのだ。その後、その人の実際の行動を観察することで、その仮説が正しいか否かを検証するという。仮説に合う行動が見られれば正しいと言えるし、そうでなければ正しくない、というわけである。これは実に理性的、合理的な態度だ。もしこの説が本当なら、人間は皆、科学者であるということになる。科学者とは、仮説を立て、それを実験によって検証する人たちのことだ。実験により、確かな証拠が得られれば、その仮説は正しいと言える。実際、こうした方法で私たちが他人を理解することはあるのだろう。そのことを示す証拠も見つかってはいる。ただし、最近の研究により、他の方法もあることがわかってきた。また、むしろ重要性はそちらの方が高いようなのだ。その方法とは、一種の「シミュレーション」である。人間は他人を見る時、「もしあの人と同じ体験を自分がしたらどうなるか」というシミュレーションを頭の中で自動的に行なうのだ。そうして他人の感じていること、考えていることを理解するのである。これは、仮説を立てて検証するという、一種冷徹な方法とはまったく違っている。自分の実際の経験を基に演技する、「メソッド式」と呼ばれる俳優の演技法があるが、どちらかと言えばそれに似ていると言えるだろう。誰もが無意識のうちにメソッド式の俳優になっているわけだ。自分の言動に対して相手がどう反応するかも、同様の言動を見た時に自分がどうするかを想像して予測する。私たちが社会生活を営んでいけるのは、人によって程度の差はあるが、少なくとも部分的には、お互いの心の中を想像できるからである。他人の心の動きを自分の心の中で再現するのだ。そして、その作業によって自分の心の形も変えていく。

イタリア、パルマ大学の研究チームは一九九二年、マカクザルというサルの脳について調べていたのだが、その時に奇妙な現象に気づいた。サルの見ているところで研究者の一人がピーナッツを手に取り、口に入れると、サルの脳内でも自分がピーナッツを手に取って口に入れた場合と同じような活動が見られたのである。サル自身は一切、身体を動かしていないにもかかわらず、である。つまり、サルの脳は、他者の脳内で行なわれている処理を自動的にシミュレートしていたということになる。

この発見をきっかけに、「ミラーニューロン学説」が生まれた。これは、「脳内には、他者の脳内の処理を自動的にシミュレートするニューロンが存在する」という学説である。ミラーニューロンと言っても、物理的な構造は、他のニューロン（神経細胞）と何も違わない。違っているのは、ニューロンどうしの接続パターンである。その独特の接続パターンにより、他者の脳のはたらきのシミュレーションという驚くべき仕事をするのだ。

ミラーニューロンは、神経科学の世界ではこの数年、最も話題となったテーマであり、活発な論議の的になってきた。その価値がやや過大に評価されているきらいもある。ミラーニューロンの発見は、DNAの発見に匹敵すると考える研究者もいる。脳のはたらきについての理解に革命をもたらしたというのである。ミラーニューロン学説が正しければ、脳の情報処理についての考え方も、他者理解、あるいは他者とのコミュニケーションについての考え方も、完全に改めなくてはならないという。しかし、一方でそれは大げさだと考える研究者もいる。そういう研究者にとっては、「ミラーニューロン」という言葉自体が明らかに不適切なのだ。人にいたずらに誤解を与えるので良くないというわけだ。この言葉だけを見ると、まるで脳の中に「ものまねの能力を持ったニューロン」が存在するかのようだが、決してそんなことはない。あくまでものまねをするのは、ニューロンのネットワークであり、単独でそんなことができるニューロンはない。このように、研究者により温度差はあるものの、人間やサルの脳に、自動的に他者のものまねをする能力が備わっているということに関しては大方の意見が一致している。同じ場にいる人が同じものを見た時に抱く気持ちが似通ってくるのはそのためだ。『ミラーニューロンの発見――「物まね細胞」が明かす驚きの脳科学』の著者、マルコ・イアコボーニが言うとおり、人は他人の経験を、まるで自分の身に起きたことのように感じることができるのだ。

パルマのサルたちは、脳内で他者の行動をシミュレートしただけではない。その行動の裏に隠された意図も読み取っていた。目の前の人が、中に入った飲み物を飲もうとしてグラスを手に取った場合、サルのニューロンは活発に発火する。しかし、空のグラスを手に取って洗おうとした場合、サルのニューロンに発火は見られないのだ。研究者がサルの見ている前でパントマイム風にレーズンを手に取る身ぶりをしても、ニューロンの発火は起きなかったが、レーズンを本当に手に取った時には発火が起きた。研究者が紙を引き裂くのを見せた時と、紙を引き裂く音を聞かせた時とで、サルの脳に見られるニューロンの発火パターンがほぼ同じであることもわかった。つまり、サルの脳で起きていることは、単なる「目で見た行為の模倣」ではないということだ。脳の反応は、その行為の目的と密接に関係しているのである。人が何をしているのか、それを把握する時の脳内の処理と、その行為の目的を推し量る時の処理は別なのではないかとつい思うが、実は両者は互いに結びついていて、切り離すことはできないのだ。どちらも処理するシステムは共通であり、脳内の同じネットワークパターンが使われる。

イタリアでの最初の実験以降、マルコ・イアコボーニをはじめ多くの科学者たちが、同様のミラーニューロンは人間にもあると信じるようになった。人間のミラーニューロンもやはり、他人の行為の目的を解釈するのに役立っていると考えられる。ただ、サルのミラーニューロンとは異なり、人間のミラーニューロンの場合は、相手の行為に何の目的も見出せない場合でも、それを模倣するらしいということがわかってきている。誰かが二本の指を使ってワイングラスを持ち上げるところを、ある女性に見せたとする。その時、女性の脳で起きる反応は、二本の指で歯ブラシを持ち上げるところを見せた場合とは違ったものになる。動きはほとんど同じなのだが、見た時の脳内の反応は異なるのだ。また、人間が話をしているのを見た時と、サルが話をするような感じで声を出しているのを見た時では、脳内の反応は違ってくる。

映画で追跡シーンを見た時には、自分が実際に追いかけられている時と同じような反応が脳内で起きる。ただ、実際の場合より反応は弱くなる。ポルノ映画を見た時に脳内で起きる反応も、程度が弱いだけで、自分自身がセックスをしている時とほぼ同じである。ジュリアは息子のハロルドを愛情のこもった眼差しで見つめていた。その時、ジュリアの姿を見るハロルドの脳の中では、おそらくジュリアの脳と同じことが起きていたと考えられるのだ。その体験により、愛とはどういう感情なのか、誰かを愛すると自分の中でどういうことが起きるのかを学ぶわけだ。

ハロルドは成長すれば、脳内で、母親だけでなく、他のあらゆる人間の「模倣」をするようになるだろう。その能力は、ありとあらゆる場面で彼の役に立つはずである。デューク大学の心理学教授、キャロル・エッカーマンの研究によれば、ものまねを含むゲームを多くさせた子供ほど、言葉を早く流暢に話せるようになるという。ターニャ・チャートランドとジョン・バーグの研究では、二人の人がお互いのまねをし合えばし合うほど、お互いのことが好きになることがわかった。また、お互いのことが好きな二人ほど、まねをし合うことが多いということもわかった。科学者の中には、無意識のうちに痛みを他人と共有することが、共感や感情移入の基礎になると考える人が多い。痛みを知ることで、他人の感情を推測できるということだ。倫理観などもそこから生まれるという。

ミラーニューロンについての科学的研究が今後どうなるかはわからない。しかし、私たちが日頃体験することがミラーニューロン学説によってうまく説明できるのは確かだ。そして、特にそれが当てはまるのが親子の関係である。母親と幼い子供の間では、確かに心が通じ合っている。お互いの脳と脳の間で感情が循環しているのだ。同じ考え、同じ感情が二つの脳で共有される。二人の間の距離を、その見えない感情のネットワークが埋める。

笑わせる

また何カ月かが過ぎた。それは、ちょうど夕食時だった。ジュリアとロブ、ハロルドは三人でテーブルを囲んでいたのだが、ふとロブが、なぜかテーブルの上にあったテニスボールを床に落としてしまった。すると、ハロルドは弾かれたように笑い出したのだ。ロブがもう一度ボールを落としてみると、ハロルドはやっぱり笑う。口は大きく開き、目は細くなり、身体は震えている。ティッシュを小さく丸めて目の前で投げ上げてみたら、けたたましい声を立てて笑っている。ロブは再びボールをテーブルの上に置き、しばらく動かずにいた。次に起きることを予期しつつ、三人ともが凍りついたようになった。そしてロブはまた不意にボールを落とし、何度か床で弾ませた。ハロルドはまた笑い出す。声はさらに大きくなっている。パジャマ姿で座る彼の小さな手は、笑いで少し痙攣したようになっている。ロブとジュリアは一緒になって笑い、笑いすぎて涙が出てきた。ロブは何度も何度も同じことを繰り返した。反応は常に同じだ。ボールがテーブルの上にある間、ハロルドは期待に満ちた目でじっと見つめる。ボールが床に落ち、弾むと、本当に嬉しそうに笑う。頭は揺れ、舌は震え、目は忙しく動く。ロブとジュリアはハロルドと同じように歓声を上げ、大声で笑う。そして三人の声は溶け合い、響き合うのだ。

それは最高のひとときだった。同じ頃には「いないいないばあ」もしたし、床の上でレスリングのまねごとをしたり、くすぐったりもした。おむつ替えテーブルに寝かされたハロルドの方を向いて、ジュリアが口に小さなタオルをくわえることもあった。それを見たハロルドは大喜びでタオルを奪い取ろうとするのだ。どれも予測できる「驚き」の繰り返しである。それにハロルドは夢中になった。こうしたゲームが彼に与えたのは、一種の達成感だ。この世界に存在するパターンを一つ理解したという達成感である。そして、両親と完全に「同期している」ような感覚も得られる。それこそは赤ん坊にとっては最高の喜びなのだ。

笑いというものが存在するにはそれなりの理由がある。笑いはおそらく、人間が言語を考え出す前から存在しただろう。メリーランド大学のロバート・プロヴァインによれば、人は誰か他の人といる時、自分一人でいる時の三〇倍くらい多く笑っているらしい。一緒にいる人との結びつきが強いほど、笑いは起きやすくなる。また、驚いたことに、会話中の人を調べてみると、自分が話をしている時の笑いの方が、人の話を聞いている時の笑いより四六パーセントも多いという。つまり、必ずしも、「オチ」のある面白い話を聞いたから笑うというわけではないのだ。笑いが起きた時の話を調べると、間違いなく「面白い」と言えるものは全体の一五パーセントほどにしかすぎない。笑いは、話が面白いから起きるというよりも、その状況が心地の良いもので、また他の人も同じように感じていると察知した時に自然に起きるものである。

ジョークの中には、駄洒落のように、それ自体が面白いというものもある。そういうジョークは社交性のあるなしにかかわらず楽しめるだろう。時には自閉症患者も楽しめるジョークというのがあるのだ。しかし、ジョークはほとんどが社会との結びつきの強いものだ。人と人との間に生じた緊張が緩和した時に笑いが起きる、ということが多い。笑いは、人が互いの間の関係を築くために使う言語であるとも言える。関係に齟齬が生じた際の修復にも役立つし、すでに築いた関係をさらに強固にするのにも役立つ。ただし、笑いにも良い面と悪い面がある。皆で笑い合って連帯感が強まるというのは確かに良いことだが、皆で寄ってたかって誰かを笑い者にするということになると問題だ。しかし、笑いと人間関係というのはほぼ、一体のものと考えていいだろう。スティーブン・ジョンソンはこんなふうに言っている。「笑いは、ユーモアに対する本能的、身体的な反応ではない。痛みを感じた時に手を引っ込める、あるいは寒い時に震えるというのとは違うのだ。笑いは、人とつながろうとする本能の表れである。ユーモアはむしろ、笑いに利用するために後から作られたものと言っていい」

毎日毎日、ロブとジュリア、そしてハロルドは、互いを「同期」させるべく努力をした。時には失敗することもあった。ハロルドが感じていることを、同じように感じることができなかったのだ。彼が一体、今、何を求めていて、どうすれば喜ぶのかがわからなかった。しかし、成功する時もあった。成功した時には、笑いという報酬が得られた。

人間はもちろん生物である。生物である以上、その誕生についてあくまで生物学的に説明することはできる。受胎、妊娠、誕生というプロセスを経て産まれてきたわけだ。ハロルドもそうだ。しかし、人間はそういう生物学的なプロセスだけではできあがらない。人間、特に人間の本質と呼べる部分ができるまでには、他の人間との関わりが必要になるのだ。多くの場合、子供が産まれて最初に関わるのは両親である。日々、両親と接する間に、その関係にはある特有の性質が生じる。その後、子供が成長し、自意識が育つにつれ、両親との関係もやはり個人と個人の関係となり親子が一体だった時とはその質を変えていく。人間はまず成長して、それから人と関係を築く、というわけではないのだ。人間は、はじめから人間関係の中に生まれてくる。両親や先祖との関係の中に産まれてくるのである。ここで一つ覚えておくべきなのは、「脳」と「心」は同じものではないということだ。脳は、一人一人の人間の頭蓋骨の中に収まった器官で、それぞれが独立した存在だ。しかし、心はネットワークの中にしか存在できない。ネットワークから切り離された一人一人の心などというものはあり得ないのである。心は脳と脳が相互に関わった結果、生まれるものだ。脳と心を混同してはいけない。

サミュエル・テイラー・コールリッジは、こう言っている。「自己が生まれる前に、まず愛が始まる。最初の愛は他者への愛である。幼子は、母親の中に己を発見し、その後、何年も経ってからはじめて己が一個の人間であることを悟るのだ」

コールリッジは、当時三歳だった我が子が夜中に目を覚ました時のことを書いている。目を覚まして母親にこう言ったという。「ねえ、僕に触って。お母さん、頼むから僕に触ってよ」母親は驚いて、「なぜ？」と尋ねた。

子供は泣きながらこう答えた。「僕がここにいないんだ。お母さんが触ってくれないと、僕はここにいられない」

4章 「世界地図」作り——脳と学習

この世に現れて、最初のうちは母親だけを見つめていたハロルドだが、間もなく、それ以外の薄汚れた物質世界も目に入るようになってきた。その時点では、ポルシェがほしいとかロレックスがほしいとか、そういうことを思っていたわけではない。まず彼が注目したのは「ストライプ」である。縞模様が目に入るとそれに注意を向ける。そして次に「チェック」に注目した。白と黒の格子模様があると気にするようになった。さらに、その後、物の「端《はし》」「縁《ふち》」にも目を向け始めた。箱があれば箱の縁、棚があれば棚の縁をじっと見るのだ。まるで、かのカルト指導者チャールズ・マンソンが警察官を見るように執拗に縁を見つめる。

何カ月か経つと、周囲にあるもの一つ一つの区別がつくようになる。箱があり、ベビーカーがあり、ガラガラがあり、哺乳瓶《ほにゅうびん》がある。その一つ一つを見分けられる。「水平」も認識できるようになる。これは、重力がどの方向にはたらいているのか、どっちの方向が「下」なのかがわかることだ。そして、あらゆる物体が常に可能な限り最も低い位置にいようとする、という現象に強く興味を惹かれる。テーブルの上の皿は、テーブルの支えを失えば床へと落ちていく。棚の支えを失った本も同じように床に落ちる。半分だけ残って戸棚にしまわれていたスパゲティも、容器の外に出ればたちまちキッチンの床の上に。何もかもが、そこが自然の居場所だとでもいうように、できるだけ下へと移動する。

この時期の子供が素晴らしいのは、心理学者であると同時に、物理学者でもあるというところだ。母親との関わりから何かを学ぶ時には心理学者となり、一方、物体の落下などの自然現象を理解する時には物理学者になる。母親を見つめ、自分を守ってくれていることを確認しながら、何か下へ落ちたり倒れたりするものがないかを絶えず探している。アリソン・ゴプニック、アンドリュー・メルツォフ、パトリシア・カールによると、この頃の乳児は「説明衝動」とでも呼ぶべきものに取り憑かれている、という。ハロルドは、長い間座り込んで色々な箱を手にし、一つをもう一つの中に入れてみるという作業に熱中することがあった。なかなかうまく大きさの合うものが見つからないが、しばらく続けていると、やがてぴったりと箱の中に箱が収まる瞬間がやってくる。するとその直後、太古の本能に駆られるのか、突然、彼は箱を投げ始める。投げられた箱は、階段を転げ落ちる。

こうして、実験と学習の日々を送るハロルドだったが、彼のような乳児の思考プロセスは、読者や私のものとは根本的に違っている。まず、彼らには、自意識というものがない。もう一人の自分がいて、それが自分を見つめているということはないのだ。自意識に関わるのは、主に、脳の中で司令塔のような役割を果たす前頭葉だが、前頭葉は他の部分に比べて成長が遅い。前頭葉が未発達なため、ハロルドは、まだ自分の思考を自分で制御することがほとんどできていなかった。自分の思考をどちらに向けるかも、自分で決めることはほぼ、できなかったということだ。

大人であれば、自らに起きていることについて語る、ナレーターのような存在が自分の中に住んでいる。私たちが普段、「自分」だと思っているのは、そのナレーターだろう。だが、ハロルドの中には、まだそんなものはいない。彼は、自分で意図して過去の記憶を想起することができない。また、過去と現在をつなげて一本の線にすることもできない。過去に自分が何を考えたのか、それも思い出せないのだ。たとえ何かを学んでも、それをどうやって学んだのかは思い出せない。生後一八カ月まではは、ミラーテストを受けても不合格となる。ミラーテストというのは、自己認識があるかないかを調べるテストである。自己を認識していれば合格できるし、認識していなければ不合格となる。人間だけでなく、チンパンジーやイルカなど動物に対しても行なわれている。このテストではまず、被験者の前頭部にシールを貼る。その姿を鏡に映し、シールが自分の前頭部に貼られていると気づくかどうかを見るのだ。チンパンジーやイルカの場合、大人であれば、鏡を見てシールが自分の前頭部に貼られていると認識するという。つまりテストに合格するわけだ。ところが、ハロルドの場合は、額にシールを貼って鏡を見せても、シールが自分の額に貼られていると気づかない。それだけの自己認識がないからである。彼には、額にシールを貼られた生き物がそこにいるとしか思えない。他者の認識は十分にできるが、自分というものがわからないのだ。

三歳になっても、意識して何かに注意を向けるということはできないらしい。無意識に何かに興味を惹きつけられることはあるが、そういう対象がない時には、頭が空っぽの状態になる。未就学児の場合、他人が今、何を見ているか、何に注意を向けているかすらよくわからないのだ。注意を向ける、という概念そのものが彼らにないからである。長時間何も考えずにいる、ということも未就学児の段階なら可能だ。アリソン・ゴプニックは自著『哲学する赤ちゃん』の中で幼い子供の思考について次のように書いている。「彼らにとって、思考というのはあくまで外界からの刺激によって引き起こされるものである。内的な世界で自発的に何かを思考するなどというのは、彼らの理解を超えた芸当だ」

ゴプニックの言葉を借りれば、大人の意識は「サーチライトのようなもの」ということになる。外界の特定の場所、特定の物に自分の意志で注意を向けることができるからだ。一方、ハロルドを含めた幼い子供の意識は、「ランタンのようなもの」である。外界を全方位的に照らす。パノラマのように、外界に存在するあらゆる事物を一度に見ているわけだ。三六〇度スクリーンの映画と言ってもいいかもしれない。スクリーンには、実に様々なものが映し出されている。映っているものが多すぎてかえって何もわからない状態だ。一〇〇万もの事象が次々に注意を惹きつけるのだが、注意を惹く順序は完全にランダムで、そこに秩序はない。「あ、面白い形!」、「これも!」、「灯りだ!」、「人だ!」といった具合。

この説明は、まだ不正確かもしれない。これでは、大人との決定的な違いが伝わりきらないからだ。ランタンにたとえたりすると、まるで子供が世界を観察しているようにも受け取れるだろう。観察するためには、自分と、対象となる事物とが、ある程度以上分かれていなくてはならない。その意味で、子供は世界を観察しているとは言えない。世界と自分とが一体だからだ。周囲に何があろうと、何が起ころうと、常に自分はその一部である。

重要な仕事

幼いハロルドは、ともかく世界から少しでも多くのことを少しでも早く学ばなくてはならなかった。自分はどういう世界に生きているのか、それを知るのが彼の仕事だった。頭の中に世界の地図を作るのだ。地図があれば、世界の中でどう動けばいいか判断する手がかりになる。一つ一つの事象に意識的に注意を向けるという方法では、とても地図作りの仕事を短時間でこなすことはできない。自分を世界の中に浸してしまい、一度にすべてを受け止めるという方法が最も早いのである。

子供時代の多くは、地図作りの作業に費やされる(地図は一生、完成せず、大人になってからも修正は続けられることになる)。この地図は、外界から得られる混沌とした、無数の感覚情報を統合、整理したものである。外界の「モデル」と言ってもいい。世界の実際の事象を抽象化したものである。私たち人間はそれを利用して、世界に起きることを予測、解釈する。ジョン・ボウルビィはこんなふうに言っている。「私たちは、自分の出会うあらゆる状況を、頭の中にあるモデルを基に解釈する。

これは、世界、あるいは自分自身の再現モデルだ。感覚器官から取り入れられた情報は、モデルに基づいて取捨選択され、解釈されるのだ。モデルを利用することで、情報が自分にとって、また自分に関わりのある人にとって重要か否かを判断する。行動の計画を立てる時、実際に行動する時にも、モデルが重要な役割を果たす」世界の脳内モデル、脳内地図は、私たちの物の見方を決める。個々の事象をどう評価するか、事象に対してどういう感情を持つかを決めるのだ。何を望ましい、好ましいと思うのか、起きた出来事にどう反応するのかは地図次第ということだ。さらに、未来を予測する精度もほぼ、決まってしまう。

ハロルドは今がちょうど、最も熱心に地図作りに取り組む時期だった。エリザベス・スペルクによれば、赤ん坊は生まれつき、世界についての基本的な知識は持っているという。その知識のおかげでゼロから地図を作る必要はなく、作業を早く進められる。転がっているボールがそのまま転がり続けること、何かの裏に隠れたボールがいずれ反対側から姿を現すこと、などはごく幼いうちから知っている。生後六カ月になれば、点が一八個描かれたページと一六個描かれたページを見て、両者を区別することもできるようになる。まだ数は数えられないのだが、数の多い、少ないはわかるのだ。

言葉に関してもかなり早い段階から相当な能力を身につける。そのことは、メルツォフとカールが生後五カ月の乳児を対象に行なった実験の結果からも明らかだ。二人は生後五カ月の乳児に、まず「アー」、「イー」と言っている人の映像を見せた。映像には音がなく、ただ表情の変化がわかるだけだ。次に、「アー」、「イー」という音声を聞かせた。すると、「アー」と言っている顔、「イー」と言っている顔を正しく当てることができたというのだ。

生後八カ月の子供に、「ラ、タ、タ」、「ミ、ナ、ナ」と話しかけてみよう。子供は二分もしないうちに、その言葉が「ＡＢＢ」というパターンになっていることを察知するだろう。子供は驚異的な統計能力を持っていて、それを言葉の理解に利用する。大人が話す言葉は、すべての単語がつながって聞こえてくるのだが、しばらく言葉を聴いているうちに、たとえば、"pre"という音の後には"ty"という音が続くことが多い、というデータを得る。やがて、"pretty"で一つの単語であるということを理解するのだ。"ba"の後に"by"が続くことが多いので、"baby"も一語だと理解する。まだほとんど意識というものを持たない乳児が、そういう複雑な確率計算を見事にやってのけるのである。

シナプス形成

ハロルドの脳にはすでに一〇〇〇億を超える数の神経細胞、つまりニューロンがあった。ハロルドが世界について学んでいる時、ニューロンはそれぞれに枝を伸ばし、次々に他のニューロンとつながっていた。二つのニューロンの枝と枝とが出会う場所のことを「シナプス」と呼ぶ。ハロルドの脳の中では、ニューロン間の接続が凄まじいペースで行なわれていた。妊娠二カ月の時点から、二歳の誕生日を迎えるまでの間、一秒間に一八〇万ものシナプスが作られるという説もある。シナプスが増えれば、それだけ蓄えられる情報が増えることになる。私たちが知っているあらゆることは、脳の中で「ニューロンのネットワーク」として表現される。

二、三歳頃までには、脳内のニューロン一つ一つが、平均で一万五〇〇〇ものシナプスを作ることになる。ただし、そのすべてが残るわけではなく、使われないものは取り除かれる。最終的には、一〇〇兆から五〇〇兆、多い人で一〇〇〇兆くらいのシナプスができる。これは、とてつもない数である。わずか六〇個のニューロンだけを取り出しても、その間の接続パターンは、一〇の八一乗通りもできることになる（つまり、一のあとに〇が八一個もつくということだ）。現在知られている宇宙の中に存在する素粒子の数をすべて合わせても、その一〇分の一ほどである。ジェフ・ホーキンスは脳について、また違った表現をしている。「フットボール場をスパゲティで埋め尽くし、それを頭蓋骨に収まるサイズにまで圧縮したもの」というのだ。スパゲティどうしは極めて複雑に絡み合うことになる。

アリソン・ゴプニック、アンドリュー・メルツォフ、パトリシア・カールの三人は、著書『0歳児の「脳力」はここまで伸びる――「ゆりかごの中の科学者」は何を考えているのか』の中で、ニューロンどうしの接続のプロセスについて非常にわかりやすい説明をしている。「近所の家に頻繁に電話をしたら、ケーブルがひとりでに太くなるようなもの」だという。「はじめのうち、神経細胞はどれも、できるだけ多くの神経細胞とつながろうとする。電話勧誘員みたいなもので、とにかく一軒、一軒、片っ端から電話をかける。電話に出てもらえないことも、勧誘に失敗することもあるが、とにかく多くかけ続けていれば、時には勧誘に応じてくれる場合もある。電話に出てくれ、勧誘に応じてくれた回数が十分に多くなれば、両者の間の回線は太くなり、恒久的なものになる」

いわゆる「人格」は、この「シナプス形成」によって生まれると言ってもいいかもしれない。人格というものを果たして、どう定義すべきか、これまで何千年にもわたり、数々の哲学者たちが考えを巡らせてきた。人間は日々、年々、変わっていくのに、なぜ、ずっと同じ一人の人間であると認識できるのか。数々の思考、行動、感情を一つに束ねているものは一体何なのか。本当の「自分」というものはどこに存在しているのか。

そうした問いに答える上でヒントになるのが、ニューロンの接続パターンとそのはたらきである。たとえば、私たちの前にリンゴがあるとする。リンゴに関する感覚情報(色、形、触感、香り)はすべて統合されて、同時に発火するニューロンのネットワークに変換される。このネットワークを構成するニューロンは、脳内のどこか一箇所にかたまって存在しているわけではない。つまり、脳内に「リンゴ」専門のセクションがあるわけではないということだ。「リンゴ」に関する情報は、脳内のあちこちのニューロンに分散している。そのニューロンたちが複雑に結びつき合ってネットワークを作っているのである。そのことは、猫を使った実験でも証明されている。その実験では、まず、ドアに幾何学図形のマークを描き、そのドアの後ろに食べ物を置いた。猫に「このマークのついたドアの後ろには食べ物がある」ということを学習させ、その時の脳の活動を記録した。しばらくして、猫にドアに描かれたものと同じ図形を見せ、脳の活動を観察すると、学習時とまったく同様の活動が見られたのだ。五〇〇万を超えるニューロンが同時に発火したのだが、そのニューロンは特定の領域だけのものではなく、脳のあちこちに分散していた。また、人間を対象にした別の実験もある。これは、被験者に〝Ｐ〟の音と〝Ｂ〟の音を聞き分けてもらうという実験だ。この時も脳の活動を観察すると、脳内の二二箇所にも分散したニューロンが同時に発火することが確認された。

ハロルドが犬を見れば、脳の中では犬に対応するニューロンのネットワークが活動する。犬を繰り返し見るほど、ネットワークを構成するニューロン間の関係は密になり、情報のやりとりは効率的になるし、ネットワーク自体も成長する。ネットワークが成長し、より複雑になり、情報が速くやり取りされるようになれば、犬を見た時に「犬」という生き物に関してさらに多くの情報を取り入れられるようになる。また、個々の犬の違いも細かく見極められるようになる。これは、練習、訓練によって、ネットワークの性能を改善させられるということを意味する。たとえば、ヴァイオリニストは、演奏する際に左手を多く使うため、脳の左手に関係する領域に密なネットワークが見られる。

筆跡は一人一人違う。笑い方も、シャワーを浴びた後の身体の乾かし方も一人一人違っている。それは、皆がそれぞれに独自の訓練をして、脳の中に独自のネットワークを形成しているからだ。アルファベットをＡからＺまで順に暗唱することは多分、誰にでもできるだろう。これは子供の頃、何度も繰り返し、この順序で唱えたからだ。繰り返し唱えることで、そのパターンに対応するネットワークが脳の中にできたのである。しかし、ＺからＡという順序で暗唱しろと言われたらどうか。苦労する人が多いはずだ。この順序での暗唱はあまり経験がなく、そのため、脳の中に対応するネットワークがないのだ。

こうして、人はそれぞれの脳に、自分だけのネットワーク（ニューラルネットワーク）を作りあげていく。ネットワークは、日々生きていく中で、絶えず更新されていく。新しいものが作られることもあれば、すでに作られたものが強化されることもある。いったんネットワークが作られれば、繰り返し使われる可能性は高い。このニューラルネットワークは私たちの行動に大きな影響を与える。私たちの将来を左右すると言ってもいい。私たち一人一人の、この世界での振る舞い方を決めるのだ。それで、歩き方も、話し方も皆、一人ずつ違う。同じ出来事に遭遇した時の反応の仕方も違う。あらかじめ作られた水路を水が流れるように、ニューラルネットワークの作りによって行動が決まる。その意味で、脳はこれまでの人生の記録と言ってもいいかもしれない。その人の癖や好みなど、個性と呼ばれるものの一つ一つを具象化したものが、ニューラルネットワークであると考えることもできるだろう。人間は魂を持った存在だが、その魂は、脳の中のニューロンのネットワークという「物質」から生じているということだ。

一般化

ハロルドの脳の中では、母親の笑顔を見た時には、笑顔に対応したパターンでニューロンが発火するようになった。恐ろしげなトラックの音が聞こえた時には、トラックの音に対応したパターンで発火が起きる。よちよちと歩き回りながら脳を作っていく。五歳になったある日、彼は家の中で走りながら、驚くべきことをした。「僕はトラだー！」と叫び、ふざけてジュリアの膝に飛びかかったのだ。

何でもないこと、と思う人は多いだろう。子供なら誰でもすること、と思うかもしれない。たとえば、ハロルドがもし、五〇四一の平方根を一瞬で答えたというのなら、「それはすごい！」と皆、驚くはずである（五〇四一の平方根は七一）。だが、「僕はトラだー！」と叫ぶことはすごいとは思わない。

それは間違いだ。平方根など、安い電卓でも計算できる。だが、「僕はトラだー！」と叫ぶことは、単なる機械には絶対にできない。そんな想像力を持った機械はないのだ。「僕」は人間だ。幼い男の子である。一方のトラは猛獣だ。両者はまったく別の存在であり、それぞれに複雑な構造と様々な特性を持っている。その二つを混ぜあわせ、合体させて、一つの存在にしてしまうなどという芸当は機械にはできないことである。人間の脳には、この難しい仕事をいとも簡単にこなしてしまう能力がある。ただし、その仕事は意識下の深いところで行なわれているため、私たち自身にもそれが難しいことだという実感がない。

ハロルドが「僕はトラだー！」と叫ぶためにはまず、「一般化」という作業が必要である。これは、ある事象（たとえば、人間やトラ）に共通して見られる特徴を察知することだ。そしてさらに、一般化によって知り得た、二つの事象の特徴を組み合わせなくてはならない。これがいかに難しいかは、コンピュータを例にとって考えてみればわかる。たとえば、コンピュータに「部屋の中からドアを見つけ出す」という仕事をさせるには、どうすればいいだろうか。多数のドアの形状や寸法などについてのデータを記憶させ、「このデータに合致するものを探せ」と指示すればいいのか。ドアと言っても一つ一つ違っている。一体、ドアとは何か、どういう条件が満たされればドアと呼んでいいのか、それを決めるのは、相当に難しい。ところが、これは人間にとってはいともたやすいことなのだ。ハロルドも同じだ。私たちの頭の中には、「部屋」というものの構造について、漠然としたイメージがある。部屋というものの持つ、おおまかなパターンを把握していると言ってもいい。それによって、ドアがだいたいどのあたりにあるかがわかる。おかげで、普通は意識的には何も考えなくてもドアを見つけ出すことができるのだ。人間の脳は、こういう曖昧（ファジー）な思考に長けている。

私たちは世界を観察して、次々にいくつものパターンを見つけ出し、個々の事象について「だいたいこういうもの」というイメージを作りあげることができる。こうしたパターンやイメージは、それぞれ脳の中ではニューロンの発火パターンとして表現される。この能力を利用すれば、実に色々なことができる。犬のイメージのデータと、ウィンストン・チャーチルのイメージのデータを取り出して、両者を組み合わせることもできるのだ。それで、犬がチャーチルの声で話すところを想像したりもできる（犬がブルドッグなら、さらに想像は容易だろう。おそらくチャーチルに対応するニューロンと、ブルドッグに対応するニューロンはかなり重複しているはずだからだ。この重複により、私たちは似ているものをひとまとめにすることができる）。

想像力がはたらく時には、このように、ニューラルネットワークの融合が起きている。普段、何気なくしていることだが、実は極めて難しいことである。それぞれが別に存在している二つの事象を頭の中で一つにまとめ、実際には存在しない新たな事象を作り出す、ということをしなければならない。ジル・フォコニエとマーク・ターナーは、自著『人間の思考（*The Way We Think*）』の中で次のように書いている。「ニューラルネットワークを融合するためには、まずは個々のネットワークを作らなくてはならない。その上で、できたネットワークの中から合うものを探し、それぞれを部分的に取り出して混ぜ合わせるのだ。融合によってできたネットワークは、また新たな情報を生み、それが脳に再入力される。再入力された情報は、さらに新しいネットワークの創造につながり、それがまた融合されることもあり得る。そうしてネットワークが増える度、脳の中でできることは増えるのだ」これでも、私たちの脳で起きていることのほんの一部に触れたにすぎない。もっと詳しいことを知りたいという人は、科学者の書いた専門書を読むといいだろう。私たちが頭の中で何かを想像する時に、具体的にどういうことがどういう順序で起きているかを事細かに書いた本もある。ネットワークの融合の手順を詳細に知ることもできるだろう。

ハロルドは小さな悪魔のようになった。わずか五分の間に、トラになったり、電車になったり、車になったり、次々に変身していくのだ。母親になることもあれば、嵐や建物、アリになることもあった。四歳の頃には、自分は太陽で生まれたのだと言い張っていた時もあった。それが七カ月ほど続いた。本当は地球の病院で生まれたのだといくら言い聞かせても、余計に頑《かたく》なになって、決して認めようとしない。ジュリアもロブもさすがに心配になった。ひょっとしてこの子はおかしいのかもしれない。生まれつき妄想症か何かなのではないか。

心配はいらなかった。ただ、ネットワークの融合によって一時的に混乱が生じていただけだ。少し大きくなると、また様子が変わってきた。今度は、自分だけの空想の世界を作り始めたのだ。「ハロルド・ワールド」だ。まさに自分のために存在する世界。自分を中心に回る世界である（専門の研究者は、幼い子供が作るこの世界のことを「パラコスム」と呼んでいる）。ハロルド・ワールドでは、誰もが「ハロルド」という名前で、全員がハロルド・ワールドの王を崇拝している。当然、その王はハロルド自身だ。ハロルド・ワールドでは、皆が決まったものを食べる。食べるのは主にマシュマロとM&M'sチョコレートである。職業も限定されている。そのほとんどがプロのスポーツ選手だ。ハロルド・ワールドには独自の歴史もある。これまでに思いついた空想の出来事で構成される歴史だが、ハロルドの記憶に現実世界の歴史と同じように刻まれている。

ハロルドのネットワーク融合力や、一般化の能力、また、お話を作る能力は、総じて高いようだった。脳の情報処理能力自体、もし測ることができたら平均を少し上回っていたのではないかと思われる。特別に優れている子供というほどではないにせよ、物事の本質を認識することには間違いなく長けていた。本来は無関係の事象を結びつけるのもうまかった。これは、現実世界のモデルを作ることがうまくできていたということである。そして、実在しない世界のモデルを頭の中に作り上げるということも、見事にやってのけたのだ。

私たちはつい、何かを空想する、想像するというのを簡単なことだと思いがちだ。一般に子供の方が大人よりうまくできる、ということもその通念に影響を与えているのだろう。しかし、実際には想像は簡単ではないし、大人にとっても非常に役に立つものである。想像の才を持った人であれば、「私があなたであれば〜するだろう」という思考がすぐにできる。あるいは「今は、この方法でやっているけれど、もし、あのやり方に変えたら早くできるようになるのでは?」という発想もできる。このように、頭の中に現実とは違う世界を作り上げる能力があればとても便利なはずだ。

お話を作る

ハロルドには、四歳から一〇歳くらいまで、会話の中にテレビで聞いたセリフやコマーシャルのキャッチフレーズなどをはさみ込む癖があった。皆で夕食のテーブルを囲み、話をしていると、そこにハロルドが色々な言葉をはさみ込んでくるのだ。しかも、会話の内容にとても合った、うまい言葉を選ぶ。難しい言葉も正しく使いこなすのだが、あとで確かめてみると、その言葉がどういう意味なのか、少なくとも意識の上でよくわかっていないらしい。ポール・マッカートニー&ウイングスの古い曲の歌詞を突然、口にしたりもしたが、やはり状況に合った言葉なのだ。それを聞いた大人は驚いて彼を見つめ、「小さいおじさんが中にいるのかな」などと言い合った。

もちろん実際には、頭の中に大人が隠れているなどということはない。ただ、彼の頭の中は、一種の「パターン合成器」があったのだ。ロブとジュリアは、一定の秩序の下で行動しており、ハロルドもその支配下にあった。二人は基本的に毎日、同じ行動を繰り返していた。次に何をするのかは、毎日見ていればほぼ予測ができた。この毎日の習慣が、ハロルドの心の基礎を作った。常に変わらない行動、それが守るべき秩序、規律として認識されたのだ。しかし、ハロルドの脳はまだ完全に秩序に従っているわけではなく、時折、そこからはみ出て冒険をする。パターン合成器が、思いがけないパターンを創り出すのはそんな時だ。元来、関係がなかったはずのものを鮮やかに結びつける。

ハロルドのこの能力を見て、ロブとジュリアは喜んでいたが、暮らしていく中では問題が起きることもよくあった。スーパーマーケットなどで買い物をする時も、他の子供は実におとなしくカートにつかまっているように見えた。横道にそれたりすることもなく、まっすぐに通路を歩いて行くのだ。しかし、ハロルドはそうではない。すぐにあちこちへ行こうとしてしまう。親が捕まえていないとおとなしくしていることができないのだ。幼稚園でもそうだった。他の子たちは先生の言うことをよく聞いているように思える。なのに、ハロルドは、何かをしなさいと指示されても、それに集中できない。すぐに自分勝手なことを始めてしまう。落ち着きがなく、すぐにかんしゃくを起こすので、叱ってばかりいることになり、ロブもジュリアもそれだけで疲れきることになる。飛行機に乗る時やレストランでの食事の時には本当に困るし、恥ずかしい思いもする。保護者面談でも、ハロルドが言うことを聞かないので、時間を取られて困っていると先生に言われてしまう。そもそも、先生の話を聴こうとしないのだという。ジュリアは書店でこっそりと育児書を読んでみたりもした。ひょっとすると我が子は典型的なADHDなのではないかと思い、心配になったからだ。

ある日、ロブがハロルドの幼稚園の教室をのぞいたことがあった。ハロルドは、たくさんのおもちゃに囲まれて夢中で遊んでいた。緑色の野戦服を着た兵士のフィギュアもあれば、レゴの海賊船もある。大量のミニカーが交通渋滞を起こしてもいた。ロブが来た時は、ちょうどダース・ベイダーのフィギュアを手に、油断しているG・I・ジョーを攻撃しているところだった。おもちゃの兵隊たちは、圧倒的な数のミニカーを前に退却を始めた。戦闘の展開とともにハロルドの声は大きくなったり小さくなったりした。戦況の逐一を、声に出して実況していたのだ。今、何が起きているかをすべて詳しく言っていた。その声はささやくようになったかと思うと、次の瞬間には戦況が激しくなったと見え、叫び声になることもあった。

ロブは入り口のところに立ち、ハロルドが遊んでいるのを一〇分ほど見つめていた。ハロルドはほんの少し顔を上げ、父親の顔を見たが、すぐに戦いに戻った。サルのぬいぐるみに向かって、怒った調子で激励の言葉をかけたり、身長一〇センチほどのプラスチックの人形に説教をしたりしている。かと思うと、ミニカーに慰めるような言葉をかけたり、ぬいぐるみのカメを叱りつけたりもする。

彼の作り上げた物語の世界には、将校も下士官もいるようだった。そして、兵士たちには妻もいるし、歯科医師や消防士など、様々な職業の人間がいた。しかも、まだ幼いというのに、それぞれの人物「らしい」言動のパターンをよくわかっている。その時々により、自身が兵士になったり、医師になったり、料理人になったりしていたが、これは、立場ごとに人間の態度、心がどう変わるかを想像できるということだ。

物語の多くは、自分の将来を想像して作ったものである。その中では、ハロルドが何らかのかたちで名誉、名声を得ることになっている。大人たちの場合、何かを夢想するとなると、その対象はだいたいお金か安楽な暮らしということになる。ロブとジュリアもよく友人たちと「お金があったら」という空想をしていた。だが、子供は違う。ハロルドが夢想するのは名誉である。それはハロルドの友達も同じのようだった。名声を得ている自分を空想するのだ。

ある土曜の午後、ハロルドは家で数人の友達と遊んでいた。皆、ハロルドの部屋に引きこもったきり出てこない。そのうち、消防士ごっこが始まった。家の中で火事が起きたところを想像し、その火と闘うべく急いで準備を始めたのだ。想像の世界にはもちろん、消防車もホースも消防斧も揃っている。一人一人の役柄も明確に決まっている。ロブはこっそりと部屋に行き、ドアのところで様子を見ていた。本人は少々、不満のようだったが、ハロルドの役柄は、消防隊のリーダーのようで、他の子供たちに指示を出していた。誰が消防車を運転し、誰がホースを持つのかなどを決めていたのだ。空想の世界ではあるが、何でも思い通りにできるというわけではなく、彼らは何かをする度に、いちいち、それが可能なことかを慎重に確かめていた。空想の世界には、その世界なりのルールがあるようだった。その場にいる子供たちは皆、同じルールを共有するのだ。ルールに適うか否か、ということを実に長い時間をかけて話し合っているので、どうやら、物語よりもルールの方が大切らしい、とロブは思った。

他に感じたのは、どの子も強く自分の考えを主張しているということだった。そして、物語に起伏があることもわかった。穏やかな場面から、重大な危機に陥る場面に移り、その後、再び穏やかな場面に戻る。はじめのうちは平和に過ごしているのだが、やがて、何かひどいことが起き、皆が力を合わせてそれに立ち向かうことになる。そして、闘いに勝利した後は、またもとの平和が戻り、皆の心にも穏やかさが戻る。

どの物語もすべて勝利で終わる。必ず「もうこれで大丈夫だ」という時が訪れるのだ。危機に立ち向かい、勝った者には名誉が与えられる。

ロブは二〇分ほど見ていた。だが、そのうち、仲間に入りたくなってきた。ついには我慢しきれなくなって、フィギュアを手に取ると、一緒に遊び始めた。

これは大きな間違いだった。たとえて言うと、ロサンゼルス・レイカーズの試合中に、見ていた観客がいきなりバスケットボールをつかみ、参加してしまうようなものだからだ。

大人として生活する中で、ロブは知らず知らずのうちにそれに適応すべく訓練されている。その結果、ある種の思考法に非常に長けているのだ。心理学者ジェローム・ブルーナーが「論理・科学的思考」と名づけた、論理と分析に基づく思考法である。法的な文書や、ビジネスの場での報告書、学術論文などでは、この論理・科学的思考が基礎になる。状況を客観的に見つめて事実関係を整理し、そこから一般的な法則を導き出す。またそれに問いを投げかける。おおまかに言えば、そういう思考法ということになる。

しかし、ハロルドたちの遊びは、それは違った思考法に基づくものだった。それをブルーナーは「物語思考」と呼んでいる。たとえば、ロブが仲間に入るとすぐ、ハロルドたちは牧場ごっこを始めた。子供たち一人一人はカウボーイだ。そうなると、あらゆることが、その牧場の物語の中での出来事ということになる。馬に乗り、投輪をし、家や納屋を建てる、賭け事をする、そのすべてが物語の中で起きることなのだ。すべてはその物語に合うか合わないかで判断される。何が合っていて、何が合っていないかは物語が進むにつれて明確になっていく。

カウボーイたちは共に働くが、時にはちょっとした喧嘩になることもある。牛が逃げて騒ぎになった時には、逃げないよう柵を作ることにした。竜巻に襲われた時には皆が一致団結して牧場を守ったが、危機が去ったら、またすぐばらばらになった。

その世界においてロブは極めて異質な存在だった。「物語思考」というのは、「神話思考」でもある。神話思考には、論理・科学的思考には通常、含まれない要素がいくつもある。それはまず、善悪という要素、聖邪という要素だ。つまり、それは単なる物語ではなく、道徳的、教訓的な意味を持つ物語だということになる。また、感情に訴える物語でもある。

間もなく、牧場に侵入者たちが現れた。少年たちは不安を感じ、警戒した。彼らはカーペットの上をはい回って、プラスチックの馬を集め、侵入者たちに向かい合うように一列に並べた。口々に叫ぶ。「敵が多すぎるぞ!」誰もが途方に暮れているようだった。そこでハロルドは、新たなキャラクターを創造した。巨大な白馬である。大きさが他の馬の一〇倍はあるという設定だ。ハロルドは叫んだ。「あれは何だ?」その問いにハロルド自らが答える。「白馬だ!」彼は敵に向かって走って行く。その後に二人の少年が続いた。全員で巨大な白馬とともに敵に飛びかかる。まさに最終戦争という様相を呈してきた。白馬は次々に敵を踏みつぶしていく。しかし、反撃を受け、白馬も血を流し始める。

しばらくして侵入者たちは全滅したが、白馬も死んだ。カウボーイたちが布をかけてやり、葬儀を執り行なうと、白馬の魂は天国へと昇っていった。

ロブは一人だけ別の生き物のような気分だった。子供たちの想像力が生み出す物語にまったくついて行くことができない。ロブには、プラスチックと金属のおもちゃにしか見えないものを、子供たちは一瞬にして正義と悪に分けてしまう。感情表現の強烈さも、ロブにとっては非常に違和感のあるものだった。遊び始めて五分もすると、後頭部に鈍痛を感じ始め、あっという間に疲れはててしまった。

ロブにも、同じようなことのできた時期はあったはずである。だが、もう彼は大人になってしまった。おかげで、一つのことに長く集中することはできるようになったのだが、かつてのように、一見、無関係の事物を組み合わせる、といった自由な発想はできなくなっていた。連想に連想を重ねていくというような思考もできなくなった。ロブは、この時のことをジュリアに話した。次々に予想外のことを思いつくので、とてもついていけない、と言うと、ジュリアはあっさり「もう少し成長したら変わるでしょう」と答えた。

ロブもとりあえずはその意見に賛成した。ハロルドは色々な物語を作っていたが、少なくとも今までのところは「ハッピーエンド」の物語ばかりだった。ダン・P・マクアダムスによると、子供時代に作る物語の性質は、その後の人生の物語に影響するという。自分の実人生に起きる出来事が最終的に良い結果につながると信じるのか、それとも悪い結果につながると信じるのかは、この子供時代の物語に大きく左右されるというのだ。また、物語の性質は、子供時代にどういう生活を送っていたかで変わってくる。何があっても最後には、目的は達せられ、傷は癒され、平和は回復し、人々は分かり合える、そういう物語を作る子は、自分の人生でも同じことが起きると信じやすい。

おやすみの時間を過ぎても、ハロルドはまだ眠らずに、自分の作り出したキャラクターに話しかけていることがあった。階下にいる親たちは、眠気もあって、彼が何を言っているのか、はっきりとは聞きとれない。しかし、やはり物語の展開とともに声が大きくなったり小さくなったりしていることはわかった。穏やかな口調で何かを言い聞かせている時もあるし、警戒しているような口調の時もある。空想上の友達を呼び集めている時もある。ロブとジュリアはこれを有名な映画にちなんで「レインマン状態」と呼んでいた。現実世界とは違う、自分だけの世界に入り込んでいる状態だ。二人は一体、いつまでこれが続くのか不安に思っていた。ハロルドはいつ、自分たちと同じ人間の世界で暮らし始めるのか。本当にその日がいつか来るのか、心配だったのだ。だが、ハロルドはサルのぬいぐるみに何かを熱心に教えている間に、いつの間にか眠りに落ちてしまう。

5章　愛　着——親子関係と成長

　ある日、ハロルドが二年生の時のことだ。ジュリアは子供部屋にいたハロルドをキッチンに呼び、テーブルにつかせた。宿題をさせるためだ。子供にはよくあることだが、ともかく宿題を何とかして怠けようとするのだ。最初は、「宿題なんてないよ」と嘘を言った。その嘘がばれると「もう学校でやってきた」と言い出した。その後も、すぐにばれるような嘘をいくつもつき続けた。バスの中でやった。学校に忘れてきた。難しいからやってもやらなくてもいいと先生が言った。まだ習っていないところだからできるわけがない。出すのは来週でいいと言われたから明日やる。などなど。

　あまりに嘘をつきすぎて、もう嘘の種がつきた頃、ハロルドはとうとう母親に「こっちへ来てカバンの中身を全部出しなさい」と言われてしまった。その時の彼は、まるで有罪判決を受け、死刑執行室へ向かう殺人犯のようだった。本当に「しぶしぶ」という態度で歩いてきた。

　ハロルドのカバンの中は、「まさにこれが男の子」という感じだった。また、このままではホームレスへの道をまっしぐら、とも思えた。物が何層にも積み重なった中身を掘り進んで見つかったのは、古いプレッツェル、飲み終わったジュースの紙パック、ミニカー、ポケモンカード、ゲーム機（PSP）、落書きをした紙、古い宿題、一年生の時のプリント、リンゴ、砂利、新聞紙、ハサミ、小さな銅の管などだ。それだけ詰め込まれたカバンは相当な重量になっていた。

ジュリアはがらくたの中から、やっとの思いで宿題のファイルを取り出した。「歴史は繰り返す」とよく言うが、宿題のファイルも、やはりカバンの中と同様の状態と言えた。まず使うファイルが次々に変わる。三穴バインダーを使ったかと思うと、金具に紙をはさむタイプのファイルを使うこともある。どちらにも長所、短所はあるが、結局は深く考えずに気まぐれで決めているだけのようだ。

ジュリアはその日の宿題の紙を発見した。その途端、心が沈んでいくのが自分でもわかった。宿題自体は一〇分ですむものだが、きっと終わらせるのに一時間以上かかるのだ。その間つきっきりでいなくてはならないし、親が色々と準備をしてやらなくてはならない。靴の箱がいるという時もあったし、六色のマーカーや画用紙、糊、小さなホワイトボード、木工用のニス、黒檀材、動物の爪など、何を言われるか予想がつかないので困ってしまう。

この宿題に一体、どれほどの意味があるのかと何となく疑う気持ちもジュリアにはあった。実際、デューク大学のハリス・クーパーのように、小学生の宿題の量と、成績の善し悪し（主にテストの点数）には強い相関関係はない、と言う人もいるのだ。調査してみるとそういう結果が出るという。学校側が毎日宿題を出すのには、成績を上げる以外にも目的があるのかもしれない。ジュリアにはそう思えた。子供に対して、親が自然に厳しい態度をとるように仕向けているのでは、という気もした。宿題で重圧をかけて子供の心を押しつぶし、覇気も野心もないような大人にするのが目的なのか、とも思った。もちろん、宿題には良い面もある。宿題で勉強の習慣がつけば、今すぐ成績には結びつかなくても、将来役立つことがきっとあるだろう。

ジュリアは追い詰められた親なら誰でもすることをした。ハロルドをご褒美で釣ろうとしたのだ。ご褒美を渡す、というのは、要するに賄賂で買収しているということである。彼女と同じ社会階級に属する人たちであれば、誰もが軽蔑するような手段である。でも、仕方がなかった。ハロルドを何とかやる気にさせようと、色々なもので誘った。宿題をちゃんとしたら、金メダルをあげる。キャンディでもいいよ。それともＢＭＷのミニカーがいいかな。しかし、まったく効果はなかった。すると、ジュリアはどうしたか。これも誰もがすることだが、ハロルドを脅し始めたのだ。宿題やらないんだったら、テレビはもう見せないよ。ビデオもゲームも取りあげるよ。おやつもごはんも抜きだよ、と言ってみたりした。脅し文句を紙に書いて壁に貼ったこともあった。

ハロルドは、ご褒美にも釣られなかったし、脅しても動かなかった。まだ、長期的な利益というものがよく理解できていなかったせいもある。いくら、あとで良いことがある、辛いことが待っている、と言われても、それと、目の前にある宿題という苦痛とを結びつけて考えられなかったのだ。「テレビを見せない」という脅しが本気でないのもよくわかっていた。テレビがなければ、ジュリアはずっと退屈したハロルドの相手をしなくてはならないだろう。そんなことはできないに違いない。

毎晩、ジュリアとハロルドは、キッチンのテーブルに向かい、宿題をした。ジュリアが水を飲むために少し席を離れ、戻ってくると、ハロルドは「もうできたよ」という。席を離れた一〇秒ほどの間に全部終わらせたというのだ。見ると、何やら解読不能な模様のようなものがたくさん書いてある。初期サンスクリット語の文字のようでもある。

ここから、この模様を消して書きなおすという作業が始まり、延々と続くのだ。ジュリアはハロルドに、字はゆっくり、丁寧に書きなさい、できれば英語でね、と言う。ハロルドはすぐには言うことをきかない。動揺し、口答えをして、聞き入れられないと拗《す》ねる。こうなると、一五分は宿題ができるような状態に戻らないので、待つしかない。二人の心の中で暴動か戦争が起きているようなものだった。収まるまでの間は、とても落ち着いて宿題に取り組むどころではなくなるのだ。

最近は、小さな子供がおとなしく宿題などできなくて当然、という考え方もある。子供は元来、のびのびと自由に過ごすべきなのに、現代社会は子供を縛りすぎる、それはあまりにバカげている、というわけだ。現代社会のルールに無理に従わせることで、子供の持つ無邪気さや創造性が破壊されていく。人間は自由な存在として生まれてくるのに、今はどこへ行っても鎖につながれている、それはおかしい、と言う人がいるのである。

　だが仮に、監視したり、口を出したりするのをやめ、宿題もさせずに放任したとしても、それでハロルドが本当に自由になれるとはジュリアには思えなかった。子供を無垢や自由、喜びの象徴のように言う哲学者もいるが、本当は衝動という牢獄に捕らえられた囚人なのではないかと思った。いくら自由でも、行動に目的や一貫性がなければ、結局、何もできず、奴隷と同じことになってしまう。

　ハロルド本人は宿題をしたいと思っていた。良い子になって先生や両親を喜ばせたいとも思っていた。でもどうしてもできなかった。カバンの中も整理したかったがそれもできず、生活の混乱もどうにもできなかった。テーブルに向かっていても、注意を一つのことに向けていられない。音が聞こえたりすると、一体何なのか確かめずにはいられない。気づくと冷蔵庫の方へと気持ちが向かっていることもあるし、コーヒーメーカーのそばに置かれた封筒に目がいく時もある。

　ハロルドは自由どころか、自分の未熟な意識に支配されているようなものだった。何か刺激がある度にそれに反応してしまうので、一貫した行動などとてもとれなかった。賢い子なので、自分で自分がコントロールできていないことはよくわかっていた。なのに、心の中の混乱を収めることはどうしてもできない。そんな状態にいら立ち、自分はダメな子なんだと思い込んだ。

　ジュリアもいら立っていた。疲れてしまい、いら立ちを抑え切れないこともあった。そんな時は、「早くちゃんとしなさい」、「どうしてできないの」と言うだけになる。それがますます事態を悪化させてしまうのだ。しかし、簡単な宿題なのに、どうしてこんなものができないのか、できるはずなのに、という思いにとらわれて、どうすることもできなくなってしまう。

　ちゃんとしなさい、といくら言っても無駄である。

　幸い、ジュリアは、ただちゃんとしなさいと言うだけの母親ではなかった。子供の頃、ジュリアの家は、よく引っ越しをしていた。何度も転校し、新しい友達がなかなかできないこともあった。そんな時は、母親だけが頼りだ。他に話し相手のいない彼女は母親にまとわりついた。長い時間、一緒に散歩をし、お茶を一緒に飲みに行ったりもする。引っ越してきたばかりの時は母親も孤独である。誰も話せる人はおらず、心を開ける人もいない。そういう寂しい気持ちを、幼いジュリアについ話してしまうこともあった。ジュリアはその話を聞くのが好きで、また話してくれないかといつも心待ちにしていた。話してくれないと悲しい気持ちになったくらいだ。母親が心の中を打ち明けてくれると、自分は特別な存在なんだと感じることができた。まだほんの小さな子供にすぎなかったが、大人の世界に触れたような気もした。普段、自分がいるのとは違う世界に招かれたような気分でもあった。

ジュリアは、母親とは大きく違った人生を歩んでいた。母親に比べれば、大した苦労もせず、気楽に生きてきた。表面的なことにばかり気を取られていて、深みがある人間とは言いがたい。来客用のタオルを選ぶのに真剣になって長い時間を費やすようなこともする。有名人のゴシップも気になってしょうがない。しかし、その内面には母親と似た部分もあった。無意識のうちに、母親と同じように考え、母親と同じような行動をとっている時があるのだ。ジュリアも、息子のハロルドに、いつもとは違う特別な話をすることがあった。何も意識してそうしようとしているわけではない。だが、宿題をしていて、二人ともがいら立っている時などに、彼女は自分が若い頃に体験した冒険の話などをした。息子だけに、自分の人生について知る特権を与えたのだ。

その夜もハロルドはやはり宿題に集中できなかった。周囲で少し何かある度に気が散り、自分の中の衝動にも勝てない。そんな姿を見て、ジュリアはしばらくの間、自分だけの世界に息子を連れて行った。

彼女は車でアメリカ大陸を横断した時の話をした。大学を卒業したすぐ後、何人かの友人と旅に出たのだ。旅の間に起きたあれこれを事細かに話して聞かせた。車の乗り心地はどうだったのか。毎晩、どういうところに泊まったのか。アパラチア山脈を抜けて平原に出た時の気持ち、そしてロッキー山脈の景色。朝起きた時、遠くに山が見えたのに、その後、何時間走ってもまったく山が近くに見えてこなかった話。ハイウェイの脇に、キャディラックが何台も縦に積み上げられているのを見たこと。ハロルドはすっかり心を奪われたように母親を見つめていた。ジュリアは息子を一人前の人間として扱って話をしていた。そして、彼を、未知の世界へ連れて行った。隠された過去、まだ彼が生まれる前の過去の世界へ。昔の話を聞いて、ハロルドの時間の地平は少し広がった。母親にも子供の頃があり、やがて時間が流れて大人になり、そうして自分が生まれてきたのだということが少し理解できるようになった。自分もいずれは同じように成長して大人になり、いつか同じように冒険の旅に出るかもしれない。そこまで想像できるようになった。

話をしながら、ジュリアはキッチンの片づけをしていた。調理台の上に置きっぱなしになっていた空き箱を捨て、積み上げられていた手紙を整理してしまった。ハロルドは話に熱心に耳を傾けた。まるで、長い距離を歩いて喉が渇いているところへ水を差し出され、それを夢中で飲んでいるようでもあった。しばらくすると、ハロルドは自分の心の混乱を収めるために母親を利用することを覚えた。話を聞けば落ち着くのだということを知り、それを利用するようになったのだ。

ジュリアは、話を聞くハロルドの口から鉛筆がぶら下がっているのに気づいた。かじったりはしていなかった。軽く歯と歯の間にはさんでいるだけだ。何かを考える時の癖だった。少し前とは打って変わって、穏やかな満足気な表情になっている。ジュリアがそうなるきっかけを与えたのだ。ハロルドは、気持ちが落ち着くとはどういうことか、自分の注意を一つのことに向けるとはどういうことかを、知らず知らずのうちに覚え始めていた。その助けとなっていたのが母親との会話だ。まだ自分だけの力ではできないことも、母親の助けを借りればできたのだ。間もなく、宿題も滞りなくこなせるようになった。それはまるで奇跡のようにも見えた。

もちろん、本当は奇跡などではない。近年の発達心理学の研究でわかってきたのは、親は決して優れた心理学者などにならなくても、子育てに成功できるということだ。親は、才能豊かな教師である必要もない。フラッシュカードやドリルなど子育て用の教材は数多く作られているし、「子供を秀才に育てる方法」などが書かれた育児書も無数にある。だが、そのどれも大した効果はない。親はただ、良い親であればいい。それで十分なのだ。親が子供に与えるべきもの、それは一定したリズムである。親から一定したリズムが与えられれば、子供はそのリズムに乗ることができる。リズムに乗れば、衝動に負けて無軌道な行動をとることもなくなる。親は基本的には子供に優しく接すればいい。その中に「ここから先はダメ」という規律があればいいのだ。ストレスを抱えた時に、感情に任せておかしなことをしないよう、「かせ」をはめてやる。子供にとって、その「かせ」は拠り所になるはずである。また親は、問題に立ち向かう時のお手本にもなる。子供は親の姿を見て育ち、将来、自分が問題に直面した時には、無意識に親をお手本として行動しようとするのだ。

強い愛着

人間の発達に関してはまだわからないことが多い。研究は盛んだが、今のところは、ごく限られたことが解明されたにすぎない。一九四四年、イギリスの心理学者、ジョン・ボウルビィは、素行が悪く、「不良」と呼ばれている若者たちについて調査し、彼らの多くが幼い頃、両親に捨てられているということを突き止めた。幼くして両親に捨てられた若者たちは、自らの怒りの感情、屈辱感、「自分は価値のない人間だ」という気持ちに苦しんでいた。「良い子でなかったから捨てられたんだ」という思いが消えないまま残っていたのだ。

彼らの中には、愛情を外に出さず、抑えつけようとする者が多かったが、それは、自分を苛《さいな》む「捨てられた」という気持ちに立ち向かうための自衛策だとボウルビィは考えた。子供にとって何より必要なのは、冒険と安全である、と彼は主張した。自分を世話してくれる人たちの愛情を感じることも大事だが、その一方で、周囲の世界を冒険し、自分の力で何かをする、ということも大切なのだ。この二つは、時に対立し合うこともあるが、互いに結びついてもいる。大きな安心を得られる場所があれば、人は大胆な冒険ができ、新しいものに触れられるからだ。ボウルビィ自身もこんなふうに言っている。「私たち人間にとって何より幸せなことは、ゆりかごから墓場まで、冒険の旅の連続のような人生を歩めることだ。長い旅もあれば、短い旅もあるだろう。そして、大事なのは、旅が終われば、愛する人の待つ安全な基地に帰れるということである」

ボウルビィの研究は、心理学の世界における、子供というもの、そして人間というものについての考え方を大きく変える役割を果たしたと言える。それ以前の心理学では、専ら人間一人一人の行動について研究していて、人間と人間の関係について研究することはまずなかった。ボウルビィは、子供と母親、あるいはそれに相当する人物との関係に着目し、その関係が子供の世界観に大きく影響することを発見したのだ。

ボウルビィ以前、あるいは彼以後もしばらくは、人間が意識の上で下す判断にばかり注目する人がほとんどだった。また、判断を下すためには、外界から情報を取り入れるわけだが、この情報を取り入れるという過程は、入ってくるものをそのまま受け入れるだけなので、単純で特に難しくはないとされていた。複雑で難しいのは、あくまでその後の判断を下す作業であるという考え方が主流だったのだ。しかし、ボウルビィはそれとは違っていた。彼が重要視したのは無意識のはたらきである。無意識が外界の情報を受け入れる時点から作用し、情報を加工してしまうと考えたのだ。私たちの意識は、無意識によって加工済みの情報を受け入れているというわけだ。

人の特性は、すでに乳児の時点でそれぞれに違っている。たとえば、同じ刺激を受けて、興奮する子もそうでない子もいる。しかし、幸運な子であれば、母親がその時々の気分を敏感に察知してくれる。抱き上げてほしい時は抱き上げてくれるし、下ろしてほしい時は下ろしてくれるのだ。刺激がほしい時には刺激を与えてくれ、そっとしておいてほしい時はそっとしておいてくれる。そういう時を過ごすうちに、子供は、自分が「他者と対話する存在」であることを学んでいく。この世界は、絶え間ない他者との対話で成り立っていることを学ぶのだ。自分が何か信号を発すれば、おそらく誰かがそれを受け取るということも知る。困った時には助けてもらえることも理解する。世界の成り立ちについて自分なりに仮説を立てるようにもなる。冒険をする時、他者と接する時には、その仮説を頼りにするのだ（仮説は、正しいこともあればそうでないこともある。正しい、正しくないの証明は毎日繰り返されることになる）。

生まれてすぐに対話の輪の中に入れた子供は、他者とどうコミュニケーションをとればよいかを自然に学ぶ。他者の発する社会的な信号も的確に受け止められるようになる。彼らは世界を、自分を歓迎してくれる場所とみなすようになる。しかし、生まれて間もなく接した人たちの間の関係が良好なものでなければ、子供は他者を極端に恐れるようになる。そして内にこもるか、極端に攻撃的になるかのどちらかになってしまう。周囲に誰もいない時でさえ、常に何かに怯えているような人間になるのだ。他人からの信号を察知することはできないし、自分の信号を誰かが察知してくれるなどとは期待しない。そんな価値が自分にあるとは思わないのだ。幼い時の周囲の人間関係が、無意識のうちに私たちの価値観に影響を与えるというわけだ。価値観が違えば、同じ状況に置かれても、何を感じるか、何に目を向けるかが大きく変わってしまう。当然、行動も大きく変わってくるだろう。

親子関係というのは複雑で、単純にこういうもの、こうあるべきものと言い切ることはできない。子供が親に愛着を持つのは当たり前のことだとも言えるが、ボウルビィの教え子の発達心理学者、メアリー・エインズワースによれば、その親から離れて行動すべき時が必ず来るという。たとえ数分間にしろ、親から離れ、独力で世界を探検しなくてはならない時が来るということである。エインズワースは、安心から冒険へと向かう瞬間について調べるため、「ストレンジ・シチュエーション法」というテスト方法を考案した。このテストでは、幼い子供（通常は生後九カ月から一一カ月の子供）とその母親を被験者とすることが多い。まず、母子には、おもちゃでいっぱいの部屋に入ってもらう。その後、部屋に、母子にとってまったく未知の人物を入れる。母親はいったん外へ出るが、しばらく後にまた戻る。次に、母親と見知らぬ人はどちらも部屋を出て、子供を一人残す。その後は、また見知らぬ人だけが部屋に戻る。エインズワースは、その間、状況の変化とともに子供の様子がどのように変わっていくか、子供がどういう反応をするかを詳しく観察した。母親が部屋を出る時、どのくらい嫌がるか、母親が戻ってきた時の態度はどうか。また、見知らぬ人にはどういう態度を取るか、といったことを見たのだ。

その後の数十年間、「ストレンジ・シチュエーション法」は世界各地で実施され、何千、何万という数の子供たちが被験者となった。それでわかったのは、子供たちの三分の二は、母親が部屋を出ると泣き、母親が部屋に戻ってくると急いでそばに行くということだ。この場合、子供たちは母親に強い愛着を感じており、母親から揺るぎない安心感も得ていると考えられる。これをエインズワースは「安全の愛着」と呼んだ。全体の五分の一の子供は、母親が去っても何も表立った反応は見せないし、母親が戻ってきても急いで近寄るようなことはない。母親に愛着は感じていると思われるが、それを外に表そうとしないのだ。これは「回避の愛着」と呼んだ。その他には、反応が一定しない子供たちがいる。たとえば、母親が部屋に戻ってきたのを見ると急いで近寄るが、母親のそばまで来ると怒り、手で叩いたりするのだ。母親に愛着は感じていても、その気持ちは複雑で整理がされていないのだと考えられる。これは「混乱の愛着」と呼んだ。

人間を種類に分ける試みすべてに言えることだが、この分類にもやはり欠点はある。だが、幼い子供の愛着の種類と、親の態度との間には様々な相関関係が見られることが多くの研究により明らかになっている。また、親に対する愛着の種類は、後の人生にも強く影響することもわかっている。人間関係や、物事を成し遂げる能力に強く影響するのだ。一歳の時の親に対する愛着がどのようなものかを見れば、どんな学校生活を送るのかをだいたい予測できるし、学校を卒業してからの人間関係がどうなるか、全体としてどういう人生を送るのかもかなりの程度予測できる。もちろん、幼い時の「ストレンジ・シチュエーション法」の結果によって人生が決まってしまうわけではない。どういう家に生まれ、どういう親に育てられるのかは運命だが、その運命が後の人生のすべてを支配するとは言えない。しかし、幼い時の親子関係が、子供の心の中に「世界のモデル」を作るのは確かだろう。そのモデルが、後の人生において道案内の役割を果たすのである。

子供が親に対して「安全の愛着」を持っている場合、親は日頃からその子の欲求や気分に即応するような行動をとっていることが多い。子供が不安に駆られていればすぐになだめて落ち着かせ、子供が上機嫌であれば喜んで遊んでやる。このタイプの親も完璧ではなく、常に子供の気持ちに即応できるわけではない。だが、子供はそれほど脆《もろ》いものではない。時には子供の気持ちを読み損なうこともあれば、短気を起こすこともある。子供の欲求を無視してしまうこともあるだろう。しかし、親の対応が全体として信頼できるものであれば、子供は親の存在に安心できるのだ。また「安全の愛着」を持つ子の親が常に子供に優しいとは限らない。時には厳しく罰を与えていることもあり得る。たとえそうであっても親の態度に一貫性があり、予測可能であれば、おそらく安全の愛着を持つことになる。

子供の気持ちにうまく同調できた時、親の脳にはオキシトシンが分泌される。研究者の中には、この特性から、オキシトシンを「親和性神経ペプチド」と呼ぶ人もいる。オキシトシンの分泌量は、人との強い絆を感じた時に急激に増える。たとえば、出産や授乳の際、オーガズムの後などがそうだし、愛し合う人と見つめ合った時、友人や家族と抱きあう時などにも分泌量が増える。オキシトシンが分泌されると、人は強い満足感を覚える。オキシトシンは、人と人とを結びつける上で重要な役割を果たすのだ。

親に「安全の愛着」を持つ子供は、ストレスのかかりやすい状況にもうまく対処することができる。ミネソタ大学のミーガン・ガナーの研究によれば、「安全の愛着」を持つ生後一五カ月の子供に注射をすると、痛みで泣くものの、体内のコルチゾール濃度は上昇しないことがわかった。コルチゾールは、ストレスによって分泌されるホルモンである。「不安の愛着」を持つ子供の場合は、「安全の愛着」を持つ子供と同じくらい大きな声で泣く上、親に助けを求めようとはしない。コルチゾール濃度も急上昇する。注射に限らず、ストレスのかかる状況ではすぐにコルチゾール濃度が上昇すると思われる。「安全の愛着」を持つ子供は、学校でもその他の場所でも、友達が多くできやすい。先生などの大人をうまく利用するコツを知っているので、順調な学校生活を送ることができる。決して先生に頼ってばかりいるわけではないし、先生にまとわりつくわけでもない。かといって先生から遠く離れて超然としているわけでもない。つかず離れずの関係を保つのだ。時折、近づいたかと思えば、しばらくするとまた離れていく。また、彼らは生涯を通して正直で、誠実である。嘘をつく必要性も感じないし、他人に自分を実際よりよく見せたいとも思わないのだ。

「回避の愛着」を持つ子供は、親が感情を表に出さない人であることが多い。感情を出さず、子供と気持ちを同調させようとすることもあまりない。子供とのコミュニケーションがうまくできず、親密な関係が築けない。正しいことも言うのだが、その言葉には、感情を読み取れるような身振り手振りが伴わないのだ。親がそうだと、子供たちの心の中にできるモデルもそれに合ったものになっていく。そのモデルはまず、「自分の面倒は自分で見る」ということを基礎としたものになるだろう。他人に頼るということはしないし、頼り方もわからない。他人との関わりはできるだけ避けようとする。「ストレンジ・シチュエーション法」では、母親が部屋を出ていこうとしても、それを嫌がる態度を見せることはない。心拍数が上昇するなど、実は動揺しているはずなのだが、それは心の中だけに収めて外には出さないのだ。部屋に一人残されても泣かない。何もなかったように一人で遊び、冒険を続ける。

少し成長すると、彼らは一見、驚くほど自立した、大人びた印象の子供になる。学校に行くようになれば、先生に少なくとも最初のうちは高く評価されるはずである。しかし、徐々に、同級生たちとも、大人たちともうまく関われないことがわかってくる。彼らは集団の中ではいつも不安を抱えている。自分が他人にとって価値ある存在だという自信がないために、周囲の人と積極的に関わろうとすることはない。L・アラン・スルーフ、バイロン・エゲランド、エリザベス・A・カールソン、W・アンドリュー・コリンズの著書『人間の成長（*The Development of the Person*）』の中には、「回避の愛着」を持つ子供が教室に入っていく時の描写が出てくる。「その子は、色々な角度で教室に入ってくる。まるで、帆船が風に合わせて針路を変えるように。いつの間にか先生の近くにいることも多いが、先生の方には顔を向けず、背を向けていることが多い。そうして、先生が自分に何か話しかけてくるのを待っているのだ」

「回避の愛着」を持つ子供が大人になると、子供時代のことをよく覚えていないことが多い。彼らが子供時代について話したとしても、ごく大まかに語るにとどまり、細かいことに触れることはまずないだろう。細かく記憶できるほど、感情を強く動かされたことがほとんどないからだ。誰か、あるいは何かに本気で関わるということがなかなかできなかったせいである。彼らは論理的な議論には長けているに違いない。しかし、会話の内容が感情に関わるようなものになると、その途端、彼らの心の奥底には不安が生じる。また自分のことを話すよう人に言われた場合にも、やはり同じように不安が生じる。感情の起伏は極端に少なく、最も安心できるのは一人でいる時である。ジュネーヴ大学のパスカル・ヴルティカの研究によれば、「回避の愛着」を持つ大人は、他人と関わった時の脳の報酬回路の活動が他の人に比べて少ないという。七〇歳になった時に一人暮らしをしている確率も、他の人たちに比べて三倍高い。

「混乱の愛着」を持つ子供になりやすいのは、親が気まぐれで、行動や態度に一貫性がない場合である。そこかと思えばまたあちらというふうに変わっていく親、ある時はうるさいくらいに関わってくるかと思えば、別の時には冷淡でまったくの無関心になる、という親に育てられるとそうなりやすい。親がそうだと、子供は心の中に整合性のある「世界のモデル」を作りづらいのだ。親に近づきたい気持ちと、親から遠ざかりたい気持ちを同時に持つことになる。生後一二カ月くらいになると、「混乱の愛着」を持つ子供たちは、「安全の愛着」を持つ子供たちのように、母親の方を向いて何か助けを求めるということをしなくなる。母親からは目をそらすようになるのだ。

少し成長すると、彼らは他に比べ、恐怖心を抱きやすい子供になる。ちょっとしたことにすぐに危険を感じ、怯えてしまう。また、衝動を抑えるということがなかなかできない。こうしたことは子供にとって強いストレスとなり、長期にわたって影響を及ぼす。父親のいない家で育った女の子には、初潮《しょちょう》が早く来る傾向がある。他の要因を考慮に入れても、その傾向があることは確かである。青年期に性的に乱れた生活を送る傾向も見られる。また、「混乱の愛着」を持つ子供たちは、他に比べ、一七歳の時点で精神に異常を抱える確率が高い。さらに、他と比べてニューロンのネットワークが発達せず、脳が小さくなることが多い、ということも確認されている。この発達の遅れは、幼い頃のトラウマが原因と考えられる。

ただ、すでに書いたとおり、乳幼児期の親への愛着だけで人生が決まってしまうわけではない。幼い頃の愛着のタイプから予想されるような大人にならない人もいる。中には、柔軟性が非常に高く、不利な状況を乗り越えてしまう人もいるのだ（子供の頃に性的虐待を受けた人でさえ、その約三分の一には、大人になってからの後遺症がほとんどないことがわかっている）。人間というものは実に複雑である。たとえ母親との関係に問題があったとしても、その代わりをする人物に出会えることがある。良き師に出会い、その人に人との関わり方を教えてもらえるかもしれない。親戚がその役割を果たすこともある。親にうまく愛着を持てなかったとしても、他にその対象を獲得できる場合もあるし、自分の力で愛着の対象を獲得してしまう子供もいる。他人を、そうなるよう仕向けてしまうのだ。そのように例外はあると考えられるが、幼い頃の親との関係が後の人生に大きく影響することは確かだ。親との関係により心の中に生まれる「世界のモデル」が、人生において重要な意味を持つからだ。このモデルが無意識のうちに考え方や行動に影響する。

幼い頃の親への愛着と後の人生との関係についてはこれまでにも多くの研究がなされている。その結果、たとえば、ドイツには、「回避の愛着」を持つ子供がアメリカよりも多くいることがわかっている。また、日本には「不安の愛着」を持つ子供が多いという。中でも特に興味深い研究については、先に触れたスルーフ、エゲランド、カールソン、コリンズの著書『人間の成長』に記述がある。

スルーフらの研究チームは、一八〇人の子供とその家族について、三〇年以上にわたり追跡調査をした。調査は、子供たちの誕生の約三カ月前から開始している（子供の誕生前は、両親の人間性について調査した）。調査は非常に多岐にわたり、子供たちの生活のありとあらゆる面について調べられた。そして、常に中立的な第三者の監視を受けながら進められた。

調査の結果は常識を覆すようなものではなかった。むしろ、常識の正しさが再確認できるものだったと言えるだろう。正しさを裏づけるような明確な証拠がいくつも見つかったからだ。中でも重要なのは、親が子供に与える影響の大きさである。癇癪《かんしゃく》を起こしやすい乳児や、夜泣きをする子供は、親に対する愛着が少ない傾向があり、反対に明るく快活な子供は親に強い愛着を感じていることが多い。親に愛着を持たれるかどうかには、親の感受性も大きく関係する。また、親が話好きで他人と積極的に関わろうとする人たちであれば、子供は「安全の愛着」を持ちやすいということもわかった。親自身が、自分の親と良好な関係を築けていれば、子供との関係も良くなる。先天的に他人と関わることが得意でない性格の子供もいるが、親に強い感受性があれば、それを克服して「安全の愛着」を持つ子供に育つことも多い。

調査の中では、子供の性格、態度は通常、ごく幼い頃から一貫していて変わらないということもわかった。どこかの時点で「安全の愛着」を持っているとみなされた子供は、後になってもやはり同じように「安全の愛着」を持ち続ける。親が亡くなる、虐待を受けるなど、よほどの酷い体験をしない限り、それが変わることはまずないのだ。先述の『人間の成長』の中には「私たちの研究により、子供時代の様子を見れば、その人の将来がかなりの程度、予測できることが立証された」と書かれている。子供の時に、親がきめの細かい配慮をしてやれば、大人になって以降も良い人生を歩める可能性が高いということである。

親への愛着は、学業にも強く関係している。幼い時にＩＱを測れば、成長してからの学業成績がどうなるかは容易に予測できる、と考える研究者もいる。だが、スルーフの研究の結果を見れば、ＩＱだけでなく、人間関係や感情の側面が信じがたいほど強く学業成績に関係していることがわかる。親に「安全の愛着」を持つ子供、そして親（あるいはそれに相当する人物）からきめ細かい配慮を受けている子供は、読解力や計算力が高くなる傾向があるのだ。それに対し、親に「不安の愛着」あるいは「回避の愛着」を持つ子供は、学校で問題行動を起こしやすい。また、生後六カ月の時点で高圧的な親、過干渉な親、行動が予測困難な親を持っていた場合、学校へ行きだすと注意力散漫で落ち着きのない子供になる可能性が高い。

スルーフらは、誕生後四二カ月間の親の態度、行動を評価し、その結果から「どの子供が高校を中退するか」を予測したが、その予測は七七パーセントという高率で的中した。しかも、この確率は、子供のＩＱのデータを加味した場合の予測とほとんど変わらなかったのだ。高校を中退せずにすんだ子供たちは、先生や同級生たちとの関係の築き方をよくわかっていた。一九歳になった時点で彼らに尋ねてみると、どこかの時点で特別な教師に出会っていることがわかる。何か困ったことがあった時に頼れる大人がいたということだ。一方、高校を中退してしまった子供たちには、そういう教師はいないことが多い。彼らには大人とどう接すればいいのかがわからないのだ。「特別な教師はいるか」という質問をされた時に、「何を言っているのかわからない」という表情をする子供も多い。

子供の頃の親に対する愛着のタイプが分かれれば、十代くらいまで成長してからの人間関係の質（量ではない）がどうなるかもかなり正確に予測できる。特によくわかるのが恋愛関係の質がどうなるかということだ。学校でリーダーになる子かどうかもわかる。自信の強さや、人付き合いに対する積極性、社交能力の高さなどが十代くらいでどうなるかも予測ができる。

子供は、自分が親になった時にも、親の行動を模倣することが多い。スルーフらの調査では、親から虐待を受けていた子供のうち約四〇パーセントが、後に自分の子供を虐待するようになった。だが、虐待の後、支持的精神療法を受けたことのある女の子は、一人を除いて全員が母親になっても問題なく子供を育てることができた。

スルーフらは、子供たちとその親たちにゲームをさせたり、パズルを解かせたりして、その様子を観察するという実験も行なっている。そして、二〇年後、調査対象の子供たちが親となってから、子供と同じゲームやパズルをさせる実験をしているが、その結果は、気味が悪いほど二〇年前と同様になることも多い。『人間の成長』の中に出てくる次のようなケースはその例である。

エリスはなかなかパズルが解けず、助けを求めるように母親の方を見た。だが、母親は助けようとはせず、ただ、呆れたように笑うだけだった。長時間かかってようやくパズルが解けた時、母親は言った。「自分の頭がどれだけ悪いか、これでよくわかったでしょ」二〇年後、今度はエリスの息子、カールが同じパズルに挑んだ。エリスは、遠くから息子の様子を眺め、ただ呆れたように笑っていた。時折、箱からキャンディを取り出して、息子にやるような素振りを見せていた。でも、息子が受け取ろうと走ってくると、箱にしまってしまう。結局、カールはパズルが解けず、エリスが解いた。パズルを解いたエリスはこう言った。「このパズル、俺は子供の頃、解いたぞ。でも、お前は解けなかった。俺の方がお前より頭が良いってことだ」

人間の複雑さ

大人になったハロルドに「子供の頃、あなたの両親への愛着はどのタイプだった思いますか？」と尋ねたとしたら、「安全の愛着」だったと答えるに違いない。彼は、両親とともに幸せな時間を過ごしたこと、また両親との強い絆を感じたことをよく覚えているだろう。確かに、ハロルドの両親は、彼の欲求や気分によく対応していた。おかげで、彼は両親のそばで安心して過ごすことができ、そうした両親の行動を基礎に「世界のモデル」を作り上げることができたのだ。やがてハロルドは、明るい性格の少年に育った。社交的で、基本的に人を信用する少年になった。両親に愛されて育ってきた経験から、無意識のうちに「自分はこれからも人に愛される」と思うのだ。彼の他人と関わりたいという欲求は驚くほど強いものだった。物事がうまくいかないと、自己嫌悪に陥ることもあるが、内にこもったり、他人を攻撃したりということはほとんどない。困ったことがあれば、彼はそれをすぐに人に話す。関心を持って聞いてくれるはずと信じているのだ。問題解決の助けになってくれるとも思っている。人に助けを求めることもためらわずにできる。慣れない土地に行っても「友達ができないんじゃないか」と不安になることはない。

とはいえ、現実の人間は複雑である。愛着のタイプだけで何もかもがわかるわけではない。ハロルドは、ある種の恐怖に苦しんでいた。そして、両親には決して理解され得ない欲求を抱いていたのだ。ハロルドが生きていく中で経験することの中には、当然ながら、両親が一度も経験していないこともあった。彼の心の構造は両親とは違っていた。彼は両親には理解されない恐怖を抱いていたし、両親とは共感できない願望も持っていた。

ハロルドは七歳になると、毎週土曜日に恐怖に陥るようになった。土曜日の夜は、ほぼ毎週、両親が外出することになっていたのだ。朝、起きて、今日が土曜日であることを思い出すと、彼は不安に陥る。やがて自分に言い聞かせ始めるのだ。両親が家を出る時に絶対に泣かないように、と。午後はずっと、神に祈っている状態になる。「神様、どうか、僕を泣かせないでください」そう祈るのだ。

裏庭に出てアリの観察をしてみたり、自分の部屋で遊んだりしていても、その夜のことが頭を離れることはない。両親は泣かずに元気よく見送ってほしいと思っているだろう。それはわかっていた。でも、なかなかそれができなかったのだ。泣かないように必死にがんばるのだが、どうしてもできない。泣きながら、ドアを閉めて出ていこうとする両親の後を追いかけようとしてしまう。そんなことを何度も何度も繰り返していた。ベビーシッターはいつもやっとのことで彼を引き止めるのだ。

両親は「もう大きいんだから、しっかりしてね」と言う。自分がどうすべきなのか、ハロルドは重々承知していたし、泣くのがとても恥ずかしいこともよく理解していた。自分と同じくらいの歳の男の子ならば、両親が自分を残して出かけたくらいで泣いたりしないのに、自分だけが他の子と同じようにできない、そういう気持ちだった。

ロブもジュリアも、ハロルドが泣かないように、ありとあらゆる手を尽くした。まず、彼が毎日、自分たちから離れて学校に行っていることを思い出させた。それでも何の恐れも不安も抱かないのだから、大丈夫だろうというわけだ。しかし、これには効果がなかった。彼自身が自分はどうしても泣いてしまうと思い込んでいたからだ。泣かない方が良いといくら自分でわかっていても、その思い込みをどうすることもできなかった。

ある時などは、不安に駆られるあまり、ハロルドは家中の電灯をつけて回り、ドアというドアを閉めて回ったりもした。ロブはそんな彼に言った。「お父さんとお母さんが出かけるのが怖いのか？」もちろん、ハロルドは「そんなことはないよ」と答えたが、それが嘘なのは明らかだった。ロブは、ハロルドを連れて家の中を歩くことにした。それで何も恐れることはないと納得させようとしたのだ。すべての部屋に入り、そこが空っぽで何もないことを見せていった。何もなければ、まったく安全で怖がらなくていいと証明できる。そう思っていた。しかし、ハロルドにとってはそうではなかった。部屋が空っぽであれば、今度は、目には見えない悪魔のようなものが潜んでいるように思えるのだ。

「わかったか？　何も怖いことなんかないんだ」ロブはそう言った。大人は、本当に恐ろしいものを前にした時「何も怖くない」というのだ、とその時ハロルドは理解した。渋々うなずくしかなかった。

ジュリアは、ハロルドを座らせて話をした。怖がってばかりいないで、もっと勇気ある子になってほしいと言い聞かせたのだ。毎週土曜日の夜に泣かれるのはたまらない、もう手に負えないとも言った。この時、ハロルドは、いかにも子供らしい誤解をした。彼は「手に負えない」という言葉をまだ一度も聞いたことがなかったため、「手を切り落とす」という意味だと思い込んでしまったのだ。痩せて背の高い男が大きなハサミを持って現れるところを想像した。男は長いコートを着ていて、長い、ぼさぼさの髪をしている。脚はまるで竹馬のように細い。その何週間か前から、ハロルドは、自分が泣いてしまうのは食べ物を速く食べ過ぎるせいだ、と思うようになっていた。なぜ、そう思ったのか、その理由は子供にしかわからない。泣いていたら手がなくなってしまうから何とかしなくてはいけない。彼は手首から血がほとばしり出るところを頭に思い浮かべた。このところ、できるだけ遅く食べる努力はしているのだが、どうしても速くなってしまう。このままでは絶望的だ。手を切り落とされてしまうんだ。ジュリアが辛抱強くハロルドに話をしている間、彼が考えていたのはそういうことだった。話が終わると、彼は母親に「もう泣かない」ときっぱり言った。大統領報道官のように、表向きはその言葉を繰り返すしかない。でも、心の中では「また絶対に泣いてしまう」と思っていた。

夜が近づき、母親のヘアドライヤーの音が聞こえてきた。終わりの時が近いというしるしだ。コンロではお湯を沸かしている。マカロニチーズを作るのだ。それをあとでハロルドが一人で食べる。しばらくするとベビーシッターもやってくる。

ロブとジュリアはコートを着て、ドアに向かって歩き出す。ハロルドは玄関ホールに立っていた。泣き出す時はまず、胸と腹が小刻みに震えだす。やがて身体が大きくうねり始めたが、彼は必死にそれを抑えようとした。涙が目にたまってくる。鼻はむずむずし、顎も震え始めるが、それには気づかないふりをした。内臓が飛び出そうな気もする。そして、とうとう泣き出してしまう。涙は、頬をつたって床に落ちた。彼は涙を隠そうともせず、手で拭おうともしなかった。この時はその場にとどまり、出ていく両親を走って追いかけたりはしなかった。ドアの前には両親がいて、背後にはベビーシッターがいたが、彼は立ち尽くしたまま、身体を震わせて一人で泣いていた。

「ダメだ、ダメだ」ハロルドはそう思った。恥ずかしい、という思いが湧き起こる。すぐに全身がその思いでいっぱいになった。男の子が泣いたりして、という気持ち。頭が混乱した彼は、物事の因果関係を誤って解釈してしまった。自分が泣くから、お父さんとお母さんは行ってしまったのだ、と解釈したのである。

両親が出かけると、ハロルドはベッドから毛布を持ってきた。ぬいぐるみの動物たちを周りに置いて要塞を築いた。子供は、自分のお気に入りのぬいぐるみには、魂が宿っていると考える。子供にとって、ぬいぐるみとの対話は、大人にとっての宗教的偶像との対話にも似ている。ハロルドは、大人になってから、自分の子供時代は幸せだったと思うに違いない。しかし、そこには辛い別れもあったし、不可解な出来事もあった。混乱も誤解もあったし、心に傷を負うこともあったのだ。その意味で、

「人物伝」というものは不十分なものになりやすいと言える。内面の動き、特に幼いうちの内面の動きを描き切ることが難しいからだ。それは自分自身にすら、限られた範囲でしかわからない。自分の「世界のモデル」がどのように形作られたか、ということを自ら認識できる人というのは、ごく稀である。大人になってからだと、どうしても、話を捏造してしまうことになる。本当に内面深くで起きていたことは、あまりに不可解で説明ができないし、本人もよく思い出せない。だが、子供のうちは、まだその「不可解なこと」が目の前にあり、まさに進行中である。そのため、恐ろしい力にとらえられ、圧倒されてしまうこともあるのだ。

6章　学　習――友人と学校

見た目が良くて、人気者で、運動が得意、そういう子供は、大人から無意識の虐待に遭いやすい。加害者の側にその自覚がなくても、結果的に絶えず虐待していることになりやすいのだ。まず、幼くて感受性が強い頃に、『みにくいアヒルの子』などの童話を聞かされる。これも彼らにとっては一種の虐待だ。「見た目よりも中身が大事」という観念を無理にでも植えつけられるのである。繰り返し見せられるディズニーの映画にも「本当の美しさは心の中にある」というメッセージを伝えるものが多い。だが、幼い頃から外見の良い子は、そのメッセージを自分に結びつけることができない。自分の外見の良さを悪いことのように思ってしまう。高校生くらいになって、「この人は面白い」と感じる教師に出会っても、その教師がかわいがるのは、違うタイプの生徒である。頭が切れて、常に社会への不満を口にするような生徒、「世の中を変えたい」という野心を持っているような生徒がかわいがられることが多い。また、土曜の夜は外出せず、マイルス・デイヴィスやルー・リードを聴いたりする、という類の生徒も、そういう一癖ある教師には気に入られやすい。学校を出てからも、外見が良くて人気者という子は、「ロールモデル」になるような人物をほとんど見つけることができない。いたとしても、それはテレビに出ているタレントくらいなものだ。「ナード」と呼ばれるような子たちには、ビル・ゲイツやセルゲイ・ブリンなど、手本となる人物が数多くいるのだが、それとは大きく状況が違う。ナードたちは、子供の頃は目立たない存在であることが多いが、大人になると逆転し、かつての人気者たちを追い越して、世界を支配するのは彼ら、ということになる。

いつも明るいハロルドも、やはり、子供の頃から外見が良く、人気者でもあったので、ある意味で他の子とは違う重荷を背負っていたと言えるだろう。成長が早かったため、身体が他の子よりも大きく、運動も幼い時から得意で、中学くらいまでは運動場でするようなスポーツで常にスター的存在だった。高校生になると、彼と同じくらい身体が大きくなる子も現れたし、スポーツも、彼より上手い子が何人かいた。だが、それでも彼は自信を持っていたし、その自信のせいで、他の子たちからの尊敬も勝ち得ていた。学校には、彼と同じような逆三角形の体型をした男の子が何人かいて、皆、仲が良かった。彼らが廊下や食堂などで顔を合わせた時には、ちょっとした騒ぎになるので有名だった。とにかく、挨拶が派手なのだ。たとえば、水のペットボトルを手に持っていれば、相手に向かってそれを投げる。投げられた方はペットボトルを受け取ってまた投げる。それがしばらく続く。他の生徒たちは、その場から離れ、ただ騒ぎが収まるのを待つしかない。彼らは、よく可愛い女の子たちと、ちょっと際どいジョークを交わし合ったりもしていた。そばで聞いていれば、教師でさえ、男であれば少し興奮してしまうくらいだった。他の男子生徒たちは、羨《うらや》ましそうに遠くから眺めるだけだ。彼ら自身、そういうことができる自分たちが誇らしかった。はっきり態度に表すことはなかったが、周囲の誰もがそれをわかっていた。彼らは学校内の「王族」として君臨していたのだ。

ハロルドは友人たちとほとんど目を合わせることがなかったが、小突きあったり、レスリングをしたり、身体的接触は多かった。遊びは、運動能力や勇気を競い合うようなものが多かった。会話は、大半が卑猥《ひわい》なジョークで成り立っていた。それればかり、という日もよくあった。相手が女子生徒であっても親しい間であればそれは変わらない。ハロルドは、立て続けに何人もの魅力的な女の子とつき合った。相手の出自は実に様々だった。エジプト移民の子も、イラン、イタリア移民の子もいたし、イギリスにルーツを持つＷＡＳＰ家庭の子もいた。どういう人たちともうまく関わっていくことができたということだ。

ハロルドは、同じタイプの子供には珍しく大人たちにも好かれた。友人たちといる時には乱暴な言葉を使い態度もぞんざいだったが、両親や礼儀にうるさそうな大人がそばにいる時には豹変するのだ。まるで自分には思春期など来ないかのような態度を取る。十代の少年には珍しいような気配りもできる上、難しい言葉も自在に使いこなせる。地球温暖化防止活動などにも熱心に取り組むなど、社会問題にも関心を示していたため、教師や生徒指導員たちの受けも良かった。

学校というのは、まさに脳と同じような構造を持っていると言える。ハロルドの通っていた高校も例外ではない。まず、学校の運営を統括する人たちがいる。具体的には、校長や役員たちである。彼らは、自分たちが学校を動かしていると思っているが、それは錯覚にすぎない。学校はもっと複雑なものである。ロッカールームや廊下など、校内のあらゆる場所で起きる無数の些細な出来事の集合が学校なのだ。そこでは一人一人が色々なことをする。人が大勢いれば、その間に生まれる関係も様々だろう。友情が生まれることもあれば、確執が生じることもある。他の生徒に片思いする生徒もいる。交際を申し込んで断られることもあるだろう。そうした出来事の噂話をする生徒もいるはずである。生徒が仮に一〇〇〇人いるのなら、その間の関係はおおまかには一〇〇〇×一〇〇〇通りはあるということになる。この多様な関係こそが学校生活の実態だ。

校長など運営側の人間は、学校は一種の「情報伝達」のために存在する機関だと考えているかもしれない。学校から生徒へ伝えるべき情報を伝え、それによって社会的役割を果たすということだ。授業や実習などがその伝達のための手段ということになる。しかし、現実には、学校、特に高校というところには、人を振り分ける機関という性質がある。高校が生徒たちに「自分は社会の中でどのあたりに位置する人間なのか」を教えるというわけだ。

ムザファー・シェリフは、一九五四年に有名な社会科学実験を行なっている。まず、オクラホマ州の一一歳の少年を二二名集め、ロバーズ・ケイブ州立公園のキャンプへと連れて行った。二二名は、できるだけ同質になるよう考慮して選ばれた少年たちである。シェリフは少年たちを二つのグループに分け、それぞれを「イーグルス（Eagles＝ワシ）」、「ラトラーズ（Rattlers＝ガラガラヘビ）」と名づけた。チーム分け後、一週間経ってから、スポーツなどで二つのグループを競い合わせたのだが、その直後から事件が相次いで起きるようになった。最初の事件が起きたのは野球場だ。バックネットのそばに立ててあったラトラーズの旗をイーグルスのメンバーが引き下ろし、燃やしてしまったのである。

綱引きで戦った後には、ラトラーズのメンバーがイーグルスの泊まっている山小屋を襲撃し、持ち物を盗んだり捨てたりするという事件も起きた。イーグルスはその仕返しに、棒で武装してラトラーズのいる山小屋を襲撃した。彼らは自分たちの山小屋に戻ると、相手が必ず報復してくるとみて、すぐにそれに備え始めた。靴下に石を詰めるなどして、武器を作った。

二つのグループは、互いに正反対の文化を持つようになっていった。ラトラーズのメンバーはすぐに乱暴な言葉を使う。逆に、イーグルスでは乱暴な言葉を使うことは禁じられた。ラトラーズでは勇敢さが重んじられたが、イーグルスでは無謀な行動は慎むべきとされた。同種の実験は、この後、多数行なわれたが、そのすべてで確かめられたのは、人は集団を作りたがるということである。集まる理由はさほど重要ではない。たとえ偶然にせよ、ほんの少しの共通点が見つかれば、人はそれを根拠に集団を作る。そして、隣り合って存在する集団の間には、ほぼ間違いなく摩擦が生じるのだ。

ハロルドの通う高校では、誰も靴下に石を入れたりはしなかった。しかし、誰もが人からの称賛を勝ち取ろうと競い合っており、その競争に生活のほとんどが支配されていると言ってもよかった。戦いの中、生徒たちはいくつもの小集団に分かれていた。また、誰かが明確に定めたわけではなかったが、集団にはそれぞれに「ふさわしい行動パターン」というものがあった。各集団の構成員が具体的にどういう行動を取るべきかは、日々の雑談の中で伝えられていく。行動が適切であれば仲間から称賛され、不適切であれば非難されるのだ。称賛も非難も一見、何気ない会話の中で行なわれる。集団の規範が会話の中で形作られていくと言ってもいいだろう。規範について他の者より深く理解していることを証明できれば、集団内で高い地位を得て、権力を持つことができる。権力を持った者の発言は重要とされ、その発言が集団の行動に影響を与えていくことになる。

最初のうち、ハロルドにとって何より重要だったのは、自分が属する小集団の良いメンバーでいることだった。彼は、そうした小集団内での人間関係に持てるエネルギーの多くをつぎ込んでいると言ってよかった。何より恐ろしいのは、集団から排除されてしまうことであり、それを防ぐためにはありとあらゆる努力をしなくてはならない。問題なのは、集団のルールは固定されておらず、徐々に変化していくということだ。その変化を察知し損なうと大変なことになるので、必ず察知できるよう常に神経を尖らせている必要がある。

食堂や廊下で一日中、そんなことを続けていたら、きっと生徒は皆、エネルギーを使い果たしてしまうだろう。幸い、学校という場所には、そういう社交活動を休める時間が設けられている。授業時間だ。授業の間は、生徒たちの心も休息できる。集団内での地位を維持する重圧からも逃れられるのだ。大人の多くは理解していないが、生徒たちは皆、理解している。高校生活の中で最も知力を要するのは社交活動であるということを。彼らにとっては、人間関係こそが高校生活の最も大切な要素なのである。

挨拶回り

ある日のランチタイム、学校の食堂にいたハロルドはふと、中を見回した。高校生活も終わりに近づいていたので、その光景を目に焼きつけておこうと思ったのだ。その時、彼は高校という場所がどういうところなのか、よくわかったような気がした。生徒は次々に入れ替わっていく。けれども、この食堂は、生徒が変わってもそのままなのだ。食堂と同じように、他にも変わらないものがある。ハロルドが属していたような小集団も、どれだけ生徒が入れ替わろうと絶えず存在するのだ。食堂の中ほどのテーブルをいつも占領するような集団。校内でも人気のある生徒たちの集団だ。集団にはそれぞれに指定席があった。優等生たちの集団は、いつも窓際。テレビドラマ好きの少女たちの席はドアのそばで、ロック好きの少年たちも近くにいた。ヒッピーに憧れる者たちの集団は、トロフィーケースの脇。そして、これと言って特徴のない地味な生徒たちの席は掲示板の近くで、さらにそのすぐそばには、嫌われ者たちの集団がいくつかかたまっていた。アジア系の生徒たちの集団もいた。彼らはいつも勉強などしていない顔をして陰でしっかり勉強している。

ハロルドは、皆の接点となる存在でもあった。どの集団にも二人か三人は知り合いがいる。その社交能力を活かして、元来、どれもが内にこもりがちな集団と、外の世界とをつなぐ大使のような役目を担っていた。そのため、ランチタイムには、食堂のあちこちを歩き回って何人もの生徒と挨拶を交わすことになる。一年生の時から、そばに来た生徒には必ず話しかけていた。二年生、三年生の時には、自分の属する集団のメンバーとの付き合いが忙しくなったが、最上級生になると、殻を破って積極的に外に出るようになった。同じ仲間とばかり接していると退屈するということもあったが、自分ならば、集団内だけでなく色々な種類の人間とうまくやっていけるという自信を持ったからでもあった。

ハロルドの態度は、挨拶を交わす集団ごとに変わっていく。集団にはそれぞれに独特の言葉遣いや儀式があるので、それに合わせて変えるのだ。たとえば、優等生集団と相対する時には、少し落ち着かない態度になる。いつも忙しく、何かに追われていて、「次に何をするか」ばかり考えている彼らに合わせるからだ。黒人の生徒たちの集団が相手の時は、気軽に身体に触れる。どぎついジョークを言ったりもする。大人が聞いたら眉をひそめるようなジョークだが、彼らとなら平気だ。ロッカーのそばに座って昼食をとる運動部の一年生たちは、ハロルドの前ではいつもおとなしかった。ただし、ハロルドの方も偉そうにするわけではなく、優しく接していた。厚化粧の派手めな女の子たちの集団は、偏見を持たれやすいこともあって、外の人には心を閉ざしがちだったが、ハロルドと話す時は楽しそうだった。

イギリスの作家、G・K・チェスタトンは「真に偉大な人間とは、あらゆる人を最高の気分にさせる人間である」と言った。ハロルドはその言葉に当てはまる人間だったかもしれない。どこへ行っても、少しずつ人に元気を与えるような態度だった。テーブルに向かってただうつむいていた生徒たちも、ひそひそと仲間内の話をしていた生徒たちも、ハロルドが現れると途端に明るい表情になり、元気よく話をするのだった。何やらおどけたことを言うものもいる。このハロルドの食堂での挨拶回りは、学校内でもすっかり有名になった。

社交の天才

ハロルドは、身近な人たちの人間関係に何が起きているかをいつも敏感に察知した。これは、私たち人間が共通して持つ、顔認識の能力に関係がある。たとえば、群衆の中に一人、真っ赤な髪の毛をした人が混じっていたら、私たちはおそらくその人をずっと目で追ってしまうだろう。自然に珍しいものに興味を惹かれるようにできているからだ。目が大きくて、頬の膨らんだ、いわゆる「ベビーフェイス」の人を見ると、瞬時に自分より弱く、従順だろうと判断する能力もある（第二次世界大戦や朝鮮戦争の時には、ベビーフェイスの兵士の方が強面《こわもて》の兵士よりも、その勇気を称えられやすいという傾向が見られた。これはおそらく先入観との差が大きく、印象に残りやすかったためと考えられる)。

校内でいくつもの小集団と交流のあったハロルドだが、彼は各集団のルールや価値観を誰にも教わらずに素早く理解することができた。たとえば、カントリー音楽を「良し」とする集団もあれば、嫌悪の対象とする集団もあるが、それをすぐに感じ取るのだ。一年の間に寝た女の子の人数が何人までなら許されるか、という類のルールまでもが集団によって違っていたが、ハロルドはそんなルールさえ直感で察知した。三人までなら大丈夫という集団もあれば、七人まではいい、という集団もあったが、彼にはそれがほぼ正確にわかったのだ。

人は、自分の属していない集団の構成員を、自分が属している集団より均質なものだと思いやすい。しかし、ハロルドは、どの集団も外からではなく、内側から見ることができた。おかげで一人一人の個性や、集団内での位置、役割などがよくわかった。「この生徒は、以前はいわゆる『ギーク』タイプで地味だったが、最近、優等生タイプ、あるいは運動選手タイプに変わった」というようなことまでわかったのである。誰がリーダーで誰がムードメーカーか、揉め事があった時に仲裁するのは誰か、新しいことに真っ先に挑戦するのは誰か、ということも見えた。いつも細かい雑用を引き受けている者、ほぼいつも傍観者に徹している者の存在も、ハロルドには見通せた。

作家のフランク・ポートマンは、高校生くらいの女の子は三人組で行動することが多い、と言っている。そして、多くの場合、三人組の構成、役回りは同じだという。まず、一人は美人である。彼女を仮にAとしよう。そして、もう一人は、その美人の親友。彼女をBとする。そして、残りの一人は、二人に比べて容姿が劣る女の子だ。二人からは下に見られているが、嫌悪されているわけではなく「かわいがられている」という印象だ。彼女をCとしよう。A、Bの二人は、Cの世話を焼きたがる。

化粧や服装についてアドバイスをしたり、恋人を見つけてやろうとしたりする。恋人候補になるのは、だいたいは、A、Bのうちどちらかの恋人の友人だ。その友人は、ほぼ間違いなく、恋人よりも容姿の劣る男の子である。しかし、二人の真の目的は、Cとその男の子を恋人にすることではない。自分たちがCよりも魅力的であると思い知らせることだ。この種の意地悪が、時が経つにつれ、あからさまなものになっていき、やがてCは三人組から追放されることになる。その後は新しいCが三人組に加わる。Cになる子は常に抑圧され、迫害を受けることになるが、人が入れ替わっていくために、力を合わせてこの上下関係を覆すべく戦うということはない。

ハロルドは女の子三人組のそういう関係もよく知っていた。とにかく、人間関係についての洞察力が驚くほど鋭かったのだ。しかし、教室に入ると、少し勝手が違った。廊下や食堂では何もかもが思いのままだった彼だが、教室ではそうはいかなかった。人間関係においては天才だったが、勉強も天才というわけにはいかなかった。両者では、使う脳の部位が違っているのだ。教科書に書かれているような知識を取り入れたり、抽象的に物事を考えたり、という能力は、人間関係に使う能力とは大きく違っているのである。「ウィリアムズ症候群」という病気の人は、社交には素晴らしい能力を発揮するが、その他のことに関しては深刻な問題を抱えている。そういう病気の存在からも、社交と勉強には別の力が必要なのだとわかる。たとえば社交においては、まず感情を知覚する力が重要だが、デイヴィッド・ヴァン・ローイの研究によれば、そのうちでIQスコアとの関係性が認められるのは五パーセントほどにすぎないという。

教室にいると、廊下や食堂で感じたような「何でもできる」という気持ちがハロルドから失われてしまう。クラスには、何人か秀才と呼べる生徒がいたが、見ていれば自分は彼らとは違うとわかった。成績はまずまずだったし、発言を求められれば、一応、まともなことは言えるが、教師が目を輝かせるような答え方ができるわけではなかったのだ。ハロルドは自分のことを、勉強ができなくはないが、決して知性的な人間ではない、と評価していた。ただ、もし彼に「知性って何？」と尋ねたとしたら、きっとうまく答えることはできなかっただろう。

スター教師

ハロルドは、実を言えば、英語の教師に淡い恋心のようなものを抱いていた。そして、その気持ちに自分で戸惑ってもいた。彼女は明らかにハロルドとは違う種類の人間だったからだ。

英語の教師、テイラー先生は、高校時代、運動部の生徒をひどく嫌っていた。十代の頃の彼女は感受性豊かな芸術家タイプで、まさにトム・ウルフが高校生に関して唱えた「敵対のルール」に当てはまる生徒だったと言える。トム・ウルフによれば、高校生は必ず、校内のいずれかの集団に属することになる。そして、誰が味方で誰が敵かを明確に意識するというのだ。私たちの個性、人格、思想などは、知らず知らずのうちに、「敵」とみなした人間と反対のものになっていく。

テイラー先生は、芸術家タイプの生徒の集団に属しており、その自覚から必然的にアスリートタイプの集団には敵対心を抱いていた。アスリートタイプの生徒たちには、一般に、物事に我を忘れて打ち込むという特性があるが、彼女は、それに対抗するように「冷めた態度の傍観者」という特性を持つようになった。また、芸術家タイプの集団は、誰とでも打ち解ける「人気者タイプ」の生徒とも敵対した。おおらかでいつも穏やかな人気者タイプに対して、自分たちの繊細さ、感情の豊かさを強調したのである。彼女は常に、自分のタイプにふさわしい人間でいようとしていた。だが、残念ながら、日常生活はそれほど感情を揺さぶるドラマで満ちあふれているわけではない。今日は何も特別なことが起きなかった、という日も少なくないだろう。そこで、そういう日には無理にでも自らドラマを作り上げることになる。

彼女が若い頃に夢中になったのは、アラニス・モリセット、ジュエル、サラ・マクラクランなどのシンガー・ソングライターが紡ぎだす言葉だった。デモや不買運動に参加したこともあるし、リサイクルなどにも熱心だった。ダンス・パーティーや結婚式、卒業式前のビーチでのパーティーなど、人が多く集まる大きなイベントでは必ず不機嫌そうな顔をしていた。そうすることで、他の騒々しい若者とは違い、自分は成熟しているのだ、と主張していたのかもしれない。一方で、卒業アルバムなどには、少し気恥ずかしくなるくらい感傷的な言葉を書いたりもしていた。同級生たちがほとんど見向きもしなかったヘルマン・ヘッセや、カルロス・カスタネダに傾倒したこともあった。それが生まれつきなのではないかと思えるほど、いつも神経が高ぶっていたが、大人になるにしたがい、変わってきた。大学でマリファナを吸ったことなども影響したのか、けだるい、やや厭世的とも言える態度をとるようになっていったのだ。卒業後は「ティーチ・フォー・アメリカ（アメリカの一流大学の卒業生を、教員免許の有無にかかわらず、国内各地の学校に講師として派遣するプログラム）」に参加した。その間は教育現場の問題を目の当たりにして、それに気を取られるあまり、自分のことはさほど考えなかった。

ハロルドがテイラー先生に初めて会った頃、彼女は二十代後半で、英語の教師になっていた。聴いていた音楽は、ファイスト、ヤエル・ナイム、アーケイド・ファイアなど。デイヴ・エガーズやジョナサン・フランゼンなどの本を読んでいた。手の除菌剤とダイエットコークがいつも手放せない。長年伸ばしっぱなしの髪は、ほとんど手入れもしていない。それを見るだけで出世コースに背を向けていることは明らかだった。とても企業や弁護士事務所の面接には行けそうにない。スカーフが好きで、肉筆の手紙を書くのも好きだった。自宅の壁や机の上には、明言や格言を書いた紙を貼っていた。そのほとんどは、リチャード・リビングストンの言葉である。たとえば、「何か道徳上の問題が起きた時、人はその原因を、問題を起こした人間の弱さに求めがちだが、実際には、理想があまりに高すぎるだけであることが多い」といった具合だ。

彼女が少々、変わった人になってしまったのは、高校の英語の授業で教材となる数々の本のせいかもしれない。誰もが人生のある時期に読むような本かもしれないが、授業で毎日毎日、毎年毎年、教え続けるのは、一度読むのとはまったく違う。具体的には『友だち』、『ライ麦畑でつかまえて』、『二十日鼠と人間』、『るつぼ』、『カラーパープル』、『緋文字』、『アラバマ物語』などの本である。そういうことをしていて、精神的に無傷のままでいるのは難しい。

ずっと授業で触れているうちに、本は彼女の心の深いところにまで入り込んでしまった。そしていつしか、彼女は生徒と本の「仲人役」を買って出るようになった。生徒をよく見て、心の奥底で何を望んでいるかを見抜き、合いそうな文学作品を選んで薦めるのだ。優れてはいても、難解でない作品、そして、その生徒の人生を変えるであろう作品を選ぶ。廊下で生徒を呼び止め、無理やりに本を手渡す。そして、震える声で「あなたは一人じゃない」と言うのだ。

渡された方の生徒のほとんどは自分が一人だなどとは、考えたこともない。だが、テイラー先生は誰もが自分と同じだと思い込んでしまっていた。チアリーダーをしていようが、バンドをやっていようが、奨学生だろうが、とにかく誰もが心の中に静かな絶望を抱えている、そう信じていたのだ。だから生徒に本を薦めるのには救済の意図もあった。彼女にとって本は、孤独から逃れるための手段であり、自分と同じことを感じている人間に触れることのできる手段でもあった。「これは私の命を救ってくれた本なの」彼女は生徒一人一人に、静かにそうささやいた。自分と同じように、本によって救われる人間を一人でも増やそうとしていたのだ。物事がうまくいかなくて、悩み苦しんでいる時には、ホールデン・コールフィールドがそばにいて、隣を歩いてくれるよ、と伝えたかった。

彼女自身が、本を薦めることを楽しんでいた。薦めた本で生徒が実際に救われれば、彼女も深い感動を覚えることができた。他の大人たちには、感傷に浸っているだけのように見えたかもしれない。しかし、一つ間違いなく言えることは、彼女が素晴らしい先生だったということである。自身が心に悩みを抱えていたために、それが十代の生徒たちの心にも響いた。この場合、大切なのは、器用さや分別などではなかった。大人の世界では生きづらい精神的な資質こそが、彼女を学校のスターにしていたのだ。

学習のスタイル

「学校という組織は、人間に対する誤った理解を基に作られている」テイラー先生はそういう認識を持つ数少ない教師の一人だった。学校は、生徒を「空っぽの箱」のようなものと考えていたからだ。その空っぽの箱の中に情報を詰め込んでいくのが学校というわけだ。

人間はもっと複雑で、理解しがたいものである。彼女はそれをよく知っていた。生徒たちは青年期にいる。その時期、脳は大変な混乱状態にある。第二の幼年期と呼んでもいいくらいだ。第二次性徴の始まりとともに、脳の中では、大量のシナプスが情け容赦なく淘汰されるようになっていく。そのため、この時期の若者たちの知的能力は、直線的には向上しない。たとえば、他人の感情を読み取る能力などは、一四歳の時点の方が、一九歳になってからよりも優れているという調査結果もある。その後、数年間の成長を経て脳が安定しないと、能力は元に戻らないようだ。

そして、もちろん、ホルモンのハリケーンにも襲われる。特に女子の場合は、下垂体からの分泌物によって突如、生活をかき乱されることになる。まず、エストロゲンが、幼児期と同じような勢いで脳に流入してくる。それにより、批判的思考力が急激に向上し、感情の繊細さも増す。十代になると急に部屋の明るさ、暗さに敏感になる人もいる。気分や知覚のはたらきは、ホルモンの分泌量の変化に応じて、刻一刻と変わっていく。

たとえば、月経周期の最初の二週間には、エストロゲンの分泌量は増えるので、脳は過敏になり、注意力も非常に高まる。月経周期の後半には、プロゲステロン（黄体ホルモン）が分泌されることで、脳の活動は抑制される。ローアン・ブリゼンディーンはこれについて次のようなことを書いている。「十代の女の子にある日、『そのジーンズ、股上が浅すぎるんじゃない？』というようなことを言ったとしよう。その日は気にもしないかもしれない。しかし、日が悪ければ、とんでもない侮辱をしたと受け止められかねない。『あんたは太っているからそんなジーンズ似合わないよ』と言われたように解釈することもあり得るのだ。言った方がまったくそんなつもりでなくても、脳がそう理解してしまうのだ」

ホルモンの作用により、男の子と女の子とでは、ストレスへの反応が違ってくる。女の子は、人間関係のストレスにより強く反応する。一方、テストステロンが女の子の一〇倍、分泌される男の子の場合は、自分の立場を脅かすようなストレスに強く反応する。両方に共通するのは、気にしなくてもいいような些細なことを気にするという点である。態度がひどくぎこちなくなってしまうことも多い。カメラの前で自然に笑えないというのもその一つだ。自意識過剰のせいで、笑っているようなそうでないような、何やら落ち着かない、トイレにでも行きたいのか、というような表情になってしまうのだ。

テイラー先生は、授業をしながらも、生徒たちがただ、自分の話だけを聞いているのだ、とは思っていなかった。男の子は密かにマスターベーションのことを考えているかもしれない、女の子は、孤独のあまり死にたいと思っているかもしれない。その前提で英語の授業をしていたのだ。

教室に並ぶたくさんの顔を見ると、一人一人、実に落ち着いているように見える。退屈そうでもある。でも、それはあくまで表面上のことだ。騙されてはいけない。皆、心の内には激しいものを隠しているのだ。生徒たちの前に立った教師が生徒たちに向かっていくら熱心に情報を伝達しようとしても、その情報は、こちらの思うようには彼らの頭に吸収されていかない。ジョン・メディナも言っているとおり、頭に情報が吸収されるプロセスは、「蓋を開けたままミキサーを回している」ような具合になる。脳に入った情報はばらばらに切り刻まれて、脳内のあちこちに分散されるのである。一定の秩序の下に整然と収容されるというわけではない。時には、以前から収容されている古い情報と新しい情報の間に何か関連性を見出し、両者を統合するということも行なわれるが、必ずそういうことが起きるわけではない。教師になったばかりの頃、テイラー先生は『さかなはさかな――かえるのまねしたさかなのはなし』という本に出会った。カエルと友達になった魚の話が書かれている。魚はカエルに、陸の生き物の話をしてくれと頼む。カエルは話をしてやるのだが、魚はカエルの話を理解できない。人間の話を聞かされても、魚が思い浮かべるのは、まるで尾びれで歩く魚のような生き物である。鳥の話を聞いて思い浮かべるのは、羽の生えた魚のような生き物だ。ウシの話を聴いてもやはり大きな乳房のついた魚のような生き物を思い浮かべてしまう。テイラー先生は悟った。きっと自分の生徒もこれと同じなのだろうと。皆、自分の経験から作り上げたモデルを持っており、彼女が何を言っても、そのモデルを基に想像してみるしかできないのだ。

それに、生徒たちの学び方が今日と明日とで同じとは限らない。研究者の中には、学習のスタイルは人によって違うと言う人もいる。右脳型の人、左脳型の人、あるいは聴覚型の人、視覚型の人などがいるというのだ。そうした説を裏づける確かな証拠は今のところない。ただし、その日、その時の状況によって色々な学習スタイルを使い分けているということは確かのようだ。

もちろん、テイラー先生も、自分が与えようとしている知識が生徒に確実に伝わってほしいとは思っている。特に試験に出るようなことがらに関してはすべて確実に記憶してほしい。しかし、いくら教えても、生徒たちはわずか数週間で教わったことの九〇パーセントは忘れてしまうのだ。教師の仕事は、ただ決まった知識を分け与えるということではない。それ以上に大切なのは、生徒に物の見方を教えること、知識の吸収の仕方を教えることだ。生徒の記憶に残るのは、そういうことを教えてくれた教師なのである。

テイラー先生がしようとしていたのは、「教育」というより、「訓練」だったと言える。まずはとにかく、自分のマネをさせようとした。誰かのマネをすると、無意識のうちに色々なことが学べる。彼女は、色々な例題を使って、自分の思考の仕方を生徒に見せた。その思考法をまねて、生徒が自分でも考えてくれればと思っていた。

生徒にはあえて失敗をさせるようにした。失敗をすること、間違えることは苦痛だ。その苦痛を知れば、失敗をしないよう努力をするようになる。その過程では様々な感情が起きるだろう。強い感情が起きれば、その分、学ぶことが記憶されやすくなる。

また、生徒が無意識のうちに抱いている意見、意思もできる限り、探り出そうとした。意見や意思というのは、徐々に固まっていくものではない。レンガを積んで壁を築くのとはわけが違うのだ。実は本人も知らない間に固まっているもので、重要なのは、自分で自分の意思に気づくことである。そのための能力を身につけさせるのも教師の大事な仕事と言える。

テイラー先生が何より大切にしたのは、生徒に実際に何かをさせるということである。彼女は感傷的な人ではあったが、同時に現実的なところもあり、生徒の自然な好奇心に任せておけばよい、放っておいても勉強するはず、というような考え方はしなかった。そのため、宿題は多く出した。生徒が嫌がってもお構いなしだった。テストも頻繁に実施した。テストの時に脳から知識を取り出そうとすると、その知識に関連するニューラルネットワークが強化される。彼女がそれを知っていたわけではないが、テストに取り組むことが学習の役に立つことは直感的にわかっていたのだ。生徒を追い詰めて、無理にでも勉強させようとした。嫌われることなど、まったく恐れていなかった。

究極の目的は、生徒たちを独学のできる人間にすることだった。自らの力で学び、何かを発見した時のあの、官能的とも言える喜びの感情を覚えてほしかった。懸命に努力し、少し苦しみも味わった後に「わかった」と感じるうれしさ、それを知って、中毒になってほしいと思っていた。そうなれば、後の人生はずっと独力で学ぶことができる。生徒がそんな人間になれるよう、少しでも力になること、自分の仕事の大きな意義はそこにあると考えていたのだ。

標的になる

ハロルドは初めの頃、テイラー先生のことを少しバカにしていた。しかし、やがて忘れられない人になってしまったのだ。きっかけとなる事件は、ある日の午後に起きた。それは、体育の授業が終わり食堂に行こうとしていた時だ。テイラー先生がこっそりと跡をつけてきた。ロッカーに紛れてしまいそうな地味な色の服を着ていた彼女が周囲にわからないよう、ハロルドの後をついて歩いていたのだ。しばらくは、静かに辛抱強くタイミングをうかがっていたが、ハロルドの周囲に人がいなくなった時、一気に距離を詰め、彼女は薄い本を手渡した。「これ読めば、きっとすごいことが起きるわよ」と少し強い口調で言うと、彼女は去っていった。渡された本を見ると、それはエディス・ハミルトンの『ギリシャ人の方法』という本だった。

ハロルドは、その時のことを決して忘れないだろう。後になってから、この『ギリシャ人の方法』という本は古典学者の間では決して評価の高いものではないと知ったのだが、高校生の彼にとっては、未知の世界へと誘ってくれた本だった。その世界は、未知のものなのだが、彼にはなぜか馴染むことができた。本を読んでわかったのは、古代ギリシャの世界が戦いと競争の世界だったということだ。団結力や、名誉を求める気持ちの強さは現代とは違っている。ハロルドのいる世界とは違い、古代ギリシャでは、勇気が何よりも重要な美徳とされていた。一人の武人の怒りが歴史を動かすこともあった。人間が現代よりも大胆に生きていると感じられる。ハロルドの生きる世界では、男らしさというものを意識することはまずないが、古代ギリシャでは、意識せざるを得ないし、男らしさとは何か、ということも明確に定められていた。

エディス・ハミルトンの本を読むことで、ハロルドは、遠い過去の人たちと心の深いところでつながったような気がした。それは初めての感覚だった。本の中ではアイスキュロスの言葉が引用されていた。「神の法を知る者がいれば、その者は必ず苦しむことになる。眠っている時でさえ、痛みは忘れられない。しかし、たとえそう意図してはいなくても、知恵は滴《しずく》が落ちるように少しずつ心の中に入り込んでいく。それが素晴らしい神の恩寵《おんちょう》なのだ」ハロルドはこの言葉を完全に理解できたわけではないが、何か大切なことを言っているのだということは感じ取った。

ハミルトンの本を読み終えると、ハロルドは、独力で関係する本を探し始めた。彼は古代ギリシャにある種の神秘性を感じ、その神秘性についてさらに深く追究したいと思ったのだ。それまでの彼は、勉強と言えばとにかく進学のためにするもの、という意識だった。パーティーで誇らしげに名前を言える大学に行くこと、それだけが勉強の目的だったのである。ところが、古代ギリシャに関しては違っていた。進学などの実利を離れた、何か大切な真実を見つけたいという願望に衝き動かされていたのだ。どの本も、どうしても読まなくては、という思いで読んでいた。一般向けの歴史書を何冊も読んだ。『300〈スリーハンドレッド〉』や『トロイ』など、古代ギリシャが舞台になった映画（ほとんどはひどい出来だった）を何本も観た。高校生なりの理解ではあったが、ホメロスやソフォクレス、ヘロドトスなどにものめり込んだ。

テイラー先生は、そんな彼の様子を嬉しそうに見ていた。そして、ある日の放課後、彼女はハロルドに残るようにと言った。これからの勉強の計画を立てようというのだ。

場所はもちろん、普通の教室である。装飾のない裸の蛍光灯、二人で使うには小さすぎる机。ハロルドは、先生の説得に応じ、古代ギリシャ人の生活の知られざる一面についての論文を書く決心をした。褒められてその気になった部分もある。書き上げるまで先生がアドバイザーとしてついてくれるという。論文について熱心に説明してくれる話に耳を傾けているうちに、熱意は彼にも伝染した。一対一での会話は楽しかった。研究によれば、言語習得の方法で最も上達が早いのが、いわゆる「マンツーマン」の方式だという。逆に、最も遅いのが、音声テープやビデオテープによる学習だという。ハロルドの場合も、教師との「マンツーマン」の対話が学習の効果を高めていたのだと考えられる。しかも、相手は知的で魅力的な年上の女性である。その人が熱心に話す古代ギリシャの神秘に彼は惹きつけられた。

テイラー先生は、ハロルドが人気者で、運動も得意な活発な生徒だということはよく知っていた。だがそれだけではなく、心の中に何か高い理想を隠し持っているのではないかとも思っていた。それが垣間見えることがあるのだ。垣間見えるのは、たとえば、クラス内で討論をする時だ。そんな時に、ふと、彼がとても気高いもの、普通の生活よりも上にあるものを求めていることが感じられるのである。ハミルトンの本を渡したのは、元々、そういう気高いものの姿が少しでも見えれば、ひらめきが得られれば、という期待からだった。放課後の教室で論文について話した時、先生は、「古代ギリシャ人の生活と、現代の高校生の生活に接点を見つけなさい」とアドバイスした。創造行為には、一見、無関係な二つのものを結びつけることが重要だと考えていたからだ。宇宙空間で二つの銀河を融合するようなことをすれば、新しいものが生まれるというわけだ。そのため、彼女は、人間は皆、本職以外に何か別の仕事、あるいは仕事でなくても熱心に取り組むものを持っていた方がいいと考えていた。そうすれば、二つの視点から世界を見るようになり、両方の世界において洞察力が高まる。テイラー先生の場合も、シンガーソングライターという別の顔を持っていた。教師があくまで本業であり、音楽の方はさほど成功しているとは言えなかったが、それでも二つの仕事を持っていることで得るものは大きかった。

ステップ1

論文を書く最初の段階ですべきことは、知識の習得だった。先生はハロルドに、古代ギリシャ人の生活について書いた本を次々に読むよう言った。そして、五冊読んだら、読んだ本のリストを持ってくるように言った。特に体系的なカリキュラムを設けたりはしていない。大人と同じように、自分自身で面白そうだと思う本を選んでほしかったのだ。自ら書店なり、インターネットなりで探してくれれば、と思っていた。本とは偶然出会うこともあれば、評判を聞いて読むこともあるだろう。色々な種類の本を読むべきだし、書く人の種類も色々な方がいい、という考えもあった。その方が数多くの幅広い知識が吸収できる。頭の中で種類の違う知識が結びつくこともあるはずだ。

そういう方法だと、どうしても初めのうちはいかにも素人という調査の仕方になる。だが、それで問題はないのだ。人にものを教えるという仕事は、いきなりはじめから目覚しい成果を上げる必要はない。心理学者のベンジャミン・ブルームはそれについて次のように言っている。「はじめの段階ですべきことは、学ぶ人を学ぶ対象に惹きつけることだ。対象に魅了され、もっと知りたい、もっとできるようになりたい、という強い気持ちを持たせられれば成功である」ハロルドが古代ギリシャ人の生活という調査対象に興味を惹かれていて、調査を楽しいと感じていれば、たとえ少しずつでも確実に知識は深まっていくだろう。アテネやスパルタの人々が日々、何を考え、どのように暮らしていたのか、基本的なことはすぐにわかるようになるに違いない。そうした知識を足がかりにすれば、さらに上に行くことは比較的、容易だろう。

人間の知識は、コンピュータのメモリに蓄えられた情報とは違う。コンピュータは、データベースのデータ量が増えたからといって、記憶の効率が上がることはない。だが、人間の脳にはそういうことがあるのだ。脳は生きているし、貪欲だ。少し与えられると、もっともっとと要求する。すでにある程度、知識のあることがらに関しては、速く効率的に新しい知識を吸収できる。学んだことを漏れなく記憶できる。

小学校三年生と大学生の被験者に、漫画のキャラクターをいくつも見せ、記憶させる、という実験が行なわれたことがある。結果は、小学生の圧勝だった。小学生の方が元々、見せられたキャラクターたちに馴染みがあったからだ。同様に、学業遅滞児とされる八歳から一二歳までの子供のグループと、平均的な知性を持つ大人のグループに、多数の人気歌手の名前を記憶させるという実験も行なわれている。この場合も、やはり子供たちの方がはるかによく記憶できた。しかも、彼らは「記憶が遅い」とされている子供たちである。元々の知識があれば、記憶力は大きく向上するのだ。

先生は、ハロルドが早く基礎的な知識を身につけてくれれば、と思っていた。ハロルドは寸暇《すんか》を惜しんで手当たり次第にギリシャの本を読み漁った。家でも、バスでも。朝から晩まで、少しでも時間があれば読んでいた。その効果は確かにあったようだ。読書はそのための場所で落ち着いてすべきもの、と思っている人も多いだろう。しかし、実は時間や場所、周囲の状況などを様々に変えて読書をした方が、読んだ内容が記憶に残りやすいのだ。そのことは実験によって確かめられている。変化によって脳に刺激を与えた方が、ニューロンのネットワークが密になるのだ。

何週間かして、ハロルドは五冊の本を読み終え、そのリストを持ってきた。読んだのは、一般向け歴史書を二冊ずつ（それぞれ、マラトンの戦い、テルモピュライの戦いについて書かれたもの）、ペリクレスの伝記、『オデュッセイア』の現代風訳、アテネとスパルタの比較研究書である。本当にばらばらだが、この五冊によって彼は、古代ギリシャの世界の全体像、ギリシャ人たちの生活、価値観などに関して、だいたいのことがわかるようになった。

本を読み終えたハロルドを、先生はよくがんばったと褒めた。心理学者、キャロル・ドゥエックによれば、人は努力した後に他人に褒められると、「自分は努力する人間である」という自己イメージを持つようになり、褒められれば褒められるほど、そのイメージは強化されるという。そういうイメージを持った人は、積極的に新しいことに挑戦するようになる。また、たとえ失敗をしたとしても、それも成功までの一過程だと思えるようになるのだ。一方、子供の頃から「賢い」と褒められていた人は、自分は何かをすれば成功するよう生まれついているのだ、という自己イメージを持つようになってしまう。そして、「賢いと思われたい」ということが行動の基本になる。新しいことへの挑戦には消極的になる。失敗してバカだと思われるのが怖いからだ。

先生は、ハロルドに、もう一度、最初のエディス・ハミルトンを含め、これまでに読んだすべての本を読み返すよう言った。その狙いは、知識を無意識化することにあった。人間の脳には、繰り返し使う知識を無意識化する機能が備わっている。たとえば、初めて自動車を運転した時は、あらゆることを意識して考える必要がある。しかし、何度か運転するうちに、運転中のあらゆる動きが無意識化され、自動的に運転できるようになるのだ。読み書きにしろ、計算にしろ、後天的な技能を習得する場合には、繰り返し、ということが重要になる。繰り返すことで、無意識化、自動化をするのである。数学者、哲学者のアルフレッド・ノース・ホワイトヘッドは、この学習のプロセスを文明の進歩になぞらえ「文明は、考えなくてもできる仕事を増やすことによって進歩してきた」と言っている。人の学習も同じように進むというわけだ。

本で得た知識を無意識化しようとすれば、本を繰り返し読む必要が出てくる。ギリシャの本も、一通り読んだだけでは、まだその知識は意識的なものである。だが、二度、三度と読むことで、より深いところに入り込んでくる。試験の前夜に、長い時間をかけて教科書を読んで丸暗記しようとするより、五日間、毎日、試験範囲を一通り読むことを繰り返す方がはるかに良い。それはテイラー先生が生徒たちに何度も何度も言ってきたことだった（ただし、生徒の方は何度同じ話を聞いたところで、実践をしてみなければ、結局、先生が何を言っているのかを正しく理解することはできないに違いない）。

先生はハロルドに、良いリズムで学習してもらいたかった。それは、ごく幼い頃の学習リズムに戻るということでもある。幼い子供が周囲の世界を探検する時と同じことをするわけだ。探検の時は必ず、母親のもとから旅立つ。そして、思い切って何か自分にとって未知のもの（たとえば、新しいおもちゃ）に触れる。それが終わると、安全が保証された母親のところへ戻り、しばらくするとまた冒険に出かける。そういうリズムだ。

同様のリズムは高校生になってからも、大人になってからも重要である。これは、『スマート・ワールド（*Smart World*）』の著者、リチャード・オグルが「手を伸ばしては、また元に戻す」というふうに表現したリズムだ。この場合、母親に当たるのは、その分野の基礎的な知識である。いつでも立ち戻れる基礎的な知識を踏まえた上で、新しい知識を得ようと手を伸ばす。持ち帰った新しい知識は、それまでの知識と融合させる。しばらくすると、また新しい知識へと手を伸ばす。その繰り返しだ。オグルも言っているとおり、すでに知っていることに安住して、新しい知識にまったく手を伸ばさないのもよくないし、やたらにあちこちに手を伸ばしても、ほとんど成果は得られない。先生は、ハロルドを「適度に手を伸ばして、また元に戻す」というリズムに乗せたいと考えていた。

全部の本をもう一度読めと言われて、ハロルドは不満だった。もう読んでしまった本をまた読むなんて、退屈で仕方ないだろうと思ったのだ。しかし、実際に読んでみると、二度目は最初とはまったく違う本のように感じたので驚いてしまった。目に留まる箇所が違う。論旨も違っているように思える。最初に重要だと思って線を引いた箇所はまるで的外れで、大して重要でないと思って無視していた箇所が実は重要だったりした。自分なりに加えておいた注釈があまりに幼稚で恥ずかしくなってしまうこともあった。これは、本が変わったのではなく、読む人間の方が変わったのである。

本を何冊も読む間に、彼の頭の中では、取り入れた情報の整理が無意識のうちに行なわれる。互いに関連し合う情報が脳の中で結びつけられる他、情報の優先順位づけも行なわれる。新奇な情報は常に、以前からすでに得られている古い情報に比べて重要とされる。そして、さらに新しい情報を取り入れる際には、最近得られた情報との関連性が高いものが優先される。一度読んだ本を読み返した時の印象が最初と大きく異なるのはこうした理由からだ。これによって、知識は次第に深まっていく。

五冊の本を読み返したところで、古代ギリシャに関するハロルドの知識が専門家と呼べるようなものになるわけではない。歴史学専攻の大学生にもまだ遠く及ばない。だが、すでにもう素人のレベルではなくなった。学習をしても、知識レベルが決して直線的に向上するわけではないことには、ハロルドも気づいていた。しばらく停滞した後に壁を突破して一気に向上、ということを繰り返すのだ。壁を突破する時、というのは、物の見方が変わる時である。

素人と専門家の違いがよくわかる実験の例を紹介しておこう。これはチェスに関する実験である。熟練のチェスプレーヤーとまったくの素人に、いくつかの盤面を五秒間から一〇秒間ずつ見せ、後から駒の配置をどのくらい覚えているかを確かめる、というものだ。どの盤面にも、実際の試合にありそうな配置で、二〇個から二五個の駒を並べておく。すると、熟練のプレーヤーがどの盤面でもすべての駒の位置を記憶しているのに対し、素人はせいぜい四つか五つの駒の位置を記憶しているにすぎないという結果になる。

これは、必ずしもチェス名人の方が素人よりも頭が良いということを意味しない。IQを基にチェスの強い、弱いを予測しても実はあまり当たらない。チェス名人が驚異的な記憶力を持っているということでもない。チェスのルールを無視して駒を完全にランダムに並べてしまうと、名人もやはり素人と同じ程度にしか盤面を記憶できないことがわかっている。

名人が盤面を覚えられるのは、長年にわたる学習と訓練の結果だということである。盤面の見方が普通の人とは違っているのだ。普通の人には、駒は一つ一つばらばらに見える。ところが名人には、すべての駒が一体に見えるのだ。駒と駒との関係が見えると言ってもいい。これは、本に印刷された文字を一つ一つばらばらに見るのではなく、単語、段落、ストーリーといった塊でとらえるのと似ている。文章を構成する文字を一つずつばらばらに記憶せよと言われれば難しいが、ストーリーを記憶せよと言われればさほど難しくはない。専門家になるというのは、脳内の多数の情報を結びつけ、大きなネットワークにしていくことだと言ってもよい。学習は単なる知識の蓄積ではないのだ。情報と情報との間の関係を知ることも学習の大切な要素である。

知識の構造は、分野ごとに違っている。どのような知識がどのようなパターンで組み合わされているかは、それぞれに異なっているのだ。分野ごとに独自の「パラダイム」があると言ってもいい。専門家は、この構造、パラダイムを把握している。多数の知識が互いにどう関係し合うのかを暗黙のうちに知っているのだ。だから、経済学者は経済学者らしく、弁護士は弁護士らしく物を考える。学習を始めた当初は、自分がその世界に入っていくという認識だが、間もなく、世界の方が自分の中に入ってくることになる。はじめのうちは、頭蓋骨の障壁を乗り越えて知識が頭の中に入っていくという感じだが、頭の中に世界が入ってしまえば、その障壁はなくなってしまうのだ。

専門家になると、個々の事象について細かく考える必要がなくなる。考える量が素人に比べて圧倒的に少なくなるのだ。何かが起きた時にも、それがどこにどう影響するのかは詳しく分析しなくてもわかる。その世界がどういう要素から成り、個々にどう関係し合っているかを十分に知っているので、個々の出来事について分析しなくても先が予測できるのである。

ステップ3

次の段階で先生がしようとしたのは、ハロルドが無意識のうちに身につけた知識を意識にのぼらせるということである。何週間もかけてすべての本の再読を終えた彼に、先生は日記をつけるよう言った。その日記には、ギリシャ人の生活について考えたことと、自分自身の学校生活について考えたことの両方を書く。書く時には、無意識から自然に思考が湧き起こってくるに任せるようにという指示もした。とりあえずは「何を書いて、何を書かないか」のルールを特に設ける必要はなく、うまく書こうなどとは思わなくてよいということだ。ただ思いつくまま書けばいい。

論文は、頭の中で七五パーセントくらいは完成させてから書き始めること、というのが彼女の基本原則だった。実際に書くという作業を始める前には、長い時間をかけて計画を練らなくてはならない。その際には、資料を様々な角度から調べる必要がある。同じ資料を何度も繰り返し読むのだ。読む度に、頭の中の状況が異なるので、必ず、前とは違う角度から見ることができる。論文に直接、関係のないこともできる限り考えるべきだ。そうすることで、物事を正確に見通す力がさらに高まる。意識して考えをまとめようとしなくてよい。脳には自動的にパターンを見つけ出す能力があるからだ。脳は、得られたデータから本質を引き出すことに長けている。たとえば、電話は受話器に入力された音声情報のうちのわずか一〇パーセントしか相手に伝えることができない。そんな断片的な情報なのに、話している相手を特定することは子供にでもできる。それは脳にとってはたやすいことなのだ。

先生がハロルドに日記を書かせたのは、本人が知らない間に得ている知識を、できるだけ無理のない形で表に出させたいと考えたからだ。それによって、漠然とした思考、直感のようなものに明確な言葉を与えられれば、と思った。ジョナ・レーラーは「あなたは、あなたの知らないことも知っている」と言ったが、それと同じ考えだったのだ。筋道を立てて何かを考えるのではなく、偶然に任せて考えていくと、自分の中に思いがけない知識があるのが見つかる。この方法は無駄が多いようだが、制限を設けずに思考をはたらかせた方が、結局は早く目的が達せられることが多いのだ。

ハロルドは、この時の日記を生涯、持ち続けた。何度も焼いてしまおうと思ったのだが、そうはしなかった。思春期の頃の自分がこんなにも青臭く未熟な考えを抱いていたということを、子や孫には知られたくはなかったが、日記は処分できなかった。はじめのうちは、ページの真ん中あたりにキーワードとなる単語を書くだけだったのだが、そのうちに、まとまった考えが頭に浮かぶようになったので、それを走り書きするようになった。時には本題にはあまり関係ないようなことが思い浮かんだりもしたが、気にせずに書いていった。

彼は、古代ギリシャの英雄たちが持っていた激しい情熱について色々なことを書いた。アキレスの怒りと、自分が普段の生活の中で抱く怒りとを比較したりもした。怒りを抱くような場面で果たしてどういうふうにふるまえば、少しでも英雄的と言えるのか、ということを考えたりもしている。勇気について書くことも多かった。アイスキュロスについてエディス・ハミルトンが書いた言葉を書き写したこともある。それはこんな言葉だった。「彼にとって、人生は冒険であり、危険に満ちたものだった。しかし、人間は元々、安全な場所で生きるように作られてはいない」

誇りについて書く時は、アイスキュロス自身の「傲慢な人間がたとえ何かを得たとしても、得たものは涙にまみれているだろう。誇りを持つのはいいが、それが傲慢になってしまうと、神によって重い罰が与えられることになる」という言葉を書き写した。ハロルドには、自らの人生の中で、自身を英雄視しがちなところがあった。自分を級友たちよりも上の存在ととらえるところがあったのだ。古代ギリシャの人たちが書いた文章を読むと精神が高揚した。はるかな過去の時代、その時代の人々との間に深いつながりを覚えるのだ。あるスパルタの教師は「名誉につながることはすべて心地良い、私は子供たちにそう教えている」と誇らしげに語っていた。そういう美徳に触れると刺激を受けた。深夜にペリクレスの言葉を読み、日記にそれを書き写していたら、突然、大きな幸福感に包まれたこともあった。彼は次第に、古代ギリシャ人の価値観を、実感を伴って理解できるようになってきた。人間の尊厳とは何か、人生にとって何が大切か、といったことをギリシャ人になったつもりで考えられるようになったのだ。日記が終わりに近づいた頃には、本に書いていないことでも、自分で判断ができるようになったし、それぞれに別のところから得た知識を結びつけられるようにもなった。たとえば、勇猛果敢なアキレスと、知将オデュッセウスの違いについて自ら考え、日記に書いたりもしている。現代の自分と古代ギリシャ人との違いについても明確に認識し始めた。古代ギリシャ人たちの言葉を見ていると、他人との共感を表現しているものはあまり見られない。「戦いに勝ち、名誉を守る」という類の言葉は多いが、他人への思いやりや哀れみの感情を表現した言葉に出会うことがまずないのだ。「困っている人、助けを求めている人に手を差し伸べる」というような言葉が見当たらない。優しさというものをあまり認識していなかったようにも見える。神の愛は、それにふさわしいものだけに与えられるという考えだったようである。

日記をつけるよう言ってから数週間後、先生はハロルドに「これまでの日記を見せてほしい」と頼んだ。彼は躊躇した。とても個人的なこと、あまり他人に知られたくないような思いも書いてしまっていたからだ。先生が男性であれば、みすみす自分の弱さをさらけ出すようなことはしなかったかもしれない。しかし、彼はテイラー先生を信じていたので、ある週末に日記を渡し、家に持って帰ってもいいと言った。

先生は日記を見て驚いた。多重人格なのではないかと思えるほど色々な記述があったからだ。尊大でもったいぶった調子の日があるかと思えば、子供のようになる日もある。皮肉屋になる日や、文学的になる日、科学者になる日もある。「心は流転していく」ロバート・オーンスタインはそう書いている。「次々に状態が変わっていくのだ。慌てふためいたかと思うとすぐ静かになる。幸せを感じていたのに、次の瞬間、急に心配になることもある。状態が変わるごとに、脳の中の違う部分がはたらくことになる」

日記に現れるハロルドは一人の人間ではなく、何人もいるようだった。次にどのハロルドが現れるかは、ページをめくるまでわからない。そんなことがあり得るとは、教育大学では教わらなかった。「この生徒は、今までの自分を破壊して、生まれ変わろうとしている」と彼女は考え、感動した。目の前でそういうことが起きているのだ。これからどう指導していこう。そう思うと興奮してきた。生徒が教師の提案をそのまま受け入れ、その結果、大きな飛躍を遂げる。めったにないことだった。

ステップ4

いよいよステップ4。これが最終段階だ。今までは、論文を実際に書く前の準備、情報集めを続けてきた。ハロルドはすでに何カ月にもわたって資料を何度も読み返し、日記に考えを書きとめるなどして理解を深めてきた。そろそろ、実際に何をどう書くかを話し合うべき時だろう。

ハロルドは、日記に「高校のダンス・パーティーにペリクレスが来たら……」と題した絵を描いていた。絵を見ると確かにタキシードやガウンを着た生徒の中に、トーガを着た人物がいる。先生は、これを論文のタイトルにしてはどうか、と言った。ハロルドの日記には、先生の指示もあり、古代ギリシャについての記述と、自分の高校生活についての記述が交互に出てきたからだ。一見、無関係の物事を結びつけること。それが新しいものを創造するきっかけになる。ハロルドの場合には、古代ギリシャ人の生活と自身の生活の融合が創造のきっかけというわけだ。

家に帰ったハロルドは、本や日記を見ながら考えた。論文は一二ページだ。これだけのことをどうやって一二ページにまとめればいいだろうか。彼は、日記の最初の方を読み返した。少々、気恥ずかしい。本もあちこち拾い読みした。何も思いつかない。どうにも進まないので、友達にメールを書いて、しばらくゲームをした。フェイスブックものぞいた。また本を読んでみる。止まっては再び取りかかる、その繰り返しだ。何か作業を進める時、休み休みになってしまうと、連続して進めた場合に比べ、その作業の正味の所要時間が約一・五倍になってしまうという。また、誤りも一・五倍に増えるという。脳は複数の作業を同時に進めるのには向いていないので、一つの作業を一度に進めた方がいいのだ。そうすれば、脳内の互いに関連し合うニューロンのネットワークが連鎖的に活動するため、効率が上がるのだ。休み休みだと、その連鎖が切れてしまう。

問題は、彼自身が自分の知識の全体像を把握していないということだ。知識を自分の思い通りに活用するというより、知識の方に自分が振り回されている状態だった。色々なことが断片的に頭に浮かぶばかりで、それをどう整理するのか、という方針が立っていなかった。彼はある意味で、一時的にだが、一八八六年生まれのロシア人(ラトビア出身)ジャーナリスト、ソロモン・シェレシェフスキーのようになっていたと言えるかもしれない。シェレシェフスキーは、何もかもすべてを覚えてしまう驚異的な記憶力で知られた人物である。その記憶力のすごさは、実験でも証明されている。ある実験で研究者は、合計で三〇もの文字と数字から成る複雑な式を彼に見せた。そして、式を書いた紙を箱の中にしまい、その後の一五年間、一度も開かなかった。一五年後にシェレシェフスキーに尋ねると、彼は式を記憶していた。箱から取り出した紙と照合することで、その記憶は完全に正確であることがわかった。

ただ、シェレシェフスキーはあらゆることを記憶できたが、記憶を整理することができなかった。個々の事象を単にばらばらに覚えているだけで、その中にパターンを見つけ出すことができなかったのだ。少しでも違う事象はすべて独立して覚えていたため、「似ている」という認識もできず、したがって比喩は理解できず、詩も読めなかった。抽象的な思考ができず、長く複雑な文を理解することもできなかった。

ハロルドもややそれと似た状態に陥っていると言えた。彼が高校生活について考える時のパラダイムと、古代ギリシャについて考える時のパラダイムは同じではなかった。両者は今まで、まったく別のものとして存在していたのである。だから、接点のない二つのものを融合しろと言われて困ってしまった。このままでは、核のない論文になってしまう。ただ二つのことを並べて書いただけに終わるだろう。一七歳の少年らしく、その日はあきらめて寝てしまった。

次の夜は、携帯電話のスイッチを切り、パソコンのＷｅｂブラウザも閉じて取り組んだ。絶対に集中するのだと決意していたのだ。絶えず情報の洪水に襲われているような日常の生活から逃れ、今、成し遂げるべき一つのことだけに目を向けようとした。

まず彼は、ペロポネソス戦争当時、ペリクレスが兵士を追悼するために行なった演説の言葉を読み返した。直接、古代ギリシャの人の言葉に触れれば、様々な連想がはたらきやすくなる。これまで本で読んだことも次々に思い出すことができる。ペリクレスの演説は中でも特に連想力の強いものだった。たとえば、ペリクレスは演説の中でアテネ人の文化を褒めたたえて、こんなことを言っている。

「我々は物事を洗練させはするが、決して華美に陥ることはない。知識は追求するが、それによって決断を鈍らせることはない。富はあくまで利用すべきものであって、見せびらかすものではない。たとえ貧しくともそのこと自体は不名誉ではない。貧しさと闘う力をなくすことが恥なのだ」

ハロルドは、この言葉に感動し、心が昂った。感動させたのは、この言葉の持つ意味ではない。その気高く、勇ましい口調である。言葉の迫力が気分を大きく変えた。彼は「英雄」というものについて考え始めた。自らの命を国家に捧げ、その勇気によって永遠の栄光を勝ち得た人たちについて。ペリクレスは彼らの素晴らしさを称賛し、皆が手本とすべき存在であると言った。

続いて彼は、本で読んだ古代ギリシャの英雄たちについて考え始めた。何人もの種類の異なった英雄がいた。ひたすら戦いに生きた怒れる男アキレス。苦難の末に妻のもとへと帰った知将オデュッセウス。テルモピュライの戦いで命を落としたレオニダス。権謀術数で国を救ったテミストクレス。真理のために命を捧げたソクラテス。紳士であり、優れた指導者であったペリクレス。

彼は、こうした英雄たちについて何時間も考え続けた。そしてついに、それぞれに違った英雄どうしを比較するか、全員に共通する特徴を探すかするといいのではないか、とひらめいた。それがおそらく正しい道であることは、無意識のうちに感じ取れた。答えはもうすぐそこにある、そんな予感がしたのだ。

本当に作業に集中し始めたのは、その時からだった。彼は本や日記で、さらに色々な種類の英雄の例を探した。ハロルドをとらえていたのは、スティーブン・ジョンソンが「ゆっくりとした予感」と呼ぶ、特別な感覚だった。うまく説明はできないが、彼は漠然と「こっちでいいぞ」と感じていたのだ。ただ、彼が本当に正解にたどり着くまでには、まだあちこちへと回り道をし、ゆっくりと進まなくてはならなかった。

私たちは絶えず多種多様な情報に囲まれており、それぞれが注意を惹くべく競っている。それが普段の状態だ。しかし、この時のハロルドは、古代ギリシャの英雄に関係する情報以外はすべて締め出す状態になっていた。流れていた音楽もほとんど聞こえなくなった。音も色も、すべてが姿を消したのだ。科学者たちはこれを「予備段階」と呼んでいる。予備段階には、脳が一つのことに注意を集中させるため、視覚野など、感覚に関連する部位の活動が弱まるのである。

ハロルドは何とか論文を書き始めようと、一、二時間くらい頑張ってみた。古代ギリシャと現代における英雄について、ということなら何かしら書けるのではないかと思ったのだ。だが、無理だった。視点は定まってきていたのだが、まだ論文の中心になるテーマというのがなかった。結局のところ何が言いたいのかというのがはっきりしていない。そこでまた、本や日記を見返すことにした。どこかにヒントがあるのでは、と思ったからだ。

労力のかかる、いらだたしい作業だった。たった一つのドアを探して、次々に関係のないドアを開けて確かめている、そんな気分である。探しても探してもなかなか、ヒントは見つからなかった。仕方がないので、少しでも思いついたことは全部、メモに書くことにした。ただ、何か書いても、見返すと、何時間か前にも同じことを書いている、ということがあった。せっかく思いついたのに、すぐにそのことを忘れてしまっていたのだ。短期記憶の容量には限界がある。それを補うために、メモや日記のページを内容によって分類し、種類別に床に積み上げることにした。これでアイデアの重複は避けられるだろうと考えたのだ。「勇気」に関係するメモはここ、「知恵」に関係するメモはここ、というふうにより分けていったのだが、徐々に分類の基準が曖昧になり、混乱してきた。ハロルドは必死で想像力をはたらかせ、時には、答えまであと少しというところまで迫った。予感と、意識下から送られるかすかな信号だけが頼りだ。考え続けるが、やはり論文全体で言うべきことというのがまとまらない。だいたいはわかっているのだがはっきりしないのだ。袋小路だ。もう疲れてしまって前へ進めない。

その日は諦めて、床に入ることにした。実はそれが一番賢い方法だったのだ。睡眠中に何が起きるかについては、研究者の間にも議論がある。しかし、睡眠中に記憶が整理されるということは、多くの研究者が認めている。眠っている間に、その日に学んだことが整理され、その日の行動によって脳に変化が生じていれば、その変化が強化される。ドイツの研究者、ヤン・ボルンは、これに関連する実験を行なっている。その実験ではまず、何人かの被験者にいくつか数学の問題を提示し、その問題を解くのに必要な公式を見つけるよう指示をした。被験者は、途中で八時間の睡眠をとるグループと、最初から終わりまでずっと起きているグループとに分けられたが、公式を見つけられた人数は、前者のグループの方が圧倒的に多かった。人数には二倍もの開きがあったのだ。また、ロバート・スティックゴールドらの研究では、十分な睡眠が記憶力を向上させるという結果が得られている。

翌朝、目を覚ましたハロルドは、しばらくベッドの中で、窓の外に見える木々に日が当たっているのを眺めていた。彼の思考はさまよい、その日の予定や、論文のことや、友人のことなど、色々なことをとりとめもなく考えていた。早朝、起きたばかりの頃の脳では、右半球が普段より活発にはたらく。こういう時は、本来、関係が遠いと思われることも同時に考える可能性が高いと言われる。一つのことだけをつきつめて考えるのではなく、複数のことを漠然と考えるということだ。思考に規律や秩序はあまりない状態とされる。そういう状態の時、ついにハロルドはひらめいたのだ。

脳波を調べれば、きっと右脳のアルファ波が急激に増えたのがわかっただろう。ロンドン大学のジョイ・バタチャルヤによれば、パズルをしていて、解くのに必要な重要なヒントに気づいた時には、その八秒前に右脳のアルファ波が急激に増えているのだという。そして、マーク・ユング＝ビーマンとジョン・クニオスによれば、ひらめきが起きる一秒前には、視覚情報を処理する領域の活動が一瞬、休止し、気を散らす情報がシャットアウトされるという。三〇〇ミリ秒前には、ごく短い間だけ、最も周波数の高い脳波であるガンマ波が出る。さらに、右側頭葉（右耳のすぐ上あたりの部位）が急に活発にはたらく。ユング＝ビーマンとクニオスは、脳の様々な部位の情報がここで結び付けられるのだと主張している。

ハロルドは、突然のひらめき、いわゆる「ユリイカ」の瞬間を体験した。内側から、突然、素晴らしい考えが浮かび上がってきたのだ。彼は、目を大きく見開いた。全身が大きな喜びで満たされた。「そうだ、これだ！」という感じ。昨日まで存在に気づいていなかった川を飛び越えたのだ。考えがまとまり、昨日までとまったく違う発想ができるようになった。抱えていた問題が一瞬にして解決した。論文のテーマが見つかったのだ。初めのうちは、そのテーマが何なのか言葉では表現できなかった。だが、見つかったということだけはわかっていた。得てきた知識を思いもかけないかたちで組み合わせることができると気づいたのだ。それは思考というよりは、まだ単なる感覚だった。「神に触れた」というような感覚だったかもしれない。ロバート・バートンは著書『確信する脳――「知っている」とはどういうことか』の中でこう書いている。「『わかった』、『その通り』、『間違いない』そういう感覚は、理性による思考、判断の結果、生じるものではない。私たちの意思とは無関係に襲ってくるものだ」

ひらめいたのは、「動機」を論文のテーマにしたらどうか、ということだった。アキレスはなぜ自らの命を危険にさらすようなことをしたのか。テルモピュライの戦いで倒れた人たちは、なぜ命を投げ出したのか。ペリクレスは、自分、そしてアテネに何をもたらそうとして行動していたのか。そして今、高校に通う自分自身は何を求めて行動しているのか。スポーツの大会などあれば母校のチームに勝ってもらいたいと思い、応援するが、それはなぜか。そういう、古代ギリシャ人と自分自身の行動の動機をテーマにしようと考えたのだ。

ギリシャ語には、こうしたすべての疑問に答えるような言葉がある。それが「テュモス」である。「勇気」、「気概」などを意味する言葉だ。ハロルドは読んできた本の中でこの言葉に出会った。彼はそれまで、動機と言えば、「お金がほしいから」、「成績を上げたいから」、「良い大学に行きたいから」という類のものだと思っていた。現に、周囲にいる人たちが口にする動機はそういうものばかりだった。しかし、古代ギリシャの英雄たちの行動は、この種の動機では説明がつかないのだ。また、ハロルド自身の行動の中にも説明のつかないものが多かった。

古代ギリシャ人の動機の成り立ちは現代人とは違っている。「テュモス」の中には、認められたいという願望も含まれている。他人に自分の存在を認めてほしいという願望だ。それも、一時ではなく、絶えず認めていてほしいという気持ち。永遠の名誉を求める気持ちと言ってもいいだろう。単に名が知られればいいというのではない。皆がいつまでも心の奥底から称賛するような人間になりたいということだ。現代の英語には、そういう願望を一言で表現できるような言葉はないが、ギリシャ語にはそれがあったのだ。そして、その言葉によってハロルド自身の願望も一言で表現することができた。

ハロルドには空想癖があった。空想の中で彼はメジャーリーガーだったり、アメリカン・フットボールの選手だったりした。自分がワールドシリーズで優勝する姿や、完璧なパスを決める姿を思い浮かべていたのだ。大切な人が命の危険にさらされているところを助ける、という空想も多かった。そして、空想の世界では、そんな彼を必ず家族や友人を含めたあらゆる人たちが見ているのだ。子どもっぽいと言えばそれまでだが、どれも「テュモス」と呼ぶべき願望から生まれた空想だろう。世界に認められたい、世界とつながりたいという願望である。その他の願望、お金や成功を求める願望なども、元はといえば、そこから生じているはずである。

テュモスを基本とした世界は、現代のハロルドを取り巻く世界、お金や地位が重要視される世界よりも「英雄的」な世界と思えた。現代社会においては、誰もが人間である、という最も根源的なレベルでは皆がつながっているが、それ以上のレベルでは誰もが「個」として生きる、というのが共通認識となっている。すべての人間の祖先は同じであり、本能のレベルでは同じような性質を持っているが、それ以外は一人一人が違っていると考えられているのだ。だが、古代ギリシャの人たちの考え方はそれとは逆だ。彼らは、人間はもっと高いレベルで結びつけられていると考えていた。彼らを結びつけていたのは理想だ。他のすべての人にとって価値のある人間となり、永遠に称賛される存在となるという理想。そうした理想へと向かう原動力になるのがテュモスだ。テュモスは完全なる成功を夢見る願望である。この成功は、自分自身にとっての成功であると同時に、宇宙全体にとっての成功、永遠に価値を失わない成功でなくてはならない。

ハロルドのアイデアの中には、テュモスだけでなく、「アレーテ（才能、勇気などを表す言葉）」、

「エロス（愛の神）」といったギリシャ語の言葉を現代社会で暮らす自分の生活に当てはめてみる、ということも含まれていた。このように、二つの世界の融合をはかれば、古代ギリシャをより身近で理解しやすいものにできるし、自分の生活をより英雄的なものに変えられると考えたのだ。

頭にはあとからあとから色々な考えが浮かんできた。彼はそれを夢中で文章にしていった。テュモスは人をどう動かすのか、現代の高校生である自分にも、テュモスは影響しているか。他人の称賛を求める気持ちは自分にもあるか、といったことを次々に書いた。こんなふうに、一見無関係の知識を関係づけて物を考えたのははじめてだった。時折、文章がひとりでにできあがっていくような感覚に襲われることもあった。彼は何もしていないのに、言葉の方が勝手に溢れ出してくるのだ。自分の存在が消えてしまうような瞬間もあった。彼がいなくても作業だけは進んでいく、そう思えた。

一通り書き終えてからの推敲は簡単ではなかったが、それでもどうにか完成させることができた。書き上がった論文を読んで先生はとても喜んでくれた。あまりに熱がこもりすぎて、読んでいて痛々しく感じられる箇所もあったが、ハロルドにとって、一行一行すべてが大事なものだった。この論文を通して、彼は物の考え方を学んだ。そして、自分自身と自分を取り巻く世界を、今までとは違ったふうに理解するようになった。

ギリシャ人からの贈り物

テイラー先生の助けを借りて、ハロルドは自分の無意識とやりとりする術を学んだ。意識と無意識を協調させる方法を学んだと言ってもいいだろう。何か新しいことを学ぶ時はまず、核となる基本的な知識を身につけ、それを頭の中でしばらく熟成させるとよい、ということも知った。その際は、一度読んだ本を読み返すなどして、得た知識を最初とは違った角度から見ることも大切である。知識と知識が互いにどう関係し合うかを知り、学ぶべきことの全体像をつかむことも必要になる。また、学んだことを基に、新しい着想を得るには、一見無関係な二つの事象を結びつけてみるという方法が有効だ。そうすれば、学んできたことを違った角度から見ることができる。今回の論文でも、古代ギリシャ人と現代の自分とを結びつけたことで、過去の英雄たちの行動や自分自身の行動の見え方が大きく変わった。その作業は決して容易ではない。何と何を結びつけるべきかに気づくまでには大変な努力を要するし、ストレスもたまる。しかし、それによって、内面的に一段階上に成長できるのだ。成長すれば、自分を取り巻く世界がまったく違う場所に見えるようになるだろう。数学者アンリ・ポアンカレはこんなふうに言っている。「この世の事象は互いに関係し合っている。ただ、我々の気づいていない関係も多いのだ。個々の事象は遠い過去から知られていたにもかかわらず、誰一人、互いに関係し合っているとは思いもしなかった、ということもある」今や、「テュモス」という言葉は、ハロルドが自分自身や自分の周囲の人たちの行動を解釈する時に自然に頭に浮かぶ言葉になっていた。古代ギリシャ人の生活と現代の生活は、もう彼の頭の中では自動的に結びつくものになったのだ。

小学校に入る頃、ハロルドはなかなか字を読めるようにならなくて苦労した。だが、しばらくすると、読むという行為は何も考えずにできるものになった。単語を一つ一つ読んで、それをつなぎ合わせる、ということではなくなったのだ。それからはただ、意味を把握することに集中すればよかった。高校生になって、彼は古代ギリシャ人の研究に関して再び同じ体験をした。はじめのうちは、古代ギリシャ人の価値観を現代の社会に当てはめるということを、いちいち意識しなければできなかったが、今では何も考えずにそれができる。

学校で授業を受ければ、確かに知識は頭に入るかもしれない。だが、それだけでは学習の第一段階が終わったにすぎないのだ。ハロルドには、それがわかるようになった。学んだことを真に理解するには、まず今回の論文を書いた時と同じように、何日もの間、日記を書き続けなくてはならない。その日記を読み返し、内容を整理する作業もいるだろう。そんなふうに手間をかけ、知識を熟成すると、すべてを変えるような素晴らしい着想が湧くことがある。それは、外を歩いている時かもしれないし、シャワーを浴びている時かもしれない。そんなひらめきの瞬間は、生涯にそう何度も訪れるものではないだろう。単に受け身の姿勢で知識を授かる、という学習方法ではなかなか体験できないことだ。しかも、いつも同じ方法でうまくいくわけではなく、何を学ぶかによって少しずつ変えていかなくてはならない。少しずつ、状況を見て、方向が正しいかどうかを見極め、試行錯誤しながら前へと進むのだ。そうすれば、混沌の中から何かが生まれることもあるし、生まれないこともある。知恵と成功にたどり着くためには、そういう道を歩むしかないのである。

7章　創発システム――貧困と教育

「はじめに」でも触れたとおり、この本には主人公が二人いる。一人はすでに登場したハロルドである。もう一人は、そのハロルドと夫婦になり、その人生に深く関わる女性、エリカだ。ただし、エリカの人生は、ハロルドとは大きく違った場所から始まる。彼女は、わずか一〇歳にして逮捕されそうになるのだ。

当時、エリカは母親とともに、母親の友人の住む公共アパートに居候していた。近所には、「ニューホープスクール」というチャータースクール（税補助は受けるが、従来の公的教育規制を受けない学校）があった。建物も、バスケットボールのコートもネットも、アートスタジオも全部、真新しい。栗色とグレーのおしゃれな制服。エリカは、その学校へ行きたくてたまらなかった。

ある日、彼女は母親に連れられて社会福祉局へ行った。廊下で一時間以上も待たされた。ようやく中に入ってケースワーカーと話をしたが、エリカには、入学者を決める抽選に参加する資格すらないという。法律上の居住地がないからだ。

ケースワーカー、ソーシャルワーカーというのは、一日中、あちこちから無理難題を言われる仕事である。そんな状態で毎日を生きていれば、どうしても横柄で無愛想な物の言い方をするようになる。常に手元の書類に目を落とした姿勢を保ち、やって来る人たちを次から次へとさばいていく。話す言葉は、誰も理解できないし理解しようともしないような公共機関の専門用語ばかり。何かを要求されれば反射的に「ノー」と答える。

エリカの母親は、元々、彼らの言うことをまったく信用していなかった。そもそも、お役所も、そこで働く人間も信用できないと思っていたのだ。だが、ここに来る人たちは、ケースワーカーの言うことを半分もわかっていないが、わからないとは言いたがらない。自分の無知をさらしたくないからだ。それで内心は不安なのに表には出さす、何でもないような顔をし、言われたことをそのまま受け入れて家に帰る。この屈辱的な出来事について後で友人に説明する時には、適当な話をでっちあげるのだ。

それはエリカの母親も同じだった。母娘は、この近所に三カ月前に越してきたのだが、確かに法律上の居住地はなかった。暮らしているのは友人のアパートだ。学校の件で騒ぎを起こせば、立ち退きを迫られるかもしれない。そんな危険を冒したくはなかった。ケースワーカーは、ただ「この学区の学校に入学する資格を満たしていない」と繰り返すばかり。母親は諦めてその場を立ち去ろうとした。

エリカは動こうとしなかった。彼女には、帰り道のバスでの母親の様子まで想像できた。ケースワーカーをひどい言葉で罵るのだ。その怒りを今、この場でぶちまけてくれればいいのに。ケースワーカーの態度も良くなかった。完全に見下した感じで、ガムを噛みながら応対している。ずっと書類に目を落としたまま、目を合わせようともしない。作り笑いすらしないのだ。

母親は出口に向かって歩き出そうとしたが、エリカは椅子をつかんでその場から離れようとしなかった。「私はニューホープに行きたいの！」彼女は言い張った。

「法律上の居住地がなければ無理です」ケースワーカーはまた同じことを言った。「資格を満たしていないのです」

「ニューホープに行きたいの！」理屈も何もない。エリカはただ、言いなりになるだけで何もしようとしない母親に腹を立てていた。騒ぎになるのを恐れたのか、母親は「さあ、もう行くよ！」と強く促した。それでもエリカは動かない。椅子をいっそう強くつかんだ。母親が引き剝がそうとして引っ張るのだが、それでも手を離さない。母親は声をひそめて叱る。注目を浴びたくないので、大きな声は出さないのだ。エリカは頑として動かないままである。結局、エリカが座ったまま椅子は横へ倒れた。

「警察を呼びますよ」ケースワーカーが小声で言った。「少年院に行きますか」少年院はすぐそばにあったのだ。

エリカがなおも動こうとしなかったので、ガードマンらしき男を含む三、四人の大人が集まってきて皆で彼女を引っ張った。「ニューホープに行きたい！」エリカは叫んだ。怒った顔は涙で濡れている。強く引っ張られて、ついに手を離してしまった。ガードマンが怒鳴る。怒りの収まらないエリカを母親は連れ去った。

帰り道、母親はエリカを叱らなかったし、何も言わなかった。無言のままバスに揺られていた。その夜、キッチンの流しで母は娘の髪を洗ってやった。二人とも昼間の事件にはまったく触れず、楽しく話をした。

エリカの母、エイミーは、色々と問題を抱えた人で、一族の中でも疎んじられる存在になっていた。両親は中国から移住してきた人たちで、親類は皆、良い暮らしをしていた。しかし、エイミーは長らく、躁鬱《そううつ》病の症状に苦しんできたのだ。躁状態の時、彼女は驚くほどのエネルギーに満ち溢れる。学校に行っている時は素晴らしい成績を収めた。二十代前半には、いくつもの大学、職業訓練学校、研修センターに通った。それぞれ数カ月ずつで、すぐに次へ移るのだ。学ぶことも次々に変わった。医療技術を勉強していたかと思えば、ＩＴのプロになるべくコンピュータソフトウェアを勉強し始めたり、といった具合だ。二つの仕事を掛け持ちしていたこともあった。ともかく毎日毎日、朝から晩まで働き詰めになる。「自分は中国の農民の子孫だから、ご先祖からその勤勉さを受け継いでいる」というのが口癖だった。

そんな時期には、娘のエリカを食べ放題の店に連れて行ったり、新しい服や靴を買ってやったりもした。娘には、着る服から遊ぶ友達にいたるまで、細かく指示をした（遊んでいい友達の方が少なかった。ほとんどは、あの子は不潔で病気がうつるからダメと言っていた）。それから本をたくさん読むようにと言った。そうすれば、他の子より偉くなれるから、というのだ。クローゼットにしまいっぱなしになっていた筆を突然、引っ張り出してきて、中国の書道を教え始めたこともあった。母の軽快でリズミカルな筆さばきを娘は初めて見た。自分の母親にまさかそんな能力があるとは思ってもみなかっただろう。「筆で字を書く時には、普段と頭のはたらきが変わるのよ」と母は言っていた。エリカはその他に、スケートを習わされたこともあった。

しかし、いずれ鬱《うつ》の時期がやってくる。躁《そう》の時期にはあれほど色々なことをしていたのに、一転して何もしなくなってしまうのだ。そんな時には、娘のエリカが母親の役割を果たすことになる。酒浸りになり、マリファナやコカインにも手を出す。シャワーも浴びなくなるので体臭がひどい。当然、家事はほとんど何もしない。エリカが赤ん坊の頃には、哺乳瓶にペプシを入れたこともあった。それで静かにさせようとしたのである。もう少し大きくなってからは、面倒だからと夕食にシリアルだけを与えたこともあった。何日もまったく同じメニューを続けるのも珍しいことではなかった。エリカは九歳の時には、自分で電話をかけてタクシーを呼べるようになってしまった。鬱の時期には、母親がよく「動悸《どうき》がする」と言うので、その度に病院へ連れて行くことになったからだ。母親がカーテンを閉めっぱなしにして一切開けなくなるので、暗闇で過ごすことにも慣れていた。

エリカが少し大きくなる頃には、父親はあまり姿を見せなくなっていた。父親はメキシコ系アメリカ人だった（エリカの容姿は人目を引いたが、それは両親のこの組み合わせが原因と思われる）。エリカの父は、一言では表現できない複雑な人だった。頭が良くて魅力的ではあったが、頼りになるとはとても言えなかった。現実を直視できないところもあった。酔って車を運転し、消火栓に衝突した時には、「バスがぶつかってきたので、それをよけた」などと、平気ででまかせの話をしたりした。生い立ちの話をすることもあったが、多くは作り話だった。あまりに見え透いた嘘をつくので、幼いエリカにも見抜けるほどだった。

彼はよく「自尊心」という言葉を口にしていた。自尊心が強いので、他人に奉仕するような仕事はできないという。エイミーに偉そうにされると姿を消すのも、自尊心を傷つけられるからだ。いなくなると、数週間、長い時は数カ月帰って来ない。そしてある日突然、子供のためのおむつを持って現れるのだ。エリカが五、六歳になってもそれは続いた。そうして、いたりいなかったりなのにもかかわらず、エリカとエイミーが自分の金を全部吸い取ってしまうと文句を言っていた。

そんな父親だが、エリカは嫌いではなかった。友達の中には、やはり父親がいなくなったり帰ってきたりしている子が何人かいて、その子たちは父親を嫌っていたが、エリカはそうではなかった。一緒にいると楽しい人で、いつも優しかったからだ。自身の両親や兄弟、いとこたちとは仲良くしていて、一族が集まることもよくあった。エリカもよくその集まりに連れて行かれた。大勢のいとこたちとともに、ピクニックやパーティーにも連れて行ってくれた。父はエリカをとても自慢にしていて、皆に「この子は賢い子だ」と言っていた。刑務所へ行くようなこともなく、娘を虐待することもなかったが、一つのことを長く続けることがどうしてもできなかったようだ。色々なことに手を出し、はじめは熱心に取り組むが、結局は、どれもものにならないのだ。

両親は二人とも、エリカを深く愛していた。はじめのうち、二人は結婚してごく普通の家庭を築くつもりでいた。「フラジャイルファミリーズ（壊れやすい家族）」と名づけられた研究の結果によると、同棲カップルに子供が生まれた場合、その九〇パーセントは結婚を考えるという。しかし、エリカの両親が結婚することはついになかった。それは決して珍しいことではない。フラジャイルファミリーズの調査でも、子供が生まれて結婚を考えたカップルのうち、子供の一歳の誕生日までに実際に結婚するのはわずか一五パーセントにとどまることがわかっている。

結婚しないのには、それなりの理由がある。一つは、「結婚しなくては」と思わせる社会的な圧力が小さいことだ。また、二人がお互いを信頼しきっていないということも大きい。経済的な余裕がなく、夢に見ていたような素晴らしい結婚式ができないという理由もある。離婚を恐れる気持ちも強い。離婚をすれば、何かと辛いだろうと考えてしまうのだ。そして、何より重要なのは、価値観の変化である。アメリカでは、何十年もの間、子供のいるカップルが結婚しているのは当たり前のことだった。「結婚して子供ができて一人前」という通念もあった。だが、少なくともアメリカの一部では、そういう通念はもはや過去のものとなっている。以前なら無意識のうちにしていた決断を、現在では、意識的にしなくてはならないのだ。結婚は、今や普通のことではなくなった。数ある選択肢の一つである。強い意志をもって自ら行動しなくては実現できないだろう。エリカの両親にはそれだけの意志がなかった。

では、エリカは社会的、経済的にどういう状況に置かれていたか。それは月によって違った。母親が躁の時期で、父親もそばにいる時には、「中流」と呼べるような暮らしができた。しかし、そうでない時には、途端に貧困層に落ちてしまい、文化的な環境も大きく変わる。住む地域も変わるので、生活環境もまったく違ってくる。良い時には、両親のいる家庭が多く、犯罪率も低い地域に住むことになる。しかし、収入が下がると家賃が払えなくなるので、慌てて家賃の安い地域に移り住むのだ。そういう地域は空き地や空き家が多く、犯罪率も高く、建物の外観も統一がとれていなくて景観が良くない。

荷物を小さなポリ袋に詰め込んで、快適な中流の暮らしに別れを告げた日のことをエリカは生涯、忘れないだろう。広い家を出て、親戚や友人の家に居候したこともあれば、老朽化した安アパートに越したこともある。そういうアパートは周辺の地域も荒廃していて、移った当初は本当に気が滅入《めい》ってしまう。

荒廃した地域には仕事もあまりなく、お金を稼ぐことは難しい。人は少ないが、それは刑務所に入っている人が多いからでもある。それだけ犯罪が多いのだ。だが、違いはそういう物質的なことだけではない。物の考え方や、行動習慣も違っている。

貧しい地域の人たちも、求めるものは他の人たちと変わらない。良い仕事を得て、良い家族を持ち、安定した穏やかな暮らしがしたいのだ。しかし、物質的に貧しいと、ストレスがたまり、精神的にも悪影響が大きい。ストレスが強いと人は自滅的な行動をとりやすくなり、そういう行動がさらに貧しさに拍車をかける。まさに悪循環である。皆、今より良くなりたいという望みをほとんど、あるいはまったく持たなくなる。自分の運命を切り拓く能力が自分にあるとは考えない。明確な理由もなく、どうせ自分はダメだと思い込むのだ。実際には自分でそうしているのだが気づかない。

誰もかもが、重労働や強いストレスで疲れきっている。自信はまったくないが、自信に溢れているように他人には見せている。しかし、実際には、次から次へと訪れる危機を何とか切り抜けながら、ぎりぎりのところで生きているのだ。時折、ひどい事件も起きる。エリカも知っている女の子が、かっとなってクラスメートを刃物で刺し、殺してしまったこともあった。わずか一五歳で、人生が台無しになってしまった。「弱みを見せたら終わりだ」エリカは悟った。一歩も後へは引けない。相手に譲歩してはいけないのだ。何か言われたらすぐ言い返さなくてはならない。

そんな状況を打開しようと、母親たちが連携を始めたりはしていた。育児をはじめ、生活全般に関わる問題に協力し合って対処しようとしたのだ。ただ、彼女たちは、外の世界からは隔離されてしまっていた。政府や、中流階級の人たちが就くような仕事とは、無縁の存在となっていたのだ。そして、彼女たち自身、お互いへの不信感をどうしても拭えずにいた。ほとんどの人がお互いを完全には信じられずにいたのだ。協力しようとしても、結局は裏切られる、という気持ちがどこかにあった。周囲には信用できない人間ばかりだった。店で買い物をすれば釣り銭をごまかされることが多いし、ソーシャルワーカーにも、親身になって助けてくれようとする人間はまずいない。

地域にはそれぞれに、暗黙のルールが存在する。明文化はされていないが、皆が無意識のうちに了解しているルールだ。そのため、歩き方や挨拶の仕方、見知らぬ人間への対応の仕方などは地域ごとに違ってくる。「未来」というもののとらえ方さえ、違っていることがあるのだ。言い換えれば、それが、地域ごとの「文化」ということになるだろう。エリカは、中流階級の住む地域と、貧しい人たちの住む地域を行き来したが、大きく異なる二つの文化に驚くほどうまく対処した。少なくとも表面上はそう見えた。二つの国の間を行き来しているのに近かったのだが、うまくやっていたのだ。中流階級の国では、人々は比較的、安定した暮らしをしていたが、貧しい国ではそうではなかった。中流階級の国では、子供たちはいずれ大学に行くが、貧しい国ではそうではない。

アメリカ社会の文化規範が、階層ごとにどう違っているか、ということについては、ペンシルベニア大学の社会学者、アネット・ラローが詳しく研究している。彼女の研究チームは、二〇年にわたり、様々な家庭の居間や車の中で、一体どういうことが起きているのかを観察し続けた。その結果、まずわかったのは、知識階級の親（多くが中流層）と、教育程度の高くない親（多くが貧困層）とでは、親としてのふるまいが根本的に違うということだった。それは量的な違いではなく、質的な違いと言えた。子供を育てるということに関する論理、モデルがまったく違っているのだ。

ハロルドもその一人だが、知識階級の子供たちは、ラローの言う「協調育成」の下で育つことになる。親たちは、大人が管理する活動に子供を数多く参加させるのだ。大人の意志により、子供たちはあちらこちらへと行くことになる。親は、子供の生活のあらゆる面に関与する。次から次へと新しい学習体験ができるよう、周囲の大人が協調し合う。

常にこの状態だと疲れるのは確かだ。宿題のことで親子が喧嘩をするというのも珍しいことではない。だが、こういう育ち方をした子供は、団体の中で秩序正しく行動するコツを自然に身につけることになる。大人とも物怖《ものお》じせずに話ができるし、大勢の前で何かをするのにも抵抗がなくなる。人の目を見て話をするので、相手に好印象を与える。自分の行動と結果の因果関係も正しく認識できる。

ラローによれば、教育程度の高くない親たちに、知識階級の家庭の行動スケジュールを見せると、その忙しさに驚くという。恐ろしいと思うようだ。子供たちはきっとストレスがたまるだろう、かわいそうだ、とも考える。彼らの家庭での子育てはそれとはまったく違っている。重要なのは、大人の世界と子供の世界の間に明確な境界線があるということだ。親があれこれと子供の世話を焼く時期はすぐに終わると考える。その後は、放っておけば勝手にするだろう。特に遊びに関しては好きにさせておけばよい、という考え方だ。ラローの観察対象となったある家庭では、女の子がドールハウスを買ってもらい、母親に「組み立てて」と頼んだのだが、母親は即座に拒否している。まったくすまなそうな顔をせず、ごく当たり前のように拒否したのだ。子供の遊びは子供のものであり、大人には関係のないものだ、と考えるのである。

こういう家庭では、のんびりとした明るい子供が育つことが多いという。彼らは、両親だけでなく、他の親戚とも頻繁に交流する。両親があちらこちらへと遊びに連れて行くことはないので、彼らの余暇時間は無秩序、無計画なものになる。何も考えずに家の外に出て、近くに子供が集まっていれば、その子と遊ぶ。同い年でなくても気にしない。年齢の違う子ともよく遊ぶのだ。「退屈だ」などと文句を言うことはまずない。冷蔵庫から食べ物を出す時には、いちいち母親に許可を求める。「中流家庭にはよく見られる、親に不平、不満を言う子が、この層の家庭にはほとんど見られない」とラローは言っている。

ハロルドの育った家庭は、前者の知識階級、中流の家庭ということになるだろう。一方、エリカが育った家庭は、単純にどちらとは言えない。両方の間を行ったり来たりしていたからだ。母親が彼女に強い関心を向けてくることもあれば、母親がいないかのような状況で過ごすこともある。鬱状態の母親は、彼女にとって看護すべき患者のようになってしまうからだ。看護して、再び元気を取り戻してくれるのを待つのだ。

貧しい家庭の子育てにも良い面は多い。しかし、現代社会を生き抜く上で大切な能力が身につきにくいのは確かだろう。まず問題になるのは、言語能力である。優れた言語能力が育まれる環境とはとても言いがたいのだ。アルヴァ・ノエは言語について次のように書いている。「言語は、一種の文化的行為であり、他人と共有すべきものである。特定の文化生態系の只中に生き、そこで学ばない限りは習得できない」労働者階級の家庭の多くがそうであるように、エリカの家庭も、あまり会話が活発とは言えなかった。ラローはさらに次のようにも書いている。「一口に労働者階級の家庭と言っても様々であり、会話の量も家庭によって違っている。だが、総じて言えば、中流家庭に比べれば会話がかなり少ないというのは事実である」

ハロルドの両親は、特に彼がそばにいる時には絶えず何かを話していた。エリカの家では、大半の時間はテレビがついていて、話をすることは少なかった。エリカの母親は、いつも疲れすぎていて、子供と多く会話するようなエネルギーが残っていなかったという面もある。丹念にデータを集め、中流家庭と労働者階級の家庭とで、親子の間で交わされる言葉の数にどのくらいの違いがあるかを計算した研究者もいる。有名なのは、カンザス大学のベティ・ハートとトッド・リズリーだ。彼らの計算によれば、四歳になるまでに親子の間で交わされる言葉の数には、親が知的職業に就いている中流家庭とそうでない貧しい家庭とで三二〇〇万語もの差があるという。前者の家庭の方がそれだけ会話が多いわけだ。一時間あたりの発話回数で言えば、親が知的職業に就いている家庭が四八七回にのぼるのに対し、生活保護を受けている貧しい家庭の場合はわずか一七八回になってしまう。

違うのは会話の量だけではない。会話に表れる感情の違いも重要である。ハロルドの両親は、言葉に「承認」や「賛同」の意思を込めることが多く、彼はそれを浴びて育った。ほんの些細なことであっても、成し遂げる度に大きな称賛を受ける。そのため、自分は素晴らしい能力を持っていると感じることができるのだ。エリカは、親に励ましの言葉をかけてもらうこともあったが、それと同じくらい、やる気をそぐような言葉もかけられた。ハロルドの両親は息子によく問題を出した。答えられないと、わざとバカにしたような、からかうような態度を見せて、負けん気を煽《あお》る。彼らは、何かハロルドにも影響する決断を下した時、あるいはハロルドの行動に制限を加える時には、必ずその理由を詳しく説明した。ハロルドの方も、もし、それがおかしいと思えば臆《おく》することなく反論をし、なぜおかしいと思うのかを話した。両親はハロルドの言葉に文法の誤りを見つけると、それを逐一訂正した。おかげで、学校で習う前から彼は文法を理解していた。何が正しくて、何が間違っているかは直感でわかり、その直感に頼るだけでテストでも正解できるのだ。家庭内の言語環境の違いは、学習効果の違いに直結する。親子間で交わされる言語が豊かだと、IQも高くなるし、学業成績も良くなる傾向がある。

ハロルドの両親はもちろん、彼が育つのに必要なお金を提供したわけだが、両親が与えたものはお金だけではなかった。それ以外に、習慣や知識を与え、物事の認識の仕方も教えた。祖先はおそらくずっとそうしてきたのだろう。そういう血筋に生まれたのだ。その態度は遺伝子だけによるものではない。何世代にもわたる努力により、強化されてきたに違いない。

エリカは、ハロルドのような目に見えない強みをほとんど持っていなかった。彼女は、ハロルドよりもずっと混乱した世界で生きていたのだ。ペンシルベニア大学のマーサ・ファラーによれば、ストレスホルモンのレベルは、中流家庭の子供より、貧しい家庭の子供の方が高いという。このことは、認知システムの様々な面に影響する。記憶や、パターン認識、認知制御能力（第一印象を訂正する能力）、言語操作能力などに影響を与えるのだ。また、貧しい家庭の子供は、生物学上の両親のどちらか一方がいない状況で育つ場合が多い。小型哺乳類を対象にした調査では、父親なしで育った子は父親のいた子に比べ、ニューロンのネットワークの発達が遅く、衝動を抑える能力も発達しづらいという結果も得られている。もし人間にも同様のことが言えるとすれば、それは単にお金がないとか、チャンスが少ないとかいう以上の障害になり得る。貧困や家族の崩壊は、人の無意識を変えてしまう。無意識が変わるというのは、未来や世界の認識、理解が変化するということだ。

そうした家庭環境の影響は、誰の目にも明らかだろう。全体の下位四分の一に属する貧困家庭の場合、子供が大学の学位を取得できる割合は八・六パーセントにとどまっている。反対に上位四分の一の層では、七五パーセントの子供が大学の学位を取得する。ノーベル賞経済学者、ジェームズ・J・ヘックマンによれば、生涯収入の不均衡の約五〇パーセントは、その人の一八歳までの人生に存在した要因によって生じるという。また、この不均衡の大部分が、本人が意識していない態度や認知、行動規範などに関係している。そして、はじめはわずかだった差は、あっという間に大きくなってしまう。

決意

エリカは結局、ニューホープスクールではなく、普通の公立学校に通うが、八年生（日本でいう中学二年生）の時、近所に「アカデミー」というシンプルな名前の新しいチャーターハイスクールができた。ティーチ・フォー・アメリカを経験した二人の先生が始めた学校だ。主として、ニューホープの卒業生を入学させることを目的とした高校で、教育理念もニューホープとほぼ同じだった。制服があり、規則やカリキュラムは独特のものだ。

創始者は、貧困に関して独自の理論を持っていた。貧困というものが生じる原因が明確にわかっていたわけではない。製造業の雇用喪失、人種差別、グローバル化、親から受け継いだ文化や価値観など、多数の要因が複雑に絡み合っているだろうと想像することはできたが、そこまでだった。ただ、彼らには重要なことがわかっていた。それは、おそらく他の誰も、貧困の起きる原因を正確には知らない、ということだ。「それさえ実行すれば子供たちを貧困から救える」というような対策を探しても無駄だろうと彼らは思っていた。要因が一つでないのだから、一つの対策で解決できるわけもない。世代を超えて続く貧困のサイクルに立ち向かうには、あらゆることを一度に行なう必要がある。

アカデミーの構想が生まれた頃、創始者の二人は、資金の寄付が見込めそうな人たちに学校設立についてプレゼンテーションを実施した。残念ながら、そのプレゼンテーションは、ほとんど誰にも理解されず、失敗に終わってしまった。だが、根本となる考え方は、今も変わっていない。それは、「貧困とは創発システムである」という考え方だ。

人類は長年にわたり、還元主義的な推論によって世界を理解しようとしてきた。つまり、物事を要素に分解して、その仕組みを理解しようとする、という方法が主流だったのだ。アルバート＝ラズロ・バラバシは、有名な著書『新ネットワーク思考──世界のしくみを読み解く』の中で、次のように書いている。「還元主義は、二〇世紀の科学研究の原動力だった。自然界を理解するため、私たちはそれを要素に分解した。部分について理解できれば、その組み合わせによってできる全体を理解することはたやすいと考えていたのだ。分割しさえすれば、あらゆるものを支配できる、『悪魔は細部に宿る』というわけだ。何十年という時間が経つうちに、こういう世界の見方は私たちの習い性となり、他の見方をすることは難しくなってしまった。宇宙を理解しようとして原子や『超ひも』などを研究したり、生物を理解しようとして分子を研究したりしているのは、その現れだろう。生物の性質、行動を遺伝子によって説明しようという試みもなされているし、教祖の人間性を分析することで宗教を理解しようとする人もいる。流行が起きた時、仕掛け人について探ることでそれを解釈しようとする人もいる」物事は要素に分解すれば理解できる、そういう考え方からすれば、人間性さえも同じように理解しようとするのは当然の流れだった。遺伝子の影響、環境の影響などを一つ一つ丹念に調べていけば、その人がどういう性格を持つようになるかはかなりの精度でわかると思われた。このような演繹的な推論は意識の役割である。いわゆる論理的な思考だ。「線形」の思考と言ってもいい。部分の総和が全体になる、過去の延長線上に未来がある、というような発想法である。

この種の思考法の問題は、「非線形」の現象をうまく説明できないということだ。そして、人間や文化、社会などは本質的に非線形なのである。部分に少しの変化が生じた際、全体にどういう影響が及ぶか予測ができないような複雑な現象を理解するのに、論理的な思考は向かないのだ。そこで近年、創発システムというものに注目が集まるようになった。創発システムとは、全体が部分の総和以上になるシステムである。要素に分けることはできても、要素一つ一つについて理解しただけでは、全体は理解できない。システムの要素が互いに関係し合い、その関係によって、新しいものが生み出される、と考えてもいいだろう。たとえば、空気と水は、どちらも単独では無害なものである。しかし、両者があるパターンで影響し合うと、ハリケーンのような危険なものが生まれる。色々な母音や子音を一定のパターンで組み合わせると、心動かす物語が生まれることもある。この場合も個々の音をいくら詳しく調べても、全体の物語についてはほとんど何もわからないだろう。

創発システムには、全体を制御するような要素はどこにもない。だが、あるパターンが生じると、それが部分のふるまいにも影響を与えることになる。

たとえば、集団の中の一匹のアリが、どこかで食べ物に出会ったとしよう。アリの集団には、皆に命令を下すリーダーはいない。命令に従い、一斉に食べ物を目指して歩き出すということはできないのだ。では、どうするのか。まず、一匹のアリが食べ物を見つけ、その食べ物に向かって歩き出したとする。その時、アリはフェロモンを出す。すると、すぐそばにいた別のアリが、フェロモンを察知して、自分も歩く方向を変える。すると、さらにそのそばにいたアリが……ということが続き、あっという間に多数のアリが一斉に食べ物に向かって歩いているという状態になるのだ。スティーブン・ジョンソンも言っているとおり「局地の情報が全体の知恵につながる」というわけだ。一つの変化が、集団を構成するアリからアリへと伝えられ、やがて集団全体の行動が、その変化による利益を享受できるものへと変わるのである。その変化をもたらすために、誰かが意識的に決断を下したというわけではない。しかし、新たな行動パターンはひとりでに生まれ（これを「創発する」と呼ぶ）、アリたちは皆、自動的にそのパターンに従って行動する。

アリの集団はこのような創発システムになっているおかげで、同じ特性を何百世代、何千世代にもわたって受け継いでいくことができる。スタンフォード大学のデボラ・ゴードンは、アリの集団を大きなプラスチックの容器に入れて実験をしたが、プラスチック容器の中でもやはり、自然界のアリの集団と同様の行動をとることが確認できた。たとえば、アリたちは、死んだ仲間のための共同墓地を作る。この墓地は、集団が普段暮らしている場所からはできるだけ遠いところに作られる。ゴミ捨て場も作るが、これは、暮らしている場所からも、共同墓地からもできるだけ離れたところに作られる。それぞれの配置を把握しているアリは一匹もいない。個々のアリは、全体の構造がどうなっているのかまったくわかっていないのだ。個々のアリは、そばにある手がかりに反応して動いているだけだ。一匹のアリが何らかの手がかりに反応して動くと、周囲のアリは、その動きに反応して動く。それによって集団全体としては、アリたちが代々受け継いできた行動を容易にとることができる。このような行動パターンが一度、確立されてしまえば、数千世代を経ても、それは維持されるだろう。集団の構成要素である個々のアリは、知らない間に、そのパターンに従って動くというわけだ。

　創発システムは、世界のいたるところに存在する。脳も一種の創発システムである。脳を構成する個々のニューロンは、たとえば「リンゴ」がどういうものかはまったく知らないし、リンゴに対して何の考えも持っていない。しかし、無数のニューロンが一定のパターンで発火することで、「リンゴ」という概念が脳の中で創発するのだ。遺伝も、創発システムと言えるだろう。多様な遺伝子と環境とが相互に作用し合うことで、その生物の全体としての習性（攻撃性など）が創発する。

「結婚」も創発システムの例と言っていいだろう。フランシーン・クラグスブランは、精神科医のもとに結婚セラピーに訪れる夫婦を観察していて、セラピーの患者は夫と妻の二人ではないということを発見した。もう一人、「結婚」という三人目の患者が存在していることがわかったのである。結婚というのは、夫と妻という二人の人間の間に起きたあらゆる出来事によって作り上げられたシステムなのだ。システムのふるまいのパターンが確定すると、それは二人の脳に刻み込まれ、二人の行動も決めることになる。「結婚」システムは形のないものではあるが、二人の間に確かに存在し、二人に影響を与えるのだ。

　文化も創発システムである。アメリカの文化、フランスの文化、中国の文化など、文化にも色々あるが、いずれの場合も一人の人間がそれを決定しているわけではない。どこかに支配者がいて、人々の行動パターンを決定し、それによって文化を作り上げているというわけではないのだ。多数の人たちの行動、互いの関わり合いの中から、一定のパターンが創発するのである。パターンがいったん確立すれば、次の世代の人々も無意識のうちにそれに従って行動することになる。

　アカデミーの二人の創始者は、すでに書いたとおり、貧困も創発システムであると考えていた。深刻な貧困のうちに暮らす人たちは、ある種の生態系の中に捕らえられているという。そして、その生態系がどのようなものかは、誰も詳しく調べた人がいないし、誰も正しくは理解していないのだという。

バージニア大学のエリック・タークハイマーは、二〇〇三年に、貧困家庭に育った子供のＩＱは低くなる傾向にあるという研究結果を発表している。この発表を受け、ジャーナリストたちは当然のごとくタークハイマーに「では、貧困家庭の子供たちのＩＱを上げるにはどうすればよいですか」と尋ねた。この問いに関してタークハイマーは後に次のように書いている。「正直なところ、貧困家庭の環境の中に『特にこれが有害』というものは見当たらない。特にこの点を改善すれば、ＩＱへの悪影響がなくなる、という要素はないのだ」

タークハイマーは何年もの時間を費やして、貧困家庭のどこに問題があるのかを突き止めようとした。しかし、これという問題が見当たらない。貧困家庭に育つことが、全体としてＩＱに悪影響を与えているという証拠は比較的、簡単に得られたのだが、では、悪影響を与えている要素がどこにあるか探してみても、まったく見つからない。家庭環境の様々な側面についてデータを集めてみても、他の家庭の子供と比較して大きな違いがあるとは思えなかった。実に四三もの研究の結果を詳細に調べたのだが、「家庭のこの部分に問題があると、子供の認知能力が低下する」というような明確な結論を得ることはできなかったのである。

だが、これは、貧困の悪影響を軽減する方法がまったくないという意味ではない。貧困というシステムを要素に分けて、個々の影響を調べても意味はないということだ。貧困は、全体が一体となった創発システムだからだ。タークハイマーはこんなふうに言っている。「一人一人の人間は自由な存在であり、その行動は極めて複雑なものである。その複雑な行動について、『Ａという原因がＢという結果を生んでいる』というような単純な説明はできない。たとえば、ある子供が思春期に非行に走ったとすれば、それにはいくつもの原因があるはずで、しかも、原因どうしが相互に作用し合っているはずだ。その相互作用により、個々の原因のもたらす影響はますます多様なものになるだろう。ある原因が別の原因を誘発することもある。はじめは単独で作用していた原因が、後になって、別の原因とともに作用し始めることもあるだろう。作用するのは環境だけではない。持って生まれた資質も作用する。その資質自体に問題はなくても、環境との相互関係により、全体として悪い結果をもたらすこともある」

貧困家庭に育つ子供について、まず言えることは、そういう環境で暮らしていると、将来に対して悲観的になりやすい、ということである。タークハイマーの言葉を借りれば、「暗い見通し」を持ちやすくなるということだ。いくら科学的に調べたところで、人間の行動に関して、明確な要因を特定することはできない。こういう要因があったから、こういう行動をとったのだと、はっきり言い切ることは不可能である。言えるのは、貧困という創発システムが全体としてどのようにふるまいやすいか、ということくらいである。また、多くの家庭について調べれば、経済的に貧しい家庭で統計的にどういうことが起きやすいかはわかるだろう。また、特定の二つの要素だけを取り出して、その二つの相互関係を知るということは可能である。それを知ること自体は無意味ではない。だが、家庭が貧しいとなぜ子供のＩＱが低くなってしまうのか、その原因を特定するのは極めて難しく、多くの場合はまったく不可能である。因果関係は複雑で不透明になってしまっている。

そういう理由から、アカデミーの創始者たちは、常に、貧困という創発システムの部分ではなく、全体に目を向けようと努力していた。子供であれ大人であれ、何か一つの対策で問題が解決し、その後の人生がまったく変わるなどということはない。しかし、その人を取り巻く文化が新しいものに変わり、関係する人たちが入れ替われば、何かが起きる可能性がある。それによって、発想や行動が新しいものになれば、きっと予測もつかない影響があるはずだ。大事なのは、それまでに属していた文化から脱出させ、新しい文化に身を置けるよう支援することである。また、もとの文化に逆戻りしないように見守ることも必要だ。逆戻りしてしまえば、せっかく改善した状況ももと通り、ということになってしまう。

ただ学校を作るだけでは不十分、ということだ。学校とともに、新たな文化も作らねばならない。貧困家庭を取り巻く文化に対抗できる文化を。入学した子供はすべてその文化に身を浸すのだ。誰もが、自分には潜在的な能力がある、努力すれば物事を成し遂げられると考えるような文化の中に身を置く。単に、子供たちが今まで属していた文化に敵対するわけでも、文化を否定するわけでもない。そうではなく、新たな価値観や習慣を植えつけるのだ。医師や弁護士の家庭に生まれた子と同様、自分も大学に行くことが可能なのだというメッセージを生徒に発する。現状の世の中が不平等であること、富が偏在しているということは率直に認め、貧困家庭の子供に対し、恵まれた中流家庭の子供とはまた違った支援をしていく。

学校は、「親の影響からの解放」を方針として打ち出した。貧困家庭の親が無意識のうちに与えている悪影響を消すということである。社会学者、ジェームズ・コールマンも言っているが、親やコミュニティが子供の学業成績に与える影響は、一般に学校より大きい。そこで「アカデミー」では、単なる教室の集まり以上の学校となることを目指した。教室で勉強を教えるだけでは不十分と考えたわけだ。勉強を教える場であると同時に、家族やコミュニティの役割も果たそうとしたのである。アカデミーという家庭、コミュニティにいれば、自分は当然、良い成績を収め、大学に行くもの、と思えるようにしようと考えた。

創発システムが難しいのは、すでに書いたとおり、何か問題があってもその「根本原因」が見つかりにくいということである。ほんの些細なことが連鎖反応を起こして、悪い結果を生んでいるのだ。だが、これは裏を返せば、些細なことが連鎖反応を起こして、一気に良い結果が生まれるかもしれないということである。取り巻く文化が良くなったことを察知すれば、次から次へと雪崩のようにプラスの反応が起き、急速に人生が上向きになることもあるのだ。

この学校に行かないという選択肢はエリカにはなかっただろう。八年生になったエリカは、身長も高くなり、容姿はさらに魅力的になっていた。だが、強情なところは相変わらずだった。彼女の心の底には常に不満がくすぶっていた。母親を愛してはいたが、時に怒りを露《あら》わにしてしまう。誰にも理解できないほど複雑な性格になってしまっていたのだ。同級生たちともうまくやれない。些細なことに過剰に反応して、口論になることもあり、時には取っ組み合いの喧嘩になることもあった。学校の成績は優秀なのだが、同時に問題の多い生徒でもあった。どうも彼女には、人生は闘いだと思っているようなところがあったのだ。まるで戦場にいるかのように、周囲の人間の多くを理由もなく敵視しているようだった。

救いの手を差し伸べようとしてくれる人にひどい態度をとることもあった。ひどい態度をとっていることも、それが良いことではないということも、わかってはいたのだが、自分で止められないのだ。彼女は鏡を見つめてよく「私は強い」と自分に言い聞かせていた。本当はそうではないのに、学校は嫌いだと思い込もうとした。自分が住む地域の人たちも嫌いだと思っていたが、それはある意味で本当だった。そこが彼女の並外れたところとも言えた。自分の力だけで今の自分は変えられない、ということを薄々感じ取っていたのである。今の環境にいる限り、自分の意志の力だけで未来を明るいものにすることは困難だろうとわかっていたのだ。周囲の人たちの持つ後ろ向きの感情にどうしても影響を受ける。彼女が自分の意志を通そうとしても、その感情に、大きな力で抑え込まれてしまう。

だが、彼女は一つの決意をする。環境を変えようという決意だ。違う環境、違う文化に身を置けば、その影響を受けて知らず知らずのうちに自分も変わるかもしれない。自分の内面を変えるよりも、環境を変える方が簡単だ。環境を変えれば、環境から無意識のうちに受け取る様々な情報により、自分の内面が変わることがあり得るのだ。

半年くらいかけ、エリカはアカデミーについてあれこれと調べた。アカデミーの生徒と話もしたし、母親や先生に尋ねたりもした。そして、二月のある日、アカデミーで学校の役員会が開かれることを知ったのだ。彼女は、その役員会に強引に自分も出てやろうと考えた。

まず、学校の裏口からこっそり中へと潜り込む。体育の授業に向かう生徒たちとすれ違ったが、何も言われなかった。そのまま会議室まで歩いて行き、ドアをノックして中へと入った。大きなテーブルが並べられた部屋の中には、大人が二五人くらい座っていた。創始者二人は、部屋の一番奥のテーブルについていた。

「私、この学校に入りたいんです」エリカは、部屋にいる全員に聞こえるよう、精一杯大きな声を出した。

「どうやってここまで来たのかね！」誰かが叫んだ。

「来年、入学させてもらえないでしょうか」エリカはもう一度言った。

創始者の一人が微笑んだ。「知っているでしょう。入学者は抽選で決めるんですよ。まず入学を申し込んでもらえれば、四月に抽選があるので……」

「私はどうしてもこの学校に入りたいんです」エリカは途中で遮《さえぎ》った。そして、この何カ月か、頭の中で繰り返し練習してきた台詞を口にした。「一〇歳の時、ニューホープに入学したいと思いました。でも、断られました。社会福祉局に行き、そこの方に話したんですが、取り合ってくれず、最後にはつまみ出されてしまいました。今、私は一三歳です。一生懸命勉強して、良い成績も取りました。ちゃんと行儀良くすることもできます。入学の資格はあると思います。誰にきいてもらってもかまいません。推薦状だってあります」エリカは紙の束を取り出して見せた。先生に書いてもらった推薦状だ。

「君、名前は？」

「エリカです」

「入学にはルールがあるんです。わかるでしょう。アカデミーに入りたい人がたくさんいるんです。

全員は入れないから、できるだけ公平に入学者を決めなくちゃいけない。それで春に抽選をしているんですよ」

「それは、遠まわしに断っているということですよね」

「そうじゃない。他の誰であっても同じですよ。入れる可能性は皆に平等にある」

「入れてくれるつもりがないからそういうことを言うんでしょう。私はアカデミーに入らなくちゃいけないんです。アカデミーに入って、大学に行かないと」

　エリカはもうそれ以上、何も言えず、ただ黙ってその場に立っていた。でも、一〇歳の時のように簡単には追い出されないと心に決めていた。創始者の斜め横には、太った男の人が座っていた。彼は、何十億ドルもの資産を持つヘッジファンドマネージャーで、学校の資金の大半を提供している人物である。頭が良く、人の扱い方を心得ていた。彼はポケットからペンを取り出し、紙に何かを書いた。そして、エリカの方を見ると、紙を折りたたんでテーブル越しに創始者二人に渡した。彼らは渡された紙を開いて中を見た。そこには「抽選を操作すればいいじゃないか」と書かれていた。

　二人は無言でお互いを見た。しばらく沈黙が続いた後、ついに一方が顔を上げて低い声で言った。

「ええと、名前は何と言ったっけ」

「エリカです」

「まあ聞きなさい。アカデミーにはルールがあります。万人に平等なルールです。ルールは忠実に守らなくちゃならない。秩序が必要だからです。学校全体の秩序です。同じことは二度と言わないから聞きなさい。今後、君が再びここに押し入って、今と同じように我々に話をすることがあったら、私は一存で君を退学させます。わかりましたね」

「わかりました」

「では、君の名前と住所を紙に書いて出て行きなさい。九月に会いましょう」

太った男の人は椅子から立ち上がって、エリカにペンと紙を渡した。高そうなペンだ。エリカはそんなペンをテレビでしか見たことがなかった。彼女は紙に、名前と住所と、念のために社会保障番号も書いて、部屋を出た。

エリカが去った後、役員たちは黙ったまま互いを見合った。そろそろ十分遠くに行っただろう、という頃に、太った男の人がニヤリと笑った。それを見た役員たちは一斉に楽しそうに笑い出した。

8章　セルフコントロール——集中力が人生を決める

「アカデミー」は、エリカにとって驚くべき場所だった。まず、とにかく学校にいる時間が長い。永遠に続くのではないか、と思うほどだ。授業は朝八時に始まり、夕方五時まで続く。土曜日も学校に行くし、普通の学校なら夏休みになる期間にも、何週間か登校しなくてはならない。成績が一定水準に達しない生徒は、アメリカの平均的な高校生の倍くらいの時間を学校で過ごすことになる。成績が普通の生徒でも、他の高校生の一・五倍くらいの時間は学校にいなくてはならない。もう一つ驚きだったのは、学校が勉強に必要なものは何もかも提供してくれるということだ。英語や数学の授業は一見、特に変わったものではないが、授業時間数は異常に多い。英語の授業は毎日二コマある。授業以外には、健康診断や心理カウンセリングも受けられるし、食事も出るし、放課後のイベントも多かった。

だが、何よりエリカが驚いたのは、素行についてとてもうるさく言われるということだ。しかも、本当の基本から徹底的に教え込もうとする。人の話を聞く時には、話している人の顔を見るよう言われたし、授業中には椅子にどういう姿勢で座ればよいか、誰かの言うことに賛同する時にはどううなずけばよいか、ということも教わった。その他、初対面の人にどう挨拶すべきか、握手はどうすべきか、ということも細かく言われた。初回の音楽の授業は、一列に並んで教室に入り、席に着くということを練習するだけで終わってしまった。入学して何週間かは、廊下の歩き方、歩く時の本の持ち方、人にぶつかった時の謝り方といった類のことばかりを注意されていた。先生には「些細なこと、細かいことがきちんとできるようになれば、あとでもっと大事なことを学ぶのがとても楽になる」と説明された。中流家庭の子供であれば、知らず知らずのうちに身につけることばかりなのだが、アカデミーの生徒の場合は改めて教え込む必要があったのだ。

その他、歌う機会が多いということにも驚いた。学校での一日は、全校生徒集まっての「サークルタイム」で始まる。全員が体育館に集合し、皆でラップや合唱をするのだ。よく歌われる歌が何曲かあった。たとえば、「尊敬の歌」という合唱曲。「知識は力なり」という歌。これは、黒人霊歌に多い「コール・アンド・レスポンス」という形式の歌で、一人が一節歌うと他の人が後に続いて同じ一節を一斉に歌う、ということを繰り返す。「大学の歌」というのもあった。有名大学の名前を次々にあげ、必ずそのどれかに入学すると誓う歌だ。集会の最後には、体育の教師が生徒たちに問いかける。「君たちはなぜここにいる?」生徒たちは答える。「教育を受けるため!」「君たちは何をする?」「勉強!」「君たちに大事なことは?」「努力!」「それと?」「規律!」「君たちはどこへ行く?」「大学!」「何のため?」「自分の未来を自分で決めるため!」「どうすれば大学へ行ける?」「行けるようにすれば行ける!」「不可能はあるか?」「ない!」

アカデミーの生徒にはそれぞれ、独自の「卒業日」が設定されている。これは、アカデミーから卒業する日ではなく、さらにその四年後、志望大学から卒業する日のことだ。クラスには名前がついていたが、「一組」、「二組」というような単純なものではなかった。何とそのクラスを受け持つ先生の出身校の名前がつけられていたのだ。「ミシガン」、「クレアモント」、「インディアナ」、「ウェルズリー」といった具合。大学は生徒たちにとって「約束の地」とされた。生徒たちがいずれ達するはずの高みというわけだ。

エリカがアカデミーの授業で学んだのは、それまでまったく知らなかったことが多かった。授業では、タイ人の日常生活が取りあげられることもあれば、古代バビロニアについて話を聞くこともある。六週間に一度、必ずテストがあり、その結果によって、学習の進捗が評価される。期待以上の進捗が見られた時には、「スカラー・ダラー」と呼ばれる通貨が受け取れることになっている。この通貨は、自由時間や、校外学習への参加権利と交換することができる。エリカのお気に入りの授業は、音楽だった。この授業で楽譜も読めるようになり、実習ではバッハの『ブランデンブルク協奏曲』の演奏に挑んだりもした。一年生の二学期には、成績優秀者名簿に載った。成績優秀者になると、制服のシャツが白から青になる。初めて青いシャツを着て全校生徒の集まる場に出た時は、本当に誇らしい気持ちになった。それまで一度も体験したことがないほど、素晴らしい気分だった。

放課後はテニスをするようになった。アカデミーに入るまで、エリカは本格的にスポーツをしたことはなかったし、テニスはラケットを持ったことすらない。だが、アカデミーの校庭には立派なテニスコートが四面もあった。アフリカ系アメリカ人のプロテニス選手二人がコートを作るための資金を寄付してくれたからである。コーチも毎日、学校にやって来る。エリカは選手になりたいと思った。

アカデミー入学後のエリカは、以前にも増して真面目な生徒になっていたが、テニスに関しては真面目を通り越して、少々、恐ろしいようなところもあった。彼女はテニスに心を奪われていたのだ。毎日、午後には何時間も壁打ちを続ける。自宅の部屋には、テニス選手のポスターを貼っていた。スター選手たちの出身地や、トーナメントの開催地を覚えることで、自然に世界の地理にも強くなった。一、二年生、特に二年生の時の彼女の生活は、小さな黄色いボールを中心に回っていたと言える。

テニスは、エリカにとって、単なるスポーツを超えた、何か大きな、根源的な目的を持ったものになっていた。エリカにとってのテニスは、ウォルター・リップマンが次のような言葉で表現しようとしたものに近いかもしれない。「人間にとって何より必要なもの、何より満足を与えてくれるものは、食べ物でも、愛でもないし、当然、一時の気晴らしでもない。名誉でもない。おそらく、命よりも大事なものがあるのだ。それは、自分がある秩序の中に属している、ある規律の下に存在しているという確信である」テニスは、何年かの間、エリカの存在証明でもあったのだ。

エリカは強い意志をもって練習に打ち込んだ。誰にも言ったことはなかったが、少なくとも二年間は、テニスこそが、自分を幸福と名声へと導いてくれる手段だと信じていた。自分がウィンブルドンや全仏オープンに出ている姿を想像することもできた。後に母校を訪れ、未来の後輩たちに成功までの道のりを話しているところを想像したりもした。

メールアドレスのIDまでが"tennisgirl"である。パスワードもすべてテニスに関係するもの。ノートの落書きもテニスに関係するものばかり。日々、コーチの助言はほんのちょっとしたものもすべて吸収しようとしていたし、インターネットではテニスのサイト、テレビではテニスの中継を見ていた。おかげで、彼女のテニスは上達していった。ただ、問題は試合中に怒り出すことだ。あまりの怒りに周囲の人たちは皆、恐れをなした。確かに彼女は普段から非常に真面目で、頑固で融通が利かないところがあったが、怒り出すようなことはない。ところがコートの上では人が変わったようになってしまうのだ。あらゆるもの、あらゆる人に対して、すぐに短気を起こしてしまう。怒りを抑えることがどうしてもできない。ダブルスのパートナーとコートの上で話をすることもないし、ましてや冗談を言い合うようなこともない。勝っている時は、怒ることもないので、安心して見ていられるが、負けている時には、誰もそばに近寄らなくなる。たとえ練習であっても良いプレーができないと、その日は不機嫌なまま帰宅することになるのだ。

コーチは、そんな彼女を見て「リトル・マック」などと呼んだりもしていた。態度があのジョン・マッケンローに少し似ているから、というわけだ。だが、ある日、とてもそんな冗談ですまないような出来事があった。二年生の春だ。郊外の、アッパーミドルクラス家庭の子供たちが集まる学校で試合が行なわれた日のことである。当時、まだチーム内のトップクラスのプレーヤーというわけではなく、二番手グループに属していたエリカのシングルスの試合は、午後遅くになった。コーチはフェンス越しに様子を見ていたが、彼女の最初のサービスゲームを見て、すぐに嫌な予感がした。一本目のサーブは大きすぎ、二本目のサーブは逆に小さすぎて、ネットの下に当たってしまう。ゲームカウントが0-3になる頃には、彼女のフォームはばらばらになっていた。ボレーでは肩が開いてしまうし、サーブでは腕が下がる。前へ向かって打つのではなく、横へ打ってしまうような格好になり、ボールがコートの中へなかなか入らないのだ。

コーチはエリカに「一〇まで数えて気持ちを落ち着かせろ」とアドバイスしたのだが、彼女はまるで野獣のような目をしてコーチを見るだけだった。怒りといら立ちで眉間《みけん》には深いシワが寄っている。完全に自分の感情に支配され、ボールへの集中力はなくなっていた。満足な構えすらできない。リターンはネットに当たったり、大きすぎたり、横にそれたり、そんなことの繰り返しだ。失敗の度、彼女は「畜生！」と吠え、自分に対する怒りを露わにする。

コーチは次々にアドバイスをする。「肩を開くな」、「脚を動かせ」、「トスに集中しろ」、「もっとネットに近づけ」というふうに。だが、意識するほどフォームが崩れるという悪循環に陥っていて、どうしても立て直すことができない。彼女は渾身の力を込めてボールを叩くのだが、ミスが続いてしまう。ミスの度に彼女の中の自己嫌悪の感情は大きく膨れ上がっていく。ついには、自ら試合を壊すようなプレーをし始めた。なぜそんなことをするのか、彼女は自分でもよくわからなかった。ボレーはわざと、コートの外のフェンスに当てるように打つし、十分に返せるはずのサーブさえ返そうとしない。サイドチェンジの際には、足を踏み鳴らすようにして歩き、座る時にはラケットを椅子の下に放り投げた。ボレーの後に、後ろを向き、ラケットをフェンスに投げつけたこともあった。それを見たコーチは「エリカ！　大人になれ！　大人になれないのなら、帰れ！」と怒鳴った。

エリカは怒鳴ったコーチを睨《にら》みつけ、サーブを放った。「イン」だと思ったのだが、「アウト」と判定され、彼女は叫んだ。「頭おかしいんじゃないの⁉」その言葉ですべての試合が中断してしまった。エリカはラケットを地面にたたきつけ、もう一度「頭おかしいんじゃないの⁉」と叫び、猛然とネットに向かって歩いて行った。「行く手を遮る者は全員殺す」とでも言っているように見えた。対戦相手も、線審も、チームメートも、皆、怒り狂った様子の彼女から離れた。

自分のしているのが良くないことであるというのは、彼女自身にもよくわかっていた。しかし、怒りをぶちまけている時の気分は爽快だった。無性に誰かを殴りたい、顔から血が噴き出すところを見たい、そう思うのだ。そばにいた人たちがそそくさと離れていくのを見ていると、急に自分が強くなったような、その場を支配しているような感覚に陥った。彼女は誰か、傷つける相手、屈辱を与える相手を探していたのだ。

かなり長い間、誰も近寄っては来なかった。ついにエリカはコートから出て椅子に座り、うつむいた。彼女は自分以外のすべてを責めていた。ラケットも、ボールも、対戦相手も、その他、周囲の人たちのことごとくが「ろくでなし」だと思っていたのだ。コーチが近寄って来る。彼女と同じくらい怒っている。彼女の腕をつかむと、怒鳴った。「出ていくんだ、さあ！」

エリカはコーチの手を払いのけた。「私に触らないで！」そう言いながらも彼女は立ち上がって、バスに向かって歩き出した。大股で、コーチの三歩前を歩いて行く。バスに乗り込む時には、車体をこぶしで殴りつけ、大きな足音を立てながら通路を奥へと進んだ。そして、道具をシートに叩きつけるようにして置くと、最後部の座席に座った。その後、すべての試合が終了するまでの一時間半、彼女は座ったまま動かなかった。皆が戻ってきてバスが動き出し、学校へ帰り着くまで、彼女は黙ってあれこれと考えていた。

その日、彼女の身には特に何も起きなかった。悔やむ気持ちはない。学校でも家でも色々と面倒なことになるかもしれないが怖いとは思わなかった。頑固なのだ。自分を曲げようなどとは思いもしない。何人か話しかけようとした者がいたが、その全員に冷たい態度を取った。

エリカのコートでの行状は、チームが戻る頃には学校中の噂になっていた。翌日はすべての授業が中止になった。何かひどい事件が起きると、いつも授業が中止になるのだ。そして、全校生徒と先生全員が体育館に集められる。この日は当然のごとく、スポーツマンシップについて話し合われることになった。エリカの名前が出されることはなかったが、事件を起こしたのが彼女であることは誰もが知っていた。先生たちも理事たちも、決して名前は出さないが、一様にエリカの言動を批判していた。

生まれながらの気質

その日の夜になると、エリカは事件についてまったく違う気持ちを抱くようになった。急に悲しくなり、枕に突っ伏して泣いてしまった。前日はまったく悔やんでいなかったのに、今は後悔でいっぱいだ。恥ずかしい、と感じた。

母親のエイミーは高校時代、エリカのような子ではなかった。これほど激しい性格ではなかったのだ。それでも、娘の気持ちはわかった。自分でも説明のつかない行動をとってしまうことはあったからだ。ひょっとすると、そういう面は自分からの遺伝ではないか、とも思った。せっかく良いところがたくさんある子なのに、自分から受け継いだ性質のせいで、それが台無しになっているのでは、という気もした。

果たしてこれは、思春期の嵐のようなもので、ほんの一時のことなのか、それとも生涯続くことなのか、それがエイミーにはわからなかった。人間は皆、遠い祖先から「闘争・逃走本能」を受け継いでいる。この本能のせいで、驚きやストレスに対し、自動的に反応してしまうことがあるのだ。中には、「逃げ出す」方の反応が優勢な人もいれば、「戦う」方の反応が優勢な人もいる。それはごく幼い頃から分かれている。エリカは後者の「戦う」タイプである。

同じことを体験しても、驚きやすい人もいれば、そうでない人もいる。新生児の段階でそれはわかる。未知の状況に置かれた時に、脈拍や血圧が急激に上がる子供とそうでない子供がいるのだ。一九七九年、心理学者のジェローム・ケーガンらは、五〇〇人もの乳児を対象とした実験を行なっている。五〇〇人の乳児に、いくつか未知の刺激を続けて与え、反応を見たのだ。その結果、全体の二〇パーセントが、激しく泣き出し、「高反応」とされ、四〇パーセントは反応がわずかだったため「低反応」とされた。残りの四〇パーセントはその中間というわけだ。

約一〇年後、ケーガンは同じ子供たちを対象に再度、実験を行なっている。いくつか不安を引き起こすような体験をさせて反応を見た。すると、一〇年前に「高反応」とされた子供のうちのおよそ五分の一はやはり、激しい反応を見せた。また、「低反応」とされた子供のうちのおよそ三分の一の子供は、やはり反応がほとんどなかった。だが、「高反応」、「低反応」だった子供の多くは、一〇年後には中程度の反応をするように変わっていたのである。これを成長したしるしと見ることもできるだろう。「高反応」だった子が「低反応」になったり、「低反応」だった子が「高反応」になったり、ということは皆無に近かった。

子供には生まれつきの気質というものがあると思われる。だが、その気質が後の人生での性格を決め、ひいては人生を決めてしまうというわけではないようだ。それよりもむしろ、E・O・ウィルソンの言う「首ひも」に近いものだと考えるべきだ。エリカも他の子供たちと同様、ある気質を持って生まれてきた。それは間違いない。生まれつきの気質は、驚きやストレスに強く反応する方だったかもしれないし、反応が異様に弱い方だったかもしれない。生まれつき陽気だったかもしれないし、気難しかったかもしれない。彼女の性格はその後の人生で変化していく。どういう経験をし、脳内のニューロンがどういうネットワークを形成するかで変わっていくのだ。ただし、変化は無制限ではない。ここからここまでの範囲は変わり得るけれど、これ以上は変化しないという限度がある。たとえば、幼い時に「高反応」だったとすると、反応が中程度にまでなることはあるが、「低反応」にまで変わることはほとんどない。また、いったん基本の性格が決まると、そこから大きく変化することはない。多少の揺れはあっても、基本から大きくは外れないのだ。たとえば、高額の宝くじが当たったりすれば、嬉しくて、普段では考えられないほど陽気になることがある。それでも、何週間かすれば元通りの性格に戻るはずだ。反対に、配偶者や友人などが亡くなったりすれば、悲しみと苦しさで普段よりも陰鬱な態度をとるかもしれない。その場合も、しばらく時が経てば元の性格に戻ることが多い。

エイミーは不安だった。エリカは、内面に危険なものを抱えているのではないか。エリカが幼い時から、他の子より気分の起伏が激しい子だったのは事実だ。何か予想外のことが起きた時の驚き方も他の子たちより大きかった（些細なことにも驚きやすい人は、恐怖を抱いたり、心配を抱えたりもしやすい）。研究者の中には、子供を「タンポポ型」と「ラン型」に分けている人もいる。タンポポ型の子供は、情緒が安定していて、忍耐力もある。どういう環境に置かれてもたいていはうまくやっていける。ラン型の子供はもっとムラがある。状況が良ければ、素晴らしくきれいな花を咲かせるが、少し状況が悪いと惨めにしおれてしまうのだ。エリカはラン型で、大成功するかもしれないが、悲惨な未来が待っているかもしれない。危険な気質と言えた。

一体、この子はどうなってしまうのか。エイミーは、ぼんやりと娘の将来を案じていた。もちろん、思春期の子を持つ親は、誰もが多かれ少なかれ、同じような不安を抱くものである。自分自身、思春期を経験しているだけに、その心理状態が理解できなくはない。特にその頃は、ちょっとしたことにも過剰に反応しがちなところがある。本当は何でもないことなのに、自分が責められているように思ったり、心配しなくていいことを心配したりもする。怒らなくていいことに怒る時もある。誰も何にもしていないのに、何かを自分で勝手に思い込んで勝手に傷ついたりしていることもあるのだ。自分の内面の世界が、外界よりもはるかに危険になっている時期なのだ。

慢性的なストレスにさらされている人は、脳の海馬《かいば》の細胞が失われやすいという研究結果もある。海馬の細胞がなくなれば、それに伴って記憶も失われることになる。特に良い出来事についての記憶が失われやすいという。また、常にストレスにさらされていると、免疫系のはたらきも弱まるし、骨のミネラル分も減る。逆に体脂肪は蓄積する。腹部の体脂肪が増えやすい。そういうことが長く続けば、徐々に体が衰弱していくことになるだろう。半年にわたり極めてストレスの多いプロジェクトに取り組み、週に九〇時間働き続けたエンジニアたちを調査したところ、コルチゾールやアドレナリンのレベルが通常より明らかに上がっていることが確認されたという報告もある。コルチゾールもアドレナリンもストレスと関係の深い物質だ。しかも、二つの物質の量が増えている状態は、プロジェクト終了後、一八カ月間、持続したという。その間、全員が四、五週間の休暇を取ったにもかかわらず、である。ストレスはそれだけ長く影響を持続させ、体を蝕《むしば》んでいく。

その日の夜は、テニスコートでの事件から三〇時間は優に経っていたけれども、エリカの自分を恥じる気持ち、ストレスは弱まっていなかった。エイミーはどうすれば娘の気が少しでも楽になるか考えていたが、どうしていいのかわからなかった。仕方がないので、エイミーはただ、娘の背中に手を当てて、そばに座っていた。少し哀れんでいるようでもあったが、それで娘が状況に対処する助けになればという気持ちだった。一五分くらいそうしていると、二人とも落ち着かない気持ちになってくる。立ち上がり、二人で夕食を作ることにした。エリカがサラダを作り始め、エイミーは戸棚からパスタを出した。そうして二人で協力し合ううちに、徐々に落ち着いてくる。心が平衡を取り戻すのだ。エリカも、どうにか再び世界を穏やかな目で見つめられるようになった。そして、トマトを切りながら、母親の顔を見て言った。「どうして私は自分のことがコントロールできないのかな」

これは実はとても重要な問いなのだ。アンジェラ・ダックワースとマーティン・セリグマンの調査によれば、高校生のセルフコントロールの能力は、ＩＱと同じくらい出席率や成績に強く関係しているという。この調査結果には異論もあり、ＩＱほど強くは関係しないと主張する研究者もいるが、充実した人生を送る上でセルフコントロールの能力が重要になることを疑う人はいないだろう。

「自分が自分じゃないみたいになってしまうの」エリカは事件について母親にそう言った。「知らない人が私を乗っ取って、その人が怒っているみたい。その人がどこから来るのかもわからないし、何を考えているのかもわからない。いつ戻ってくるかと考えると怖い。きっとまたひどいことをするに違いないから」

マシュマロ実験

一九七〇年頃、当時、スタンフォード大学（現在はコロンビア大学）教授だったウォルター・ミッシェルは、現代心理学でも特に有名と思われる実験を行なった。非常に明解な結果の得られた実験である。被験者となったのは四歳児たち。ミッシェルは四歳児を椅子に座らせ、目の前のテーブルにマシュマロを一つ置いた。その上で子供にこう告げたのだ。「このマシュマロ、すぐに食べてもかまわないけど、私が部屋を出て戻ってくるまでの間、食べずに待っていられたら、もう一つマシュマロをあげよう」待っている間の子供たちの様子は撮影された。映像を見ると、ミッシェルが部屋を去った後、子供たちが身をよじったり、机を蹴ったり、マシュマロが見えないよう目を隠したりしていたのがわかる。テーブルに頭をぶつける子もいた。そうしてどうにかマシュマロを食べないよう頑張っていたのである。一度、マシュマロの代わりにクッキーの「オレオ」を使ったことがあったが、その時には、間に挟んであるクリームだけを食べて元に戻した子がいた（こういう子が案外今、上院議員くらいになっているかもしれない）。

この実験で重要なことは、マシュマロを食べずに長い時間我慢できた子の方が、わずかな時間でマシュマロを食べてしまった子よりも、後の学校の成績がはるかに良く、問題行動も大幅に少なかったということだ。中学生、高校生くらいになってからの友人関係も、マシュマロを長く我慢できた子の方が良好だった。一五分間我慢できた子たちの一三年後のSAT平均スコアは、三〇秒しか我慢できなかった子の平均スコアに比べ、二一〇ポイントも高かった（後のSAT平均スコアは、四歳の時のIQスコアより、マシュマロを我慢できた時間を基にした方が正確な予測ができたと言える）。二〇年後の大学卒業者の割合も、マシュマロを一五分間我慢できた子たちの方がずっと高かったし、三〇年後の収入についても同様のことが言えた。後に刑務所に入った人数、ドラッグ中毒者やアルコール中毒者になった人数も、マシュマロをすぐに食べてしまった子たちの方が大幅に多くなった。

この実験で子供たちは、短期的な欲求と長期的な報酬の間の葛藤に直面することになる。より大きな長期的報酬を得るため、短期的な欲求を抑えることができる子かどうかが明らかになるのだ。それができる子は、後に学校で良い成績を収め、社会に出てからも成功することができるだろう。しかし、できない子は、学校や社会を絶えず自分にストレスを与える場としか感じないだろう。

一定の秩序のある家庭で育った子供の方が、この能力を身につけやすいと言える。この場合、「秩序がある」とは、自分の行動の結果が予測しやすいという意味である。今、ほしいもの、したいことを我慢すれば、後でもっと良いことがあるという確信が持てることが重要なのだ。そうした秩序のない家庭で暮らしている子は、すぐにマシュマロが食べたい、という一時の欲求を抑えることが難しくなる。自分の行動と、得られる結果の間に相関関係が見出せないからだ。我慢すれば後で良いことがある、と信じることはなかなかできない。

また、重要なのは、欲求を抑えられた子はどうやって抑えたかということである。うまくいったのは、マシュマロにあまり注意を向けないようにするという方法のようだ。マシュマロがそばにあっても、その存在をできるだけ忘れていられるような工夫をすれば、食べずに我慢しやすいということだ。そのためには、「これは幻だ」、「偽物のマシュマロだ」などと思い込む方法が有効なようである。自分にそう思い込ませれば、注意をうまくそらすことができる。

ミッシェルは後に、「これは本物じゃなくてマシュマロの絵だよ」と子供たちに告げておく、という実験もしている。注意をそらすのに役立つヒントを与えたわけだ。ヒントを与えられると、子供たちは、通常よりも、平均で三倍長く我慢することができた。「これはマシュマロじゃなくてフワフワの雲だよ」と言うと、我慢できる時間はさらに延びた。取り入れる知覚情報が同じでも、想像力を駆使すれば、その情報を違ったふうに解釈できる。マシュマロを頭の中で何か別のもの、欲求を呼び起こしにくいものに変えてしまえば、マシュマロから距離を置くことができるのだ。長い時間、欲求に負けずに我慢できる子供は、この知覚の変換がうまくできる。美味しい物を見ても、美味しい物と解釈しないでいられる。もし、美味しい物を美味しい物だと、そのまま解釈してしまえば、とても我慢することはできないだろう。その時はもう、口の中に入れる以外の選択肢はなくなってしまう。

つまり、セルフコントロールというのは、厳密には、意志の強さの問題ではないということだ。欲求に負けない子供は鉄のような意志を持っていて、それで欲求を抑え込んでいるというわけではない。無意識の世界で起きることを意識によって直接、コントロールできるわけではないのだ。自分の無意識がどうなっているかを明確に知ることもできない。できるのは、「きっかけ」を与えることだけだ。無意識では常に様々な思考が流れている。そして、何かきっかけが与えられればいつでも、それまでとは違う新たな思考が流れ始める。自制心のある人、セルフコントロールのできる人というのは、きっかけの与え方を知っている人である。過去の経験から、無意識にどんなきっかけを与えれば、自分にとって望ましい思考が始まるのかを知っているのだ。物事を前向きにとらえ、長期的視野に立って判断をするよう、自分を仕向けることができると言ってもいい。

意思決定の三段階

人間の意思決定は、大きく三つの段階に分けることができる。最初は、状況を把握する段階だ。次は、いくつもの行動の選択肢を吟味する段階である。どの行動が自分にとって最も利益になるかを検討する段階ということになる。そして、最後に、検討の結果に基づいて実際の行動を起こす。行動には意志の力が必要になる。人間の性格について説明する理論は、過去数世紀の間に多数考え出された。特に、子供の頃の体験が性格にどう影響するか、ということに関しては多数の理論が打ち立てられた。一九世紀の理論には、意思決定の最後の段階である第三段階に注目したものが多かった。つまり、意志の力が注目されていたわけだ。ビクトリア朝時代には、人間の意志のはたらきを、まるで水害を防ぐ「治水」のようにとらえる考え方が主流だった。人間が生来持つ熱情は激流のようなもので、正しい行動をとるためには、強い意志の力でその激流をせき止め、水量を調節することが必要と考えられたのだ。

二〇世紀になると、注目は第三段階から第二段階へと移る。選択肢の優劣を判断する「理性」が重要視されるようになったのである。好ましくない行動をとる人に対しては、その行動が本人にとって長期的には損になることを教え込むべき、と考えられるようになった。たとえば、無防備な性行為をさせないためには、それが病気や望まない妊娠など、良くない結果につながることを繰り返し教え込む。喫煙は癌《がん》につながるし、不倫は家庭の崩壊につながる。嘘をつけば人からの信頼を失うことになる。自分のしていることが愚かだと理解すれば、行動を改めるはず、という考え方だ。

道徳的に正しい判断をし、正しい行動をする上で、強い意志や理性が重要な役割を果たすのは間違いない。意志や理性がなければ自分を律することなど不可能だろう。しかし、意志や理性だけで人間の行動が説明できないのも確かだ。フライドポテトばかり毎日食べ続けるのが良いことでないのは、おそらく誰でもわかるだろう。では、フライドポテトばかり食べている人に、「食べるな」と言ったとして、言うことを聞くだろうか。肥満につながり、健康を害する恐れがある、ということを詳しく書いたパンフレットを渡したとしたらどうなるだろうか。それで、自らを律し、フライドポテトを食べるのをやめるのか。それだけのことをすれば、おそらく誰もが、食べるのをやめる、と言うはずだ。そして、空腹でない時なら、その誓いを守ることは容易である。だが、空腹になると、そうはいかない。空腹が増すにつれ、誓いを立てた時の「良い自分」の力は弱まっていき、結局は食べてしまう。意志や理性には、とても無意識の衝動を抑えるだけの力の強さはない。ダイエットを始めても多くの場合、失敗するのはそのためだ。

同じことは食生活だけではなく、不倫など、その他の行動にも当てはまる。それがいかに罪悪かをどれだけ強く訴えたところで、不倫をする人を減らすことはできない。訴えた人自身、いつ不倫をするかわからないのだ。拝金主義は悪いことだと多くの人が思っているし、そういうことを書いた本も数多く出版されている。にもかかわらず、拝金主義が改まることはなく、何度も破壊的な結果を招いている。物をいくら買ってもそれで本当の喜びや満足が得られるわけではない、というのは、ほぼ誰もがわかっているはずだ。それなのに、クレジットカードで物を買いすぎて困る人は後を絶たない。人を殺すのが悪いことだと知らない人はいないだろう。なのに、大虐殺が度々起きる。罪もない人を大勢殺しておいて、自分を正当化するテロリストもいる。

薬物常用や無防備な性行為が危険であること、高校を中退すれば将来に悪影響があること、などは、すでに何十年もうるさく言われている。そうした問題に関してはすでに大量の情報が出回っているのだ。しかし、調べてみると、いくら情報を流したところで、それだけでは人の行動をほとんど変えられないということがわかる。たとえば、二〇〇一年には、三〇〇以上もの性教育プログラムに関してその効果を確かめる調査が行なわれたが、総じて、性行動を変えさせる効果はなく、避妊具の使用を促す効果もないことがわかっている。学校の教室で講義をしても、セミナーを開催して意識の向上を図っても、衝動を抑える効果はまずないのだ。親や先生が説教をしてもまず、効き目がない。

これまでの研究でわかってきたのは、理性や意志は筋肉に似ているということだ。ただし、さほど強い筋肉ではない。ほんの時々、よほど条件が整った時であれば、理性や意志によって一時の衝動を抑えることに成功するかもしれない。だが、多くの場合、あまりに力が弱すぎて、それだけでは自制の役には立たない。それどころか、自らの衝動を正当化するような理屈を生み出すことさえある。

このように、一九世紀、二〇世紀の考え方で人の行動を変えられないことは明らかだ。何より問題なのは、「意思決定の第一段階」に対する見方である。第一段階では、すでに書いたとおり、状況の把握が行なわれる。従来、これは非常に単純な作業であると考えられていた。単純に周囲から情報をそのまま取り入れるだけとされ、あまり重要視されてはいなかった。あくまで大事なのは、その後の判断の段階と、実際に行動を起こす段階であるとみなされたのだ。

ここまで読んだ人ならもうわかるだろうが、このとらえ方は正しくない。第一段階は極めて重要である。知覚というのは、単純に外界から情報を取り入れることではない。知覚の際にも思考がはたらく。情報の取り入れにも、人による能力の違いがあるということだ。人は、何かを見てから、その後で見たものを評価するわけではない。見ることと、評価することは別の作業ではなく、基本的に同時に行なわれることである。知覚の能力は磨くことができる。中には、誰にも教わらずに自らその能力を磨くことのできる人もいるようだ。過去三〇年間にわたる調査でそれがわかっている。一人では無理でも、周囲の人に助けられて能力を磨く人もいる。いわゆる「性格の良い人」というのは、何らかの方法で周囲の状況を適切に知覚する訓練ができている人のことである。状況を適切に知覚するというのは、言い換えれば、現実にうまく手を加えるということだ。情報を取り入れると同時に、そこに判断と解釈を加え、望ましい方向に偏った知覚をするのである。理性や意志は、知覚を基にはたらく。そのため、知覚がはじめから望ましい方向に偏っていれば、理性や意志が力ずくで知覚に逆らうようなことをしなくても、自ずと望ましい行動がとれることになる。理性や意志は、せいぜい、行動をうまく完遂できるよう手助けをするくらいですむのだ。

たとえば、「先生は尊敬すべき」という観念が頭に浸透していない子供は、すぐに先生に対して腹を立てるだろう。自分の思い通りにならなければ、先生を罵ったり、無視したり、嘲ったりする。中には、殴る、椅子を投げつけるなどの暴力をふるう者もいる。先生は尊敬すべき、という観念が頭に浸透している子供ならばそういうことはない。特に意識しなくても、自然に先生の言うことを聞くだろう。先生の前でどう行動すべきか、またどういうことをすべきではないかも、特に意識せずにわかるはずだ。もちろん、時には先生に対していら立ったり、腹を立てたりすることもあるだろうが、その感情を教室内で露わにすることはない。教室内で先生を大声で罵ることや、椅子を投げつけるようなことは、想像さえしない。もし、自分の目の前で誰かがそんなことをすれば、大変に驚き、恐怖すら覚えるだろう。

では、先生は尊敬すべきという観念はどこから来るのか。そういう観念を持っているというのは、つまり、先生の言動を常に自動的に偏って知覚するということだ。なぜ、そういう知覚をするようになるのか。この問いに対する明確な答えはまだ得られていない。自分の将来をどう見ているか、ということに関係があるのは間違いないが、確実なことはわからない。無意識の世界のことなのでまだ闇に包まれている部分が多いのだ。それまでの人生経験が大きく影響してはいるだろうが、どう影響しているのか細かいところまでは知ることができない。一つ言えるのは、先生を自然に尊敬する子供は、まず親を尊敬していることが多いということだ。親の権威を尊重してきたので、その態度をごく自然に、同様の権威を持つ先生にも当てはめているとは言えるかもしれない。周囲の人たちが先生を尊敬しているのをずっと見ていて、知らず知らずのうちに自分もそうなったということはあるだろう。人にはいつ間にか、習慣や規範という「首ひも」がつく。行動を制限する首ひもである。ちょっとした経験の積み重ねにより、その場でどこまでの行動が受け入れられるのかを学び取るのだ。首ひもは、行動を制限するだけでなく、その場で起きることの知覚の仕方も決める。先生は尊敬すべき、という観念が頭に植えつけられれば、その観念に沿って先生の言動を知覚するようになる。そうなれば、先生を殴るなどということは一切、考えない。よほど腹に据えかねることがあれば、頭で想像することくらいはあるかもしれないが、それはただの妄想にすぎず、実際には決してそんなことはしない。

真っ当な人であれば、他人の持ち物を盗んだりはしないが、これにも同様のことが言える。盗みたくなる衝動を理性や意志の力で抑えているわけではないのだ。他人の持ち物を見る時に、すでに盗みたい衝動が湧かないような見方をしているということである。銃を目の前にしたからといって普通はやたらに撃ったりはしないし、女性を見たからといって普通の男性ならば暴行したりはしない。これも同じことだ。嘘をつかずに真実を話す時も、嘘をつきたい衝動を抑えているというよりは、真実を知った時点で嘘をつきたい衝動が湧かなくなっているのだろう。そうなるような物の見方をしているわけだ。

このように考えると、人の性格は長い時間をかけて徐々に決まっていくものだということがわかる。何か一つの出来事が性格を決定づけてしまうなどということはまずあり得ないのだ。そこには様々な要素が複雑に絡み合うので、仕組みを細部に至るまで知ることは難しい。ただし、そこに地域社会が大きく影響することは疑い得ない。自分一人の力では、知覚をどう解釈するのが望ましいのかはなかなかわからない。はじめは周囲の人たちのまねをするところから始めるのだと思われる（当然、周囲に良くない影響を受けることもある。たとえば、太った人たちに囲まれて育った場合、自分一人だけ痩せていることは難しいだろう）。多くの人と関わり、色々な行動をして、その時の反応を見る。それを繰り返すことで、脳内のネットワークが少しずつ形成されていく。一つ一つの行動の影響は小さくても、積み重なることで大きな結果を生むことがあるのだ。同じものを見ても、見方が大きく違えば、行動も大きく変わるからだ。見方が社会から見て望ましい方向に偏っていれば、行動も社会から見て望ましいものになるだろう。また、望ましい行動をとると、望ましい見方をするための脳内ネットワークが強化されることになる。「美徳とは、実践し自分で行動することによってのみ得られるもの」というアリストテレスの言葉は正しかったと言えるだろう。アルコール依存症問題の解決を目的として設立された団体「アルコホーリクス・アノニマス」（AA）の「嘘でもいいからやってみる（Fake it until make it）」というスローガンは、同じ考え方をわかりやすく表現したものと考えてよい。バージニア大学のティモシー・ウィルソンは、科学者らしい言葉で次のように言っている。「まず行動が変わることで、考え方、感じ方が変わることもある。社会心理学がもたらした発見の中でも、これは特に時を越えて価値を持ち続けるものだろう」

変身

テニスコートでの事件の後は、何週間か、周囲の人たちがエリカに対してよそよそしい態度をとった。エリカ自身も自分を怖れるような気持ちですごした。しかし、何カ月かが経つうちに、影響も薄らいでいった。アカデミーでの生活にはこまごまとしたルールがあり、それをすべて守る必要がある。たとえば、カフェテリアでは、全員がテーブルにつくまで食事をはじめてはならない。食べる前には必ず、ペーパーナプキンを膝にのせること。先生が部屋に入ってきたら起立する。制服を着ている時は、たとえ帰宅途中であってもガムを嚙んではならない。ガムを嚙むのは、アカデミーの生徒の行動としてはふさわしくないからである。

こうした小さなルールを守ることが、いつの間にか、エリカにとって「第二の本能」のようになった。それは他の生徒にとっても同じだった。エリカは、自分の言葉遣いが以前とは変わっているのに気づいていた。特に見知らぬ人への話しかけ方が変わった。話し方だけでなく、立ち居振る舞いのすべてが変わった。軍隊で鍛えられた人と同じような変化が起きたのだ。

ルールはどれもが、自制心の向上につながった。ちょっとした我慢を強いるものばかりだったからだ。そして、どれもが、目先の小さな満足より、将来の大きな満足を優先する態度に関係していた。エリカ本人は、そういうことを考えながら生活していたわけではない。ただ、学校で生活していく中で、ルールを当たり前のものととらえ、自然にそれに従って行動していただけである。他の生徒も同じだろう。だが、ルールに従って行動するうちに、彼女の物の見方、考え方は根本的に変わっていった。その影響は、学校だけでなく、家での生活にも及ぶようになり、ついにはテニスコートでの態度にも変化をもたらした。

三年生になるころには、以前のようにテニスに取り憑かれているようなところはなくなった。一方で、技術面だけでなく、メンタル面の向上にも力を入れるようになった。セルフコントロールのための有効な手段を一つ一つ見つけていったのである。もちろん、自分をこうしたいと思っても即、そのとおりになるわけではない。セルフコントロールのためには、一見、些細に見える行動に気を配ることが重要になる。それが下地になって、大きなことにも適切な対応ができるのだ。

たとえば、試合前、ベンチに座っている時、エリカはいつも飛行機のパイロットの声を頭に思い浮かべた。映画やテレビ番組の中で聞いたことのある、通話装置を通した声である。パイロットはいつも努めて冷静な話し方をする。その話し方が、彼女の感情を冷静に保つ「枠」のような役割を果たすのだ。そうしたことを彼女は試合の度に儀式のように毎回、繰り返した。水の入ったペットボトルは必ずネットのそばの同じ場所に置いていたし、ラケットのカバーは、いつも自分が座る椅子の下に置き、いつも同じ面を上に向けた。リストバンドもいつも同じものを着けた。左右互い違いのリストバンドだ。コートに入る時は、絶対にラインを踏まずにまたぐようにした。サーブの時は、いつも右足で線を引き、その線の上でサーブを打った。そして、いつも五本連続でサービスエースを奪うつもりでプレーをした。実際にはサービスエースなどまったく奪える気がしない時でも、ともかくそういうつもりで動くのだ。最初はただの「つもり」であっても、十分に長く続ければ、実際のプレーがそれに近づいていく。

　エリカは、コートと内と外とを明確に分けて考えるようにもしていた。そして、コートの内と外での自分の思考に厳格なルールも設定していたのだ。未来や過去について考えるのは、コートの外、と決めた。いったんコートの中に入ったら、現在のことしか考えない。サーブする時に考えるのは三つのことだけ。一つはスピンをどうするか、もう一つはどこに打つか、もう一つは速度をどうするかである。その他のことを考えているのに気づいた場合は、いったん場を離れ、ボールを地面で何度か弾ませてから、再び戻る。

　敵のことは考えないようにした。考えることを禁じたのだ。ラインコール（ボールがコートの内側に落ちたか外側に落ちたかの判定）のことも考えないようにした。彼女は自分のプレーを、打ったボールのみによって評価することにした。ラケットでボールを打つということがどのくらいうまくできたかで評価しようと決めたのだ。それ以外のことは自分の力ではどうしようもないからだ。人に褒められるかどうか、自分に才能があるかどうか、というようなことは考えない。自尊心を満たすことは重要視しないのである。いかに技術を磨くか、それだけを考える。

　技術のことだけに集中することで、彼女の自我は静かになった。自分自身のことには注意が向かなくなった。ゲームそのものだけに全神経が向く。勝って注目されたい、とか負けたら悔しいというようなことは考えなくなったのだ。余計なことを何も考えないことで、プレーの質は格段に上がった。彼女は職人のようでもあった。日々、何時間も練習をする。同じことを何度も何度も繰り返すのだ。同じことを繰り返せば、頭の中に一定のモデルが植えつけられる。いったんモデルが植えつけられれば、素晴らしいセルフコントロール能力を持つことができ、ほぼ何があっても大きく心が動揺することはなくなる。

競技がテニスにしろ、野球にしろ、サッカーにしろ、とにかくプレー中のスポーツ選手の脳では複雑な処理が行なわれている。まず次々に知覚情報が入ってくる。いったん入ってきた情報も、後の情報によってすぐに修正される。それが何度も繰り返されるのだ。ただし、ローマ、サピエンザ大学のクラウディオ・デル・ペルシオの調査では意外なことがわかっている。それだけ複雑な処理をしているはずのスポーツ選手の脳の活動は、スポーツ選手でない一般の人の脳よりも静かだというのだ。つまり、脳はあまり労力をかけていないということだ。日々、練習をしているうちに、少ない労力で高度な処理ができるよう鍛えあげられたということなのだろう。この点については、さらにもっと詳しい調査も行なわれている。同じくサピエンザ大学のアルヴァトーレ・アグリオティによる調査である。その中では、バスケットボール選手のグループと、他の競技のスポーツ選手のグループとが被験者になった。どちらにも、フリースローの場面を撮影した映像を見せた。ボールが手から離れた直後に映像を止め、果たしてゴールに入ったかどうかを予測してもらったのだ。正答率は、他の競技の選手より、バスケットボールの選手の方がはるかに高かった。興味深いのは、バスケットボール選手の場合、映像を見ている時に、自身がフリースローをする際と同様の活動が脳内に見られたということだ。フリースローに必要な手や筋肉の動きを制御する部位が活性化した。つまり、彼らは、自分自身がフリースローをしているような気分で映像を見ていたということになる。他の競技の選手の場合はそういうことがない。同じ映像を見ても、まるで違う経験をしているわけだ。

努力の甲斐あって、エリカは以前のようにプレー中荒れた精神状態になることも減ったし、プレーも上達した。だが、平常心を失うことがまったくなくなったわけではない。時には「怒り」という名の悪魔が鎖を外して暴れ出す。

そういう時のための儀式もあった。自分の怒りを見つめ、心の中でこうつぶやくのだ。「私は怒っているんじゃない。私の中で『怒り』という現象が起きているだけなんだ」と。そして彼女は、草で覆われた野原を思い浮かべる。野原の一方には、怒った犬がいる。そして、もう一方には、目下五連勝中のテニス選手がいる。彼女は犬から離れて、テニス選手の方へと向かう自分を想像するのだ。

エリカは常に、自分自身とも、外の世界とも適度な距離をとろうとしていた。ダニエル・J・シーゲルが「マインドサイト」と呼んだような手段で自己を監視しようとしていたと言ってもいい。自分の行動を支配しているのは内なる自分であり、そのふるまいをすべて意識でコントロールすることはできない。だが、何かきっかけを与えることで、ふるまいの方向を変えて、望ましい方へと向かわせることはできる。彼女はそれをしようとしていたと言えるのだ。また、エリカは何人もいる内なる自分のうち、ただ一人だけに注意を集中するようにしていた。それは容易なことではない。単に注意を集中するだけで、大変な精神力が必要になることもある。ただ、決して不可能ではない。ウィリアム・ジェームズは、早くからこの種の集中力の重要性に気づいていた一人と考えられる。次のような言葉を残しているからだ。「人生のドラマがどういうものになるか、どれだけ自分の思い通りに生きられるかは、集中力の量に大きく左右される。ほんの少し集中力が多いか少ないかで、余計な考えに惑わされるか否かが決まるのだ……集中するには努力をしなくてはならないが、それにはまず強い意志がなくてはならないだろう」自分の注意、集中力をコントロールする術を知れば、自分の人生をコントロールすることができる。

時が経つにつれ、エリカは自分の注意の方向を自在に変えられるようになった。おかげで一時の衝動に負けるようなことはなくなった。ちょっとしたきっかけを与えることで、物の見え方、感じ方を変え、自分の行動を上手にコントロールできるようになったのだ。元々、ムラの多い「ラン型」だった彼女だが、ランがきれいに花開く可能性が高まってきたということである。

アカデミーに何年も通ううち、エリカは別人のようになった。困るのは、それによって、近所の古い友達や、両親との間に距離ができてしまったことだ。皆から見れば、彼女はカルト教団に入信してしまったようなものだった。もちろん、良いこともあった。将来、進むべき道が見えたのだ。

ある日、アカデミーにヒスパニックの中年女性がやってきた。その女性は、自らレストランを始め、今では、全国展開のレストランチェーンのオーナーになっている。痩せていて、地味なビジネススーツを着ていて、態度はとても穏やかだった。エリカはそんな彼女に釘付けになった。今の自分がどうすれば彼女のようになれるか、その道筋が見えたような気がしたのだ。絶えず自らを高めていく人生だ。彼女はそういう人生を歩んでいた。自分にもできるかもしれない。

エリカはその日から突然、彼女のような経営者になりたいと思うようになり、その気持ちで頭はいっぱいになった。それまでは結局、勉強熱心な普通の生徒の一人にすぎなかったのだが、大きな野心を持つようになったのだ。エリカはシステム手帳を買い、一日の予定を色分けして書き込むようになった。着る服も徐々に変えた。それまでは、いかにも真面目そうな、少し堅苦しい感じの服ばかり着ていたのだが、もっと快活な感じの、有能そうに見える服にしたのだ。オフィス用のデスクセットも手に入れ、宿題は、「未処理」、「処理済み」と書かれた箱に入れて管理するようにした。突如として、丸ごと人格を乗っ取られたようでもあった。彼女は今や、勤勉でセルフコントロールができるだけでなく、向上心も兼ね備えた人間になっていた。回り始めた野心のエンジンは、その後も止まることなく回転を続けていった。

9章　文化——成功を決めるもの

人間の野心が脳のどこから生じるのか、ということに関しては、長年にわたり研究が続けられてきた。その種の研究でわかったのは、野心の強い人たちにはいくつか共通する性質が見られるということである。そして、エリカもやはりその一人だった。

野心の強い人たちはまず、自分の存在に関して根の深い危機感を持っている。偉大な作家、音楽家、画家、政治家などの多くが、九歳から一五歳までの間に親と死別するか、あるいは親に捨てられるかしている。歴史上の人物を調べてみると、驚くべき割合でそうなっていることがわかるのだ。ワシントン、ジェファーソン、ハミルトン、リンカーン、ヒトラー、ガンディー、スターリンなど、例はいくらでもあげることができる。エリカは両親のどちらも失ったわけではない。しかし、鬱の時の母親はそばにいてもいないのに近いし、父親は時折、物理的にいなくなってしまう。そういうことから、人生は不安定なものだという思いに取り憑かれているようなところがあった。自分の力で早く世界のどこかに確実に身を守れる安全な場所を作らなくてはいけない、そうしないとちょっとしたことで何もかもが一瞬で壊れてしまう、常にそういう思いに駆られていたのだ。

自分と何か共通点を持つ偉大な先人を見つける人も多い。同じ街の出身ということもあるし、民族的背景が同じということもある。ともかく、そういうつながりを発見することで、自分にも可能性があると感じ、成功への道筋を示してもらったような気にもなる。

人間には、他人の模倣をしようとする本能があるようだ。その本能は、信じがたいほどわずかな刺激でもはたらく。ジェフ・コーエン、グレッグ・ウォルトンの二人が近年行なった実験の結果からもそれは明らかだ。この実験でまず二人は、イェール大学の学生たちに、数学者として成功したネイサン・ジャクソンという人物の経歴書を渡した。ただし、経歴書の内容はすべて同じではなく、学生によって少しずつ変えていた。約半数では、ジャクソンの誕生日を、被験者の学生と同じにしていたのである。その後、コーエンとウォルトンは、学生たちにいくつか数学の問題を出し、解くように言った。実はどれも解けるはずのない問題なのだが、もちろんそれは伝えない。すると、自分の誕生日がジャクソンと同じだと教えられた学生は、そうでない学生に比べ、長い時間あきらめずに問題に取り組むということがわかった。問題に取り組んだ時間は、前者の学生の方が平均で六五パーセントも長くなった。誕生日が同じであると知った学生たちは、ジャクソンに対して急に親近感を抱くようになり、模倣の本能がはたらいたらしい。自分も同じように成功できるのでは、と感じたのだ。

幼い頃に何か他人よりうまくできることがあって、それで「自分は特別なんだ」と信じるようになる人もいる。うまくできる、と言っても、実はそれほど大したことではないという場合も多い。五年生の時、学校でスピーチをさせられたら、みんなよりうまかった、という程度のことかもしれない。小さな街の中で誰よりも数学ができた、というくらいのこともある。だが、自分の存在証明になるのであれば、それで十分なのだ。

強い野心を持つ人は、多くの場合、すでに成功した人たちの交流の輪に入りたいと望んでいる。野心的な人は他人を蹴落としても上に行きたいはずだから、交流など望まないはず、という先入観があるかもしれないが、実際にはそうではないのだ。どうにかして、成功した人間だけの排他的な人間関係の輪の中に入り込みたいと考えている。

エリカは、アカデミーでヒスパニックのレストランオーナーに会ったことで、自分の可能性が大きく開けた気がした。その日以来、ニューススタンドで『ファスト・カンパニー』、『ワイアード』、『ビジネスウィーク』などの雑誌を買うようになった。彼女は小さなベンチャー企業で働く自分の姿を想像した。目的を同じくする仲間たちとともに働く自分の姿だ。マンハッタンのパーティー会場や、サンタモニカ、あるいはサントロペの自宅に集う人たちが載った広告を雑誌から切り抜き、部屋の壁のあちこちに貼ったりもした。彼らは憧れだった。輝いて見えた。エリカは自分もいつか、その仲間入りをしたいと思った。

何事にも熱心に取り組み、色々なことを手際よくこなす、細かいところにもよく気がつく、そんなエリカを先生はいつも褒めてくれた。そしていつしか彼女は、自分のことを「できる」人間なのだと思うようになった。

ゲーリー・マクファーソンは一九九七年に、無作為に選んだ一五七人の子供たちに楽器を習わせる実験を行なっている。その中には、後に上達した子もいれば、挫折してしまった子もいた。マクファーソンは上達した子とそうでない子の特質にどのような違いがあるのかを詳しく調べた。まず、IQと楽器の上達度合いにはあまり相関関係はないことがわかった。聴覚の鋭さとも、数学の能力とも、家庭の収入の多寡とも、リズム感とも相関関係は薄いようだった。上達度合いと最も相関関係が高かったのが、子供たちがまだ楽器も選んでいない段階でマクファーソンがした質問への答えだった。「今から習う楽器、どのくらい続けたいと思う?」という質問である。「そんなに長く続ける気はない」と答えた子はあまり上達しなかった。「何年かは続けたい」と答えた子は、少し上達した。しかし、中には、「自分は音楽家になりたい。今から習う楽器は一生続ける」という意味のことを答えた子も何人かいて、その子たちはみるみるうちに上達していった。「音楽家になる」と思っていて、自分は他の子と違うと信じている子は、最初のレッスンから取り組み方が違っていたのだ。その取り組み方の違いが後の上達につながっていった。将来の自分をどうしたいか、という「ビジョン」を持っていた子が向上したということである。

天　才

現代にも、まだロマン主義の時代に生きているような人はいる。彼らは「天才とは神に選ばれ、神に何かを与えられた人たちである」と思っている。たとえばダンテ、モーツァルト、アインシュタインなどは時代を超越した偉大な人物であり、その才能はとても常人の理解できるものではないと信じているのだ。この世のものとは思えない力を駆使して真実に触れることができる、それが天才であり、畏怖と尊敬の念を持って対するのが当然、というわけだ。

だが、現代は科学時代である。科学時代の考え方はそれとは違っている。幼くして卓越した才能を発揮した人たちに関しては、これまですでに膨大な研究がなされてきた。その成果は『ケンブリッジハンドブック——専門技術と専門能力（*Cambridge Handbook of Expertise and Expert Performance*）』などの本にまとめられている。研究の結果として総じて言えるのは、「天才とは作られるもので、生まれながらの天才はまずいない」ということだ。そう言ってしまうと、身も蓋《ふた》もない、面白味がないと感じる人もいるだろうが、ごく幼い頃から並外れていたと言われるモーツァルトの能力ですら、超自然的な存在から与えられた天賦の才などではない。そういう考え方が現在の主流だ。彼の幼少期の作品は、決して天才的と呼べるほどのものではない。早くから優れた音楽家であったのは確かだが、現代にも幼い頃から素晴らしい能力を発揮する人はいる。モーツァルトが、現代のトップクラスの子供たちをはるかにしのいでいたかというと、そうは言えないのだ。

モーツァルトが持っていたものは、おそらく、他の多くの早熟の天才たちが持っているものと同じである。まず、生まれつき色々な面で他の子よりも優れた能力を持っていたことは間違いないだろう。特に、長時間集中する能力に長けていたはずだ。そして、その能力を伸ばす意志を持った大人がそばにいた。モーツァルトは幼い時期に非常に長い時間ピアノを弾いたはずだ。少なくとも一万時間は弾いただろう。それが後の基礎になったに違いない。

最新の研究結果は、このように非常に「民主的」なものである。「ピューリタン的」と言ってもいいかもしれない。魔法のようにも見える才能の種明かしをしてしまってつまらないという人もいるだろう。天才は何も神に魅入られた人というわけではない。天才と凡人の違いは向上する能力である。時間をかけて少しずつ向上していける人が天才なのだ。フロリダ州立大学のK・アンダース・エリクソンの研究でも示されているとおり、重要なのは絶え間ない練習、努力だ。トップクラスの演奏家たちは、皆、とてつもなく長い時間をかけて、徹底的に自分の腕を磨いていく。エリクソンによれば、トップクラスの演奏家たちの練習時間は、「まずまず上手い」と言われる程度の演奏家たちの五倍にはなるという。

カーネギーメロン大学のジョン・ヘイズはクラシック音楽の傑作と言われる五〇〇曲を対象に調査を行なっている。その五〇〇曲のうち、作曲家の活動期間の最初の五年間に発表されたものはわずか三曲しかなかった。ほとんどは、一〇年間の活動を経た後に作られたものである。一〇年たゆまぬ努力を続けたことで、素晴らしい成果が得られたというわけだ。これは作曲に限らず、他の世界にも言えることである。アインシュタイン、ピカソ、T・S・エリオット、フロイト、マーサ・グレアム、誰をとっても同じことだ。

ただ長い時間をかけているだけではない。長い時間にどういう努力をしているかも大事だ。「まずまず」のレベル止まりの人は、努力をしているとは言っても、自分が楽しめるようなやり方をしている。しかし、天才と呼ばれる人たちは違う。彼らのやり方は非常に綿密であり、自己批判的でもある。

時に、自分たちの技術、技能を細かく分解し、部分ごとの訓練を繰り返し繰り返し行なう。有名なメドウマウントミュージックキャンプでは、楽譜にするとわずか一ページの部分を練習するのに、三時間もかけることがある。普通の五分の一くらいの速度でゆっくりと演奏する練習をすることもある。そのくらい遅いと、そばで聴いていても、何の曲なのかはわからない。曲がわかるようであれば、まだ速すぎると言ってやり直しをさせられるのだ。テニスクラブでもレベルの高いところでは、ボールなしでラリーをさせられることがある。細かいテクニックを一つ一つ練習する時には、そういう方法が採られるのだ。

ベンジャミン・フランクリンは、独自の方法で文章修行をしていた。まず、当時の雑誌の中でも最も文章の質が良いとされていた『ザ・スペクテイター』誌の随筆を一つ読む。読みながら、文一つごとの内容をメモしていく。メモは、文ごとに違う紙に取る。読み終わったら、メモの紙の順番をばらばらにしてしまう。数週間後に、再びメモの紙を見て適切な順番に並べ替え、それを元に自分で随筆を書く。これは、構成力を磨く訓練になる。また、書き終わった随筆を元のものと比較して、自分の方が語彙の点で劣っているなと感じたら、別の訓練をする。随筆を、一文ごとに詩に翻訳していくのだ。それができたら、さらに数週間後、詩を再び散文に翻訳する。

ダニエル・コイルは、自著『ザ・タレント・コード』の中で「能力はすべて、一種の『記憶』である」と書いている。記憶であるからには、相当の訓練を繰り返さない限り、脳には定着しないということだ。これではまるで、ひたすらに勤勉努力を強いる旧態依然とした労働倫理の正当性を裏づけているようだが、脳の研究の成果を見ると、そういう結論になってしまうのだ。

規律と効率

当然のことながら、アカデミー在学中は、学業がエリカの生活の基本を形作った。学業に熱心に打ち込むことで、彼女の内面に眠っていた本質が呼び起こされたようでもあった。「この人が人生を変えてくれた」と言える特別な先生に出会えたわけではなかったが、アカデミーの雰囲気の中で、知らず知らずのうちに一定の秩序、習慣が身についた。書類の整理も苦にならなくなったし、チェックリストを作って、一つ一つすべき作業を終わらせていく、ということも楽しいと感じるようになった。卒業の頃には、誰かに「あなたがどんな人間かを一言で表現してください」と言われれば、即座に「まめですね」と答えるくらいの人になっていたのだ。あらゆることがきちんとしていないと、どうしても気がすまない。そういうところからも、自分はビジネスの世界に向いていると彼女は考えるようになった。成功のためには、自分の持っている特質がどの世界なら高く評価されるかを見極めることが非常に大切である。

世間にはカリスマ的な経営者というのがいる。ビジネス界のリーダーと聞いて、誰もがまず思い浮かべるのはそういう人たちだろう。馬にまたがって颯爽と現れるヒーローのようなリーダーたちだ。しかし、実際のリーダーたちのほとんどはそういう類の人ではない。大部分はもっと穏やかで控えめな人である。そして、規律正しく、意志の強い人が多い。エリカはそういうリーダーになりたかった。

スティーブン・キャプラン、マーク・クレバノフ、モーテン・ソレンソンの三人は「CEOにとって重要な特質、能力とは?」と題した調査を実施している。この調査は二〇〇九年に完了した。これは、具体的には、三一六人のCEOの人物像を詳細に調べ、それと企業業績がどう関係するかを探る、というものである。これでわかったのは、「こういう人なら必ず成功する」というようなCEOの人物像の典型のようなものはない、ということだ。同じことはどんな世界でも言えるだろう。ただ、成功に結びつきやすい特質というのがあるのも確かである。大事なのは、細部への注意力、粘り強さ、作業を効率的にこなす能力、的確な分析力などだ。そして長時間働き続ける能力も必須だろう。つまり、秩序立てて物事を考え、すべきことを間違いなく実行するということが求められるわけだ。

この何十年かの間に実施された同種の調査では、多くの場合、よく似た結果が得られていると言える。二〇〇一年に刊行されたジム・コリンズのベストセラー『ビジョナリー・カンパニー2――飛躍の法則』にも同様のことが書かれている。コリンズによれば、最高のCEOには、「いかにもビジョナリー」という感じの派手な人物は少ないという。多くは、あまり前に出たがらない控えめな人で、勤勉で、意志が固い。本当に良いと思ったことであれば、たとえすぐにうまくいかなかったとしても、何度も何度も繰り返し挑戦する粘り強さがある。常に熱心な姿勢で仕事に取り組んでいて、やる気が起きるまでに時間がかかるということもない。規律と効率を重んじる。

同じく二〇〇一年には、マリー・バリック、マイケル・マウント、ティモシー・ジャッジの三人が、ビジネスリーダーに関し、極めて価値の高い調査を実施している。これは、もしかすると今後一世紀くらい価値を保ち続ける調査かもしれない。三人の調査でわかったのは、外向性や、他人との同調性、新しいことを受け入れる寛容性などは、CEOの成功とはあまり強く結びついていないということだ。それよりも大切なのは、感情が安定していて、誠実で、信頼できるということである。また、計画を立ててそれを完遂する力も必要になる。

こうした特質は、必ずしも教育レベルとは相関しない。ロースクールを出たCEOやMBAを取得したCEOが、学部卒のCEOよりも成功するとは限らないのだ。また、優れたCEOとなり得る特質を持っていたとしても、一般社員として高い給与を得て良い待遇を得られるとは限らない。そして、良いCEOが名声を得て、大勢の人から称賛されるとは限らないのだ。むしろその反対と言える。ウルリケ・マルメンディアとジェフリー・テイトの調査によれば、CEOの企業への貢献度は、その人が有名であるほど、多くの賞を獲得しているほど低いという。

エリカは、有名になりたい、華々しく活躍したいなどとは思っていなかった。彼女はとにかく、すべてをきちんと管理したかった。彼女が大切にしたかったのは、粘り強さと折り目正しさ、そして、細部への注意力である。

家族と血縁

ただし、無意識下では同時に色々なことが起きている。実際に何が起きているのかは当人でさえ、わからないことが多い。エリカはアカデミーの最上級生になっても、思いがけないタイミングで突如、混乱した精神状態に陥ることがあった。まるで遠い過去の祖先たちが彼女の中で叫び、何かを強く求めているようでもあった。それが何なのかはエリカ本人にもまったくわからなかった。

最初に問題が起きたのは、デンバー大学の早期募集に応募して、それが受理された後である。SATのスコアは十分ではなかったが、彼女の家庭環境などが考慮され、入学が認められたのだ。

受理を知らせる手紙がデンバーから届いて、エリカは大喜びしたが、その喜びの質は、ハロルドのような社会階級に属する人間のものとは違っていた。エリカの暮らす地域は、強くなければ生き残れない、弱い者は食われる、という弱肉強食の世界であり、彼女は自然とそこで生きていけるような態度を身につけていた。そんな彼女にとって、大学への入学を許可されることは、ガールスカウトでメリットバッジ（技能認定の意味で付与されるバッジ）をもらうのとは意味が違っていたのだ。大学生の肩書きは、母親が嬉しそうに車のウィンドウに貼っているステッカーのような、単に自分を主張するための装飾ではなかった。大学へ行く、というのは、新たな戦いの前線に立つ、ということでもあったからだ。

彼女はデンバーからの手紙を、母親と父親に順に見せた。二人同時に、ではなく、一人一人別に見せたのだ。そして、その時からたくさんの問題が一気に噴出し始めた。すでに書いたとおり、彼女の背後には二つのまったく異なる文化があった。メキシコの文化と中国の文化だ。完全に異質の二つの拡大家族に属し、それぞれと時を過ごしてきたわけだ。

ただ、この二つの家族には共通点もあった。どちらも、一族に対して極めて忠実だった。ある調査の中で「自分の親であれば、たとえどういう人間であっても、人間性に大きな問題があったとしても、常に愛し、尊敬すべきだと思いますか？」という質問がなされたことがあったが、アジア人とヒスパニックの実に九五パーセントが「はい」と答えている。同じ質問に「はい」と答えた人の割合は、オランダ人ではわずか三一パーセント、デンマーク人では三六パーセントにとどまった。

エリカのメキシコ人の家族と、中国人の家族は、日曜の午後には、よく揃って公園にピクニックに出かけた。大人数の、かなり長時間をかけたピクニックである。食べ物こそ違うが、二つの家族のピクニックの雰囲気は似ていた。まず、どちらの場合も、エリカの祖父母は日陰に置かれた青い折りたたみ椅子に座っていた。子供は全員がまとまって遊んだ。

もちろん、何もかもが同じだったわけではなく違いもあった。その違いを言葉にするのは難しい。エリカは、メキシコ人の家族と中国人の家族の違いについて、何度か人に説明を試みたことがあったが、あまりうまくいかず、結局は陳腐な民族のステレオタイプを言うだけに終わってしまうのだ。メキシコ人と言えば、ユニビジョン（スペイン語を話すアメリカ住民のためのテレビ局）、サッカー、メレンゲ・ダンス、米、豆、豚の足、そして九月一六日の独立記念日。一方、中国人と言えば、勤勉さ、先祖の話、長い営業時間、書道、古いことわざ、といった具合に、すぐにイメージされることを話すだけになってしまう。

両者の違いはとらえにくいが、いたるところに表れていた。台所はどちらも雑然としているが、散らかり方の質が違っている。玄関のドアを開けた時に迎えてくれるにおいも違う。ジョークはどちらも独特で互いに違っている。メキシコ人家族のジョークは、のんびりした自分たちの性格に関するものが多い。何にどのくらい遅れたか、というような話をする。中国人家族は、一族の誰かを揶揄するようなものが多い。「行儀を知らない従兄弟が床に唾を吐いた」という類の話だ。

エリカは、どちらの家族と過ごすかで、態度が大きく変わった。父方のメキシコ人家族といる時は、皆との距離が近い感じになった。大きな声を出し、肩の力を抜いて気軽に接した。母方の中国人家族といる時は、反対に、皆との距離が離れ、丁重な態度になった。ただし、食事の席ではそれがまったく変わる。攻撃的になるのだ。特に大皿に盛られた料理に手を伸ばす時は必死だった。メキシコ人家族といる時には、選り好みをしながら少しずつ食べていたのに、中国人家族との時には、貪欲に何でも次々に食べた。過ごす相手が変わると、成長の度合いまでが変わった。父方の家族の前では、エリカは一人前の「女」としてふるまったが、母方の家族の前では「まだ女の子」という態度になったのだ。また、学校を卒業して社会に出て何年も経ち、成功を収めた後であっても、親戚に会った時の彼女の態度は変わらなかった。会うとすぐに「元の自分」に戻るのだった。「人は、自分を知っている人の数と同じだけの『社会的自己』を持っている。その人の認識に合わせて自分を変えるのだ」とウィリアム・ジェームズは書いたが、まさにその通りだと言えるだろう。

彼女のデンバー行きは両方の家族に波紋を生じた。彼女が良い学校に入れた、ということ自体は喜んだのだが、問題は彼らの強い自尊心だった。自分たちを差し置いて彼女一人だけが良い大学へと進むということに、自尊心を傷つけられたのだ。彼女が家族から離れて行くのでは、自分たちはないがしろにされるのでは、という疑い、恐れもあったし、怒りの気持ちもあった。そういう感情はそう簡単には消えそうになかった。

そもそもアカデミーに入って以降、エリカと親戚との間の亀裂は徐々に広がっていた。学校が暗黙のうちに生徒に送っているメッセージもその原因と言える。学校が送っていたのは「自分の人生は自分のもの」、「人生の目的は自分の持てる能力を最大限に発揮すること」、「自分の責任は自分がとるべき」、「自分の努力で勝ち得た成功は自分のもの」といったメッセージだったが、これは彼女の親戚の考えと必ずしも同じではなかったのだ。

父方のメキシコ人家族は、アカデミー入学後の彼女の人格に生じた変化を警戒していた。多くのメキシコ系アメリカ人がそうであるように、エリカの親戚も、すでにメインストリームのアメリカ人にかなり同化してはいた。アメリカへ移住して三〇年以上経つラテンアメリカ系住民の六八パーセントは、持ち家に暮らしているというデータもある。また、第三世代のメキシコ系住民のうち、約六〇パーセントは、家庭内で英語のみ話して生活しているとも言われている。しかし、エリカの親戚にとって、高等教育を受けたエリートというのは未知の存在だった。そして、デンバーへ行ってしまったエリカは、もはや自分たちとは違う人種になってしまうのではないかと恐れていた。その恐れはかなりの程度、正しかったと言えるだろう。

彼らは文化的な壁も感じていた。自分たちには過去から受け継いできた独自の文化があると思っていたし、その文化は深く、豊かなものであると信じてもいた。しかし、壁の外に出てしまえば、先祖から受け継いだ遺産を捨てることになり、文化的にも精神的にも貧しく、薄っぺらい人間になってしまうのではないか。そんな人間に進んでなろうとする気持ちが彼らには理解できなかった。

母方の親戚もやはり恐れを抱いていた。エリカは自分たちから離れて、無規律で不道徳な世界に行ってしまうのではないかと感じたのだ。彼女の成功を望んではいたが、それはあくまで家族のそばでの成功であるべきだし、家族の一員としての成功でなくてはならない。一人離れた場所で成功するということでは困る。

親戚は皆、もっと近くの大学、デンバーほど有名でない大学に行くよう、彼女に圧力をかけ始めた。エリカは、それでは駄目だということを懸命に説明した。有名な大学に行くことが、後の人生にとってどれほど良いことかをわかってもらおうとしたのだ。それでも、誰もわかろうとはしない。「ここを離れて、自分だけの力で生きる」と思うことが彼女にとってどんなに嬉しいことか、わかる人間は誰もいなかった。エリカは悟った。彼らのことは好きだし、愛してはいるけれども、世界の見え方がまったく違う人たちなのだと。

京都大学の北山忍《きたやましのぶ》、スタンフォード大学のヘーゼル・マーカス、ミシガン大学のリチャード・ニスベットらは、アジア人と欧米人の思考、知覚の違いを何年にもわたって研究している。中でも、ニスベットが行なった実験は有名である。アメリカ人と日本人に同じ水槽の写真を見せ、何が見えるかを説明してもらうという実験だ。アメリカ人はほとんどが、水槽の中でも最も大きく最も目立つ魚のことを話した。だが、日本人の中にはそれだけでなく、水槽の水や、石や泡、植物など、背景や状況についても触れた人が多かった。アメリカ人に比べ、その種の発言が約六〇パーセント多かったのだ。

ニスベットはこの結果を受け、欧米人は総じて、目立つ行動をとる個人に注目しがちなのに対し、アジア人はもっと全体の状況や人間関係にも注意を向けるのではないかと考えた。少なくとも、古代ギリシャ時代以降の西洋人には、個人の行動に重きを置く傾向があったと言えるのではないか、というのが彼の主張である。また、個々の人間には常に変わることのない特質があるという考え方、明確な論理や、物事の分類を好む傾向なども西洋人の特徴であるとした。それに対し、アジア人には、はるかな昔から（おそらく古代ギリシャ時代より昔から）西洋人とはまったく違った特質があったという。アジア人は、時々の状況、人間関係、調和、矛盾した要素の共存、相互依存などを大事にしてきた。誰か一人が行動するのではなく、皆を徐々に動かすことで物事を進めるという傾向も見られた。ニスベットは次のように書いている。「アジア人にとって、世界はすべての要素が切れ目なく連なり合った複雑な場所である。それを理解するには、部分を見るのではなく全体を見なくてはならない。一人の力で動かすことはできず、皆で力を合わせなくてはならない」

これは、ごく大まかな一般論であり、例外もあるに違いない。ただ、ニスベットをはじめとする多くの研究者の実験結果を見るかぎり、非常に妥当な一般論であるように思える。英語圏では、親は子供に話をする時、名詞や物事の分類を重視するが、韓国の親が重視するのは、動詞や物事の関係だという。空港内の様子を撮影したビデオを見せて、何が見えたかを尋ねると、日本人の学生の方がアメリカ人の学生よりも細かい部分まで詳しく説明できるという結果も得られている。

ニワトリとウシと草が写った写真を見せて、「写っているものを分類してください」と指示すると、アメリカ人の学生の多くは、ニワトリと牛を同じグループに入れるという。どちらも動物だから、というのだ。ところが、中国人の学生は、牛と草を同じグループに入れることが多い。牛は草を食べるから、両者には関係がある、というのだ。六歳の子供に「今日、何があったか話して」と言うと、アメリカの子供は、中国の子供に比べ、自分のことについての言及が平均で三倍多くなるという。

同種の研究は他にも多数行なわれている。母と娘が言い争っている様子を聞かせて、感じたことを話してもらう、というのもその例だ。この実験では、アメリカ人の被験者は、母と娘、どちらかの側が正しい、という判定を下すことが多い。中国人の被験者は、どちらが正しい、とは言わず、両方の主張の良いところを述べる人が多い。「自分自身について話してください」と言われると、アメリカ人は一般に、自分のどこが人と違っているか、あるいは他の人に比べて優れているのはどこか、ということをやや大げさに話す。しかし、アジア人は、自分が周囲の人とそう変わらない普通の人間であり、色々な人と持ちつ持たれつの関係になっていることを強調したがる。一つはメモリ容量だけが大きく、もう一つは処理能力だけが高く、もう一つはメモリ容量も処理能力も普通、という三台のコンピュータを見せて、自分が買うとしたらどれを選ぶかを尋ねる、という実験も行なわれている。この実験では、アメリカ人には、メモリ容量か処理能力、どちらか自分の重視する面で優れたコンピュータを選ぶ傾向が見られた。一方、中国人には、処理能力、メモリ容量のどちらも普通のコンピュータを選ぶ人が多かった。

ニスベットは、中国人とアメリカ人では、物を見る時の目の動きが違っていることも発見した。たとえば、名画『モナ・リザ』を見る時、アメリカ人は主に顔を見て他には目を移さない。それに対し、中国人は忙しく目を動かして、人物も背景に描かれた物もまんべんなく見る。これで、中国人が絵を全体的にとらえようとしていることがわかる。東アジア人は西洋人に比べ、恐怖の表情と驚きの表情、あるいは嫌悪の表情と怒りの表情の区別に苦労する、とも言われている。こうした表情を区別するには、口の動きをよく見る必要がある。東アジアの人はあちらこちらをまんべんなく見ていて、口元だけをじっくり見ているということがないため、細かい動きが見極めにくいのだ。

エリカのメキシコ人と中国人の親戚の言動に、それぞれの文化がどう影響しているかは明確にはわからない。せいぜい、ステレオタイプ的な解釈で曖昧なことが言える程度である。ただ、それぞれの考え方にはっきりとした特徴があることは間違いない。その考え方、価値観が言動にも表れていた。価値観に反する生き方をすることは、「精神的な死」であると言えるだろう。

親族との葛藤

父方、母方、両方の親戚が、そばにとどまるようエリカに強く求めた。ハロルドのような社会階層に属する人ならば、そんなことを言われてもまるで取り合わなかっただろう。ハロルドなら当たり前のようにそのままデンバー大学へ行ったはずだ。ハロルドの階層の人たちにとっては、個人の成長が何よりも優先するからだ。しかし、エリカの親戚は違う。彼らの文化においては、家族が何よりも優先する。エリカは、自分と彼らの結びつきが思った以上に強いことを悟った。彼女個人の選択、決意を覆しかねない強さだ。一族の考え方は、彼女自身の脳にも染みついていたのだ。

子供の頃からの友人たちの存在もあった。彼女の古くからの友人の多くは、アカデミーの価値観を否定していた。エリカがアカデミーの価値に沿って歩む間、友人たちは、それとは違う道を歩んでいた。ギャングスタ・ラップに象徴される世界、タトゥーを入れ、ごてごてとしたアクセサリーを身につけて街にたむろする、そういう生き方を選んでいたのだ。そう意識していたかどうかはわからないが、彼らは「アウトサイダー」として誇りを持って生きようとしていた。メインストリームの文化に自分を売り渡すのではなく、それに逆らって生きる。彼らは、世界を大きく二つに分けていた。「白人文化」の世界と、「黒人文化」の世界だ。彼らの中には、白人も黄色人種も「ブラウン」と呼ばれる有色白人種の若者も含まれていたのだが、それでもともかくそういうとらえ方をしていた。白人文化は退屈で、抑圧的で、「ダサい」もの。対するラップに代表される黒人文化は、色っぽく、セクシーで、何より「クール」だ。彼らにとって、誇りは将来の収入よりも大事なものだった（そもそも高収入の仕事に就くことはまず不可能なので、これは一種の「負け惜しみ」のようなものだが）。あらゆる面で、反体制的、反抗的なのが彼らの好みだ。服装も歩き方も、座り方も、大人との接し方も、反抗的であるほど仲間内では尊敬されるが、当然のことながら学業面での成功からは遠ざかることになる。手を差しのべてくれそうな大人がいたとしても、ことさらに無礼な態度をとった。そうでなければ自尊心が許さない。テニスのためにカントリークラブに出かけて行くエリカのことは嘲笑った。どうせ誰も皆、彼女を見下すに違いないのに、そんなところに行くのはバカだというわけだ。いくらプレッピー風のセーターを着て、カーキのショートパンツを穿いていても、中身は変わらないさ、と笑った。彼らも本心では金持ちになりたいと思っていたが、金持ちが嫌いだという気持ちも同時に本心だった。からかわれているのだということはエリカもわかっていたが、それでも半ば本気で腹を立ててもいた。

　卒業前後の何週間か、エリカは自分の人生について真剣に考えた。勉強もしていたはずだが、活き活きと思い出すのは、友達と街のあちこちをうろうろし、遊び回っていた時のことがほとんどだった。倉庫の裏で皆でお酒を飲み、酔っ払ってしまったこともあったし、マリファナを吸ってハイになったこともあった。最初のデートのことも思い出した。彼女はどうにかここから抜け出したいと思い、そのために何年も努力をしてきたのだが、それでもここを愛していた。むしろ、ひどいところだからこそ、余計に強く愛していると言ってもよかった。

本来、高校を卒業した後の夏休みというのは、ただ、おめでたく、すぐにしなくてはならないこともないので、とても気楽なもののはずなのだが、エリカにとってはそうではなかった。エリカにとっては生涯忘れられない夏になったのだ。「真価を試される」夏だったからである。その頃、友人たちは彼女のことを「優等生」、「デンバー」などと呼んでいた。「あ、デンバーが来たぞ！　まだゴルフには行かなくていいのか？」などと言ってからかわれていたのだ。

その夏、エリカは、かつてないほどにマリファナを吸い、何人もの男と寝た。リル・ウェインのラップも散々、聴いたし、メキシコの音楽も盛んに聴いて、「エリカは洗脳されてしまった」という周囲の評判を何とか覆そうとした。ひどい生活ぶりである。母親に大変な心配をかけた。一度出かけると午前三時まで外にいて、家には何も知らせずに外泊をし、翌日の昼頃に帰宅するといった具合だ。母は娘の行動に口出しをすべきか迷った。もう一八歳にもなるのに、親があれこれ言っていいものかわからなかったのだ。だが、ともかく心配でたまらなかった。母は娘に夢を託していたが、その夢が壊れてしまうかもしれない危機に陥っていたのだ。このままでは、何かとても恐ろしいことが起きかねない。銃で撃たれるかもしれないし、薬物の所持や使用で逮捕されてしまうかもしれない。その街の文化が墓から手を伸ばし、娘を引きずり込んでしまう、そんな気もした。

ある日曜の午後、エリカが家に帰ってくると、よそ行きの服を来た母親がドアのそばに立っていた。怒っている。その日は家族でピクニックに行く予定で、エリカは「私も行くから早めに帰ってくる」と約束していたのだ。すっかり忘れてしまっていた。母親に言われてエリカは急いで自分の部屋に入り、着替え始めたが、着替えながらもぶつぶつ文句を言っていた。「私、すごく忙しいのよ。ピクニックなんて行ってられない」その言葉を聞いた母親は叫んだ。「ピクニックに行く暇はなくても、悪い友達と遊ぶ暇はあるのね！」エリカは何も言い返せなかった。

ピクニックに行ったのは、おば、おじ、いとこなど、合わせて二〇人ほど。皆、エリカと母親に会えて喜んでいた。何人もの人と続けて抱き合った。エリカにはビールが渡された。これまでにはなかったことだ。その時のピクニックは楽しかった。賑やかな会話が絶えることなく続く。一人一人が色々な話をする。いつもの通り、エリカの母親はおとなしかった。自分からはあまり話もせず、静かにしていた。自分が一族の厄介者だということはよくわかっていたので、できる限り目立たぬよう、隅にいるようにしていたのだ。ただ、皆の話はよく聞いていたし、話の内容もよく理解していた。

それは午後三時頃、大人たちだけでテーブルを囲んで座っていた時のことだった。子供たちは、そばで走り回って遊んでいた。エリカのおじやおばたちが彼女のデンバー行きについて話し始めた。エリカと同い年くらいで、地元の大学に進んだ子たちの話もする。中国人の事業の仕方についても話した。中国人は一族の中で資金を融通し合い、互いの事業を助け合う。やがて、それぞれが自分の業績、自分の人生について話し出した。そうして徐々に、エリカに圧力をかけ始めた。「デンバーには行くな」、「ここにとどまれ」という圧力である。ここにいれば未来は明るいぞ、と言っているのだ。暗にほのめかすという感じではない。はっきりと、しかもくどくどと言われた。おじは「そろそろ家族の元に戻るべき時だぞ」と言う。エリカは、空になった皿を見つめていた。家族は時に、他の誰よりも人をいら立たせるものだ。エリカの目には涙が込み上げてきた。

その時、遠くから静かな声が聞こえた。「この子の好きにさせてあげてください」エリカの母親だった。声を聞いて、皆、黙ってしまった。しばらく後に話し始めた母親の言葉は、途切れ途切れのぎこちないものだった。気持ちの高ぶり、怒りが強すぎて、まともに話ができなかったのだ。「この子は本当によく勉強したんです……夢だったんです……自分の力で勝ち取ったんですよ……私は毎日、毎晩、見ていたからわかります……ここまで来るのがどれだけ大変だったか……いつも見ていない人にはわからないでしょう」やっとのことでそれだけ言うと、彼女は皆を見回して言った。「私は今まで生きてきて、何かをこれほど強く願ったことはありません。どうしても、この子にはデンバー大学に行って、勉強してもらいたいんです」

この言葉で、話の流れが完全に変わるということはなかった。おじたちは自分たちの考えを曲げなかったし、それを長々と言い続けた。ただし、エリカの頭の中では変化が起きた。母親が、自分と家族の間に割って入ってくれたのだ。彼女は、自信が蘇るのを感じ、心が決まった。もう何物にも動かされることはない。

経済力と勉学

旅立ちは容易ではなかった。誰にとっても故郷は離れがたいものである。たとえば作家のエヴァ・ホフマンは、一九五九年、一三歳の時、家族とともにポーランドからカナダへと移住したが、その後もずっとポーランドは彼女の心の奥のどこかにあった。ホフマンはポーランドについてこんなふうに書いている。「幼い頃を過ごした国は、私の心の中で常に最も重要な位置を占めていた。それは祖国に対する一種の愛情だったのだろう。祖国は私に言葉を与えてくれた。視覚や聴覚、あらゆる感覚を与えてくれた。そして、人間とは何かを教えてくれた。現実世界の持つ彩りや形を教えてくれたのだ。愛情というものの存在も祖国で初めて知った。それは、もう二度と再び手にできないような絶対的な愛だった。生まれて初めて目にした風景、生まれて初めて触れた空気は、他のどれよりも強く心の中で生き続けている。そのためならば、無条件で自分を捧げることができる」

だが、それでもエリカは旅立った。九月のはじめにはデンバー大学の寮にいた。

名門大学というのは、極めて不平等なものである。建前上は、収入を問わず、あらゆる人に門戸を開いていることになっている。学費の支払いが困難な人たちを援助する制度も整っているように見える。しかし、現実には、アッパーミドルクラスより下の階級の人たちはほとんど、競争に敗れて排除されてしまうのだ。周囲に進学を促すような雰囲気がある子は、そうでない子よりも明らかに有利になる。親や兄弟が皆、本をよく読む家庭、ただ学校に通わせるだけでなく、家庭教師をつけるなどしてさらに勉強させようとする家庭に育てば、名門大学への道のりは近くなるだろう。

デンバー大学に入ったことで、エリカは、裕福な人たちと関わりを持つことができた。また、裕福な人どうしがどう関わり合うかを知ることができた。彼らの友人、知人関係、また恋愛がどういうものなのかも直に見ることができた。男の子は女の子をどう口説くのか、拒絶したい時、女の子はどう言うのか。エリカにとっては、大学が文化を交換する場になったと言えるかもしれない。もちろん、その頃のエリカはそんな言葉を知らなかったわけだが、デンバー大学は彼女に、フランスの有名な社会学者、ピエール・ブルデューの言う「文化資本」を与えてくれたのだ。文化資本は、文化的素養と言い換えることもできる。具体的には、趣味嗜好、芸術、文学等に関する知識、善し悪しを見分ける目、会話の作法などを指す。文化資本の十分な蓄積があれば、より洗練された人たちの社会に入っていくことができる。

他の学生たちの姿にエリカはショックを受け、自信が揺らぐのを感じたが、それは、彼らが裕福だったからではない。乗り回していたBMWをぶつけて壊しても、その翌日に親がジャガーを買ってくれる、というような学生は軽蔑していた。軽蔑すべき存在であることがすぐにわかったのだ。彼女がショックを受けたのは、彼らの知識である。彼女もアカデミーで懸命に勉強し、デンバー入学に備えたつもりだったが、他の学生は、高校時代だけでなく、生まれてからの長い期間をかけて知識を蓄えてきている。たとえば、百年戦争のアジャンクールの戦いの現場に実際に行ったという学生も大勢いるし、中国に行った経験を持つ者もいれば、ハイチで小さい子供たちに勉強を教えたことがあるという者もいる。いきなり「ローレン・バコール」というような昔の女優の名前が出てきても、すぐに誰なのかわかるし、F・スコット・フィッツジェラルドがどこで学生時代を過ごしたか、ということも知っている。教授が講義中、さりげなく話題に出す本や映画などもことごとく知っているようだった。スタンドアップコメディアンのモート・サール、シンガーソングライターのトム・レーラー（風刺ソングで知られる）などの名前が出てくれば、全員が心得顔でクスクス笑い出す。論文の書き方なども改めて教わらなくてもわかっている。エリカはそんなことを一度も教わっていないのに、他の学生たちは当たり前のようにわかっているのだ。思わず、彼らと故郷の友人たちを比べてしまった。街にたむろし、せいぜい時々、モールでアルバイトをするくらいの友人たち。彼らとデンバーの学生たちの間には、大学に通う四年間以上の差がある。おそらく永遠に埋められない差だ。

エリカは、経済学と、政治学、会計学の講義を取っていた。また、よくビジネススクールをうろうろしていた。外部から講師が来た時などには、講義に潜り込んだりもした。彼女が関心を持つ学科は実際的、実利的なものばかりだったが、ずっと講義を聴いているうちに、一つ大きな疑問が湧いてきた。それは、経済学者や政治学者たちが、常に「人間は誰もほとんど同じようなもの」という前提で話をしていることだ。何かご褒美が目の前にあれば、人は必ずそれを得るべく行動する、という具合に。文化がどれほど違ってもそれは変わらないと考えるのだ。人はほぼ間違いなく、合理的に、一定の法則に従って行動をする。だから、かなりの程度、行動を予測することができると考える。

確かに、この前提があるからこそ、社会科学が科学たり得ているという言い方もできる。人の行動に一定の法則がなく、予測がまったく不可能なのだとしたら、定量的な検証など、ほとんどできなくなってしまう。社会科学は客観性を失い、研究成果はすべて曖昧で主観的なものになる。何もかもが状況次第なので、たとえ調査をして何らかの結果が得られても、その結果を他に応用することはできない。

エリカは、目の前にご褒美があっても、それを得るべく行動しない人たちに囲まれて育った。社会学者の予測どおりに行動しない人たちばかりが周囲にいたのだ。高校は卒業した方が、中退するより自分にとって利益になるのは、誰の目にも明らかである。それなのに、エリカの友人たちの多くは高校を中退してしまっていた。彼らは説明のつかない決断をする。あるいは、決断などまったくしないこともある。依存症や精神疾患などの要因で、行動が自分の意思とは関係なく決まってしまうことがあるからだ。文化の違いによって行動が驚くほど大きく変わり得るということもエリカはよく知っていた。人がどのような行動をするかは、自分をどう認識しているかによって変わるようだった。エリカにはそう思えた。同じ状況に出会ったとしても、それにどう反応し、どう行動するかは、自分をどういう人間ととらえるかによって違ってくるということだ。だが、大学でエリカが取るどの講義でも、それに触れることはなかった。

元々、エリカは大学での勉強に関して非常に周到な計画を立てていたのだが、こういうこともあり、計画は変更することにした。進むべき方向性を変えたのだ。ＭＢＡ取得を目指す、という方針を完全に捨てたわけではなかったが、それとは種類の違った講義も取ることにした。数ある学問の中から彼女が選んだのは人類学だった。文化について学びたいと思ったのだ。世界にはどういう文化があるのか、また文化が衝突する時、何が起きるかを知りたかった。

人類学は一見、とても実用性の低い学問のようにも思える。特に、彼女のように大学を出てある程度、出世をしたいと考えていた学生が学ぶにしては浮世離れしすぎているようでもある。しかし、エリカにとってはそうではなかったのだ。彼女は人類学を、自らの戦略的なビジネスプランに組み込んだ。彼女の人生では、常に何らかの文化衝突が起きていたと言ってもいいだろう。メキシコと中国の文化衝突がそうだし、近所の友人たちの文化と、アカデミーの文化、または大学の文化も衝突していた。そのため、異なる文化を融合するのがどういうことなのかはすでによくわかっていたのだ。グローバル化の進む現代の世界でビジネスをする以上、異文化の衝突、融合について深く理解しているというのは間違いなく有利なはずだ。そして、大学では、良い企業文化を作り上げるのに成功した会社とそうでない会社の違いや、グローバル企業の多様な文化への対応などについても学べるはずだった。ビジネスの世界には、技術面に強い人間も、財務面に強い人間も必要だが、それに加えて、文化の専門家も必要である。彼女が目指すのはまさにそれだった。文化に強いということを自分の売りにしていこうと考えた。そういうスキルを求める市場もあるに違いない。第一、中国人とメキシコ人のハーフで、貧しい地区の出身で、しかもワーカホリック、という女性はまず他にはいないだろうから、それが希少価値になることもあるだろう。

思考の土台

世界中に分布域を広げた生物は、人類誕生のはるか以前からいた。マイケル・トマセロなども言っているとおり、類人猿などの利口な動物の中には、自ら創意工夫をして、日常的に遭遇する問題を解決する能力を持ったものも少なくない。ただ、そうした動物にもできないことが一つある。それは、新たに発見した解決法を、未来の世代に伝えていくことだ。人間には、自分の知ったことを他人に知らせたいという強い欲求があるが、どうやら他の動物にはそれはないようである。チンパンジーに手話を教えれば、かなりの程度、習得するが、手話を覚えたチンパンジーが仲間や自分の子供に手話を教えるということはない。手話を教えて、互いに話し合えるようにしようという発想はないのだ。

人間はそれとは違う。人間は、生まれたばかりの状態では、他の動物に比べてはるかに無力だ。遺伝子の与えてくれる情報だけでは、完全に人間になることができず、誕生から何年もの間、独力ではただ生き続けることさえできない。そのため偉大な人類学者、クリフォード・ギアツのように、人間を「未完成の動物」と呼ぶ人もいる。ギアツは次のように言う。「学習能力も確かに人間の持つ特徴ではあるが、他の動物との大きな違いは、学習能力そのものより（学習能力が非常に優れていることも疑い得ないが）、人間として生きられるようになるまでの間に学習しなくてはならない事項の多さにあると言えるだろう。また、学習すべき事項の種類も他の動物とは大きく違っている」

人間が生物として成功し得たのは、高度な文化を作り上げる能力を有していたおかげである。文化とは、習慣、慣例、信条、人と人の間に起きる議論、あるいは人と人との緊張関係などを指す。何らかのかたちで人間の行動を制御、制限するものと言ってもよい。文化には、日々直面する問題への有効な対処法を世代から世代へと伝えるという役割もある。たとえば、毒のある植物をどう見分けるか、家族の構成はどのようにすればよいか、といったことを文化のかたちで伝えていくことができるのだ。その他、ロジャー・スクルートンも言っているとおり、文化には感情について教育するという役割もある。古くから受け継がれる物語、祝日、記号、芸術作品などには暗黙のメッセージが込められている。様々な状況において何を感じるべきか、どう反応すべきか、また状況をどう解釈すべきか、といったことが、そういう媒体を通じて知らず知らずのうちに伝えられているのだ。

人間は周囲の環境から多種多様な感覚刺激を受ける。どの刺激も本来は、一瞬だけのものですぐに消え去ってしまう。仮に人間が他人と関わることなしに、一人一人別れて存在していたとしたら、そうした刺激にまったく対応することができないだろう。刺激に対応できるのは、私たちがいずれかの文化に属しているからだ。文化が、刺激への対応に必要な前提条件を与えてくれるのである。その前提条件があってはじめて私たちは人間になれると言ってもいい。私たちの中には、自分の属する民族や組織の文化、信仰する宗教の文化が入り込んでいる。何かを考える時は、常に文化が土台になる。人間は自分の頭で考えていると思い込んでいるが、実際には「文化が考えている」と言った方がいいのかもしれない。

人間の中には時折、「天才」と呼ばれる人が現れ、目覚しい業績を残していく。それも素晴らしいことには違いない。だが、そういう業績は天才一人の力でなし得るものではないのだ。人間は誰も、過去の人間たちが築き上げた足場の上に立って物を考える。そのように、未来のために足場を築き上げられるというのが、人間という動物の何よりも素晴らしい特徴かもしれない。過去の誰の考えも参考にせず、自分一人の力だけで飛行機を発明できる人は絶対に存在しないだろう。現代の航空機会社の技術者たちが飛行機を設計し、製造できるのは、先人たちの考えたことが整理され、体系的な知識になっているからである。

哲学者、アンディ・クラークは次のように書いている。「人間は、自らが生まれつき持っている脳の能力をはるかに上回る思考ができる。理性のなせる業である。人間は、それができる環境を自ら作り上げたのだ」他の動物とは違い、人間は、他者の思考を引き継ぎ、発展させることができる。同じ問題について大勢で考えることによって、壮大な知識の体系を築き上げることができるのだ。

クラークはさらに次のようにも言う。「人間の脳は、それ自体、他の動物の脳とさほど変わらない。役割の異なる部位に分かれているところや、行動の結果を基に思考を修正するところなどは共通している。ロボットでも、『自律型』と呼ばれるものであれば、人間の脳と似たようなことはできる。ただ、人間の脳には、ただ一つ、他にはない非常に優れた能力がある。それは、何人もで力を合わせて共通の世界観を作り上げるという能力である。共通の世界観を持てば、行動もほぼ同じになる。めいめいがばらばら、でたらめに行動することはなくなるのだ。多くの人の世界観が同じになれば、一人の知性だけではとても得られない大きな成果が得られるようになる。これは、世界が全体として一つの極めて優れた知性を持つということである。世界が優れた知性を持てば、個人は多少愚かでも問題なく暮らしていける可能性がある。また、角度を変えて見れば、人間の脳はそれ単独では知性を持っていない、とも言える。多くの人が力を合わせ、脳の外に思考の土台を築き上げることではじめて、私たちが知性と呼んでいるものが生まれると言った方が適切かもしれないのだ。そういう見方をすれば、人間は非常に賢い動物だと言うこともできる。ただし、そう言うためには、普段、私たちがしているように、個人と個人の間に境界を設けてはいけない。世界中の人類を一体のものと考えなくてはいけないのだ」

文化は不平等

エリカは社会学や心理学、歴史学、文学などの講義を取ることにした。その他にマーケティング、行動経済学などの講義も取った。ともかく、人類共有の「思考の土台」について知る助けになりそうなものであれば、何でも学ぼうと思ったのだ。

文化にはそれぞれに個性があるが、文化が違っても人間ならば共通していることというのもある。それはおそらく、遺伝子に記憶され、代々受け継がれていることなのだろう。たとえば、どの文化にも「色」というものはある。色の区別をしない文化はない。それは人類学の研究によっても確かめられていることだ。どの文化でもまず区別するのは「白と黒」だ。必ず、白と黒を意味する言葉が存在する。そして、白と黒の次の第三の色は文化を問わず「赤」である。顔の表情にも共通のものが多い。たとえば、恐怖、嫌悪、喜び、軽蔑、怒り、悲しみ、誇り、恥などを表す表情は、どの文化でもほぼ同じだ。生まれつき視力のない子供でも、視力のある子供と同じ表情で感情を表すことから、他人の表情を見て覚えたのではないとわかる。時間を過去、現在、未来に分けるのも、すべての文化で共通だ。どの国で生まれたとしても、少なくとも幼いうちは、ほとんどの人がクモやヘビを怖がる。そうした生き物たちは、石器時代の私たちの祖先の生存を脅かす存在だったのだろうと思われる。芸術も、すべての文化にある。強姦と殺人は、あらゆる文化で、少なくとも建前上、いけないこととされている。調和を好み、神を信仰するということも、あらゆる文化で同じである。

ドナルド・E・ブラウンは、著書『ヒューマン・ユニヴァーサルズ――文化相対主義から普遍性の認識へ』の中で、すべての人間が文化の違いを超え、共通して持っている特質を列挙している。列挙されている特質は多数にのぼる。子供が見知らぬ人を怖がることもそうだし、生まれた直後から、ただの水よりも砂糖水を好むということもそうである。神話などの物語や、格言、ことわざなどを持っているというのも人類共通の特質だ。集団で暴力を振るうのは、どの文化でも主として男性で女性はあまりそんなことはしない。また、男性の方が女性よりも住居から遠いところまで移動する傾向があるというのも、すべての人類に共通している。夫婦では、平均すれば夫の方が妻より年が上、というのも文化を問わず同じだ。人に身分の上下があるのも、仲間とよそ者を区別するのも皆、同じである。こうした特質はどれも生来のものと考えられる。普段は意識することがない。

とはいえ、普遍の特質だけを持って生きている人というのは世界中、どこにもいない。誰もが必ず、いずれかの文化の下で生きており、その文化は一つ一つ違っている。ドイツで書かれた演劇と、アメリカで書かれた演劇とを比べると、ドイツで書かれたものの方が、不幸で悲劇的な終わり方をするものが三倍ほど多い。「愛情がなくても結婚はできる」と言う人は、インドやパキスタンでは約半数にもなるが、日本ではたった二パーセントしかいない。「人前で話をする時は、何か間違ったことを言ってしまうのではと心配になることが多い」と言う人は、アメリカでは全体の四分の一にもならないが、日本では、六五パーセントにもなる。クレイグ・マクアンドリューとロバート・B・アドガートンは、著書『酔っぱらいの行動（*Drunken Comportment*）』に、男性が酒に酔った時よく喧嘩をする文化と、まったく喧嘩をしない文化があると書いている。また、男性が酒に酔った時、普段よりも好色になる文化と、そうではない文化があるという。

フロリダ大学の研究チームは、世界の様々な都市で、コーヒーを飲んでいる時のカップルの行動を調査した。ロンドンのカップルは、お互いに触れ合うことはめったになかった。パリでは、一杯のコーヒーを飲む間に、一一〇回もの「触れ合い」が見られた。プエルト・リコのサンファンでは、この回数が一八〇回にもなった。

ニコラス・A・クリスタキス、ジェイムズ・H・ファウラーの著書『つながり——社会的ネットワークの驚くべき力』によれば、労働年齢のアメリカ人のうち、背中の痛みに苦しむ人は全体のわずか一〇パーセントにすぎないが、それがデンマークでは四五パーセント、ドイツでは六二パーセントにもなるという。アジアには、背中の痛みに苦しむ人は非常に少ないけれど、その代わりに「コロ」という精神障害に苦しむ人が多い、という文化もある。これは男性特有の障害で、患者は「ペニスが縮み上がり、消えてなくなってしまうのではないか」という妄想にとりつかれる。この障害の治療にあたっては、妄想が消え去るまで、信頼できる家族に一日中、ペニスをつかんでいてもらうということが行なわれる。

男性が道で人にぶつかったとしても、アメリカの北部であれば、血中のテストステロン濃度がはっきりそれとわかるほど上昇することは少ないだろう。しかし、名誉や誇りを重んじる傾向が強いアメリカ南部では事情が違ってくる。人にぶつかった途端、コルチゾールやテストステロンの濃度が急激に上昇するのだ。地名に「ガン（gun＝銃）」という言葉が使われる頻度も、南部では北部の二倍ほどにもなる（フロリダ州のガンポイントなどはその例）。それに対し、北部では、地名に「ジョイ（joy＝喜び）」という言葉が使われる頻度が南部の二倍以上になる。

言語など、文化の構成要素は、その文化に属する人々の世界観に影響を与える。オーストラリアのアボリジニの言語の一つ、グーグ・イミディル語は、世界中の言語の中でも、特に「地理学的」な言語と言えるだろう。グーグ・イミディル語では、「右手を上げる」、「一歩後ろへ」などという言い方はしない。同じことを「北側の手を上げる」、「一歩東側へ」というふうに言うのだ。常日頃、こういう言語を話している人たちは、驚くべき方向感覚を持っている。彼らは、たとえ洞窟の中にいても、どっちが北なのかが絶えず認識している。メキシコのツェルタル語も似たような言語だが、ツェルタル語を話す人たちは、目隠しをされてその場で二〇回、回されても、東西南北を難なく指し示すことができる。

このように、文化は脳にある一定のパターンを刻み込む。また、そのせいで、それとは違ったパターンの思考は困難になる。たとえば、エリカはアメリカで育ったので、アメリカ文化のパターンが脳に刻み込まれている。そのパターンでの思考は容易にできるが、それが果たしてどういうパターンなのかは本人にもはっきりとはわからない。ダグラス・ホフスタッターの言う「簡単に利用できるのだが、抽象的すぎて自分自身にもどういうものなのか明確な説明はできない」というパターンである。エリカの頭の中は、そんなパターンがぎっしりと詰め込まれた状態になっていた。どれもアメリカ文化の中で生きていく上で基本的なパターンである。おかげで、特に何も意識しなくても、他の多くのアメリカ人と価値観を共有できた。どういう人間を嫌悪すべきか、公正とは何か、夢とは何か、変人とはどういう人間を指すか、といったことは考えなくてもすぐにわかった。狂気と正気の境目、人生の究極の目標、他人との距離といった類のことについても、アメリカ人としてごく普通の感覚を持っていた。また「酸《す》っぱい葡萄《ぶどう》」という言葉を聞いてすぐに「負け惜しみ」を連想するようなところも平均的アメリカ人であると言えた。

ただ、エリカが大学で学んだのは、文化は単に人間を均一化するだけのものではないということだ。どの文化も、必ず葛藤、緊張を内包している。アラスデア・マッキンタイアも指摘しているとおり、世界の主要な文化はどれも、常に内部に対立を抱えている。そのため、同じ文化に属する人どうしが相矛盾する行動を取ることも珍しくはない。さらに、注意すべきなのは、現代のようなグローバル化の時代であっても、文化と文化の融合は必ずしも進んでいないということだ。むしろ、文化間の隔たりは大きくなっているようである。

エリカは、文化はすべて平等というわけではないと学んだ。彼女はまさか自分がそんなふうに考えるようになるとは思わなかった。デンバーでしばらく過ごす間に、どの文化にもそれぞれに素晴らしいところがあると感じてもいた。個々の文化の素晴らしさは、いずれもその文化に特有なものだと強く感じるようにもなった。しかし、エリカは、裕福な家庭に育ち、郊外の高校に通った学生とは違っていた。どの文化も同様に価値がある、などという建前を素直に受け入れることはできなかったのだ。彼女は何としてでも成功したかった。だから、何が成功につながるのか、あるいは何が失敗を呼ぶのかということを知る必要があった。世界中を見て、また世界の歴史をくまなく調べて、役に立つヒントがないか探すつもりだったのだ。

そんな時、エリカは、トマス・ソーウェルという人物を知った。スタンフォード大学の教授で、『人種と文化（*Race and Culture*）』、『移住と文化（*Migrations and Cultures*）』、『征服と文化の世界史――民族と文化変容』などの本の著者だ。彼の本を読んだおかげで彼女は、自分の知りたかったことが少しわかった気がした。本に書かれていたのは、彼女が元々、ことごとく反対しそうなことだった。彼女を指導した教師も皆、同様に反対しただろう。だが、彼女が現実に日々、目にしている世界を考えると、ソーウェルの言うとおり、と考えざるを得なかった。ソーウェルはこんなふうに書いていた。「文化は、決して固定的で動かないものではない。文化間に確かに相違はあるが、文化は変わりゆくものだし、単純にありのままを尊重すべきものとも言えない。人が文化を生むのは達すべき目的があるからだ。併存する文化と文化の間には、目的に達するのにどのくらい役立つか、その有用性をめぐる競争が起きることになる。有用性のあるなしを決めるのは、外から見ている第三者ではない。その文化に属する当事者が決めるのだ。毎日、様々なことを願い、厳しい現実に直面する中で、役に立った文化は残り、そうでない文化はいずれ消えていくことになる」

エリカは、自分の育った地域でも、一部のグループが勢力を伸ばし、他の人たちを圧迫するのを見ていた。ハイチとドミニカは一つの島を分け合う国だが、たとえば一人あたりのGDPはドミニカがハイチの四倍近くと、圧倒的な差がついている。平均寿命もドミニカの方が一八年長く、識字率もドミニカが三三パーセント高い。ユダヤ人とイタリア人は、ニューヨーク、マンハッタンのロワーイーストサイドに同じく二〇世紀前半頃から住み始めたが、ユダヤ人の方がはるかに早く発展を遂げた。

世界の民族の中には、どの地域に移住しても成功を収める人たちがいる。レバノン人やグジャラート人は、世界中、どの地域にいても、どういう条件の下でも商人として成功しているようだ。一九六九年、当時のセイロン（現スリランカ）で行なわれた調査によれば、同国の理科系の大学生の約四〇パーセントが少数派のタミル人だったという。この比率は、工学系の大学生では四八パーセント、医学系の大学生では四九パーセントにもなった。アルゼンチンでは、紳士録に載っているビジネスマンの四六パーセントはアルゼンチン以外の国の出身である。チリでは、大規模メーカーの経営者の四分の三は、移民か移民の子孫だ。

アメリカでは、中国系のアメリカ人の優秀さが際立っている。中国系アメリカ人はすでに幼稚園の時点で、文字認知など識字関連の能力において、ラテンアメリカ系アメリカ人の四カ月先を行っているという。彼らは高校でも、平均的なアメリカ人の高校生に比べ、難しく、勉強が多く必要な科目を選択する傾向にある。自宅での勉強時間も、平均的なアメリカ人の高校生よりも長い。一科目でもAマイナスに満たない成績を取ったら、家で罰を与えられるという生徒も多いという。二五歳から二九歳のアジア系アメリカ人の約五四パーセントは大学卒だが、アメリカ生まれの白人について調べると、この比率は三四パーセントにとどまる。

文化の違いは驚くべき不平等を生んでいる。アジア系アメリカ人の平均寿命が八七歳なのに対し、白人のアメリカ人は七九歳、アフリカ系アメリカ人は七三歳というデータもある。ミシガン州は経済的に厳しい状況にある州だが、それでも、アジア系アメリカ人の平均寿命は九〇歳にもなっている。同州の白人のアメリカ人の平均寿命は七九歳、アフリカ系アメリカ人の平均寿命は七三歳にとどまっている。収入や教育程度も、アジア系アメリカ人は他と比べてはるかに高い。ニュージャージー州のアジア系アメリカ人は、サウスダコタ州のネイティブアメリカンに比べて、平均寿命が二六年も長く、大卒者の比率は一一倍という驚異的な数字もある。

　行動の道徳性も、その人の属する文化によって違ってくる。それに関しては、レイモンド・フィスマンとエドワード・ミゲルが「文化と腐敗」と銘打った調査をしている。この調査では改めて実験等を行なうのではなく、すでに過去に得られているデータを比較するという方法が採られた。二〇〇二年まで、ニューヨーク市では、「外交官は駐車違反で罰せられない」という特権が認められていた。フィスマンとミゲルは、外交官とその家族、合わせて一七〇〇人について、どのくらいの人がこの特権を利用していたかを調べたのだ。それでわかったのは、大量の駐車違反切符を切られていた（特権のおかげで罰金は免除された）のは、総じて「トランスペアレンシー・インターナショナル（汚職・腐敗防止のために活動する国際的な非政府組織）」の腐敗度ランキングで上位にあげられた国の外交官やその家族だったということである。逆に、同ランキングで下位になった国の外交官とその家族は、違反切符をまったくと言っていいほど切られていなかった。一九九七年から二〇〇二年までの間に、クウェートの外交官は一人あたり二四六回の駐車違反をしていた。エジプト、チャド、ナイジェリア、スーダン、モザンビーク、パキスタン、エチオピア、シリアなどの外交官が切られた切符の数も相当な数にのぼる。それに対し、スウェーデン、デンマーク、日本、イスラエル、ノルウェー、カナダの外交官は、同じ期間に一度の駐車違反もしていない。祖国を遠く離れていても、文化的な規範は常に頭を離れないということだろう。この結果が、外交官の給与、年齢など、国籍以外の要因に左右されないことも確認されている。

　現代の世界で発展をするのに適した文化と、そうでない文化があるのは明らかなようだ。エリカはそのことを悟った。ある講義で彼女は、ローレンス・H・ハリソンの『リベラルの重要な真実(*The Central Liberal Truth*)』という本を読んだ。この本に書かれていたのは、まず、文化には進歩や発展を促す文化と、逆に進歩や発展に抵抗する文化があるということである。前者の文化に属する人には、自分の運命は自分の力で切り開けると考える人が多い。反対に、後者の文化に属する人には、運命は初めから決まっていて自分の力ではどうすることもできないと考える人が多い。また、前者の文化では、富は人間の創造力の産物であり、努力次第で増やせると考える傾向にある。それに対し、後者の文化では、いわゆる「ゼロサムゲーム」的な考え方をする人が多くなる。富の総量は常に一定で、誰かが得をすれば必ずその分、誰かが損をすると考えるのである。

進歩、発展を促す文化では、人間は仕事をするために生きていると考える。ところが、進歩、発展を拒否する文化では、生きるために仕方なく働くと考える。前者の文化の人々は、他にも多くの価値観を共有している。まず、必要であれば競争を厭わない。総じて楽観的であり、几帳面で時間に正確であることを皆が美徳と考えている。そして、非常に教育熱心である。家族に過度に頼ることをよしとしない。現代の社会は敵意に満ちた場所であると考え、家族であっても完全に安心できる存在とはみなさないのだ。家族は頼るものというより、後により広い世界へと出ていくための門のようなものと考える。誰もが心の中に罪の意識を抱えており、自分の身に起きたことの責任は自分にあるととらえる。自分以外の何か、あるいは他人に罪や責任をなすりつけたりはしない。

エリカは、人間の意思決定や行動に、こうした文化の違いが大きく影響していることを知った。そして、経済学者や経営者たちがそのことをあまり認識していないことにも気づいた。これは非常に大きな問題である。

自分のためのメモ

大学生活も終わりに近づいた頃、エリカは自分のためのメモを書いた。大学で学んだことを総括するメモである。多様な文化について、また文化の人間への影響について学ぶ中で発見したことをまとめてみようと思ったのだ。メモの中でまず重要なのは、「ネットワークで考える」という言葉だろう。

社会は、マルクス主義者たちの言うように、階級によって規定されるわけではない。また、人種によって規定されるわけでもない。「リバタリアン」と呼ばれる人たちの主張するように、単に個人が寄り集まったものが社会である、とも言えない。社会はネットワークがいくつも層を成したもの、とエリカは考えた。

暇な時などに、エリカはよくネットワークの図を描いた。自分だけのために描くこともあったし、それを友人に見せることもあった。時には、友人の名前を中心に置き、その友人と他の人たちとの関係を示す図を描いたりもした。関係のある人との間を線でつないだ図である。関係が強いほど線を太くするなどしてわかりやすくしたりもした。何人かの友人と一緒に出かけた時などは、翌日に、その友人たちの人間関係を図にまとめたこともあった。

そうして、人を他人との関係、全体の中での位置でとらえるようにすると、よりその人に対する理解が深まったように感じた。人間は、人間関係の中に「埋め込まれた」ような存在である。色々な状況でどういう判断をし、どういう行動を取るかは、他人との関係で決まっていく。エリカは意識しなくてもそういう見方ができるよう、自分を訓練していった。

エリカはメモに「接着剤になる」とも書いた。彼女は自身で描いたネットワークの図を見て、自分に問いかけた。「人と人とをつなぐ線は一体何でできているのだろう?」と。時には「愛でできている」ということもあるだろう。だが、そういうことは決して多くはない。どの社会集団でも、人と人との結びつきはさほど情熱的なものではないのだ。たとえば、職場での人間関係などは、「愛で結びついている」とは言えないだろう。そうした人間関係のほとんどは、信頼で結びついているはずである。

では信頼とは何か。特に何も考えなくても互いに依存し合えることである。そうなるためには感情が重要な役割を果たす。二人の人の間に信頼が芽生え、育つには、まず、二人の間にある程度以上のコミュニケーションが必要になる。そして、協力して何かをする必要がある。それをしばらく続ける中で、相手が頼りにできるかどうかをゆっくりと見極めていくのだ。二人の間に信頼が生まれれば、ただ協力し合うだけでなく、時には相手のために自分を犠牲にするようにもなる。

信頼は摩擦を減らし、互いのやり取りにかかる時間や手間も減らす。たとえば、同じ企業に属する人たちが皆、互いに信頼していれば、団結して動くことができ、また状況に応じた柔軟な動きもできるだろう。「互いに信頼し合うのが当然」という文化に生きる人は、共同体的な組織を作ろうとする傾向が強い。そういう文化では、株式市場に参加する人の割合も高くなる。大企業を組織し、運営することも容易である。つまり、信頼があれば富が生まれやすいということだ。

ただし、一口に信頼と言っても、そのレベルや種類は様々である。地域や企業、学校などによっても個々に異なるだろう。その他、寮や寄宿舎なども、中にいる人どうしの信頼のレベルや種類は個々に違うはずだ。エドワード・バンフィールドは、有名な著書『後進社会の道徳的基礎（*The Moral Basis of a Backward Society*）』の中で、南イタリアの農民たちについて言及している。彼らは、自分の家族や親類とは互いに信頼し合う。しかし、その外にいる人間に対しては非常に猜疑心《さいぎしん》が強い。そういうことだと、共同体的な組織は作りにくいし、家族経営以上の大規模な企業を作ることも難しくなる。ドイツ人や日本人は、互いに対する信頼感が非常に強く、そのおかげで強固な企業組織を作ることができる。アメリカは、個人主義的な傾向が非常に強い社会である。「個人の寄り集まり」と言ってもいいかもしれない。あなたの価値観について話してほしいと言えば、アメリカ人たちはきっと、一人一人が世界中で最も個性的な説明をしてくれるはずだ。だが、彼らの実際の行動を観察してみると、無意識に互いを信頼していることがわかる。共同体的な組織も積極的に作ろうとする。

そこで働く人たちが互いを信頼し合っていないような企業には決して入らないようにしよう、とエリカは決意した。そして、就職をしたら、人と人との接着剤のような役割を果たそうと思っていた。自分からはたらきかけて、人の結びつきが強くなるような機会を積極的に作り、信頼関係を育てていく。人と人の間の情報の伝達も助ける。周囲の人たちがもし人間関係のネットワークを図にしたとしたら、自分の名前が必ずその中に含まれている、という状態にしたいと思ったのだ。

エリカはメモにもう一つ、「異質なアイデアの融合」と書いた。これは、リチャード・オグルが著書『スマート・ワールド』に書いたことに近い。人間は、二つ以上のまったく異質なアイデアを融合させることで、それまでにない新しいものを生み出せる。たとえばピカソは、従来の西洋芸術の伝統を引き継いではいるが、アフリカの芸術、独特のマスクなどにも強い関心を寄せていた。二つの芸術の結びつきによって生まれたのが『アビニヨンの娘たち』という作品である。ピカソの創造性が一気にほとばしり出たような傑作だ。

自分は常に、二つの異質なアイデアが出会う場所に立つべき人間だとエリカは考えた。企業であれば、二つの異質な部署の間に立ち、両者の隔たりを埋める役割を果たすべきということだ。シカゴ大学のロナルド・バートは、この隔たり、隙間のことを「構造的空隙」と呼んでいる。どのような社会、組織にも、この構造的空隙を埋める「かすがい」のような役割をする人間がいる。問題は、空隙を埋めるべき人の間にもやはり空隙が生じることがあるということだ。誰も埋める人のいない隙間だ。何の構造も存在しない空間。アイデアの流れはそこで止まってしまう。組織がそこで完全に分断されてしまうのだ。エリカは、自分がその空間を埋める人間になれればと思っていた。まず、隙間を見つけ、それがどのくらいの大きさのものかを把握する。そして、手を伸ばして分断された人と人の間をつなぎ、アイデアの融合を図る。自身が異質な文化の狭間で育ってきた彼女にとって、その隙間を埋める役割を果たすことは、運命と言ってもいいだろう。

10章 知性——IQの限界

ビジネスの世界に入りたかったエリカだが、そのために自ら動く必要はなかった。ビジネスの世界の方が、彼女を見つけてくれたからである。すでに大学三年の時点からリクルーターたちに注目されていたし、皆、卒業するまでの間、関心を失わないでいてくれた。エリカは、男たちから次々に求婚されたビクトリア朝文学のヒロインのように、リクルーターたちの誘いを巧みにかわしていた。自分の希望にかなう「求婚者」が現れるのを慎重に待っていたのだ。

金融系に少し心惹かれたこともあるし、ハイテク分野に行こうかと真剣に考えたこともあったが、結局はコンサルティング企業に就職することにした。一流の企業に入ることができた。配属にあたっては、二つの部署を提示され、どちらかを選ぶよう言われた。一方は「業務開発部」で、もう一方は「顧客業務部」である。ただし、彼女にとってはどちらでも同じことであった。いずれにしても何をする部署なのかわからないのだから、違いはない。

エリカは前者の部署を選んだ。さほど深く考えたわけではない。何となくそちらの方が良さそうと思ったからだ。上司になったのはハリソンという男である。ハリソンは週に三回、チームのメンバーを集め、進行中の調査プロジェクトについて話し合うミーティングを開いた。ミーティングというと、最近では、中央に祭壇のようなスピーカーフォンが置かれたテーブルを囲んで、というのが普通だが、ハリソンのミーティングはそれとは違っていた。独自の考えにより、インテリアデザイナーを雇って一風変わった対話用スペースを作らせたのだ。開放的な空間で、広いリビングルームにも見える。皆、低いソファに座って話をする。

対話スペースは柔軟に色々な用途に使える。少人数が気軽に集まるのに便利だ。だが、大人数が一堂に会するのには不向きである。朝の一〇時にコーヒーを片手に、書類を床に置いて、ソファに深々と座って話をする。ソファの並べ方も独特だった。ほぼ円を描くように並べられてはいるのだが、どれも中央を向いておらず、めいめいの向きがばらばらなのだ。窓の方を向く人がいるかと思えば、壁にかけられた絵の方を向く人もいるし、ドアの方を向く人もいる。そのため、集まった人たちが、一度も目を合わせることなく話をすることもあり得る。楽しげに、実りのある会話をしていても、目は合わせていないのだ。

ハリソンは、三十代半ば、体は大きいが顔は青白く、スポーツマンタイプではない。そして、とかく非常に優秀な人である。エリカは彼に「君のお気に入りのべき乗則はどれかな？」と尋ねられたことがある。入社して間もない頃のチームミーティングでそう訊かれたのだ。エリカは答えられなかった。答えようにも、「べき乗則」が何かすらわからなかったのだ。

「スケール不変性を持つ多項式だよ。ジップの法則みたいな」エリカは後で知ったのだが、ジップの法則とは、「出現頻度がk番目の大きい要素が全体に占める割合が$^{1}/_{k}$に比例する」という法則のことである。たとえば、ある言語の中で最も出現頻度の高い単語は、次に出現頻度の高い単語の約二倍出現することになる。または、ある国で最大の都市の人口は、次に大きな都市の約二倍である、というようなことも言われる。

「クライバーの法則なんかもありますね」他のチームメンバーが話に割り込んだ。クライバーの法則とは「生物の代謝エネルギーは、体重の四分の三乗に比例する」という法則である。小さい動物は代謝が速く、大きい生物は代謝が遅いということになる。体重と代謝エネルギーの関係をグラフに描くと、ほぼ直線になるのだ。この法則は、非常に小さい細菌から、非常に大きいカバなどにいたるまであらゆる生物によく当てはまることが知られている。

その後、ミーティングの場は、べき乗則の話題で持ちきりとなった。エリカ以外の全員に、お気に入りのべき乗則があるのだ。彼らといると、自分がとても頭の悪い人間のように感じられたが、そんな人たちとともに働けることがとても嬉しかった。

メンバーの知性の高さを思い知らされたのはその時だけではない。ほとんど毎日のようにそういうことがあった。彼らは、仕事の打ち合わせ以外の時にもよく、対話スペースのソファに座って話をしていた。本当にリラックスしていて、話が長く続いた時には、ほぼ寝ているような姿勢になることもあった。腹を天井に向けて、前で足を組む。その姿勢で極めて知的な会話を交わす。その会話は、必ず一度は「白熱」と表現するにふさわしい状況になるのだ。ある時は、誰かが「あらゆる英単語の中で、ハングマンゲームに出題して最も正解されにくいのは"jazz"である」と言い出し、その説が正しいかどうかで一時間くらい大変な議論になった。

またある時は、メンバーの一人が「シェイクスピアの演劇に、ロバート・ラドラムのスリラーみたいなタイトルをつけるとしたら」などと言い出したことがあった。

「『リアルト・サンクション（sanction＝制裁措置）』かな」すぐに答えが返ってきた。

「『ハムレット』は『エルシノア城の動揺』になるかな」という声もあがった。「じゃあ、『マクベス』は『ダンシネインの森林再生』かな」そういう具合に、多くのメンバーが実に見事な答えをしていた。

チームの全員が、学生時代から極めて優秀で、討論にも圧倒的に強かったのだろうと感じさせる。ハリソン自身が「メディカルスクール（医科大学院）に入ったけれど、簡単過ぎたので中退した」と言っていたほどの人なのだ。誰かが他社の人間を指して「あの人は頭が切れる」というようなことを言うと、ハリソンはまず間違いなく「そうだね。でも、僕たちほどじゃないな」と答える。また、彼は誰かの名前が話題にのぼると、ほぼ必ず「あの人はハーバードだね」、「イェールだな」、「MITだ」というふうに出身大学の名前を言う。エリカはよく一人で賭けをしていた。名前が出てから、ハリソンが大学名を言うまでの間、一秒経過するごとにM&M'sチョコレートを一粒食べてよい、ということにしていたのだ。

チームのメンバーどうしの会話では、完全な沈黙が訪れることもあった。仕事の進め方を巡って議論を戦わせている時や、豊富な知識を披露し合っている時以外には、ただ黙って座っているだけで満足していることがよくあった。沈黙が何秒、時には何分も続く。街育ちのエリカにとって、これは一種の拷問だった。そういう時、ソファに浅く腰掛け、うつむいたまま、彼女はずっと頭の中で「ここでしゃべっちゃダメだ」と自分に言い聞かせていた。

これほどの天才たちがどうして、こんなふうにただ黙って座っていられるのか、エリカには不思議だった。それは単に、男性がほとんどで女性が少ない部署だから、ということかもしれなかった。男性が多い状態が何年も続くことで、自然に男性文化に適応したのかもしれない。一般に、女性の方が話好きで共感的であるという認識があるが、エリカも当然、それは承知していた。このことに関しては科学的な実験も多く行なわれている。その結果、たとえば、男の赤ちゃんは女の赤ちゃんに比べて、母親と目を合わせる頻度が低いということがわかっている。また、妊娠期間の最初の三カ月間に、子宮の中で浴びたテストステロンの量が多いほど、目を合わせる頻度が下がるということもわかった。ケンブリッジ大学のサイモン・バロン゠コーエンは、男性のコミュニケーションと感情に関する過去の研究文献を多く調べている。その調査によれば、男性には感情よりもシステムに強い関心を示す傾向があるという。いくつもの要素(多くは無生物)をどう組み合わせればうまく目的が達せられるか、組み合わせと有効性の間にどのような法則があるかといったテーマに興味を惹かれる人が多いようだ。それに対し、女性には、他人との共感を求める傾向がある。たとえば、「わずかな手がかりだけを与えられて、それを基に他人がどういう感情を持っているかを当てる」という類の実験をすると、女性の方が正答率が高くなる。また、言語を記憶する能力や、言語の流暢性なども平均すると男性より高い。必ずしも、女性の方が男性よりも多く話すわけではないが、女性どうしの会話では、男性どうしの場合より、話し手が頻繁に入れ替わるということが特徴である。さらに、男性は自分自身のことを多く話すのに対し、女性は自分以外の他人のことを多く話す。困った状況に陥った時に、女性は男性よりも誰かの助けを求めることが多い。

とはいえ、これはあくまでそういう傾向があるというだけで、絶対にこうだというわけではない。エリカがこれまでに知り合った人の中にも、当てはまらない人は少なからずいた。特に、エリカが働いていた職場の文化は独特のもので、一般論が通用しない。ボスの人間性が全体の文化に強い影響を与えていたとも言える。ハリソンは、決して人と関わることが上手な人ではなかったが、その弱点を逆に強みに変えているところもあった。何を言っているかがわかりにくいからこそ、皆が注意して話を聞くという面もあったのだ。

ハリソンは昼食に毎日同じものを食べていた。クリームチーズとオリーブのサンドイッチだ。彼は、子供の頃に、ドッグレースの勝者を予測する公式を自ら考え出したという人である。そして今、会社では、物事の隠されたパターンを見つけることを仕事にしている。両者の間にはきっと関連性があるのだろう。エリカは彼に「その会社の業務報告書、脚注のところを読んだかい？」と尋ねられたことがある。意味ありげな質問である。ちょうど、部署が新しい顧客を獲得したばかりの時だった。「その会社」というのが新しい顧客だ。「どうやら、その会社は、これから重要な岐路に立つことになるみたいだ」彼はそう言った。エリカは、脚注をよく読んでみたが、やはり彼が何を言っているのかさっぱりわからない。

何を言っているか理解するには、ハリソンと同じレベルの知識が必要なのだろう。彼は日頃から長い時間をかけて大量の情報を集めていた。株価や、天候の変化に加え、様々な資源や農産物、商品などの生産量の変化を詳しく調べ、そこにどのような相関関係が見られるかを研究したりしていた。その彼が言うことをすぐにわかろうとしても無理というものである。

ハリソンは、他人に強い印象を与える人だ。顧客は皆、たとえ彼が好きではなかったとしても、敬意をもって接した。上司であるはずのＣＥＯでさえ、彼に対しては低姿勢だった。たとえ数字が羅列してあるだけの難解な文書でも、彼ならば理解できるし、その文書を基に、ある会社が五年後に急成長しているか、それとも倒産しているかを簡単に予測できると誰もが信じていた。彼の知性には、ハリソン自身でさえ、多少畏れを抱いているようでもあった。彼は色々なこと（何もかもすべて、かもしれない）について確固たる意見を持っていた。だが、中でも強い確信を持っていたのは、自分は本当に頭の良い人間であるということ、そして、他のほとんどの人間はさほど賢くないということである。

妙なことも多かったが、エリカは、このハリソンという人と仕事をすることを楽しいと感じていた。よく聞かされる現代哲学についての話も面白かった。彼はブリッジに夢中だった。決まったルールを持った知的なゲームが好きなのだ。彼の考えることは驚くほど複雑で、難解だったが、エリカは時に、その複雑な思考を、日常的な言葉に翻訳する手助けをすることができた。だが、仕事を続けるうちに気づいたことがある。部署の業績はどうもあまり良くないらしいのだ。報告書は見事なものができるのだが、商売は成功していない。新しい顧客は次々につくのだが、ほとんどの場合、取引が長続きしない。特定のプロジェクトのために一時的にサービスを利用してくれたとしても、エリカたちのチームを信頼できるアドバイザーとして扱い、長期間にわたり、ともに仕事をしようとしてくれる顧客がめったにいないのだ。

そのことに気づくまでにはとても長い時間がかかったが、気づいてからは、ハリソンやチームに対する見方が以前とはまったく変わった。批判的な目で見るようになったのだ。まず感じたのは、「ミーティングが長すぎる」ということだった。長いが、その割に実《み》のある議論はあまりなされていない。ハリソンが何年も前に作り上げた理論の正しさを裏づけるような情報を、皆が競って提供していると いうことも多かった。まるで王に次々と捧げ物を差し出す重臣たちを見ているようでもある。王は、皆の見ている前で捧げ物を一つ一つ吟味していくのだ。

ハリソンの口癖は「要するにそういうことだ！」だった。彼は複雑な状況の本質を鋭く見抜き、簡潔にまとめてみせる。そして、「要するにそういうことだ！」と言い放つのだ。エリカには、大事なことが抜けているように感じられることもあったが、そのセリフが出ると、もう会話が終わってしまい、さらに続けて同じ問題について話すことができなくなる。

もう一つ問題だったのは、過去の前例である。何年も前の話だが、ハリソンは一度、銀行のリストラで大成功を収めた実績があった。そのため、銀行業界では「伝説の人」になっていたのだ。今では銀行が顧客になる度に、過去の体験を当てはめようとする。顧客には大銀行もあれば、小規模な銀行もあった。大都市を拠点とする銀行もあれば、地方の銀行もあったが、どれにも同じ体験を応用しようとしたのだ。アメリカ以外の外国の銀行も多かったが、その場合には、エリカは自分の文化についての専門知識をできるだけ活かそうと努力した。エリカは、あるミーティングで、ピーター・ホール、デヴィッド・ソスキスらが提唱し始めた「資本主義の種類」についての説明を試みたことがある。その時彼女が言ったのは、文化によって動機づけのシステムが違うということだ。また、権力や資本主義との関係の持ち方も文化によって違うということを話した。たとえば、ドイツの場合は、労働者会議のように、構成員どうしが強く結びついた組織が存在する。確固とした労働市場が存在するが、人を雇用したり、解雇したりすることはそう容易ではない。ドイツでは、改革、革新は少しずつ進む。ゆっくり、しかし着実に改善、向上していくのだ。金属工業でも、製造業でも、それは同じである。アメリカでは、労働者間の結びつきはドイツよりはるかに弱い。雇用や解雇は容易だし、起業も比較的、簡単にできる。改革、革新はアメリカにおいては急激に進む。テクノロジーにも、人の意識にも「パラダイムシフト」と呼べるほどの大きな変化がごく短い時間に起きるのだ。

ハリソンはエリカの説明をろくに聞こうとしなかった。国によって傾向が違うことは認めたが、彼の考えでは、その違いは政府の設けた規制によるものだった。規制を変えれば文化も変わるはず、というのだ。エリカはそれに反論しようとした。規制は文化によって生まれるもので、だからこそ根が深く、なかなか変えることができないと主張したのだ。ハリソンは取り合わなかった。エリカは確かに有用な人材だが、自分と議論を交わせるほどの知性はないと思い込んでしまった。

ハリソンにそういう扱いを受けたのはエリカだけではない。彼は顧客にも似たような態度だった。自分の思考の枠組みに合わない意見は無視してしまう。彼はチームのメンバーに、顧客企業の属する業界についてのプレゼンテーションを求めることがあった。担当者は、長時間をかけ、これまでの人生でその業界について得た知識をすべて提示するくらいのつもりでプレゼンテーションをする。ただ、多くの場合、その内容は決してわかりやすいものではない。自分の専門性の高さを誇示するため、あえて難解にするからだ。問題は彼らの知識があくまで全般的なもので、個別の企業、特定の人物についての知識はあまりないということだ。同じ業界であっても、企業が違えば、それぞれに特徴があるはずだ。たとえば、リスク許容度などは企業ごとに大きく違うだろう。ＣＦＯとＣＥＯが権力闘争を繰り広げている企業があるかもしれない。もし、そうだとすれば、気づかないうちに一方に加担しているということがないようにすべきだろう。そうした「社内政治」に属することは、通常、あまりあからさまに表には出てこない。ぼんやりと見ているだけでは気づかないのが普通だ。だが、接する人の立場を考えながらよく見ていれば、気づくことはさほど難しくはない。その意味で、ハリソンをはじめとするチームのメンバーの人との接し方には問題があると言えた。彼らは毎日、必ず何か信じがたいミスをしていたのだ。エリカにはそれがよくわかった。退職する前の五カ月ほどの間は、ずっと同じ疑問が頭の中にあり、離れなくなってしまった。それは、「これほど賢い人たちがなぜ、こんなにバカな行動を取れるのか」という疑問である。

IQテストで測れない能力

この疑問への答えは、わかってみれば簡単だった。ハリソンの人生は、いわばIQを基盤としたものである。IQの高さを根拠にキャリアを積み重ねてきた。人を雇うか否かを決める時の判断基準も、その人の知性が高いかどうかだったし、人と付き合うか否かも知性の高さで決めている。顧客に自分の部下を売り込む時にも、「アイビーリーグなどの一流大学を出た人間ばかり」という言い方をする。

知性を最高の価値とみなすような彼の考え方が正しいように見えることも確かにある。実際、IQが一定の目安になり得ることは長年の研究によって確認されている。IQに関しては様々な研究が行なわれ、その結果、様々なことが明らかになった。たとえば、子供時代のIQスコアを基に、将来、大人になった時のスコアを予測するとかなりの程度、その予測は当たる。ある種の知的技能が高い人は、他の多くの知的技能も高い傾向にある。比喩の能力が非常に高い人は、計算問題を解く能力や文章の読解力も高いことが多い。ただし、そういう人であっても、あらゆる知的能力がすべて優れているとは限らない。他の能力は優れているのに、なぜか記憶力だけが低いというような人もいる。

IQのスコアには、親からの遺伝が大きく影響する。ある人のIQを予測する際には、その人の母親のIQを手がかりにすると、おそらく最も正確に予測できるだろう。IQの高い人は、総じて、学校やそれに似た環境で行なう活動をうまくこなすことができる。ディーン・ヘイマーとピーター・コープランドはこの点について「ＩＱが高い人は、ほぼ間違いなく学校の成績が良い。それは、数多くの調査によって裏づけられている」と言っている。

自ら会社を経営したいと思っている人は、ＩＱが一〇〇を超えていればひとまず問題ないだろう。しかし、原子物理学の研究がしたい、などと思っている人は、一二〇を超えていることが望ましい。

ＩＱを重視することには一定の正当性があるのだが、行き過ぎるといくつか問題が出てくる。一つは、ＩＱが驚くほど変わりやすいということだ。環境により、ＩＱが大きく変化するのは珍しいことではない。アメリカ、バージニア州プリンスエドワード郡の黒人の子供たちを対象とした調査では、学校へ一年行けないと、平均でＩＱが六ポイント低下することがわかっている。親がどの程度、注意を向けるかによっても子供のＩＱはかなり変わる。そのため、第一子は第二子より、第二子は第三子よりＩＱが高くなる傾向が見られる。ただし、兄弟姉妹の年齢差が三歳を超えている時には、この差は生じない。差が生じるのは、主として、母親が第一子の方に多く話しかけ、しかも複雑な文で話しかけるからだとされている。子供の年齢が近いと、注意が分散して、下の子に話しかける頻度が下がってしまう。

ＩＱが変化し得ることを示す証拠として、特に知られているのは、「フリン効果」と呼ばれる現象だろう。これは、世代が後になるほどＩＱのスコアが向上する、という現象である。実際、一九四七年から二〇〇二年の間に、先進国の国民のＩＱスコアは一貫して向上している。一〇年間に約三パーセントという向上率だ。同じ現象が見られる国は、先進国以外にも数多くある。また、幅広い年齢層、社会階層に同じ現象が見られる。環境が確かにＩＱに影響する証拠と考えていいだろう。

興味深いのは、フリン効果がＩＱテストのすべての分野で見られるわけではないということだ。たとえば、語彙や読解力の分野のスコアは、一九五〇年でも二〇〇〇年でもほとんど変わりがない。だが、抽象的推論の能力を調べる問題の成績は、その間、大幅に向上しているのだ。フリン効果の存在を指摘したジェームズ・R・フリンは次のように言っている。「現代の子供たちは、未知の問題にその場の判断で対応するのが得意です。事前に方法を教えてもらっていなくても、かなりうまくできます」

ＩＱスコアが世代とともに変わるのは、時代によって要求される能力が異なるから、とフリンは説明している。一九世紀には、具体的思考の能力が要求された。具体的思考に強い人が高く評価され、高い報酬が得られたのだ。だが、現代の社会では、抽象的思考の能力が強く求められ、その能力が高い方が報酬も高くなる。先天的に抽象的思考の能力が高い人は、現代社会においてはその能力を頻繁に使うことになるため、ますます能力が向上していく。先天的な能力が後天的な経験によって高められる結果、ＩＱスコアも改善されるのだ。

すでに述べたとおり、ＩＱが高ければ学校の成績は良くなる傾向にある。しかし、学校卒業後、ＩＱの高い人が順調な人生を送るかどうかは定かではない。ＩＱが高いからといって、人とうまく関われるとは限らないし、結婚生活がうまくいくとは限らない。ＩＱが高くても、それが子育てに役立つかどうかはわからない。『知性ハンドブック（*Handbook of Intelligence*）』という本の中で、フロリダ州立大学のリチャード・R・ワグナーはＩＱと仕事の関係について触れている。過去にそのテーマで行なわれた研究の結果を調査したのだ。ワグナーによれば「仕事の業績の大きさは人によって違うが、その違いのうち、ＩＱの高さとの相関が確認できるのは全体の四パーセント程度である」という。同じ本では、ジョン・Ｄ・メイヤー、ピーター・サロヴェイ、デヴィッド・カルーソが「ＩＱの高さは、人生の成功のせいぜい二〇パーセントにしか貢献しない」ということを書いている。この種の数字は、非常に不確定性が高い。リチャード・ニスベットはそれについて「色々な要素が複雑に絡み合っているため、解きほぐすのは難しい」と言っている。ただ、ともかく、学校時代の成績とＩＱの間には明確な相関関係が見られる（ＩＱテストのスコアが良い生徒ほど成績が良い）のに対し、ＩＱと人生の成功との間には、ごく弱い相関関係しか見られないことは間違いない。

ＩＱと人生の成功の関係については、「ターマンの研究」と呼ばれる長期間にわたる研究がよく知られている。これは、ＩＱスコアが著しく高かった（一三五以上）子供のグループについて、その後の人生を追跡調査したものである。研究者たちの予測では、彼らは社会に出てからも素晴らしい仕事をするはずだった。確かに皆、総じてうまくやっていた。弁護士になった人もいれば、企業の重役になった人もいたのだ。だが、「圧倒的にすごい」と言えるほどの仕事をした人が誰もいなかったというのも事実だ。ピュリッツァー賞やマッカーサー賞を取った、などという人は一人もいなかった。一九六八年にメリタ・オーデンが実施した調査によれば、特に高い業績をあげたと思われる人たちのＩＱは、他の人に比べてわずかに高いだけだった。違っていたのは、まず彼らの労働倫理の高さである。また、子供の頃から他の子たちに比べて野心的だったということもわかっている。

ＩＱが一二〇を超えると、知性と業績の間の相関関係はほとんど見られなくなる。ＩＱが一五〇の人は、理屈の上では、一二〇の人よりもずっと賢いはずである。しかし、この三〇ポイントの差は、人生における成功にほとんど寄与しないようだ。少なくとも、目に見えてわかるほどの違いは生まない。マルコム・グラッドウェルも著書『天才！――成功する人々の法則』の中で書いているとおり、ノーベル化学賞、ノーベル生理学・医学賞を獲得したアメリカ人の多くは、ハーバード大学やＭＩＴなど、知性のはしごの最上段に位置するような大学の出身ではない。ロリンズ大学、ワシントン州立大学、グリンネル大学など、世間で「良い大学」とされているところに入れれば、十分なのだ。そういう大学に入れる程度に賢ければ、十分、圧倒的な成果をあげられる可能性があると言える。化学や医学といった学術の分野ですらそうなのだ。トップ〇・五パーセントに入れる知性を持っているかどうかは重要ではない。「アメリカ青年全国縦断調査（ＮＬＳＹ）」に参加した七四〇三人のアメリカ人についてオハイオ州立大学のジェイ・ザゴルスキーが調べたところ、ＩＱが極端に高い人が多くの財産を蓄えているというような相関関係はまったく見られなかった。

ハリソンの間違いは、ＩＱを知力そのものと同一視したことにある。実際には、ＩＱで図れるのは、知力の一部でしかないし、その一部も最も重要な部分というわけではない。ＩＱスコアの高い人は、論理性の高い仕事が得意である。原因と結果が比例の関係にあり、先の予測がある程度可能な仕事ならうまくこなすことができるのだ。しかし、現実の世界で抜きん出た存在になるためには、それだけでは十分ではない。ある一定の性格、心的傾向を持っていないと、目覚しい成功は望めないのだ。これは、体格が良く、体力も非常に優れているのに、大きな手柄をあげられない兵士に似ているかもしれない。腕立て伏せや懸垂がどれだけできても、勇気や自制心、武器を使いこなす技量、想像力、鋭い知覚などがなければ、無秩序な戦場では生き延びることすら難しいだろう。それと同様に、いくら頭の良い人でも、誠実さや規律正しさ、公正さを重んじる気持ちなどがなければ、成功は難しいのだ。

キース・Ｅ・スタノヴィッチは、著書『知能テストに欠けているもの（*What Intelligence Tests Miss*）』の中で、現実世界での成功のために知能の高さ以外にどういう要素が必要かを列挙している。「まず大切なのが情報収集力である。何か決断を下す前には十分な情報を集めなくてはならない。また、一つのことをいくつもの視点から見られる力も必要だ。何か事が起きた時、とっさに反応するのではなく、反応の前に熟慮することも重要になる。他人の意見がどの程度正しいか、得られる証拠を基に評価する力、行動を起こす前にその結果を考えられる力、自分が置かれた状況のプラス面、マイナス面を把握する力、そして、物事の微妙な差異を見極める力や、自分の価値観を相対化する力なども不可欠だろう」

ここにあげられている力は、いわゆる頭の良さではなく、一般に「性格」と呼ばれるものに近いだろう。性格、あるいは人格と言ってもいい。人格は経験や努力によって育まれ、心の奥に刻み込まれるものだ。

時計と雲

サイエンスライター、ジョナ・レーラーの本には、哲学者カール・ポパーの「時計と雲」という理論を思い起こさせる記述が何度か出てくる。この理論において、時計は秩序の象徴であり、雲は無秩序の象徴である。秩序を持ったシステムである時計は、還元主義的な方法によって、その構造や仕組みを知ることができる。ばらばらに分解して個々の部品について調べ、部品どうしがどういう関係にあるかを見れば、かなりの程度、理解できるのだ。だが、無秩序な雲はそうはいかない。一つ一つが違っている上に、刻一刻と姿を変えていくために分析的に調べることは難しい。雲に関しては数字を使って記述するより、言葉を使って物語のように記述する方が、その本質がよく伝わるだろう。

レーラーも書いているとおり、現代科学では長らく、この世界のあらゆる事象を「時計」と同じように扱おうとしてきた。つまり、還元主義的、論理的な方法によって、すべての事象を理解することができると考えていたわけだ。人間の知性に関する研究は、まさにそういう発想で行なわれてきたと言える。IQテストが、知性の中でも比較的、安定していて、定量的に評価しやすい側面にばかり注目していることからもそれがわかる。性格など、雲のようにつかみどころのないことに注目する研究者はあまりいなかった。

IQテストで測れる知性は、決まった正解があるような問題を解くのに適している。だが、自分の目の前にあるのがどういう問題で、その問題への対処のためにどういう方法を用いればいいか、ということがわかるためには、IQテストでは測れない類の知性が必要になる。前述のキース・E・スタノヴィッチも言っているとおり、あらかじめ定められた手順に従って進めるような仕事に関しては、

ＩＱの高い人の方が低い人よりもうまくこなす。しかし、何も決まった手順がないような仕事の場合には、ＩＱが高くてもうまくこなせるということはない。どういう手順で進めるべきかを考える能力は、ＩＱテストで測れる知能とは別だからだ。ＩＱが高くても、仕事の手順がわからない限り、その賢さを発揮する機会は訪れない。

　ＩＱが高い人が、その他の能力も高いとは限らない。両者の間には弱い相関関係しかない。スタノヴィッチは次のように言う。「これまでに何度も調査が行なわれ、合計で何千人という単位の人について調べられたが、ＩＱの高さと、いくつかの好ましい思考態度（進取の気性、知識欲の強さ、など）の間には、弱い相関関係（相関係数〇・三未満）しか認められていない。また、いくつかの好ましい心的態度（誠実さ、好奇心の強さ、勤勉さ、など）との間の相関関係はほぼゼロだった」

　投資家と呼ばれる人たちは、その多くが非常に知能の高い人たちである。だが、彼らは時折、自滅的な行動を取ることがある。多くの場合、それは自らの知能に対する過信からの行動である。たとえば、一九九八年から二〇〇一年にかけて、投資信託「ファーストハンド・テクノロジー・バリュー」の年間総利回りは一六パーセントにも達していた。しかし、この投資信託の個人投資家はその間、平均で三一・六パーセントもの損失を出してしまった。一体なぜだろうか。それは、「自分は頭が良いので適切なタイミングで売買ができる」という自信が強すぎたせいだ。おかげで、せっかく高く売れたはずの日に売り逃し、みすみす安値で売る羽目になった。彼らよりずっと愚かなはずの人たちが、何もせず、ただ投資信託を持ち続けるだけで大儲けをしたのに、賢い彼らは大損をしたわけだ。

　中には、ＩＱは高いのに、定職に就くことすらできないという人もいる。シカゴ大学のジェームズ・Ｈ・ヘックマンらは、高校卒業者と、高校中退後にＧＥＤ（日本の高等学校卒業程度認定試験＝旧大検にあたる試験）を受けた人（いずれも大学へは進学していない）とで、後の就労状況を比較する調査を行なった。ＧＥＤを受験し、合格した人であれば、おそらく高校卒業者と知能という面ではほぼ同じのはずである。しかし、給与水準を比較すると、GED受験者は総じて高卒者よりも低いという結果になった。しかも、彼らの平均給与は、時間給にすると、高校中退者よりも低くなったのである。そうなった理由は、彼らに自発性や自制心といった、テストでは測れない資質が欠けていたからだ。GED受験者には職を転々とする人が多かった。就労率も、高卒者より低かった。

人類最高レベルの天才と、普通の人との違いを知るのに、IQテストはほとんど役に立たない。天才の能力は、IQテストの狭い枠をはるかに超えたものだからだ。まさに雲のようにとらえどころがない。たとえば、アルバート・アインシュタインは、科学的、数学的知能が高い人の典型のようにも見えるが、そういう見方は正しくない。彼はそれ以外にも、想像力や、視覚や身体的感覚を自在に駆使して問題に取り組んでいたからだ。彼自身は、ジャック・アダマールに対して「書き言葉にしろ、話し言葉にしろ、言語は、私の思考システムの中では何の役割も果たしていないようです」と話している。言語よりも大事だったのは直感である。はじめは、かすかな予兆のようなものが感じられる。それがやがてぼんやりとした像になり、次第に明瞭になっていく。その像をあれこれと操作したり、組み合わせたりするのだ。アインシュタインはさらに「私の場合、直感は視覚的なものになることが多いようです。それは時に非常に力強くなります」とも言っている。

物理学者、化学者のピーター・デバイも「私は絵でしか考えられない。何もかもを目に見えるかたちにするのだ」と言っていた。何かの問題に取り組んでいる時、彼には不明瞭な像が見えるのだという。問題が解決に向かうにつれ、像は次第に明瞭なものになっていき、問題がほぼ解決する頃には、数式に書くことができるようになる。聴覚を使う人もいる。視覚的な像が見えるのではなく、音が聞こえる。直感が音のかたちでやってくるのだ。感情を使う人もいる。デバイは「物を考えるのに、感情を駆使することもある。たとえば『こういう時、炭素原子は何をしたいと思うだろうか』というふうに炭素原子の気持ちを想像したりする」と言う。

知恵というのは、単なる知識の集積ではない。数多くの事実を記憶しているというだけでは十分ではないのだ。ある分野についての知識を多く持っているからといって、知恵があるということにはならない。知識を持った上で、その知識をどう扱えばいいかを知る必要がある。自信を持つことは大事だが、自分を過信してはいけない。時には冒険をしないと大きな成果は得られないが、単なる向こう見ずになってはいけない。それまで正しいとされてきたことでも、その正しさを疑わせるようなことがあれば、きちんと向き合う必要がある。常識が覆される可能性があることを絶えず意識しているべきだ。ハリソンは、そうしたことをまったく重要視していなかった。それが失敗の大きな原因だったのだろう。

旅立ちの時

エリカが共に働いていたのは、素晴らしい頭脳を持っているにもかかわらず、目の前の問題にうまく対処できない人たちばかりだった。彼女は時間が経つにつれて、彼らのそうした欠点に我慢ができなくなってきた。絶好のチャンスを活かすことができず、何度も同じミスを繰り返すのを見ると唖然としてしまう。エリカは自分が彼らとは異質であると感じた。それはこれまでにも何度か味わったことのある感覚である。異質だと感じるのは、もちろん、彼女の生い立ちが彼らとは大きく違うからだろう。肌の色が違うからでもある。そして、エリカが彼らと何より違うのは、人生の不条理な面に対する意識だ。彼女はチームの他のメンバーのように理詰めで物を考えない。理屈で割り切ることのできないこと、特に感情が人間にとって重要であることを認識しているからだ。エリカはある日、激しく怒りながら、ふと「自分は、このハリソンという人を救うため、神からこの地上に遣わされたのかもしれない」などと考えたりもした。もちろん、本気でそう思ったわけではないが、そう思えなくもなかった。

もし、そうだとすれば、神は彼女に大変な難題を押しつけたことになる。ハリソンは郊外に住むアッパーミドルクラスの家庭に生まれ、同じ階級の白人ばかりが集まる高校に通い、あとは一流の大学、ビジネススクールを出て、すぐに一流の企業に入ったという人である。いわば、ずっと温室の中にいたようなもので、外の世界の現実にはほとんど触れたことがない。自分と違った種類の人たちと接するのは、せいぜい高速道路のサービスエリアに寄った時くらいだ。こういう人たちの世界観は、人間は平等であり、同じ状況に置かれれば誰もが同じ行動を取るというような、単純で無邪気な前提に立つものである。確かに、誰もが彼らのように何不自由なく育ち、恵まれた暮らしをしているのであれば、その考え方の通りでいいだろう。世界が完全な秩序に従って動き、その秩序を外れることが何も起きないのなら、部屋の中に引きこもり、現実の世界に触れることなく学校で習った理論と数式だけを基に物を考えていても問題はない。

だが、世界は実際には秩序正しい場所などではないのだ。一体、何が起きるのか、予測がつかない。バーナード・マドフによる巨額詐欺事件、サブプライムローン危機、デリバティブ危機。どれも学校で習う理論を基に考えても予測のできないことだろう。「バブル」と呼ばれるような現象はどれも、皆が理性的、合理的に行動するのであれば発生するはずのないものだ。一時の熱に浮かされ、正常な判断力を失う人が多く出るからこそ発生する現象である。私たちは皆、霧の中をさまよっているようなものと言える。霧の中には、理解不能の強大な力が存在し、私たちの予測や計算など、簡単に吹き飛ばしてしまう。

慈悲深い神は、こんな無邪気な男のもとにエリカを遣わした。白人ではない、中国人とメキシコ人のハーフの小柄な女性を救世主として送り込んできたわけだ。エリカは上司や先輩たちを前にしてもひるむことはなかった。常に強硬な態度で、ハリソンやチームのメンバーたちの目を、整然としたプレゼンテーション資料から引き剝がし、下界の現実に向けさせようとしたのだ。そういうことができたのも、彼女の生い立ちのおかげだろう。彼女は混乱の中で育った。貧しい地域の現実も目の当たりにしてきた。幼い頃から日々、戦いという環境にいたので、戦いが身に染みついている。温室育ちの白人たちを、自分たちの慣れ親しんだ同類以外の人間に向けさせるのにふさわしい人材だった。人間は常に合理的に動くとは限らない、理性以外の隠れた力に動かされることもある。それを教えられるのは、まさにエリカのような人間だったのだ。有色人種の女性という不利な立場だからこそ強くなることができ、行儀の良い優等生とは違った強い態度をとることもできるようになった面もある。これまでのことは何もかも、彼女が救世主となるためだった、と考えようと思えば考えられなくもない。

とはいえ、やがてエリカは会社にいても退屈を感じるようになっていった。何かというといちいち皆で話し合うことも煩わしくなってきた。彼女は夜、長い散歩に出る。その時はあれこれと考えるのだが、次第に「もし、自分があの部署の統括を任されたら」、「もし自分の会社を持ったら」という空想をよくするようになった。歩きながら良い考えが浮かぶと、持っていたiPhoneに急いでメモする。たまらなく幸せな気分だ。自分はやがてすごいことを成し遂げる運命にある、そう思えた。ただ、しばらくすると、今の仕事を続けていても、想像を現実にするのは難しいと気づき、落ち着かなくなってきた。もはや前に進むしか道はなさそうだ。

エリカは、自らコンサルティング会社を立ち上げることを検討し始めた。はじめは、起業した場合のメリット、デメリットを冷静に比較していこう、などと思っていたのだが、どうしても気持ちが先走ってしまう。絶対に起業する前提でしかものが考えられないのだ。そのためメリットは過大評価し、デメリットは過小評価する。そして、起業の難しさも過小評価していた。

ハリソンに退社したい旨を告げると、彼女は即座に会社の立ち上げにかかった。とりあえず、自宅のダイニングテーブルが本社である。それからの彼女の動きは驚異的なものだった。熱狂の中にいたと言ってもいいだろう。次々に電話をかけた。昔、お世話になった先生など、自分を導いてくれた人たち。かつての顧客企業の人たち。ともかく、今後の助けになりそうな人すべてに連絡を取ったのだ。ほとんど寝る間もなく動いた。新会社のためにやるべきことが後から後から頭に浮かんできた。エリカはゆっくりと椅子に座って落ち着こうとした。今、大事なことは、生き残るために必要な狭い「ニッチ」を見つけることだ。ニッチはひとまず、たった一つでいい。だが、その一つを見つけないことには先へ進めない。それはよくわかっているのだが、自分を抑えることがどうしてもできなかった。脈絡もなく色々なアイデアが浮かんできてしまうのだ。彼女は解放感を味わっていた。もう他人の考えに沿って動く必要はない。これまでにない、まったく新しいコンサルティング会社を作るのだ。それは、深い意味で「人間中心」の会社である。一人一人の人間を単なるデータではなく、それぞれに独自の個性を持った存在としてとらえる。エリカは自分の成功を信じて疑わなかった。

11章　無意識の偏見——選択の仕組み

昔々のこと、ある商店主が一つの発見をした。商品の並べ方や、店の中の雰囲気を変えれば、顧客は無意識のうちにそれに影響されるということがわかったのだ。つまり、意図的に顧客の気持ちを操作することも可能ということだ。それ以来、小売に携わる人たちは、具体的な操作の方法をあれこれと模索してきた。たとえば、現在、スーパーマーケットなど食料品を扱う店では、野菜や果物のコーナーを入り口付近に配置するのが慣例になっている。最初に「ヘルシー」なものを買った客は、あとでジャンクフードをたくさん買いやすくなるからだ。

また、何かが焼ける匂いがすると、それに刺激されて買い物が進むこともわかっている。毎日、店内で生地からパンを焼く店が多いのはそのためだ。そうして、一日中、パンの焼ける匂いを店内に充満させるのだ。音楽をかけておくと、売上が増えることもわかっている。イギリスで行なわれた調査では、店内にフランスの音楽をかけると、フランス産ワインの売上が急増し、ドイツの音楽をかけるとドイツ産ワインの売上が急増するという結果が得られた。

ショッピングモールでは、出入り口近くに配置された店舗の売上があまり伸びない傾向にある。モールに入ってきたばかりの時点では、外にいる時とさほど変わらず、まだ買い物気分が十分に盛り上がっていないのだ。そのため、最初の何店舗かに置かれた商品は目に留まらない可能性が高い。デパートでは、女性ものの靴の売り場は、女性用化粧品売り場の隣にあるのが普通だが、これにも理由がある。靴売り場では、店員が客を置いてサイズ違いを探しに行くという場面が多くなる。その時、退屈した客があちこち見回すと、「あとで試してみよう」と思う化粧品が見つかる、というわけだ。

商品が横に並べられている場合、たいていの客は、右に置かれているものほど高級なのだろうと思うという。それは、ティモシー・ウィルソンとリチャード・ニスベットの実験の結果からもわかる。二人は、まったく同じパンティー・ストッキングを四本テーブルに並べ、被験者に「どれが高級だと思うか」を尋ねるという実験を行なった。すると、総じて右に置いたものほど高級と評価する傾向が見られた。右端の商品を最も高級と評価した人は全体の約四〇パーセント、右から二番目の商品を最も高級とした人は三一パーセントである。右から三番目、四番目を高級とした人は、それぞれ一七パーセント、一二パーセントにとどまった。被験者に尋ねたところでは、一人（心理学専攻の学生）を除いて全員が「置き場所に評価が影響されたとは思わない」と答えている。しかし、四つの商品がまったく同じものだと気づいた人はだれもいなかった。

レストランでは、連れの多い人ほど多く食べるという傾向がある。つまり、一人で来ている人が最も食べる量が少ないわけだ。一人ではなく、二人連れでレストランに来た人は、家での食事に比べ、約三五パーセントも多い量を食べるという。四人連れになると、家での食事の七五パーセント増、七人以上になると、家での食事の九六パーセント増になると言われる。

マーケティングの専門家はよく知っていることだが、一人の人が同時に二つの違った嗜好を持っていることは珍しくない。たとえば、「今すぐほしいもの」と、「いつかはほしいもの」では、同じ人でも大きく違っていることがあるのだ。映画についてのアンケートでは「ＤＶＤをレンタルして家で観たい映画はどれですか」という質問には、『ピアノ・レッスン』などの芸術性の高い作品の名前をあげる人が多い。だが、同じ人に「今夜、劇場で観たい映画はどれですか」と質問すると、『アバター』などの大ヒット作品の名前をあげることが多いのだ。

人は、大きな買い物をする時でさえ、自分のほしいものがどういうものかわかっていないことがよくある。不動産業者の間には、「客は嘘をつく」という格言がある。最初にほしいと言ったものと、実際に気に入って購入するものとはまったく違っていることが少なくないからだ。建設業者の間では、顧客の心はたいていの場合、ドアを開けてから二秒の間に決まってしまうことがよく知られている。カリフォルニア州の建設業者、キャピタル・パシフィック・ホームズでは、同社の最高級住宅を建てる際、ドアを開けてメインフロアに入った途端、窓から太平洋が見える作りにした。そして、下の階へと向かう階段からは、プールが見えるようにした。価格が一〇〇〇万ドルにもなる住宅だったが、入ってすぐに海やプールが見えるようにしたことで、売上がかなり向上したらしい。この場合は「入ってすぐに」という点が重要だった。その後に見えるものはあまり影響しないのだ。

苦闘の日々

エリカは、こうした人間の思考や行動の無意識のパターンに強い関心を抱いていた（多くの人は、この種のパターンが他の人には当てはまっても、自分にだけは当てはまらないと思うものだが、エリカもやはりそうだった）。そして、立ち上げたばかりの自分のコンサルティング会社で、この種の無意識のパターンに関するデータを収集してはどうかと考えた。特に、文化によるパターンの違いがよくわかるデータがあればよいだろうと思ったのだ。収集したデータを企業に販売すれば、いいビジネスになるはずだ。

彼女は早速、データを集め始めた。アフリカ系アメリカ人やヒスパニックの買い物行動はどうか、あるいはアメリカ沿岸部の住民と、内陸部の住民では行動パターンがどう違うかなどを調べていったのだ。特に興味を持っていたのは、高額所得者と低所得者の消費行動の違いである。かつては、金持ちの方が貧乏人より労働時間が短いというのが常識だったが、一世代くらい前から、この関係が逆転していると言われる。余暇に対する考え方も逆転しているという。下流から中流に属する人たちは、週末にテレビゲームをしたり、映画を観たりしてリラックスしたいと考える傾向にある。それに対し、富裕層の人たちは本を読んだり、運動をしたりして自分を向上させたいと考える。

データをある程度集めた後は、それを詳しく分析し、顧客に販売できるような形にまとめあげた。だが、新事業は最初の段階から、予期していた以上に大変だった。エリカは顧客になりそうな企業に手紙を書き、会ったことのある経営者には片っ端から電話をかけて、自分の会社を売り込んだ。しかし、反応はほとんどない。さすがに何カ月かその状態が続くと、人間性も変わってくる。人間が生きていく上で必要なものとしてまず思い浮かぶのは、普通であれば、食べ物や飲み物、睡眠、愛情、休養などだろう。だが、今、エリカに必要なものはただ一つ、「顧客」だけだった。何をしていても、何を話していても、考えるのはそのことばかりになってしまう。会う人会う人を顧客になり得るかどうかで評価してしまう癖もついた。顧客がつかないまでも、毎日、少しでも成果をあげようと焦っていたが、焦れば焦るほど、成果はあがらなくなる。不安のせいで悪循環に陥ってしまっていた。夜は十分な睡眠をとらなくては、と思うのだが、思えば思うほど眠れなくなる。少しでも顧客獲得につながる有益な情報を得ようと躍起になるが、慌ててかき集めたような情報はなかなか役には立たない。

エリカは元々が「フクロウ族」だった。多くの人は午前中に最も集中力が高まる。また、正午頃に最も集中力の高まる人が全体の約一〇パーセントほどだ。ただ、大人の約二〇パーセントは、六時以降に最も集中力が高まる人たちである。彼らがいわゆるフクロウ族というわけだ。エリカもその一人で、早寝早起きタイプというわけではなかったが、起業したばかりの時期は一晩中眠れないのだからさすがに異常である。時間の感じ方も前とは変わってきた。以前はもっと淡々と平和に過ぎていったはずの時間が今は、とんでもない勢いで過ぎ去っていってしまう。ガソリンスタンドに立ち寄った時には、いつの間にか「給油中に営業メールを何通送れるか」と考えている。エレベーターを待っている間にも、ポケットからiPhoneを取り出してメールを書き始める。食事も仕事用のデスクで済ませ、咀嚼《そしゃく》している間にメール書きだ。テレビや映画を観ることは一切ない。そのうち、肩や背中がひどく痛むようになった。夜中に何か思いついて急いでメモをとることがあるのだが、殴り書きなので、翌朝見ると自分の字がまったく読めない。

まさか自分が何のつてもない見込み顧客に飛び込みで電話をかけるようになるとは、まったく予想もしていなかった。そうして何度も無下《むげ》に断られるのだ。断られてしまえば、何も言えずそれを受け入れるしかなかった。大きな成功を夢見て始めた会社なのに、今はただ失敗する恐怖に駆られて色々なことをする状態になってしまっている。友人や元の同僚に、失敗したとは言いたくなかった。母親に「私は破産した」とは言いたくなかった。もはやその気持ちだけが彼女を動かしていたのだ。

アカデミー以来、エリカは常に前に進もうとする人だった。それなのに今は、前に進むことより、目の前の些細なことばかりが気になるようになってしまった。たとえば、顧客に提示する情報や、提案するアイデアなどを小さなバインダーにまとめていたのだが、ちょっと字が枠からはみ出していたり、バインダーの留め金が曲がっていたりすると、そのことばかり考えてしまう。もう何もかもが駄目なような気がしてくるのだ。

エリカは自分が販売しようとする商品を信じていた。消費者の行動には間違いなく隠れたパターンが存在すると信じていた。あとは企業が彼女の提供する情報に注目してくれさえすれば、きっと世界を変えられるはず、と思っていた。自分なら、顧客が世界をより深く理解する手助けができるはず、顧客を成功に導く力になれるはず、そう思った。しかし、行く手にはいくつもの障害が立ちはだかっている。まず問題だったのは、文化について話しても、相手がなかなか理解してくれなかったことだ。

文化が大切なものであることは、誰もが漠然とは認識している。「企業文化」という言葉をさも重大事のように口にする人はよくいる。とはいえ、では企業文化とは具体的にどういう意味かと尋ねられてはっきりと答えられる人は少ないのだ。予算や決算の数字を見る訓練は受けてきたけれども、社会学や人類学は真剣に学んだことがないし、学ぼうと思ったこともないという人がほとんどだからである。そんな彼らにとって、エリカの話は、まるでつかみどころのないものだった。

また、民族による文化の違いを語ること自体に拒否反応を示す人も多くいた。黒人や白人、都市のユダヤ人や地方のプロテスタント信者がそれぞれどのような消費性向を持っているかという話を、エリカのような中国人とメキシコ人のハーフがするのならばまだいい。だが、同じ話を白人の経営者がするとなると事情が変わってくる。彼らは、「そういうことは口にすべきではない」という教育を散々受けてきている。ちょうど、人種、民族は皆、平等であるという意識が急激に高まってきた時代に育ったからだ。特定のグループに属する人たち、とりわけマイノリティに属する人たちを一般化して考えることなど許されないし、そういう話をおおっぴらにするなど、とんでもないと思っている。そんなことをすれば自殺行為だ。キャリアが台無しになる。彼らもクリス・ロックのエスニック・ジョークに笑うことはあるだろう。エリカが文化による行動の相違について話せば、耳を傾ける人もいるかもしれない。しかし、自ら同じようなことを話すことは決してあり得ない。人種差別主義者との批判を受け、訴訟になったり、商品をボイコットされたりすることを怖れるからだ。民族や文化という言葉が出ただけで、恐怖のあまり部屋から逃げ出したくなる、そういう経営者は多い。

エリカがうまくいかなかったのは、起業のタイミングが悪かったせいもあった。脳科学への注目が急速に高まった時期と一致したのである。脳の活動の様子をカラーで映し出せるｆＭＲＩなどの存在が一般にも知られるようになり、ビジネスカンファレンスで盛んに講演をする脳科学者も現れた。そして「脳の研究が進めば、何をどう訴えれば商品を買ってもらえるのか、その秘密が明らかになる。

いずれトイレットペーパーでも、サプリメントでも自在に売れるようになる」そんなことを言うのだ。その脳科学者は、たとえば、こんな人物だ。身長約一八〇センチ、スキンヘッドで、学者らしくラフな服装で決めている。いつも、革のジャケットにジーンズ、ブーツで、小脇にバイクのヘルメットを抱えてカンファレンスの会場にふらっとやってくる。映画『グリース』から抜け出てきたようでもある。フィンランドのテレビ局の取材班がついて回っていることもある。脳科学者の人生を描き、彼の学説を伝えるドキュメンタリー番組を作るためだ。番組の中で彼が顧客にかけるなれなれしい言葉は、Tシャツに取りつけられた小型マイクがすべて拾う。マイクは、そのTシャツにはじめからついていて、永久に取り外せないようにも見える。

パワーポイントを使った彼のプレゼンテーションは磨き上げられ、まるでクロムめっきのような輝きを放つ。はじめに見せるのは、いくつかの「目の錯覚」の例である。実は大きさも形もまったく同じなのに、まったく違うものに見える二つの図形、一見、老婦人のようなのに、ちょっと見方を変えると帽子をかぶった若く美しい女性にも見える絵など。聴衆のビジネスマンたちは、目の錯覚の紹介が終わる頃には、そのあまりの不思議さにすっかり惹きつけられてしまっている。カンファレンスの各展示ブースに客寄せのために用意されたキーホルダーやトートバッグなどより、こちらの方がずっと魅力的だ。

次に脳科学者は、ｆＭＲＩの画像を見せ、左脳と右脳の違いについて、また反射的に動く原始的な爬虫類脳の仕組みなどについても話す。これは実は専門性が高く、短時間で簡単に「こうだ」と言い切れるような話ではないのだが、彼はあくまで派手に、わかりやすく、聴衆を飽きさせない見せ方をする。第一、ｆＭＲＩの画像だけでも、一般の人にとってはかなり衝撃的なものである。画像を見せながら脳科学者は「脳はオハイオ州を丸くしたような形をしています」などと言いながら、脳の構造を外側の層から順に説明していく。画像が切り替わるにつれ、彼は徐々に感情を高ぶらせていく。

「見てください。ペプシを一口飲むと、脳のこのあたり、オハイオ州で言えばクリーブランド、アクロン、カントンのあたりが活動し始めます。ほら、光っているでしょう」、「フリトレーのポテトチップを食べると、マンスフィールド周辺が光り、コロンバスのあたりでも少し活動が見られます」、「フェデックスのロゴを見せると、どうなるでしょうか。あ、デイトン周辺がオレンジになりました。トリードは赤くなっています！」

「朝食用シリアルを食べると、内側前頭皮質が活動します」彼はそう言い切る。そして、「CMにレブロン・ジェームズ（バスケットボール選手）を起用すると、運動前野腹側を活動させることができます！」、「ブランドを確実に覚えてもらうためには、腹側線条体を刺激する必要があります」、「感情が強く動いた時に見たものはよく記憶されるので、まずは感情に訴えることが大事です」というようなことを次々に言う。

　これは、いわば「セックスアピールのある科学」である。比較すると、エリカの文化の話は物事をはっきり言い切らないのでわかりにくい。脳科学者は、数百万ドルもする装置を使ってカラフルな画像を見せ、言っていることがすぐに目で見てわかるようにしている。それが大きい。画像を作成、表示するシステムや、画像を解析し、その結果を基に戦略を立てるサービスなども脳科学者が独占販売していることがある。そうしたシステム、サービスを利用することで、脳がどういう時にどういう活動をするかがわかり、その理解を基に効果的な販売戦略が立てられるというわけだ。もちろん、経営者は大喜びである。そういう状況の時に売り込みをかけたのだから、エリカがまるで関心を持ってもらえなかったは当然のことだ。経営者たちは皆、脳を操作して買いたい気持ちにさせるというアイデアに夢中になっていたのだ。エリカの提供しようとするものは、市場が求めるものとはずれていた。

　ある日、エリカは自動車部品メーカーのCEOと話をした。必死に売り込みをかけたが、一〇分ほど話したところでCEOが話を遮り、こう言った。「君の言いたいことはわかった。私も同じ意見だよ。でもね、君の話は退屈なんだ。取引をしたいとは思わないね」

エリカは咄嗟《とっさ》にどう返答していいかわからなかった。

「アプローチの仕方を変えてみたらどうかな。自分が何を売りたいかを話すじゃなくて、何がほしいかを私にきくんだよ」口説かれているのかな、とエリカは少し思ったが黙っていた。彼は話を続けた。

「どういう時に嫌な気分になるか。寝食を忘れて夢中になれるものは何か。できれば他人に代わりにやってほしいと思うのはどんな仕事か。そういうことをきくんだ。自分のことを話すんじゃなくて、相手のことを話すべきなんだよ」

どうやら口説かれているのではなさそうだった。教訓を与えてくれているのだ。結局、売り込みには失敗し、彼女は混乱した頭でオフィスを後にした。しかし、その日から何かが大きく変わった。今までは「良いものがあるから買ってほしい」というアプローチだったのが、「あなたの要望に応えるために動きます」に変わったのだ。まず、顧客がどういう問題を抱えているのかを探り、その問題を解決するために自分の集めたデータを利用する。顧客と会った時はまず「困っていることは何ですか。解決のために何かお手伝いできますか?」と尋ねるようになった。

エリカはある日、散歩に出て、色々と考えた。文化による消費性向の違いについてデータを集め、買ってもらおうとしたが、それには失敗した。しかし、脳科学者たちと同じようなことをしようとは思わなかった。科学を根拠にしているとはいえ、彼らのアドバイスはあまりに陳腐であることに気づいていたからだ。では、どうすればいいか。

「もう、やめてしまおう」とは一切、考えなかった。ペンシルベニア大学のアンジェラ・ダックワースが言っているとおり、成功した人間の多くは、遠い将来に達成すべき一つの目標を持ち、途中で何が起きてもその目標を追求し続けた、という人たちである。次々にあちらこちらへと関心が移ってしまう人は、そのどれに関しても人から抜きん出ることはできない。学校は、生徒に幅広い科目を勉強させる。だが、人生に成功するためには、何か一つ自分のすべきことを見つけ、それを生涯続けていくということが求められるのだ。

行動経済学

自分に必要なのは、顧客の問題解決に役立つ何かを提供することだ、とエリカは気づいた。自分の持っている専門知識は必ず問題解決に役立つはずだと思った。彼女は、人の関心の対象や意思決定の仕方が文化によってどう変わるかに関心を持ち、それをずっと調べてきた。そういう知識は市場価値を持つはずだった。あとは、自分の持っている知識をどう伝えるか、ということである。どういう言葉で語れば、ビジネスマンに理解してもらえるかを考えなくてはならない。基本的には、誰にでも馴染みのある言葉を使うべきだが、少し科学の要素も盛り込んだ方がいいだろう。そう思っていた時に彼女が出会ったのが行動経済学という学問である。

認知科学は近年、大きな進歩を遂げた。経済学者の中には、その成果を何とか自分たちの研究分野に活かそうと模索してきた人たちがいる。それが行動経済学者と呼ばれる人たちである。彼らは第一に、古典派経済学の人間のとらえ方を否定した。その一部、あるいはほぼすべてを「誤り」としたのだ。その点はエリカにとって非常に魅力的だった。古典派経済学者たちの頭の中では、人間は皆、洗練された、知的な存在である。常に穏やかで、何が起きても決して驚き慌てるようなことはない。すべての人が、頭の中に不思議なほど正確な世界のモデルを持っていて、そのモデルを基に次に何が起きるかを予測する。記憶力も信じがたいほど優れている。どういう状況においても、意思決定にどのような選択肢があるかをすぐに見抜き、個々にどういうメリット、デメリットがあるかも即座に判断できる。自分が何がほしくて何をしたいのかをよくわかっていて、矛盾した二つの欲求の間で揺れ動いたりはしない。何か道具を持っていれば、（それが何であれ）必ず最大限に活かすことができる。他人との結びつきはすべて何かの目的を伴ったもので、互いに相手のために何をするかはあらかじめ決まっており、一定の期間が経過すれば関係は解消される。その関係により期待された利益が得られなければ、それを解消して、また違う人間と関係を結び直す。誰もが完璧な自制心を持っており、自分にとって結局は害になるような衝動が湧いても必ず抑えることができる。周囲の雰囲気に影響されたり、群集心理に捕らえられたりすることなく、常に自分の利益、不利益を考え、自分の意志で決断を下すことができる。

実際にはそんな人間はどこにも存在しない。そのことは、古典派経済学者たちでさえ、すぐに認める。ただ、人間をこういうものだと仮定して物を考えると、実際の人間の行動をかなり正確に予測できるというのが彼らの主張だ。この仮定に基づけば、厳密な数学モデルを作ることも可能になる。そういうモデルがあれば、経済学が科学らしく見えることは確かである。モデルがあれば、「経済学は、心理学のような曖昧で混沌とした学問ではなく、物理学のように明確、冷徹で整然とした学問である」と主張することが可能になる。人間の経済行動についての法則を打ち立て、数式で行動を分析したり、予測したりすることもできるようになる。M・ミッチェル・ワールドロップはこのことについて次のように言っている。「理論経済学者たちにとって数学は、森の牡鹿にとっての角のような強力な武器である。その武器で互いに戦い、自分の縄張りを確立するのだ。角を使えない牡鹿など、存在しないのも同然だ」

行動経済学では、古典派経済学者の思い描く人間像を不正確なものとし、実際の人間の経済行動を予測するには役立たないと考える。この分野の先駆者となったのは、ダニエル・カーネマン、エイモス・トベルスキーという二人の心理学者だったが、後になって彼らの考え方を、リチャード・ターラー、センディル・ムッライナタン、ロバート・シラー、ジョージ・アカロフ、コリン・キャメラーといった経済学者たちが採用するようになった。彼らの特徴は、人間の意識下の認知に目を向けたという点である。そして、理性が感情によって大きく影響されること、自制心はあっても必ず発揮できるとは限らないことなどに注目した。人間の知覚は、先入観によって、また前後関係によって左右されやすい。集団で話し合った場合には、不合理な意思決定が下されやすくなる。そして、何より重要なのは、「人間はあまり未来のことを考えられない」ということである。未来の成功を犠牲にしても現在の満足を優先させる傾向があるのだ。

ダン・アリエリーは著書『予想どおりに不合理』の中で次のように書いている。「この本で紹介した研究から得られる教訓を一つあげるとすれば、それは、私たちは皆、ゲームの駒であり、駒が一体どういう力によって動かされるのか、私たち自身にもほとんどわからないということである。私たちは、普段、自分は自分の人生の運転席に座っていると思っている。どの方向に進むのか自分で決められると思っている。だが、残念ながら、それは現実とは違う単なる願望にすぎない。そうであってほしいと私たちは思っているが、本当はそうではないのだ」

行動経済学者たちは、人間が気まぐれに抱く直感を重要視する。直感が市場の動向などに大きな影響を与えるというわけだ。直感の中には、たとえば、公平感、公正感なども含まれる。会社員の給与は、市場原理だけで決まっているわけではない。人は、自分の仕事から見て公平、公正な額の給与をもらいたいと考える。それは経済原理と言うよりも道徳観によって決まる額である。経営者の側は、そういう払われる側の観念も考慮に入れて、給与を決定する必要があるのだ。

人間は、理性的、合理的と思われる行動からいつ、どのように、どの程度、逸脱するのかが行動経済学の関心事である。人間が合理的な行動を取れない、取らない要因は様々である。周囲の人たちからの圧力もあるだろうし、自分自身への過信、怠惰、自己欺瞞などが要因になることもある。何か商品を買った時に、「一定の金額を支払えば通常より保証期間を延長できる」と言われれば、余分なお金を支払って延長保証を受ける人が多い。その保証が必要になる可能性はまずなく、支払ったお金がほぼ確実に無駄になる場合でもそうする人が多いのだ。ニューヨーク州の保険局では以前、ファーストフード店のメニューボードのそばにカロリーの情報を提示すれば、客が摂取カロリーの少ない「ヘルシー」な食事をするのではないかと考え、その対策を実施した。しかし、実際には、客の摂取カロリーは、対策前よりも少し増える結果になってしまった。

古典派経済学者たちは、経済は常に平衡状態に向かう傾向にあると信じている。それに対し、行動経済学者は、人間の持つ感情や「野性の本能」のようなものの影響を重視する。自信や信頼、恐怖や強欲、そういうものがバブルや恐慌、グローバルな金融危機などにつながったと見るわけだ。行動経済学者の中には、古典派経済学の創始者たちがもし、人間の心の内部構造について今の我々と同じくらい理解していれば、経済学はもっと違ったものになっていたのではないか、という意見を持つ人もいる。

行動経済学の方が、自分が日々、目にしている現実をうまく説明できる、とエリカは思った。そして、行動経済学を学べば、自分が集めたデータについて、アメリカ中の企業に多くいるＭＢＡ取得者たちにとってわかりやすい言葉で語る方法がわかるのではないかとも思った。

ただし、エリカの考え方は、深いところでは行動経済学者たちとは違っていた。そもそも彼女の関心は経済学よりもまず、文化にあった。また、彼女は社会を一つの有機生命体だと思っていた。人と人とが複雑に関係し合い、その関係が発展することによって生まれるもの、と考えたのだ。行動経済学者は確かに理論だけでなく、人間の実際の行動に目を向けているのだが、それでもやはり経済学者である。古典派経済学者たちが無視していた人間の複雑さや誤謬などを考慮してはいるが、そうした複雑さや誤謬を予測可能なもの、体系的にとらえられるもの、従って数式でも表現できるものと考えている。エリカはその点に疑いの目を向けた。自分たちの都合のよいように事実を曲げているのではと思ったのだ。人間の行動は一定の法則には従わず、数式やモデルで表現できないと認めてしまえば、彼らの研究はもはや「経済学」とは呼べなくなる。経済誌に寄稿することも、経済学のカンファレンスに出席することもできなくなる。それが困るのではないだろうか。経済学ではなくなり、心理学に分類されるようになれば、学術の世界における序列が大きく下がってしまう。そういうことを恐れているのかもしれない。

とはいえ、あまり責めることもできない。仮に明確な法則に基づく冷徹な学問であるかのように装っているのだとしても、そうするだけの十分な理由はあるからだ。実のところ、エリカもその点ではあまり変わらなかった。見込み顧客に、科学への敬意が強い人が多いからだ。また、社会を一種のメカニズムと考えるよう教育を受けてきている人も多い。相手の考え方がそうなのであれば、こちらも多少は歩み寄らなければ話を聞いてはもらえない。

エリカは、文化を基本にした営業戦略を見直し、行動経済学を基本に据えることにした。その方がニーズもあるだろうし、顧客にとって魅力的に見えると思ったのだ。

ヒューリスティクス

エリカは、主要な行動経済学者の著書を何冊か読んでみた。それによると、ある状況で取るべき行動にいくつか選択肢があると思える場合、個々の選択肢の背後には、「選択アーキテクチャ」というものが存在するという。選択アーキテクチャとは、その人の決断の基準となる無意識の枠組みのようなものである。選択アーキテクチャは、「ヒューリスティクス」のかたちをとることが多い。ヒューリスティクスとは、「こういう時は、こうすればいい」という経験則のようなものである。確実にそれでうまくいくわけではないが、あまり考えなくてもかなりの程度、物事がうまく運ぶ。その時々の状況に応じ、以前、それと同じ、あるいはよく似た状況で得た経験則が選ばれ、適用されることになる。

これに関連する現象として「プライミング」があげられる。これは、先行する知覚が後の知覚、ひいては後の行動に影響を及ぼすという現象である。たとえば、被験者に高齢者に関わりのある単語（入れ歯、杖、白髪、など）をいくつか見せると、単語を見る以前よりも歩くのが遅くなるということが実験で確認されている。さらに、喧嘩に関わりのある単語（無礼、いら立ち、邪魔、など）をいくつか見せると、その後、会話の際に人の話に割って入ることが増えることも確認されている。

テストやスポーツの前に、誰かが良い成績をあげた話を聞くと、何も聞かなかった場合より結果が良くなるとも言われる。「成功、名手、勝利」といった言葉を言ったり聞いたりしただけでも、結果が良くなるという。雑学テストの前に大学教授についての話を聞かされると、そうでない場合より点数が上がるということもわかっている。大学教授ではなく、あまり教養に関係のなさそうな職業について話をされると、大学教授の場合より点数が下がる。その職業の持つ一般的イメージが影響するようなのだ。アフリカ系アメリカ人の生徒たちに、テストの前、「君たちはアフリカ系だ」と言って聞かせると、そうでない場合より点数が明らかに悪くなるという報告もある。アジア系アメリカ人の女子生徒に、数学のテストの前、「君たちはアジア系だ」と言うと点数が上がり、「君たちは女性だ」と言うと点数が下がる、という実験結果も得られている。

プライミングには色々なはたらきがある。何人かの学生にまず、自分の電話番号の最初の三桁を書いてもらい、その後に「チンギス・ハーンが亡くなったのは西暦何年だと思うか」と尋ねると、最初に電話番号を書かない場合よりも、三桁の年号を答える学生が増えるという（実際には一二二七年没）。

ヒューリスティクスに関連する現象としては他に、「アンカリング」があげられる。人間は、どのような情報も単独で処理することはない。情報はすべて他の情報との関係を考慮して処理している。あらゆるものは、他の何かとの比較によって評価されるのだ。そのように、他の何かを評価の基準にすることを「アンカリング」と呼ぶ。一本三〇ドルのワインは、一本九ドルのワインのそばに置かれていると高いと感じるが、一本一四九ドルのワインのそばでは安く感じる（ワインショップがほぼ必ず、まず誰も買わないであろう極めて高価なワインを店内に置いているのはそのためだ）。ある時、ビリヤード台を扱う店の店主が実験をした。ある週には、客にまず、店内で一番安い、三二九ドルの台を見せ、それから順に高い台を見せていった。その週に台を購入した人たちが使った金額の平均は五五〇ドルだった。次の週には、最初に三〇〇〇ドルの台からはじめて徐々に安い台を見せるようにした。すると、その週に台を購入した人たちが使った金額の平均が一〇〇〇ドルを超えたのだ。

その他には、「フレーミング」という現象もある。これは、たとえ同じ状況に直面しても、事前にどのような情報を与えられるか、またその情報がどういう形で与えられるかによって見え方が変わり、その後の意思決定にも影響を及ぼすという現象である。たとえば、同じ手術でも、医師に「失敗する確率は一五パーセントです」と言われるのと、「成功する確率は八五パーセントです」と言われるのとでは印象が変わる。前者の場合は手術を断る患者が増えるが、後者の場合は手術をしてくれという患者が増えるのだ。スーパーマーケットでスープ缶を買う時も、ただ普通に棚に並んでいるだけだと、一缶か二缶をカートに入れる人が多くなる。ところが、「お一人様一二缶まで」という但し書きがあると、カートに四缶、五缶と入れる人が増える。ダン・アリエリーはこんな実験をしている。彼はまず学生に、「自分の社会保障番号の下二桁を書くように」と指示した。その後、オークションに参加させた。すると、社会保障番号の下二桁の数字が大きい（八〇から九九の間）学生は、小さい（一から二〇の間）学生に比べて、商品が同じでも入札額が高くなる傾向が見られた。同じワイヤレスキーボードへの入札額が、前者は平均で五六ドルだったのに対し、後者では平均一六ドルになった。それ以外にもいくつもの商品に入札してもらったところ、前者の入札額は後者の入札額の二・一六倍から三・四六倍という結果になったのである。どうやら、社会保障番号の下二桁の数字が、意思決定の枠組み（フレーム）として使用されたようなのだ。

事前に何かを予期することも、その後の判断や意思決定に影響を与える。人間はすでに得られている情報を基に、頭の中でこれから起きるであろうことを大まかに思い描く。その時、何をどう、思い描いたかで、実際に起きたことの見え方、感じ方が変わるのである。たとえば、ハンドクリームを「これは痛みに効くよ」と言われて渡されれば、頭の中に「塗れば痛みに効くだろう」という予期が生まれる。予期していれば、たとえそれが単なるハンドクリームであっても、痛みが少し和らいだように感じる。同じ鎮痛剤を処方されたとしても、一錠二ドル五〇セントと言われた場合と、一〇セントと言われた場合では、前者の方が鎮痛効果が高いと感じるようだ。仮に鎮痛剤が実際にはプラシーボ（偽薬）であったとしても結果は同じになる。ジョナ・レーラーはこれについて「人間は、自分の予期したことを自ら実現しようとする」と書いている。

「慣性」という要素も重要である。脳は倹約家だ。認知に費やすエネルギーをできるだけ節約しようとする。人間に「現状維持のバイアス」があるのはそのためだ。誰もが、今の状態は永遠にそのまま続くはず、という偏見を持っているのだ。現状がそのまま変わらないのであれば、外界から多くの情報を取り入れる必要はなく、認知のエネルギーを節約できる。ＴＩＡＡ‐ＣＲＥＦ（米国大学教職員退職年金／保険基金）は、主として大学の教職員向けの年金や保険を扱う保険会社だが、調査によれば、利用者のほとんどは一度決めたプランを二度と変更しないという。それがたとえどういうものだろうと、最初に契約したプランに固執し、まったく見直そうとはしないのだ。

性的興奮も価値判断や意思決定に影響を与える。性的に興奮した状態になると、物の見方や考え方に変化が起きるのだ。そのことは、南アフリカの銀行が、ハーバード大学の経済学者、センディル・

ムッライナタンとともに実施した実験でも確かめられている。顧客に融資の提案をするダイレクトメールを何種類か用意し、どれが最も効果があるかを調べる実験だ。ダイレクトメールはそれぞれ、使う写真や、ローンの利率を変えるなどして違いを持たせた。それでわかったのは、顧客が男性の場合、微笑んでいる女性の写真を使ったダイレクトメールへの反応が良いということだ。微笑んでいる女性の写真は、ローンの利率を五パーセント引き下げるのと同じくらいの効果をもたらしたのである。

ダン・アリエリーは、性的に興奮した状態（どういう状況かは詳しく書かない。詳しく知りたい人はあまりいないだろう）にある男性と、そうでない男性に、同じ質問をして、答えてもらうという実験をしている。「嫌いな相手とのセックスでも楽しめるか」という質問に、「楽しめる」と答えたのは、性的に興奮していない男性の場合は全体の五三パーセントだったが、性的に興奮した状態の男性の場合は全体の七七パーセントにのぼった。「一二歳の少女とのセックスを想像できるか」という問いに「できる」と答えたのは、興奮状態にない男性では二三パーセントだったのに対し、興奮状態の男性では四六パーセントにもなった。また「デートの相手にセックスを迫って、断られた場合、すぐにあきらめるか」という質問に「あきらめない」と答えたのは、興奮状態にない男性では二〇パーセントにとどまったが、興奮状態の男性では四五パーセントになった。

「損失への嫌悪」もヒューリスティクスに関わる。何らかの理由でお金を失うことによる苦痛は、お金を得ることによる喜びよりも大きいということがわかっている。前述のダニエル・カーネマン、エイモス・トベルスキーは、賭けについて多くの人に質問をしている。賭けの条件がどういうものなら受け入れられるかを尋ねたのだ。すると、たとえば四〇ドルを受け取れる可能性がある賭けであれば、だいたい二〇ドルくらいならば失う危険を冒してもいいという答えが返ってきた。損失への嫌悪の強さは、投資家の行動にもよく表れている。投資家は、株価が上がっていて「今売ると得をする」という時の方が、株価が下がっていて「早く売らないと損失が大きくなる」という時よりも早く株を売る。これは自滅的な行動であり、結果的にみすみす損を増やすことになるのだが、なぜこういう行動を取るかというと、「損が出ている」ということを認めたくないからだ。損失を認めることは大きな苦痛を伴うのである。

再出発

エリカは行動経済学を学び、人間の持つ無意識の偏見に関連する語彙を徐々に増やしていった。ただ、行動経済学もやはり、現実社会から離れた大学のキャンパスの中で研究される学問なので、その知見をそのままコンサルティングのビジネスに活かすというのは難しい。企業の役員室で話して興味を持ってもらうには工夫がいる。一種の翻訳作業が必要、ということだが、その翻訳をどうすべきか、具体的な方法を見つけ出さなくてはならなかった。

貯金が目減りしていく中、エリカは何週間も翻訳について考え続け、メモにあれこれと書いていった。自分の書いたメモを読んでいくうち、彼女は重大なことに気づいた。それは「私には無理だ」ということである。自分にできないとしたら、誰かできる人に頼むしかないだろう。学術的な知見を現実の社会にうまく応用できる人を探さなくてはならない。

彼女はあちこち尋ねて回った。コンサルティング業界の友人たちにもそういう人がいないかきいた。メールも大量に送り、フェイスブックにも人材を募集している旨を投稿した。そして、ついに友人の友人を介して、良さそうな人を見つけることができた。すぐに入社が可能ということだし、給与などの条件も折り合いそうだ。その人こそ、物語のもう一人の主人公、ハロルドだった。

12章　自由と絆——二つの幸せ

生まれてから一八年の間、ハロルドは常に「今、自分は何をすればいいか」が明確になっている人生を歩んできた。両親の監督、指導が過度とも言えるほど行き届いていたからだ。学校ではまず良い成績を取ればいい、というのは明らかだったし、スポーツも代表選手としてチームを勝たせればよかった。そうして、とにかく、周囲の大人が喜ぶことをしていれば何も問題はなかったのだ。

そこにテイラー先生が現れた。彼女は、それまで単純だったハロルドの人生に、「ひだ」のようなものを加えてくれたのだ。目の前の目標だけを見るのではなく、もっと広い視野で物事を考えることの大切さを教えてくれた。世界史理論に興味が向くようになったのも先生のおかげである。様々な事象を世界史的な視点で見れば、自然に広い視野で物事をとらえることになる。時には、あまりの壮大さに圧倒され、混乱して、困った状況に陥ることもあったが、彼が大きく変わり始めたのは確かだ。

大学に入ると、ハロルドはまた新たな発見をした。それは、自分が意外に「面白い」人間だということである。大学というところには、二つの世界が存在した。一つは、昼間の世界だ。そこは履歴書に書けるような実績や資質が重要視される世界である。教師が喜ぶことが最良とされる世界だ。ハロルドはその世界ではあまり目立たない存在だった。「自分がどれだけ多くの課題をこなさなくてはならないか」という話題が会話の大半を占めており、ハロルドはとてもその中には入っていけなかった。

もう一つの世界、それは夜の世界である。皮肉の効いた、とても品が良いとは言えないユーモアが支配する世界だ。そこでは、社会的な業績など何の意味も持たない。何より称賛されるのは、面白いことを言える奴だ。面白ければ面白いほどいい。

ハロルドと友人たちは、ユーモアのセンスを互いに競い合い、鍛え合っていた。日々、あらゆる種類のジョークを繰り出し合うのだ。風刺的なものもあり、不謹慎なものや、自虐的なものもあった。モノマネを披露することもあった。それも単純なモノマネではなく、少しひねった感じのシュールなものが多かった。言葉だけを聞くとかなりひどいことを言い合ってはいたが、もちろん、本当にそのとおりのことを思っているわけではなく、それが仲間であることを確認する手段だったのだ。そして、きついジョークを多く言えるほど、仲間内での地位が上がった。

彼らはいつもＹｏｕＴｕｂｅなどで、辛辣で笑えるジョークがないかを探していた。皆でコーエン兄弟の映画や、『アメリカン・パイ』シリーズの映画の文化的重要性について話し合ったりすることもあった。その他、少しの間、有志の人たちが無償で「よってたかって」一つのソフトウェアを作り上げる、いわゆる「オープンソースソフトウェア」のプロジェクトに関心を寄せたことがあった。これまでにない、人間関係の新しいあり方ではないかと感じたのである。「有名になるのなら、どのくらいがいいか」というような話もした。ブラッド・ピットくらいか、それともセバスチャン・ユンガーくらいか。音楽は、ただ聴いて楽しめるというものより、それについて話ができるようなものを皆、好んだ。ネオ・ハウスや、レトロ・エレクトロ・ファンクなど、知的な雰囲気のものがよかったのだ。聴く音楽も自己演出の一種だった。音楽に限らず、一般の人たちとは違ったマニアックなものや人に関心を向ける。大学の勉強とは別に、インターネット上で何カ月も探し回って見つけたようなものにのめり込むのだ。ハロルドやその仲間が強い関心を示した人の例としては、オランダの過激な交通研究家、ハンス・モンデルマンなどがあげられる（信号や標識をなくした方が交通は安全になる、という主張をしている人物）。

もっと前の世代であれば、先鋭的な学生たちは、映画評論家のポーリン・ケイルや、映画監督のイングマール・ベルイマンなどについて議論を戦わせたかもしれない。しかし、ハロルドたちの世代は違う。彼らは、文化や芸術ではなく、テクノロジーこそが社会を大きく変革すると考える。幼い頃にｉＰｏｄと出会い、そのままｉＰｈｏｎｅ、ｉＰａｄにもごく若いうちから慣れ親しんできた彼らにとっては、そう考えるのが自然だったのだ。もし、スティーブ・ジョブズがｉＷｉｆｅ（ｗｉｆｅ＝妻）という製品を世に出したとしたら、発売日に購入（結婚）しただろう。単に、アーリーアダプターだというだけではない。「アーリーディスカーダー（early discarder＝早く捨てる人）」でもある。飛びつくのも早いが、捨てるのも早いのだ。いくら夢中になったものでも、社会に広まり、主流になってしまえばすぐに捨てる。チタンのネックレスに凝ったのは一四歳の頃だが、すぐにやめた。大学に入る頃には、家具をユーモラスなものにすることに凝った。ただし、ガムボールマシン（ガムの自動販売機）を部屋に置いたりするのは嘲りの対象になった。逆に、飛行機の客室乗務員が使うサービスカートを家でリッカーキャビネットにし、お酒を入れていたりすると感心された。

　ハロルドのユーモアセンスは総じてなかなかのものだったが、ルームメートの存在のおかげでそれが目立たなくなった。大学の寮で最初にルームメートになった男だ。高校での成績は良くなかったが、ＳＡＴの点数は良かった。名前は、マークという。ハロルドが初めて寮の部屋に入ってきた時、マークはすでにそこにいた。映画『欲望という名の電車』でマーロン・ブランドが着ていたような、袖のないアンダーシャツを着て、汗だくになっていた。

　マークはロサンゼルス出身で、一メートル九〇近い長身、筋肉質で、ハンサムな顔は少し浅黒かった。いつも、三日くらい伸ばしたままにしているような汚いあごひげを生やしていて、髪もぼさぼさの状態だ。アイオワ大学の創作講座にいる作家の卵たちによくいるようなタイプだ。体格はがっしりしているが神経は繊細という感じ。彼はすでに部屋にスライディングボードを持ち込んでいた。深夜、急に思い立ったらすぐにエクササイズができるように、ということだ。ベッドも自前のものを持ってきていた。寮の備えつけのベッドに寝る気はないらしい。独身者こそ、ベッドに投資すべき、という考えだったようだ。

マークは笑いのためであれば、自らを貶《おとし》めることも厭わなかった。また、自分の人生を一種の「ピカレスク小説」のようなものにすべく、演出しているところがあった。平穏な日常を送るのではなく、アドレナリンが大量に放出されるような日々を求めていたのだ。たとえば、一年生の時には経験もないのに、アマチュアボクシングの大会である「ゴールデングローブ」に、「コーシャー・キラー（ユダヤ人殺し）」という名前でエントリーした。エントリーしたにもかかわらず、試合に向けたトレーニングはしないのだ。ただ、ボクシングのことを書くブログを立ち上げただけである。試合の日、彼は葬儀屋の格好をしたリングガールを伴って現れた。リングガールたちは彼を入れる棺を運んで来た。試合開始後、わずか八九秒でマークはKOされたが、テレビのローカルニュースで散々取りあげられた彼はすでに地元の有名人になっていた。

テレビのオーディション番組『アメリカン・アイドル』に挑戦したこともある。カイトサーフィンを始め、そのおかげで、NBAチームのオーナーと知り合いになったりもした。フェイスブック上には四〇〇〇人もの友達がいて、夜は主にその人たちとあれこれやりとりをして過ごす。彼はとにかく自身の言う「濃い生活」を送るべく努力していたのだ。血が沸き立つようなすごいことを常に探していた。

ハロルドは、ルームメートの言うこと、することをどの程度、真面目に受け止めるべきかいつも迷っていた。マークは部屋のあちこちに付箋《ふせん》紙を貼る。付箋紙には「やれ！　体を売る気になれば何でもできる！」という具合に、少々、下品なスローガンのようなものが書かれていた。自分を励ましているようでもあるし、単にふざけているようでもある。彼には何でもリスト化する癖もあった。これまでに寝た女性のリスト、裸を見たことのある女性のリスト、彼を殴った人間のリストなど。無実の罪で社会奉仕活動をさせられた知人のリストなどもあった。一度、部屋の中に雑誌『メンズ・ヘルス』が置いてあるのを見つけたことがある。中を開けてみると、肌荒れに関する記事に「まったくだ！　そのとおり！」という書き込みがあった。何やらよほど共感するところがあったらしい。

高校時代、仲間内のリーダー的存在だったハロルドだが、今やマークのフォロワーになっていた。小説『グレート・ギャツビー』で言えば、マークがギャツビーで、ハロルドは語り手のニック・キャラウェイということになる。かつては自分が人を引っ張っていたのに、引っ張られる立場になった。迷いの多い若い時期に、マークという驚くべき存在に大きく影響されたのだ。いつでも躁状態のようなエネルギーに満ちたマークのあとを追い駆け、少しでも楽しさを共有しようとした。

作家のアンドリア・ドンデリは、人間には、何か困ったことがあった時、「他人に助けを求める人」と「自分で何とかしようとする人」の二種類がいる、と言っている。前者は、人に何かを頼むことをまったく恥ずかしいことだとは思わない。頼んだ結果、断られても特に何も感じないのだ。招待されないのに自分から申し出て他人の家を訪ね、一週間くらい滞在することもできる。お金や車も平気で貸してくれというし、時には恋人を貸してくれなどと言い出す。頼むことを良くないことだとは一切、思っていない。また、断られても怒り出すようなことはない。

一方、自分で何とかしようとする人は、頼みごとが好きではない。他人の頼みごとを断ると罪悪感を覚える。彼らが頼みごとをするとすれば、答えが一〇〇パーセント、「イエス」であると確信がある時だけだ。他人の頼みごとを断る場合、直接「ノー」と言うことはない。あれこれ言い訳をしながら、遠回しに断りたいということを伝える。頼みごとは、されるにしろ、するにしろ、精神的に大変な負担になり、人間関係を危機に追い込む。

マークは「助けを求める人」であり、ハロルドは「自分で何とかする人」であった。この違いが、時折、二人の間に問題を引き起こした。ハロルドは自己啓発本の類に手を伸ばしそうになることもあった。自己啓発本の中には、突き詰めれば「自分で何とかする人」が「助けを求める人」に変身する方法を書いているものが多いからだ。だが、ハロルドが実際にそういう本を読むことはなかった。その一点を除けば、マークは一九歳の若者にとって非常に魅力的な存在だった。いつも上機嫌で、いつも動き回っていて、いつも人を楽しませる。若者の活力の象徴のようだ。大学を卒業した後には、すぐにそのまま世界一周の旅に出かけてしまった。これから自分の人生をどうするか、などということは何も考えていない。ただ、非常に早いうちから、自分は何らかのかたちで文化に貢献する立場の人間になる、そういう運命だと信じてはいた。映画、テレビ、デザイン、ファッションなど、様々なジャンルの文化のために自分の感受性を活かす。そうすれば、世界中から感謝されるはずだと信じていたのである。

卒業式の前日、マークはハロルドに声をかけた。「旅に出ている間、僕のアパートに住まないか?」そう言われて、後の数年間、ハロルドはその場にいない男とルームシェアをすることになった。マークは何カ月か留守にしたかと思うと、時々、ふらりと帰ってきて、ヨーロッパで出会った女性の話など、面白い土産話をあれこれと聞かせた。

ハロルドは大学卒業後、大学院へと進み、グローバル経済学や国際関係学などを学んだ。さらにその後は就職活動をしたわけだが、彼は面接をうまくこなすことができた。コツのようなものをつかんだのである。ただ礼儀正しく、上品で控えめな態度をとっているだけではなく、「夜の世界」の顔を少し見せることが大事だった。あえて、やや不遜な態度を取ったのだ。同じような応募者ばかりで退屈している面接官は必ず気に入ってくれた。少なくとも、ハロルドが本当に働きたいと思っていたところの面接官は皆、そうだった。

大学院卒業後のハロルドは、しばらくの間、はっきりとした目標のないまま何となく過ごしていた。

少しでも良さそうなことには何でも手を出した。いくつものNGOで社会奉仕事業に携わったこともある。その中には、たとえば、発展途上国に良質な飲料水を提供する団体などがあった。すでに高齢になったロックスターが設立した団体である。だが、やがて、団体のプライベートジェットで世界各地を飛び回る活動にも飽きてきた。そこで次に志したのが雑誌の編集の仕事である。ハロルドは、『ザ・パブリック・インタレスト』、『ザ・ナショナル・インタレスト』、『ジ・アメリカン・インタレスト』、『ジ・アメリカン・プロスペクト』、『フォーリン・ポリシー』、『フォーリン・アフェアーズ』、『ナショナル・アフェアーズ』など、数々の雑誌の求人に応募し、幸い、そのうちの一つに採用が決まった。編集者になった彼は、互いに矛盾する言葉を組み合わせたフレーズをいくつも考え出し、それを基づく記事を次々に作っていった。フレーズの例としては、「現実的な理想主義」、「道徳的な現実主義」、「協調的な単独行動主義」、「利己的な多国間協調主義」、「単極性の防衛的覇権」などがあげられる。記事はどれも編集主幹に頼まれて作ったものである。編集主幹は毎年、ダボス会議に参加していたが、これまであまりに多くのセッションに出すぎて、少し頭が混乱しているところがあった。

一見、面白そうな仕事だが、煩雑な調査作業が多く必要で、面倒な上に退屈だった。大学時代はゼミで、トルストイやドストエフスキーについて語り、「悪とは何か」というような高度な問題について激しい議論を戦わせていたのに、社会に出たら、資料を大量にコピーするだけに長時間を費やす日々を何年も送ることになってしまった。

コピー機の前にいると、思わず眠ってしまいそうになる。それを必死にこらえるのだ。結局、色々な資料を適当につなぎ合わせて、間に合わせの記事を作っているだけだ。会社や雑誌を運営しているのは、すでに腹の出てきた中年の大人たちである。彼らは安定した仕事を持ち、社会的な身分も確保している。だが、彼らの手足となって雑誌を実際に作っている若者たちは、身分も不安定で、記事の内容を事実と照らし合わせるような面倒な仕事はすべて引き受けさせられている。また、若い人たちにはセクハラなどの危険もつきまとう。

ハロルドの両親は、徐々に心配になり始めていた。社会に出て何年も経つというのに、まだ進むべき道が定まっていないように見えたからだ。ただ、ハロルド本人の心情はもっと複雑だった。第一に、まだ道を決めたくない、落ち着きたくないという気持ちが強かった。まだ大人になりたくない、と思ったのだ。彼の友人も皆、同じような感じだった。もっといい加減な生き方をしている奴もいた。とにかく職を転々とする。少しの間、教師をしていたかと思えば、派遣社員になったり、バーテンになったりする。そんなふうに、ふらふらと二十代を過ごしていた。住む場所も次々に変わる。街から街へと移り住むのだ。一貫性がないので、次にどこへ行くのかまるで予測がつかない。服を着替えるように、住む場所と職業を変えているような具合だった。仕事や場所を変えることで、次々に違う自分になろうとしているようにも見えた。新しい自分になっても、それに少し慣れると、また新しい土地に行こうとする。ある調査によれば、アメリカ人でも若い層は、「ロサンゼルスに住みたいか」と尋ねられれば約三八パーセントが「住みたい」と答えるという。だが、中年以上のアメリカ人の場合は、「ロサンゼルスに住みたいか」と尋ねられて「住みたい」と答える人はわずか八パーセントほどだという。ハロルドの友人たちは、ある年はサンフランシスコにいるかと思えば、次の年はワシントンDCにいるという状態だった。変わらないのはメールのアドレスくらいで、他はすぐに変わってしまう。

しかし、一方でハロルドには、自分の人生がこれからどうなるのかを知りたいという気持ちも強くあった。いつの日か、天職と言える仕事が見つかることを夢見てもいた。そんな仕事が見つかれば、もうあちこち移動する必要はなくなるし、自分の人生に意味が生まれるだろう。彼は、人生に何か「テーマ」のようなものがほしいと願っていた。テーマがあれば、人生に起きるいくつもの出来事が一つにつながる。今、起きていることは、その前に起きたことにも、その後に起きることにも関係がないと思うと、辛いこともあるが、そういう気持ちがなくなるのだ。彼は、いつか何でも知っている「人生の師」のような人が目の前に現れることも夢想していた。その人が自分を前に座らせ、どう生きるべきか、なぜここにいるのかを教えてくれないかと願っていた。しかし、そんなモーセのような人は決して現れなかった。もちろん、現れるはずもない。それに、実際にやってみるまで、どの仕事が天職なのかは決してわからない。やってみなければ自分に向いているかどうかは絶対にわからないのだ。どんなことでも、実際に試して自分の目で確かめるのに代わる方法はない。頭で想像することは代わりにはならないのである。

ハロルドは、自分でもあまり良いとは思えない方向に自分が変わっていくのを感じていた。自分の知識や感性を他人にひけらかすような、鼻持ちならない人種になり始めていたのだ。まだ、ほとんど何もしていないのに、少なくとも感性や審美眼は優れているはずと思い、それを誇りにしていた。彼は、何かの道で成功した有名人の人格的な欠陥をあげつらって笑いものにするコメディ番組をよく見ていた。まだ立場が定まらず、不安に駆られている彼のような若者たちの気持ちにつけ込んだ番組だ。

そうかと思えば、彼は、恥じることなく上の立場の人間のご機嫌を取ることもあった。会社の主催するパーティーに出た時などは、上司に気に入られるべく、あちらこちらへと奔走した。人は出世すればするほど、人からおだてられたくなるものだ、ということにハロルドは気づいていた。おだてられないと、精神の平衡を保てなくなってしまうのである。彼は、偉い人をおだてるのがとても上手であった。

たとえ上司をおだてたとしても、それが昼間、会社にいる時であれば、誰にも軽蔑はされないということもハロルドは知っていた。夜、同僚と飲みに行く時に悪口を言い、心から軽蔑しているのだということを皆にわからせればいいのだ。大学の同窓生の中には、四年間、友達もおらず、いつも一人でテレビを見ていたのに、今やハリウッドで注目の若手プロデューサーとなり、将来を約束されているような者もいた。そういうことにハロルドはとても驚いていた。大人の世界は彼にとって本当に不思議だった。一筋縄ではいかない。

人生の区分

人生はかつて、大きく幼児期、思春期、成年期、老年期の四つの時期に分けられるとされていた。しかし、現在、人生は少なくとも六つの時期に分けられると考えられる。たとえば、幼児期、思春期、冒険期、成年期、引退後の活動期、老年期、というふうに。ハロルドはちょうど、最近になって増えた冒険期に入っているようだった。冒険期は、思春期から成年期に移る前にあれこれと迷い、さまよう時期である。

その人が成年期にいるかどうかは、四つの基準で判断できる。親の家から出ているか、結婚しているか、家族を持っているか、経済的に独立しているか、である。一九六〇年代には、七〇パーセントのアメリカ人が三〇歳までにこうした条件を満たしていた。しかし、二〇〇〇年には、この比率が四〇パーセント未満にまで下がった。この傾向が最も早く進む西ヨーロッパ諸国では、さらに比率が低くなっている。思春期と成年期の間にもう一つ別の期間があることは、この数字からも明らかだ。

別の期間の存在を裏づける数字は他にいくつもある。ジェフリー・ジェンセン・アーネット著『新しい大人（*Emerging Adulthood*）』、ロバート・ワスナウ著『ベビーブーマー以後（*After the Baby Boomers*）』、ジョセフ・アレン、クローディア・アレン著『終わりなき思春期からの逃亡（*Escaping Endless Adolescence*）』といった本に例があげられている他、ブルッキングス研究所のウィリアム・ガルストンなどもその種のデータを集めている。

同棲する人は増えるが、結婚する年齢は遅くなっている。その傾向は世界中で共通して見られる。

一九七〇年代初め、結婚前にパートナーと同棲するアメリカ人は全体の三割にも満たなかった。ところが、一九九〇年代には、それが六割を超す。フランス、ドイツ、オランダ、イギリスでは、一九八〇年から二〇〇〇年の間に初婚年齢の中央値（メジアン）が五歳から六歳上がっている。ごく短期間に、驚くべきライフスタイルの変化があったことがわかる。一九七〇年には、二五歳のアメリカ人のうち、一度も結婚していない人は全体のわずか二割にすぎなかった。しかし、二〇〇五年になると、二五歳のアメリカ人で一度も結婚していない人が約六割にも達している。

ロバート・ワスナウも書いているとおり、先進国においては、発展途上国に比べ教育に長い時間を要しており、学校を卒業して社会に出る年齢が高くなっている。また、就学期間は世界全体で長くなる傾向にある。二〇〇〇年と一九七〇年を比べると、平均の就学期間は約二〇パーセント長くなっている。

こうした変化は、いくつもの要因が絡み合って生じた。まず一つは、寿命が長くなったことである。そのため、自分の進む道を決めるまでの時間を長く持てるようになった。経済が以前に比べて複雑になったことも要因の一つだ。それにより、職業選択の幅が広がった。選択肢が多い分、その中から自分に合ったものを選ぶのに時間がかかるようになったのである。社会の分断が進んだことも要因にあげられる。ある集団、コミュニティに属すると、心理的な壁ができ、他との接触があまりなくなる。それだけに、どこに属するかを決めるのに時間を要することになる。女性が以前に比べて高い教育を受けるようになり、フルタイムで働く人が増えたことも変化の大きな要因となっている。アメリカの場合、家の外で年に五〇週間働く女性は、一九七〇年の時点で全体のわずか二六パーセントにすぎなかった。二〇〇〇年には、この数字が四五パーセントに上がっている。フルタイムで働く女性は必然的に、結婚して家庭を持つことを先に延ばしたいと考える、あるいはそうせざるを得ないと考える。少なくとも、仕事上である程度の地位を固めないうちは無理だと思うのだ。

また、現在は、若い人が「大人」というものに対して、相反する感情を同時に持つようになっている。ジェフリー・ジェンセン・アーネットも書いているように、身分が保障され、生活が安定するという意味では、彼らも大人になりたいと思う。その一方で、同じことを繰り返すだけの日常を送りたいとは思わない。行動の自由を制限すること、夢に限界を設けることもよしとはしない。

ハロルドやその友人たちも例外ではなかった。彼らの人生に対する考え方は、かつての若者たちとは大きく変わっていた。少し前の世代であれば、若者はまず結婚をし、その後は二人で行動を共にすべき、と考えた。二人で世界の中での自分たちの居場所を固めていくべきと考えたのだ。しかし、ハロルドたちの世代は、それとは違う考え方をしていた。彼らは、まず自分の居場所を固め、安定を確保し、経済的にもゆとりができてから、その後に結婚をする、という考え方だったのだ。

彼らは何も従来の価値観をすべて否定しているわけではなかった。安定した収入を得て、結婚して郊外の家に住み、子供を二人設けるという暮らしをしたい気持ちもあった。親は子供のために自らの幸福をある程度、犠牲にすべき、という気持ちは、過去の世代よりハロルドの世代の方が強いようでもある。ただ、彼らは平和で、（総じて）経済的に豊かな時代に育っているためか、「努力すれば夢はかなう」という確信が驚くほど強い。一八歳から二九歳までのアメリカ人に、「あなたはいつの日か自分が望んだとおりの人間になれると思いますか」という質問をすると、九六パーセントが「そう思う」と答えるという。信じがたいほどに「自分は特別」という気持ちが強い。ティーンエイジャーに対し、「あなたは自分が重要な人間だと思いますか」という質問をされて、「そう思う」と答えた人の割合は、一九五〇年には一割を少し超えるくらいだったが、一九八〇年代の後半には八割に達している。

他の多くの若者たちと同じように、ハロルドもまた、最後には何もかもがうまくいくと信じていた。だが、彼は自分がいつの間にか大きな体制に組み込まれて生きていることに気づき、いら立ちを覚えた。思春期と成年期の間の冒険期はまだ歴史が浅いので、その時期にどう過ごすのが適切なのか確かな指針はない。とはいえ、すっかり体制に組み込まれてしまうのは、まだ早いという気持ちになってしまう。ハロルドには、信仰心もあまりなかった（データによれば、現在の若者は、一九七〇年代に比べても教会に行かなくなっている）。特別な民族的アイデンティティを持っているわけでもなかった。彼の世界観は、特定の新聞やオピニオンリーダーの影響を受けたものではない（主にウェブで情報を入手しているためだ）。また、世界恐慌や第二次世界大戦などのような歴史的事件に影響されたということもない。経済的な苦境に立たされたこともない。一八歳から三四歳までのアメリカ人は、両親から平均で三万八〇〇〇ドルほどの経済援助を受けていると言われる。ハロルドもやはり両親からの援助を受けており、それで生活に困ることはなかった。

ハロルドの生きている世界には、道しるべになるようなものはほとんどなかった。特定の価値観、習慣に従うこともなく、達成すべき目標を与えられることもない。だが、彼は心のどこかで自分がそういうものを求めているのを感じることがあった。心を固めてくれるものがほしかったのだ。アメリカの社会評論家、マイケル・バロンは「アメリカ人の場合、二〇歳くらいでは特に目立たなかった人が、三〇歳くらいで開花することが多い」と言っている。何の制約も受けず、他人に指図されることもなかった人が、二十代の時に何か目標を定め、強い制約にさらされるようになると、元の姿からは想像できない優秀な人間に生まれ変わることがあるというのだ。

ハロルドはそんなことを知っていたわけではない。先の見通しのないまま、ルームメートのマークが置いていった古ぼけたソファに座り、シューティングゲームをして無為に時間を過ごす日々を送っていた。しかし、楽しい時間も確かにあった。良い友人もたくさんいた。

仲間たち

両親のもとを離れてから、結婚するまでの間、ハロルドは友人たちのグループとともに生きていた。その友人たちは皆、ハロルドと同様、進むべき道が定まらない、中途半端な状況にいた。年齢は二二歳から三〇歳までの間。大学時代に学内で出会った友人が中心だったが、それ以外にも友人の友人が徐々にメンバーに加わるというかたちでグループは拡大していき、ついには二〇人ほどに増えた。

メンバーの多くは、地元の店で少なくとも週に一回、夕食をともにしていた。マークも、戻ってきている時にはそこに参加した。メンバーでソフトボールのチームを作っていたし、よくバレーボールもしていた。感謝祭やクリスマスにも、帰省ができなかった者がいれば、誰かが食事をともにした。お金の貸し借りをすることもあったし、旅行の時には、互いに空港まで車で送り合った。誰かが引っ越しをする時には、皆で手伝った。要するに、少し前の社会ならば、親戚が果たしていたような役割をすべてメンバーが果たしていたというわけだ。

ハロルドは、グループのメンバーたちはいずれも、素晴らしい才能の持ち主だと信じていた。まだ無名だが、いずれその才能を存分に発揮する日が来るはずと思っていたのだ。中にはシンガーソングライターの卵もいれば、研修医もいた。駆け出しのアーティストやグラフィックデザイナーもいた。平凡な職業に就いている者もいたが、彼らは別の面白い顔を持っていた。熱気球に乗る者、バンジージャンプなどの極限スポーツに挑む者、クイズの名手もいた。グループの中には、メンバーどうしの男女交際を禁ずる暗黙のルールがあったが、互いに真剣に愛し合っていると認められた場合には、許されることになっていた。

その当時のハロルドにとって、グループのメンバーとの会話は、他の何よりも楽しいことだった。カフェやバー、パーティーで何時間も話し込んだ。テレビドラマ『サーティー・ロック』の中の場面を再現したり、上司の愚痴を言ったり、就職の面接の前には互いに練習台になったりもした。「四〇歳を過ぎた人間が、トレーニングでもないのに人前でスニーカーを履くことは許されるか否か」という些細な問題について真剣に話し合ったこともある。学生時代と変わらない、賑やかな会話だった。学生に戻った気分も味わっていたのだろう。皆、大したことではなくても、含みをもたせたような言い方をすることを好んだ。「僕はナルシストだって言われているけど、ただのナルシストじゃない」という具合に。彼らは、互いに「ウッフィー」いう通貨をやり取りしていたと言えるかもしれない。ウッフィーは、お金にはならないが、誰かに喜ばれるような物を創造したり、喜ばれるようなことをした場合に与えられる通貨である。元はコリイ・ドクトロウの小説の中に出てきたものだ。その他、メンバーがよく話題にしていたのは、グループの中で一番、成功しそうなのは誰かということである。実社会で成功できる賢さ、非情さを備えているのは誰か、ということを延々話し合うのだ。

ハロルドたちのグループのように、人間どうしがネットワーク状につながった場合に一体何が起きるか、ということについては、この数年間だけでも様々な研究が行なわれている。それでわかったのは、まず、ネットワーク内では、色々なことが人から人へと伝わっていくということである。友人に太った人が多ければ、自分もやはり太りやすい。明るい人が多ければ、自分も明るくなる。タバコを吸う人が多ければ、自分もタバコを吸ってしまう。寂しがり屋が多ければ、自分も寂しがり屋になる。ニコラス・クリスタキスとジェームズ・H・ファウラーによれば、ある人が肥満になるかどうかには、その人の配偶者よりも友人の方が大きな影響を与えるという。

結局のところ、友人たちと過ごす時間が楽しかったのは、友人たちを自分の利益のために利用するつもりがまったくなかったからだ。共に過ごすことそのものが目的であり、それ以外に何の目的もなかった。彼らと長く過ごすほど、生きているという実感が得られた。それだけで十分であり、それ以上のものは何もいらなかった。何時間でも一緒にいられたし、話はいつまでも尽きなかったのだ。皆で踊ることもよくあった。踊ることを儀式としている集団は世界中に数多く存在するが、現代のアメリカ社会では、そういう習慣はほぼ廃れてしまっている（スクエアダンスなど、いくつかの例外はある）。カップルがセックスの前に一緒に踊るということはあっても、集団が儀式として踊るようなことはまずないのだ。しかし、ハロルドたちのグループは、集まるとよく全員で踊っていた。集まるのは、バーだったり、誰かのアパートだったりしたが、どこでも構わず踊るのだ。ただし、ペアを組んだり、動きを揃えたりすることはない。男も女も関係なく、一人一人がてんでばらばらに踊る。時折、誰かと誰かの動きが合う時はあるが、すぐにまたばらばらになる。まるで、雲のように次々に形を変えていくのだ。踊りには特に何の目的もない。求愛や誘惑などではない。単に大勢が揃って踊る、それ自体が目的である。

運命

だが、ある日、ハロルドの運命は大きく変わった。それは正確には二日間にわたる出来事だった。ハロルドは、マークをはじめグループの何人かの友人とスポーツバーにいて、テレビのワールドカップ中継を見ていた。試合がクライマックスに近づいた頃だった。あと残り数分、という時だ。その時、マークが肘でハロルドの肩をつついてきた。そして、今、思いついた、という感じでこう言ったのだ。「なあ、一緒にロサンゼルスに行って、テレビのプロデューサーになる気はないか？」

ハロルドはマークの顔をちょっと見て、すぐに視線をテレビに戻した。「よく考えてから物を言ってるのか？」

「そんな必要はないよ。運命だからね。僕はそのために生まれてきたようなものだ」試合は一進一退で決着がつかない。バーにいる全員が叫んでいる。そんな中、マークはこれから人生の計画について話し出した。最初のうちは何本か下らない番組を作る。多分、テレビショッピングの番組か刑事もののドラマだろう。しばらく続けたら、何年か休暇をとって、稼いだ金で楽しむ。休みが明けたら、いよいよ本腰を入れて番組を作り始める。十分に金が貯まったら、世界のあちこちに家を買い、楽しく過ごす。存分に楽しんだ後は、ＨＢＯ（『セックス・アンド・ザ・シティ』などで有名なアメリカのケーブルテレビ局）ですごいドラマを作って世界を変える。何より素晴らしいのは、自分の才能だけでお金が稼げるということだ。そうなれば、完全な自由が手に入る。特定の会社やプロジェクトに縛りつけられることもないし、世間の古い考えに拘束されることもない。何をどうしても自由なのだ。

面白いのは、マークがやると言えば、きっとやるのだろうとハロルドは思っており、まったく疑っていなかったことだ。マークには、良い意味で深みというものがなかった。どういうものが広く一般に受け入れられるか、それを察知する力があった。彼ならば、大衆に受け入れられる番組が作れるに違いない。難解すぎるものや、実験的すぎるものは決して作らないだろう。彼が好きなものは、世界中の多くの人が好きなものだ。彼の嫌いなものは、多くの人が嫌いなものだ。少なくとも、平日の夕方はテレビを観て、土曜の夜は映画を観る、そんなことが当たり前のようにできる国ではそうに違いない。

しかし、それでもハロルドは賛成しなかった。「いつまでもそんなふうには生きていけないよ」そう返事をした。議論が始まった。二人が話したのは、ハロルドが大学の寮で初めてマークに会った日からずっと話し続けているようなことだった。「自由と責任」という話である。果たして人生はまったく気ままな方が幸せなのか、それとも、どこかにしっかりと根を下ろした方が幸せなのか。

まずマークが自分の意見を述べ、次にハロルドが意見を述べた。どちらもさして斬新な意見ではない。マークは、ずっと変わり続けること、その楽しさを強調した。世界中を旅して、次々に新しいことに挑む、それが何より楽しいのだと言ったのだ。中年になって、ただ毎日、大変で退屈な仕事に耐えているのは嫌だ、という。毎日、同じ会社に出勤して、毎日、同じ妻のもとへ帰ってくる。穏やかな日々だ。でも、絶望している。その絶望感を紛らわせるために一人、酒を飲んで眠る。そういう毎日は嫌だ、とマークは言った。

ハロルドはそれとは反対の立場だった。彼は、愛する人たちとの安定した絆が大切だと言った。旧い友人たちと食事をすること、子供たちの成長を見守ること、ずっと同じ街に暮らし、その街に何らかの貢献をすること、その大切さを訴えたのだ。それに比べれば、マークの目指す人生など、虚飾だけの底が浅いものだ。見境なしにセックスをすれば、その時は楽しいかもしれない。金を儲けて、色々な物を手に入れれば、人に自慢できるかもしれない。だが、その結果、悲しく孤独な老後を迎えるのだとしたら、何もかも虚しい。

これは古くからある議論である。ジャック・ケルアックの小説『路上』と、フランク・キャプラ監督の映画『素晴らしき哉、人生！』の間にある議論と言ってもいい。社会科学の研究では、今のところはハロルドの方に分があることがわかっている。

近年、「人を幸せにするものは何か」ということが盛んに研究されている。その種の研究では、まず対象となる人に「あなたは幸せですか？」と尋ね、「はい」と答えた人がどういう人生を送っているのかを調べる、という方法がよく用いられる。それにより、幸せと答えた人の人生に何か共通する特徴はないかを見るのだ。何とも垢《あか》抜けない方法のようだが、この種の調査の結果が驚くほど一貫していて、信頼性が高いというのも事実だ。

調査でまずわかるのは、お金と幸福の関係が複雑なことである。裕福な国ほど幸福な国であり、裕福な人ほど幸福であるという傾向は確かにあるのだが、両者の相関関係は意外に弱い。その人が幸福かどうかは、何を幸福とするのか、という定義に大きく左右されるからだ。それは、専門家の間でも意見が分かれ、激しい議論になっている問題である。キャロル・グレアムが著書『ハピネス・アラウンド・ザ・ワールド（*Happiness Around the World*）』で書いているように、ナイジェリア人は、自分たちのことを日本人と同じくらい幸福だと評価している。日本の一人当たりのGDPはナイジェリアの二五倍と、経済力には圧倒的な違いがあるにもかかわらずそういう結果が出ているのだ。バングラデシュでは、自分の人生に満足している人の割合が、ロシアの二倍に達するという報告もある。アメリカ人の生活水準は、過去五〇年の間に劇的に向上した。しかし、それで幸福感が目立って上がったという証拠はない。五〇年前に比べ、社会がはるかに不平等になったが、そのことで国民の幸福感が減少しているわけではない。貧困層も、必ずしも不平等だから不幸とは感じていないという。

たとえば、宝くじに当たったりすれば嬉しいことは間違いないし、しばらくの間はとても幸福でいられるだろう。だが、長期的に見て、それがどういう影響を与えるかはよくわからない。貧困層から中流層に移った人が感じる幸福感は、中流の人が上流に移った時のそれよりも大きいと言われている。幸福度は、ある程度まで、収入の上昇とともに上がるのだが、どこかで上昇が頭打ちになり、それ以降、収入が増えてもほとんど幸福度は上がらなくなる。仕事で成功を収めて出世をしていくのは、ほとんどの人の場合、中年期だが、その時期の幸福度が人生で最も高いとは限らない。それよりも、まだ駆け出しの二十代や、そろそろ引退をし始める六十代の時期の方が幸福度が高くなる傾向も見られる。物質的な豊かさを重視する人は、そうでない人に比べて幸福度が低いということも言われる。

これまでの調査でわかったことの中でも特に重要なのは、「どうすれば自分が幸福になれるのか」をよくわかっていない人が実は多いということだ。たいていの人は、仕事やお金、不動産などの価値を過大評価している。反対に、人と人との絆や、努力して何かを成し遂げることの価値は、過小評価されがちである。アメリカ人の場合、平均すると「年収があと九万ドル多ければ、自分の夢はすべてかなう」と考えていることになるが、その考えが間違っていることも調査によって確かめられている。

以上のように、お金と幸福との関係は複雑だが、その一方で、人との絆と幸福との関係は非常に単純だ。人との絆が深まるほど、幸福感も大きくなるという傾向がはっきり見られる。たとえば、結婚生活を長く続けている人は、そうでない人より幸福度が高い。ある調査では、結婚がもたらす精神的満足は、年一〇万ドルの収入に匹敵するという結果も得られている。また、友人たちのグループに入り、たとえ月に一回でも定期的に集まることができれば、収入が倍になったのと同じくらいの幸福感が得られるということもわかっている。

一年間、一人のパートナーとだけセックスをしていた人は、一年の間に複数の相手とセックスをした人に比べ幸福度が高くなるという。友人の多い人は、そうでない人に比べ、ストレスレベルが低く、寿命も長くなる。外向型の人は内向型の人よりも、自分を幸福と感じやすい。ダニエル・カーネマン、アラン・B・クルーガー、デイヴィッド・シュケイドらの研究によれば、人間の日々の活動の中でも、特に幸福に結びつきやすいのは、ほとんどすべてが人との付き合いに関係するものだという。セックスをすることもそうだし、仕事帰りに飲みに行くことや、友人と食事をすることなどもその例である。反対に、日々の活動の中で、特に幸福度を下げやすいのは、一人になることの多いものだ。通勤などはその例だろう。職業も、人との関わりが多いもの（企業の経営者、美容師、保育士、看護師など）ほど幸福に結びつきやすい。反対に、人との関わりの少ない職業（工場機械のオペレーターなど）や、人と歪んだ関わり方をする職業（売春婦など）は、幸福度を下げる可能性が高い。

ロイ・バウマイスターは、こうした調査結果について次のように言っている。「他のどんなことよりも、人間関係に恵まれているか否かを見ることが、その人の幸福度の高さを知る確かな手がかりになる」

マークは、こういう議論になった時、必ず、何物にも縛られない自由の素晴らしさを訴えるような映画やロックの曲を引き合いに出した。ハロルドは、それに対し、映画やロックの詞は若者の支持を得るための戦略上、そうなっているんだと反論した。ハロルドは、大人として幸せに生きるためには二つのことが必要なんだと言った。どちらも、彼自身が必要としていることである。一つは、良い結婚をすることだ。良い結婚ができれば、仕事でいくら失敗や挫折を経験しても、絶えず一定以上の幸福を感じていられる。逆に、良くない結婚をしてしまったら、仕事でいくら成功を収めたとしても、いつもどこか満たされない思いで生きることになるだろう。

もう一つ必要なのは、仕事でも趣味でもいいから、何か、自分の能力のすべてを注ぎ込める対象を見つけることだ。何かに懸命に打ち込み、数々の苦労、失敗を重ね、それを糧としてやがて成功を収め、他人から認められる、そういう人生が歩めれば、とハロルドは思っていた。

二つは互いに矛盾する。それはハロルドもわかっていた。結婚をすれば、仕事につぎ込む時間は減ることになるだろう。仕事に集中してしまえば、結婚相手に費やす時間は減ってしまう。この問題をどうすればいいのかは、彼にはまったくわからなかった。だが、ハロルドには二つとも必要だった。そして、自分の望む生き方は、マークが望むような、どこにも、誰にも、何にも縛られない自由な生き方とは相容れないとわかっていた。ハロルドが生まれ育ったアメリカ社会では、過去四〇年にわたり、個人主義、自己実現、個人の自由ということが重視されてきた。多くの人が明確にその価値観を支持してきた。だが、ハロルド自身の考えはそれとは違っていたのである。彼は、人や地域とのつながりを求めた。他人との深い関わり合いが自分には必要だと感じていた。単に自分の能力を最大限に発揮するだけでは十分ではなかったのだ。同時に人と関わっていかなければ、自分は幸せになれない。そう思っていた。

エリカ

人生は不思議な偶然の連続である。何カ月も職探しを続けてまったくうまくいかなかったのに、ある日、急に二つの会社から同時に来てくれと言われることもある。何年もずっと生涯の友人、パートナーと呼べる人を探し求めて、誰も見つからなかったのに、突然、二人も同時に見つかる、そういうこともある。マークと議論をしたまさに翌日、ハロルドはマークの言うような人生を歩む可能性を自ら閉ざすことができた。ある出来事をきっかけに、それとは違った道が彼の前に開けたのだ。

彼のところに一通のメールが届いたのである。ランチの誘いだった。友人の友人のエリカという女性からだ。彼女は、自分で会社をやっていて、その事業を助けてくれる人を求めているということだった。ハロルドのことを聞いて、適任だと思ったという。フェイスブックで調べてみたら、エリカは華奢で、魅力的な女性だった。ラテンアメリカ系とアジア系のハーフらしい。彼女と仕事をするかどうかは決めかねたが、知り合いになりたいとは思った。そこで、喜んで誘いに応じるというメールを書いた。仕事にも興味を持っているふりをしたが、彼の頭の中はロマンティックな想像でいっぱいになっていた。

13章　他者との調和——二人の間の境界

ハロルドとエリカが初めて会ったのはスターバックスだった。まず、そこで面接ということになっていたのだ。自分がホスト役なのだからと、エリカは先に来てハロルドが現れるのを待っていた。ハロルドはスーツを着て現れたが、バックパックを持っていたのが少し気に食わなかった。エリカはハロルドの分のコーヒーもすでに注文し、テーブルの上に置いていた。ハロルドは席に着くと、自己紹介を始めた。明るく感じが良いとは思ったが、彼女にはちょっと態度がなれなれしすぎるようにも感じられた。

「おしゃべりはあとで、ということにしましょう」あれこれと話し始めたハロルドを遮って、エリカはそう言った。「とにかく、私がどういう人間で、何のためにあなたにお目にかかったのかをお話ししたいと思います」彼女は手短に自分の経歴を語り、それから、自分が始めたコンサルティング会社について説明した。会社がこれまでのところ、うまくいっていないのだということも正直に話した。「私が求めているのは、行動経済学やそれに類する学問の知識を持ち、人間の消費行動についての有益な情報を顧客に提供できる人です。顧客の求める情報を、顧客に理解しやすいかたちで提示できる人が必要なんです」エリカは早口になっていた。自分でもわかっていなかったが、居心地の悪さを感じていたのだ。少々、緊張してもいた。

ハロルドは、言ってみれば面接のプロのようなものだった。これまでに何十回という面接を受けているのだ。一言で相手を和《なご》ませるジョークを言うくらいはお手の物だ。しかし、今回はそういうテクニックをまったく使おうとはしなかった。エリカがてきぱきと、簡潔に話をするので、それに呼応するように、素っ気ない受け答えになっていたのだ。だが、彼女に対してはとても良い印象を持った。まず彼女の生い立ちに興味を惹かれ、その毅然とした態度、何かに突き動かされているような切迫感のある振る舞いも魅力的だと思った。特に良いと思ったのは、彼女が「あなたは一〇年後、どうなっていたいですか？」というような、いかにも面接という感じのどうでもいい質問をしなかったところだ。

エリカの質問はどれも明確で、非常に具体的だった。「ダニエル・カーネマンを知っていますか？（ハロルドの答えは、いいえ、だった）」、「これまでに何かの調査作業をしたことがありますか？あるとしたらどういうものですか？（この質問に対し、ハロルドは過去の経験を誇張して話した。ただ、誇張したと言ってもほんの少しである）」、「ファクトチェックの作業をしたことはありますか？（答えは、はい、だった）」という調子。だが、最後の方には少し違った感じの質問もしてきた。たとえば、ハロルドが通った大学の文化はどういうものだったか、という質問。言論誌で働くのと、ごく普通の企業で働くのとでは、どこがどう違うか、ということも尋ねられた。

面接に要した時間はわずか二五分ほどだった。エリカはハロルドの採用を決めた。ハロルドが要求した年俸は五万五〇〇〇ドルだったが、エリカは、事業が軌道に乗ればすぐに六万ドルは払えるようになると言った。

会社にはまだオフィスがなかったので、週に三回、エリカの家のキッチンで顔を合わせるということになった。それ以外の時は自宅で仕事をするわけだ。エリカは普段の生活にキッチンを使わないことにした。少しでも仕事場らしい雰囲気にするためだ。寝室に向かう扉は常に閉じたままで決して開けない。冷蔵庫にはマグネットなどはつけない。ハロルドの視界に入る場所には友人や家族の写真も置かない。それでもハロルドは、エリカの使う食器に少なからず感動したりしていた。彼はいまだに大学時代に買ったものを使っていたからだ。食器かごや、ポット、鍋なども大学時代からそのままだし、栓抜きなどはビールを買ったお店でタダでもらったものだった。エリカは、彼とほとんど年齢が変わらないにもかかわらず、キッチンはすっかり大人のものになっていた。

仕事に関しても、ハロルドが決して目にしないものはあった。それは、顧客である。エリカは顧客を決してハロルドには会わせなかった。見込み顧客に会って話を聞いてもらえるようになるまでに、どのくらいの労力がかかっているかは、ハロルドにはまったくわからなかった。エリカはただ、顧客の名前と、抱えている問題、そして契約を勝ち取るためにすべきことをメールで知らせるだけだ。メールを受け取ると、ハロルドは即、調査にかかる。昼間は眠り、夜の間に働き、エリカの家に行って成果の報告をする。ハロルドが来ると、エリカは中国茶とお茶菓子を出して、愛想よく、しかし、あくまでも事務的に応対する。

間もなく事業は軌道に乗り始めた。次から次へと依頼が舞い込む。それを次々にこなしていく。良いリズムができた。「技術者とマーケティング担当者の間に壁があるので、それを壊したい」という顧客がいるかと思えば、若い人たちに製品やサービスを売り込みたいという顧客もいる。実に様々だ。エリカは依頼がある都度、何をしてほしいかをハロルドに伝え、必要な情報がどこで得られるか、助言もする。ハロルドはエリカに対して好感を持っていたし、仕事もとても楽しんでいた。この協力体制の中で、特に彼の存在が活きるのは、資料を編集する時である。

エリカは顧客を獲得すると、何度かミーティングをする。その後、ハロルドに調査指示のメールを出す。調査によって得た情報は、はじめはメモのかたちでエリカに渡される。エリカはメモを基に顧客に提出する報告書のドラフトを作る。ハロルドの仕事の約三分の二は、調査とメモ作りだが、重要なのは残りの三分の一である。彼は、エリカの作った報告書のドラフトを見直し、内容の改善に協力するのだ。

初めて二人で報告書の見直しをした時、エリカは泣き出しそうになった。そのくらいハロルドに感謝したのである。ハロルドには、特別な能力があった。文章を読んで、その人が何を言わんとしているのか、その深いところまでを瞬時に理解することができるのだ。エリカの書いたドラフトを読んだ時も、すぐに、彼女が本当は何を言いたいのか、それをどう書けば他人に伝わりやすくなるのかを理解した。誰かに自分の話を存分に聞いてもらい、深いところまで理解してもらう、それはとても強烈な体験だった。エリカはその強烈さに圧倒されてしまった。ドラフトで見ると、ちょっとしたアイデアの断片にしかすぎないものにハロルドは注目し、真の価値を見抜いてしまう。それがいかに素晴らしいものかを熱心に語る彼の言葉を聞いていると、彼女は自分がスターにでもなったような気分だった。気になる箇所があると、ハロルドは三回くらいアンダーラインを引き、怪訝な顔でエリカを見る。これは一体、何を言いたいのかという顔だ。良く書けていない箇所は、彼にとっては金鉱のようなものだった。まだ掘り出されてはいないけれど、必ずここに金が埋まっているというわけだ。エリカには、自分自身が十分に理解できていない概念について書く時、それを隠すため、一見、高尚《こうしょう》な感じだが曖昧で意味のわかりにくい文章を書いてしまう癖があった。そういう文章も、ハロルドが手を入れるとまるで霧が晴れたようにわかりやすくなった。彼は、何の役割も果たしていない無意味な部分をどんどん削っていった。その一方で、書き足りない部分は埋めた。ハロルドがエリカの文体を身につけ、エリカの思考スタイルを把握していたため、書き直した文章はまるでエリカがはじめから自分の手で書いたもののようだった。エリカが今よりもっと賢くなればきっとこう書くだろうと思わせるような文章だったのである。つまりハロルドは素晴らしい編集者だったわけだ。彼は自我を消し、他人の名前で他人になりきって文章を書くことに喜びを覚えた。

半年も経つと、二人は自分たちだけの暗号で会話できるようになった。わずかな言葉を交わすだけで次に何をすればいいか、互いにわかり合えるようになったのだ。メールの文章も打ち解けたものになり、エリカは時折、「この契約、もしかすると取れないかもしれない」などと冗談を言うようにもなった。彼女にすれば、こんなふうに少しでも他人に弱みを見せるのは大変なことだった。ハロルドは何か発見する度、すぐにエリカに電話をかけ、熱っぽい調子で伝える。二人で食事に行き、店で一緒に報告書の修正をすることもあった。エリカが顧客について出張した時、ハロルドはメールの最後に「寂しいよ」と書いた。その返事にエリカは「私も寂しい」と書いた。

その頃のエリカは、少なくとも意識の上では、恋人がほしいなどとは思っていなかったし、ハロルドは彼女が恋人にしたいと思うタイプでもなかった。第一、彼はエリカほど強い人間ではない。起業家として成功を収めそうな資質を備えているわけでもない。悪く言えば、元々、彼女からすれば利用しようと思っていただけだった。しかし、何カ月もの時間が経つうちに、エリカは自分がいつの間にかハロルドに対して好意を抱いていることに気づいた。彼は本当に良い人だった。心の底からエリカの成功を願ってくれている。

大変な仕事が一段落した午後、ハロルドはエリカをサイクリングに誘った。エリカは自転車など何年も乗っておらず、自転車を持ってすらいなかった。それを聞いたハロルドは、「ルームメイトのを使えばいい」と言った。二人は車でハロルドのアパートに向かった。エリカが来たのは初めてである。そこには、体格が良く、とても魅力的なルームメイトがいた。彼に会うのも初めてだった。自転車を借りて、いよいよ出発だ。エリカはスポーツウェアを着込んでいたが、ハロルドは普通の短パンにTシャツという姿。親切にも、二つあったヘルメットのうちの良い方をエリカに貸してくれた。一五キロほど走ったが、上り坂でエリカは必ず加速し、ハロルドより先を走った。自分がそれだけ走れるところを見せたかったのだ。海を見渡せる険しい丘に上がる時も、エリカはスピードを上げ、笑いながらハロルドとの距離を広げていった。だが、その調子で三〇メートルくらい走ったところで、ハロルドは急激にスピードを上げて間もなく追いつき、あっという間に追い越していった。そのスピードは凄まじく、エリカは自分が後退しているのかと思ったくらいである。しかもニコニコ笑っている。息はほとんど乱れていない。これほどの体力の持ち主だとは想像もしていなかった。

　ハロルドは丘の頂上で自転車を停め、エリカが息を切らせて上ってくるのを見ていた。相変わらず笑っている。エリカも荒い息のまま笑う。彼女が坂を上りきって彼のそばまで来た時、二人の目が合った。エリカはハロルドの目を見つめた。そんなにじっくりと見つめたのは初めてだった。その目は、彼が自分の好きなもの、大切にしているものを見ている目だった。フラッグフットボール（変形版のアメリカンフットボール）の試合を見ている時、「すごい本」がたくさん詰まったバックパックを見ている時、二人で仕事に取り組んでいる時と同じ目だ。その目で今、彼は彼女を見ている。

　丘の上で自転車にまたがったまま、しばらく海の方を見ていた。エリカは、自分の手をハロルドの手の中に滑りこませた。ハロルドはその手が以外なほどざらついていて硬いことに驚いたが、それと同時に、なんて可愛い手だろうとも思った。

ソナーのはたらき

　それから何週間か経ったある日、ハロルドは一人でアパートにいる時、ふと自分の人生が今、とても順調であると強く感じた。人は誰でも、自分の置かれた状況を的確に察知する極めて高性能のソナーを持っている。ソナーのように絶えず、周囲に観測のための音波を出し、反射して戻ってきた音波を観測するのだ。戻ってくる音波の中には良いものも悪いものもある。それを一つ一つ確認することで、現在の周囲の状況や自分の社会における位置などを少しずつ把握していくわけだ。彼は部屋を見回し、ロフトの方に向けて音波を発射した。良い音波が戻ってくる。そのロフトは好きな場所だったからだ。アパートの天井が高いため、とても開放的な空間になっていた。次は自分の腹筋だ。良くない音波が戻ってくる。もっとジムに行かなくては。鏡で自分の顔を見る。とりあえず良くも悪くもない。でも、頬骨が見えなくなってきたので、このまま放っておくとよくないかもしれない。

ソナーは一日中、はたらき続ける。そして、音波の反射も止まることはない。良い情報、良くない情報、どちらでもない中立的な情報が次々に送られてくるのだ。その度に私たちは喜んだり、悲しんだり、不安を抱いたりしている。ただ、普段、このソナーがはたらいていることを私たちが意識することはない。いつも当たり前のように存在するため、改めて意識したりはしないのだ。マークが以前、ハロルドに言ったことがある。人生で大事なことは、自分にとっての良いことの数をできるだけ増やし、良くないことの数をできるだけ減らすことだと。良いことが少しでも増えるよう、絶え間なく、色々な調整をしていくのが人生だと。

問題は、今起きているのが良いことか悪いことかを知るためのソナーは誰でも持っているが、そのソナーが完全に正確な人は一人もいないということである。まず、何でも大げさに受け止める人がいる。彼らは、自分のことを実際以上に価値のある人間だと感じている。一〇段階で言えば実際は「六」くらいなのに、「八」くらいに感じるのだ。そのため、たとえばデートに誘うとしたら、一〇段階で「九」くらいの女性を選び、断られると、とんでもない挫折のように感じることになる。逆に、何でも控えめに受け取る人がいる。彼らは自分のことを実際より価値が低いと感じる。だから、能力的に十分に通用すると思われる就職口があっても、応募しようとしない。競争に勝てないと思い込んでいるからだ。

成功の可能性が高いのは、物事を、実際より少しだけ大げさに受け止める人である。特に、良いことはやや大げさに受け止めるが、悪いことは「重要ではない」と忘れてしまえるような人がいい。そうすれば、自分に自信を持つことができ、自分を疑う気持ちを排除できるからだ。

　男性上位の時代が長く続いたせいか、男性には、自分の価値を実際以上に感じる人が多い。ユニバーシティ・カレッジ・ロンドンのエイドリアン・ファーナムが世界規模で行なった調査によれば、世界のほぼどの国でも、男性には、自分の知性を過大評価する傾向が見られたという。また、別の調査では、アメリカ人男性の九五パーセントが、自分の社交能力は平均より上だと思っているという結果が得られた。女性はそれとは対照的に、自分のことを実際よりも小さな存在だと感じていることが多い。女性は自分のIQスコアを実際より平均で約五ポイント低く見積もるというデータもある。

　ハロルドのソナーは、スイスの時計のように精巧にできていた。精度が高く、バランスがとれていて、適度に寛容でもあった。幸福な人の多くがそうであるように、ハロルドも、自分のことは「何を意図して行動しているか」で評価し、友人のことは「実際に何をしたか」で評価し、敵のことは「どういう失敗をしたか」で評価していた。この態度だと、ソナーがはたらくほど、自分にとってプラスの情報が増えていくことになる。

　そしてエリカのことを考える時、ハロルドが得るのはプラスの情報ばかりだった。プラスの情報が大波のように、奔流のように押し寄せるのだ。「初恋は、その愛が強いものであれば、野心によってさらに燃え上がることになる」スタンダールはそう言った。ハロルドはエリカに惹かれていたが、エリカという人だけに惹かれていたわけではなかった。「何が何でも貧乏から抜けだして金持ちになる」という強い気持ち、その気持ちに駆られて突き進んでいる姿にも惹かれていたのだ。彼女がこれから向かう先に自分も一緒に行けると思うだけで嬉しい気持ちになる。彼は、始終言い争いをしながらも仲良く生きていく自分とエリカの姿を頭に思い描いていた。ちょうど、シェイクスピアの喜劇『から騒ぎ』の中で、晩餐会で顔を合わせると喧嘩をしていたベアトリスとベネディックのように。

　ハロルドの心では、同時にそれとは別のことも起きていた。彼はそれまで、自分の心の深層をほとんど見つめることなく生きてきたと言える。ところが突然、自分も知らなかった衝動が奥底に眠っていることに気づいたのだ。それはまるで、長年住み慣れた家である日、未知の隠し扉を見つけたようなものだった。その扉は、地下深いところへと続いていた。扉を開けて中へと進むと、驚くほど深いところまで行けた。これで終わりかと思ってもまだ続きがあるのだ。マシュー・アーノルドが次のように言っているのは、まさにそのことだろう。

表面の浅い流れ、光が当たる明るい流れの下に
言葉で表現でき、はっきりと存在が感じられる、そんな流れの下に
さらに別の流れがある。その流れには、思考や感覚の光はよく届かない
よくは見えないけれど、深いところを音もなく、力強く流れている
だが、それこそが私たちの心の中心を成す流れだ

ハロルドはエリカのことを思わずに五分と過ごすことはできなかった。一人で歩いていると、数ブロック行くごとに、人ごみの中に彼女の顔が見えたような気がする。食事もろくにのどを通らなくなった。友人たちへの連絡も怠るようになった。気持ちが高揚した状態がずっと続いている。少し以前なら何とも感じなかったことが、とても素晴らしいことに思える。いら立たしいと思っていた人たちが、今は温かく親切な人たちに感じられる。ツバメが求愛する時には、興奮した雄と雌が、狂ったように羽ばたいて、枝から枝へと飛び移る。ハロルドもまさにそのツバメと同じようになっていた。エネルギーがみなぎっていて、一晩中眠らず、休みなく仕事をしても平気なくらいだった。

彼の心はすぐに、あの大切なひとときへと飛んだ。彼がはじめてエリカの手に触れた後のことだ。あの後、二人はエリカの部屋で夕食をともにし、初めてセックスをしたのだった。ハロルドは、全力

で仕事をしている自分をヒーローのように思っていた。エリカを苦境から救い出すヒーローである。そういう自己像を頭の中に作り上げていたのだ。しかも、かなり明確な像だ（懸命に走っているような時、人間の脳には、ある種の化学物質が放出される。遠い過去の祖先の脳に放出されていたものと同じ物質である。そのはたらきにより、ジェイムズ・サーバーの小説『虹をつかむ男』に登場するウォルター・ミティのような夢想が頭に浮かぶことになる）。

そうかと思えば、彼女を失う恐怖で頭がいっぱいになってしまうこともあった。一九世紀に一人のクワキウトル・インディアンが詠んだ詩には、彼の甘く、焼けつくような想いをそのまま表現したようなものがある。「この身を炎が駆け巡る／痛いほどの君への想い／恋の炎で全身が痛い／恋心で僕の身体は病気になってしまったようだ／……／痛みがあまりに激しくて今にも爆発してしまいそう／君の言葉はみんな覚えている／君が僕をどう思っているのかそれが気になる／君の気持ちを思うと僕は身を引き裂かれそうになる」

フェービー・ガニエとジョン・ライドンの調査によれば、恋をしている人の九五パーセントが、好きな相手の外見や知性、優しさ、ユーモアのセンスなどを平均以上だと思うという（それに対し、別れた恋人のことは、狭量で、感情的に不安定で、愛想が良くないと思うらしい）。ハロルドも例外ではなかった。彼は一種の自己欺瞞に陥っていた。おそらくこの世で最も心地よい自己欺瞞である。エリカは、あらゆる点で完璧だと思い込んでいたのだ。

ハロルドは、スタンダールが「結晶作用」と呼んだ現象を経験していたと言える。スタンダールは著書『恋愛論』の中で、こんなことを書いている。ザルツブルクのそばの岩塩坑の中で、労働者たちが打ち捨てられた場所に枯れ枝を放置する。二、三カ月経つと、その枯れ枝はダイヤモンドのような結晶で飾られ、光り輝くようになる。誰も想像しなかったほど美しくなってしまうのだ。スタンダールは次のように言う。「恋をするとその対象となった人を完璧だと思い、それを裏づける証拠ばかりを集めるようになる。そういう心の動きを私は『結晶作用』と呼びたい」

これも無意識の作用の一つである。人でも場所でも物でも、自分が大事だと感じていれば、知らず知らずのうちにそれを飾り立ててしまうのだ。その飾りのせいで、愛する者が美しく光り輝いているように見えてしまう。その飾りのせいで、ハロルドのエリカへの愛情はさらに深まった。他の女性には目もくれなくなった。夢見るのはエリカのことだけになったのである。

報酬系

ハロルドに「エリカのことを思うとどんな気持ちになるか」と尋ねたとしたら、彼は「外からとてつもない力が襲ってきて、自分の人生の何もかもを奪い取られるような気がする」というふうに答えただろう。世界には愛を神とみなす宗教もあるが、その理由は今のハロルドにはよくわかった。本当に超自然的な存在が自分の心の中に入り込み、すべての秩序を変えてしまったようなのだ。今までとは違う高みに上げられたようにも感じた。

魔法にかかったような状態のハロルドだったが、興味深いのは、脳内にはそういう状態の時だけ活発にはたらくような部位はない、ということだ。ヘレン・フィッシャーは、激しい恋に落ちた人たちの脳の活動を調べた。それでわかったのは、最も活発にはたらいているのが、一見、恋とは縁がなさそうな殺伐とした役割を担う部位だということである。具体的には、尾状核《びじょうかく》、腹側被蓋野《ふくそくひがいや》（ＶＴＡ）などだ。尾状核は、私たちのごく日常的な活動に役立っている。いわば、「筋肉の記憶」を保持するからだ。たとえば、タイプが打てたり、自転車に乗れたりするのは、尾状核のはたらきのおかげだ。子供時代の記憶を含めた膨大な量の情報を統合する機能も持っている。

だが、尾状核、そしてＶＴＡには、それ以外にも役割がある。どちらも脳の「報酬系」の構成要素となっているからだ。報酬系とは、欲求が満たされた時に活性化し、快感をもたらす神経系のことである。快感が得られるのは、ドーパミンという物質が放出されるためだ。報酬系のはたらきにより、私たちは何か一つのことに集中することもあるし、何かに強く憧れ、それをひたすらに追い求めることもある。強く、狂おしいまでの欲望に駆られることもある。報酬を獲得し、欲望が満たされれば、ドーパミンが放出されて快感が得られるため、私たちは報酬を求めて行動するようになるのだ。報酬が特定の行動を促すわけである。ドーパミンからは、ノルエピネフリンという物質が生成され、それによって気分が高揚する。自分がエネルギーに満ちているように感じ、眠れなくなり、食欲もなくなる。チョコレートなどに含まれるフェネチルアミンなども、ドーパミンやノルエピネフリンと同じように神経伝達物質として機能し、性的興奮や、精神的高揚をもたらす。アンフェタミンという合成覚醒剤と似たような作用をする。

ヘレン・フィッシャーは著書『人はなぜ恋に落ちるのか？——恋と愛情と性欲の脳科学』の中で次のように書いている。「尾状核は、報酬を感知し、また、報酬を区別する。報酬を、より優先度の高いものとそうでないものとに分けるのだ。さらに、報酬の獲得を予測するはたらきもある。これにより、私たちは特定の報酬が得られる行動に駆り立てられることになる。あらかじめ報酬が得られると予測される行動をとるようになるのだ。尾状核は、私たちが何かに注意を向けることや、学習などにも関係している」

恋愛にのみ関連するような部位は脳内には見当たらない。脳にとって、恋愛はあくまで日常生活の延長ということだ。燃えるような愛情も、やはり欲望の一種ということになる。ストーニーブルック大学のアーサー・アーロンによると、恋に落ちたばかりの人の脳のｆＭＲＩ画像は、コカインの作用で恍惚となっている人の画像に似ているという。神経科学者のジャーク・パンクセップも、アヘン服用の際に得られる快感と、恋人と一緒にいる時の幸福感が似ていることを指摘している。どちらも欲望に心をつかまれ、ある種、自分というものを見失った状態である。制御しようとしてもうまくいかない。欲望の対象に強く執着してしまい、離れることができないのだ。

愛情は、喜びや悲しみといった感情とは違っている、とアーロンは言う。愛情とはいわば「動機づけ」である。人を何かに強く惹きつけ、駆り立てるものだ。そこから様々な感情が派生する。この上もなく幸せな気分になったり、不幸のどん底に突き落とされたりする。恋をしている人は、目的を達したいという熱意がおそらく他の誰よりも強いだろう。恋する人は強い渇望を抱えた人である。

ハロルドは、まだ実際の行動に明確に表れてはいなかったが、すでに心の深いところまで強い力に支配されてしまっていた。プラトンは『饗宴』の中で、「愛とは、二つに分かれてしまった一つの存在を再び一つに結びつけようとする試み」と言っている。実際、ハロルドも、恋をしたことで自分一人では不完全だと感じるようになっていた。たとえ喧嘩をした時であっても、やはり一緒にいたいと思った。一緒にいると惨めで悲しく、一人でいる方が気楽だとしても、二人でいたいと思ったのだ。他の何より彼が望むことは、二人の間の境界を消し去ること、二人の心を一つに溶け合わせることだった。

調和への願望

ケンブリッジ大学の神経科学者、ウォルフラム・シュルツは、サルを使ってパーキンソン病の研究をした。シュルツはたとえば、サルの口の中に少量のりんごジュースを注ぎ込み、その後、脳内にドーパミンが放出される様子を観察するという実験を行なっている。この実験では、何度か同じことを繰り返すと、やがてりんごジュースが注ぎ込まれる直前にドーパミンが放出されるようになった。りんごジュースを注ぎ込む前に毎回同じ音を鳴らすという実験もした。この場合は、何度か繰り返すと、音が聞こえただけで、サルはりんごジュースの注入を予期するようになった。元はジュースが注ぎ込まれてからしか見られなかったニューロンの発火が、音が聞こえた時点で始まるようになったのである。シュルツは困惑した。なぜ、ジュース、つまり報酬そのものに反応していたはずのニューロンが、音にも反応するようになったのか。

その疑問に見事に答えたのが、リード・モンタギュー、ピーター・ダヤン、テレンス・セジノウスキの三人である。脳には、報酬そのものより、報酬の予兆を重視する傾向があるというのだ。脳は、四六時中、報酬の予兆を探している。たとえば、「ある音が聞こえたらジュースがやって来る」というようなことがないかを絶えず探しているのである。Aの後にBが起きる、ということが何度か繰り返されれば、AをBの予兆とみなし、Aの時点でBの発生を予測するようになる。その予測が当たれば、わずかながら快感が得られるか、あるいは少なくとも安心感が得られる。反対に、予測が裏切られれば、緊張感、不安感が生じる。

現実世界のモデルを作ることは、脳の重要な仕事だとモンタギューは言っている。脳は常に、世界に起きていることの中にパターンを探し、モデルを作ろうとする。そして、そのモデルを未来の予測に役立てようとする。私たちは無意識に「ここに手を置いたら、きっとこんなことが起きるだろう」、「自分が笑ったら、彼女も笑うだろう」という具合に未来を予測している。実際に起きたことが予測に一致すれば、少し快感が得られるし、特に警戒すべきことは何もないと確認できる。しかし、実際に起きたことが予測と一致しなければ、何か問題が起きている恐れがあるとみなす。そして脳は、予測と現実がどうずれていたかを学習し、モデルを修正することになる。

欲望は、こうした脳の機能が基本となって生じる。日常生活を送る中で、脳は世界で起きることの中にパターンを見つけ、モデルを作り、それを蓄積していく。そのモデルを基に何が起きるかを予測するわけだが、予測は時に裏切られ、緊張が生じる。そうなった時には、新たに情報を収集し、モデルの修正を図ることになる。そうして、自分の行動が常に世界と調和するよう調整するのだ。状況が把握できていると自覚した時、あるいは何かを習得したと自覚した時、私たちは大きな快感を覚える。ただし、ずっと調和が保たれれば、ますます快感が高まるかと言えばそうではない。もしそうなのだとしたら、私たちは一生、ビーチにでもいればいいということになるだろう。快感が最も高まるのは、緊張が生じたあと、その緊張が取り除かれた時だ。つまり、最も幸せな人生とは、不和、調和、不和、調和がリズミカルに繰り返される人生ということになるだろう。不和が生じるからこそ、調和を強く求める気持ちが生まれる。頭の中に思い描いた世界と、実際の外の世界が完全に一致する瞬間を求める気持ちは、不和があるから生じるのだ。

自分に調和を求める気持ちがあり、不和が調和に変わる瞬間が快感であることは、誰でも日々の生活でふとした時に気づくことだろう。クロスワードパズルが解けた時や、散らかっていた机の上をきれいに片づけた時などに快感を覚える人は多いに違いない。

ただ、このように調和を求める気持ちが、奇妙な具合に作用することもある。人間には、無意識のうちに自分にとって馴染みやすいものを求める傾向があるのだ。たとえば、ニューヨーク州立大学バッファロー校のブレット・ペルハムによれば、デニス（Dennis）、ダニース（Denise）といった名前を持つ人には、他の名前の人に比べて不自然なほど歯科医（dentist＝デンティスト）になる人が多いという。また、ローレンス（Lawrence）、ローリー（Laurie）といった名前を持つ人には、弁護士（layer＝ローヤー）になる人が不自然に多い。ルイスという名前の人がセントルイスに移り住み、ジョージという名前の人がジョージアに移り住むことが多いという調査結果も得られている。職業や住む場所の選択は、人生において非常に重要なことだが、その重要な選択に、たまたま与えられた名前が少なからず影響しているのである。生まれた時から持っていて馴染みのある名前に無意識のうちに合わせようとするわけだ。

調和を求める気持ちは、仕事や作品を完璧なものにしたいという願望につながることもある。人間が何かの作業に完全に没頭した時には、自分と外の世界との境目は消滅してしまう。プロの騎手は、自分の乗る馬と一体化する。馬が勝手に走るのではなく、自分が馬と共に走っているような感覚になる。大工は、自分の手と使う道具とを一体化させる。数学者も取り組んでいる問題と一体化し、自分というものがなくなってしまうことがある。そういう時には、自分の中にある世界のモデルと現実世界とは完全に一致し、完璧な調和が達成されることになる。

この「調和への願望」は、私たちの知性がはたらく上でも重要な役割を果たす。私たちは自分の知識が正しければ正しいほど、知識が現実世界に合致しているほど心地よいと感じる（一般に「評論家」と言われる人たちは、自分の主張が現実に合致していると多くの人に認められれば、大金を稼ぐことができる）。また、現実の事象を見事に説明できる理論を構築できれば、大きな快感が得られる。自分が外界と調和していると感じられるからだ。私たちは皆、外界と調和したいと望んでいるのだ。ブルース・ウェクスラーは著書『脳と文化（*Brain and Culture*）』の中で「人間は、人生の前半のほとんどを、現実世界の脳内モデルの構築に費やし、残りの後半生のほとんどをそのモデルの調整に費やす」と言っている。深夜のバーでの会話も、かなりの部分が、相手の見ている世界と自分の見ている世界が同じか否かを確かめるための言葉で占められていると言えるだろう。国と国は、土地や資源など利害をめぐって争うことも多いが、実は世界の見方を自分と同じにさせるべく戦うということもある。それは、イスラエル・パレスチナ紛争がなかなか解決しない理由の一つでもある。どちら側も相手に自分たちの歴史観を認めさせたいのだ。

子供の頃、暮らした家に戻ると、深く心が動かされるという人は多い。それは、自分の世界モデルが作られ始めた場所だからではないだろうか。自分の育った街に戻った時、人はとても些細なことを気にする。ドラッグストアは昔と同じ場所にあるか、公園の柵は昔と同じか、よく渡っていた横断歩道はまだそのままあるか、そういうことが気になるのだ。日光の当たる角度が昔と同じだと気づいただけで嬉しい気持ちになる。私たちがそれを愛するのは、自分にとって何か利益になるからではない。ただ、馴染みがあるというだけで、横断歩道は最高の横断歩道になる。私たちは、故郷の風景を特別の愛情によって飾り立ててしまう。それは、一つには、私たちの脳内モデルと非常によく一致するからだと思われる。C・S・ルイスはこんなふうに言う。「子供は、自分に何をしてくれたわけでもない無愛想な植木屋を好きになることがある。人付き合いを避けており、誰が話しかけてもろくに返事もしないような気難しい植木屋を。それは、彼が昔からいつも同じ場所に変わらずにいる植木屋だからである。実際にはそれほど長い期間ではないかもしれないが、自分が見た時にいつもいれば、その子にはずっと昔からいるように感じられるのだ」

世界との調和、融合を求める気持ちは時として異常なほど高まることがある。一種の解脱《げだつ》を求める気持ち、自分という枠を超え、自然や神と一つになりたいという気持ちが生まれることがあるのだ。宇宙と一つになれたという感覚が身体全体を満たした時、精神は通常では考えられないほど高揚する。

重要なのは、人は誰でも、他の人との調和、融合を求めているということだ。赤ん坊は、生後二週間も経たないうちに、近くから他の赤ん坊の泣き声が聞こえると自分も泣くようになる。だが、同じ赤ん坊に、録音した自分の泣き声を聞かせても泣き出したりはしない。オーストリアの精神科医ルネ・スピッツは、一九四五年、アメリカのある児童養護施設で調査を行なっている。手入れの行き届いた非常に衛生状態の良い施設だった。乳児八人につき、保育士が一人いたので、良心的だと言ってよかった。乳児の栄養状態も良かったが、ただ、どの子も他の子たちから引き離され、一日中、一人で過ごしていたのだ。感染症の蔓延を防ぐという目的での措置だった。乳児たちが寝るベッドとベッドの間にシーツが吊るされていたのも同じ理由からだ。衛生にそれほど注意が払われていたにもかかわらず、その施設では三七パーセントの乳児が二歳の誕生日を迎える前までに亡くなっていた。感情の触れ合いという、生きていく上で非常に大事なことが欠けていたためと思われる。

人間には自分に似た人に引きつけられるという性質がある。また誰かに会うと、すぐに自分の動きを相手の動きに合わせようとする性質もある。モハメド・アリは、試合が始まってわずか一九〇ミリ秒で対戦相手の守りの隙を察知し、そこへパンチを打ち込むという、史上最高のスピードを誇った。だが、どんな人間でも、相手の動きを察知するということにかけてはアリに匹敵するくらいの早業が使えるのだ。大学生を対象とした調査によると、彼らが友人に会ってから無意識に相手の動きを模倣し始めるまで平均で二一ミリ秒しかかからなかったという。

友人どうし、しばらく会話を続けていると、二人の呼吸パターンも同じになってくる。他人の会話を観察していると、呼吸など生理機能のはたらきが会話している人たちと似てくる。そして、生理機能のはたらきが似るほど、会話している人たちがどういう関係にあるか、より敏感に察知できることもわかっている。同居している女性どうしは、月経周期が似てくることが多いという報告もある。これは、フェロモンのはたらきによるとも言われている。

誰かの身に起きていることを「我がことのように感じる」という言い方があるが、神経科学者マルコ・イアコボーニによれば、人間の他人との同調能力は、そんな言葉ではとても表現しきれないものだという。他人が喜んでいることを感じ取り、その人とともに笑う時、私たちは、もはや自分が喜んでいる時と同じように笑っているのだ。たとえ映画のスクリーンの中であったとしても、激しい苦痛を受けている人を見た時には、程度は弱まるとはいえ、脳に自分が苦痛を受けている時と同様の反応が起きる。

C・S・ルイスは次のように言っている。「友人とのつき合いが長くなり、旧友と呼べるほどになると、その友人に関係することであれば、何にでも強い親しみを感じ、大切に思うようになる。それがたとえ、元々その人と友人になった理由とはまったく関係ないことであっても、同じように親しみを覚えるのだ。友情は、その友情によって生じるもの以外、どのような義務にも縛られることはない。友情は、嫉妬とはほぼ無縁であり、相手に必要とされたいという気持ちともまったくの無縁である。そのように友情とは、極めて崇高なものだ。仮に天使というものが存在するとすれば、友情は、その天使たちの間の愛情に近いものかもしれない」人は、自分がいずれかの集団に属していると思えば、その集団の規範を守るべきという圧力を感じる。誰にも言われなくても直感するのだ。ソロモン・アッシュはそれに関連して有名な実験を行なっている。その実験ではまず、被験者に、それぞれ明らかに長さの異なる三本の直線を見せた。次に、被験者を何人かの集団（実はアッシュの協力者）が取り囲み、三本の直線はどれも同じ長さだと主張する。すると、七〇パーセントの被験者は集団の圧力を察知し、少なくとも一度は直線の長さがすべて同じであると認める。はじめから終わりまで一切、その明らかに誤った主張を認めようとしなかったのは被験者のわずか二〇パーセントにとどまった。

至上の喜び

友達を作るには、相手に同調し、調和を保つということが必要になる。しかし、そのことについては普通、学校では教わらない。幸福な人生には人とのつながりが絶対に必要で、人とのつながりを欠いていることが不幸を生むというのに、学校ではあまりそれを教えないのだ。

エミール・デュルケームは、社会とのつながりが少ない人は、つながりの多い人に比べ、自殺する確率がはるかに高くなると言った。ディーン・オーニッシュも著書『愛は寿命をのばす——からだを癒すラブ・パワーの実証的研究』の中で、社会参加に消極的で孤独に生きている人たちが、社会に積極的に参加している人たち比べ、三倍から五倍くらい早死をしやすいということを書いている。

周囲の人たちに同調することで、圧倒的な高揚感が得られるということもある。歴史学者、ウィリアム・マクニールは一九四一年、アメリカ陸軍のブートキャンプ（新兵訓練）で行進の仕方を教わった。すると間もなく、仲間たちと足並みを揃えて歩くことで、自分の精神状態が大きく変化することに気づいたという。マクニールはその時のことを次のように書いている。

訓練で長時間、他人と同じ動きを続けると、言葉ではとても表現しようのない感情が喚起されることになる。今、私が思い出すのは、あの幸福感が周囲に広がっていくような気持ちである。自分が巨大になったような不思議な感覚もあった。自分がどんどん膨らんでいき、実際よりはるかに大きくなったのだ。集団での儀式にはそういう効果がある。

戦争では、多ければ何百万という兵士たちが自分の命を危険にさらし、時には命を投げ出すことになる。仲間たちとの間にマクニールが言うような根源的な結びつきを感じていれば、それが少しは容易になるだろう。家族が辛い時、苦しい時に協力し合えるのも、同じような感情からである。家族ほどではないにしても、社会にある程度のまとまりが生じるのもやはり同様の感情からだろう。普段、私たちはそれを「信頼」という言葉で呼んでいるのかもしれない。そして他者との同調、結びつきを求める気持ちの中でも最も強いものは、特別な誰かと溶け合い、一つになりたいという欲望のかたちをとる。それが愛である。

誰かに対して強い愛情を感じ、相手との調和を求めるようになれば、モデルを作り、調整する、またモデルを作り、調整する、という作業を延々と繰り返すことになる。その繰り返しにより前に進んでいくのだ。

エロス再考

私たちが今、「エロス」という言葉を聞くと、まず間違いなく、セックスを連想する。他の連想は、ほぼあり得ないくらいである。「エロスを扱った本」といわれれば、書店でも、他とは明確に区別して陳列されているはずと思うだろう。しかし、それは現代のセックス偏重文化の中での解釈である。「エロス」は元々、もっと広い意味を持つ言葉なのだ。古代ギリシャでは、セックスやその快感への欲求、あるいは遺伝子の子孫への伝承などだけを指す言葉ではなかった。あらゆる美しいものや崇高なものとの合一を求める気持ちをまとめて、エロスという言葉で表現していた。

人間は確かに、性欲だけに、セックスによる快感を得たいという欲望だけに突き動かされることもある。だが、もっと広い意味のエロスにも人を動かす強い力がある。愛する人と同じ感情を共有したい、同じ場所を訪れたい、同じ喜びを味わいたいという気持ち、心の動きのパターンを同じにしたいという気持ちが人を動かすことがあるのだ。アラン・ブルームは著書『愛と友情（*Love & Friendship*）』の中で次のように書いた。「セックスはあらゆる動物に共通するもの、エロスは人間特有のもの。両者を区別しない科学は正確であるとは言えない」

神経科学と呼ばれる学問は、人間の魂、精神を細かく切り刻んで理解しようとしているとよく言われる。何もかもを、ニューロンやシナプス、そして生化学的反応に還元しようとしているというのだ。しかし、実際には必ずしもそうではない。神経科学には、たとえば、エロスが実際に人間の心に作用している様子を垣間見せてくれる研究もあるからだ。そうした研究を通じ、私たちは、友人、そして恋人の間で心はどのようなパターンで動いていくか、心はどんなダンスをするかを少し見ることができる。

ハロルドもエリカも、恋人になってからの最初の何週間かは、今までにないほど強く「生きている」という実感を覚えていた。ある日の午後、二人はハロルドの部屋のソファに座り、古い映画を観ていた。沈黙の後で、エリカはハロルドの目をのぞき込み、唐突に「あなたのこと、わかってきた」と言った。それからすぐ、彼女はハロルドの胸にもたれて眠ってしまった。ハロルドは、柔らかい寝息を立てる彼女の頭を少し楽な位置に動かしただけで、そのまま映画を観続けていた。

ハロルドが手でエリカの髪や顔を撫《な》でると、手の動きの速さに合わせて、寝息も速くなったり遅くなったりする。それでも目を覚ますことはなく、目は閉じたままだ。彼女がこれほど深く眠るとは意外だった。もはや映画を観る気はまったくなくなり、ただじっと彼女を見つめていた。

彼女の腕を自分の首にまわしてみたが、ほんの少し唇をすぼめただけで、やはり目は覚まさない。腕をもとに戻すと、彼女は頭を胸に押しつけてきた。呼吸の度、胸が上下に動く。その様子を見ていると、この人を守りたいという優しい気持ちに満たされる。「今、この時をいつまでも覚えておこう」と彼は思った。

何もかもが順調だったわけではない。まだ二人のどちらにも、最も強く求めているはずの合一を無意識に拒む気持ちがあったからだ。そういう気持ちが不和や衝突を生む。

一つになりたいという強い気持ちがあっても、それだけで恋愛がうまくいくわけではないし、世界の平和が保たれるわけでもない。人間には、自分と同じ世界モデルを他者にも受け入れさせたいという願望もある。人生のかなりの部分をその願望の成就のために費やすくらいだ。また同時に、そうした世界モデルの押しつけにはあくまで抵抗したい。全体として見れば、人間どうしはつながっているが、単につながっているだけではない。そこには競争が存在する。人間は互いに競争し、競争に勝って注目や名声、尊敬を得ようとする。そして、それを他人とのつながりに利用しようとするのだ。名声や尊敬を勝ち得て、他人より優位に立てれば、自分の世界モデルを認めさせることが容易になる。人間どうしのつながりは、そういう論理を基本にした複雑なゲームだと言える。

それでも、特に最初の一八カ月間、ハロルドとエリカの関係はまるで魔法にかかったようにうまくいった。二人は共に仕事をし、食事をし、共に眠っていたが、ほぼすべての面で調和していた。自分と相手が同調し、一つになるという体験をしていたのだ。それが愛の最も素晴らしいところである。前述のC・S・ルイスが「あなたは自分を愛している？　でも、あなたは私」と表現し、ジョン・ミルトンが『失楽園』で「二人は一つ／二人の肉体は一つ。あなたを失うことは私を失うこと」と表現したのは、まさにその状態だろう。

14章　合理主義の限界——世の中は感情で動く

エリカの事業は輝かしい成功を収めた。だが、会社が輝くほど、家の中は暗くなった。エリカとハロルドが共に仕事をするようになったのは二人がいずれも二八歳の時で、それから何年かの間は順調そのものだった。顧客は次々に増え、社員も雇うことになった。全部で一八人である。電話もプリンタも新調した。持てる時間のほぼすべてが仕事につぎ込まれた。昼も夜も、そして週末も。努力して休暇を取り、友人たちと過ごしたり、二人で夕食に出かけたりすることもなくはなかったが、ごく稀なことである。せっかく家を買ったのに、家事に割く時間はどこにもない。おかげで色々と細かい問題が起きていた。どこかで電球が切れたら、何カ月も交換されずに放置されてしまう。エリカとハロルドはその間、暗闇を手探りで歩くことになる。居間のテレビのケーブルが不通になった時には、やはりテレビが見られない状態がしばらく続くことになった。ひびの入った窓ガラスや、カーペットについた染みも長い間そのままだった。そうしてあれこれ問題が起きても、対策を講じるのではなく、自分たちの方が問題のある環境に適応して生活を続けたのだ。家の中がいくら荒れても、仕事の方で成果があがっていたので不満は感じなかった。

しかし、四年ほど経った頃、会社が変調をきたし始める。不景気に襲われたのだ。表面的には何も変わらないように見えた。会社の入る建物も、社員たちもそのままだったからだ。だが、心の中が大きく変わってしまっていた。エリカたちは、リスクがあるのは承知の上、と勇ましい言葉を発したかと思えば、次の瞬間には恐怖心に支配される、というふうに精神的にとても不安定になった。顧客企業の中には、長期的成長を目指して結んでいたコンサルティング契約を、無駄なもの、単なる贅沢とみなして打ち切るところが増えた。

エリカの前からは何人もの友人がいなくなった。顧客企業の社員たちである。彼らとはテニスをしたり、旅行をしたりした。自宅に招いたこともある。彼らとの間の信頼関係、友情は間違いなく本物だったはずだ。

ところが、契約が打ち切られた途端、友人関係も解消されてしまった。以前は、互いにユーモアのセンスを競い合うようなメールのやりとりを楽しんだのだが、もうメールを出しても返事はなかった。電話をかけても応答はない。突然、皆に一斉に嫌われたような気がする。実は、彼らは皆、彼女を傷つけたくなかっただけだった。契約を打ち切ったということを口に出して言えば、余計に傷つけるだろうと思ったのだ。だから、何も言わずに姿を消すことを選んだ。エリカには、その優しさが偽りのものであることがすぐにわかった。彼女を傷つけたくないというより、自分が不愉快な会話をしたくないというのが本音なのだとわかったのだ。配慮があるというのではなく、単に卑怯なだけだった。

会社は静かになっていった。エリカがこんなふうに、なすすべもない状態に陥っているのは、社員たちにとっても辛いことだった。彼女は恐怖心を表には出さない。だが、恐怖心が彼女の中にあることは皆、感じていた。口では「まだまだ、勝負はこれから」と言い、落ち着いて仕事に集中している様子だったが、お金が入ってきていないのは明らかである。資金の返済が滞るので銀行は怒っている。信用はすっかりなくなってしまった。彼女は自分のクレジットカードで借金をして社員に給料を払い、顧客には仕事をくれと懇願して歩いた。

ついに、最も大口の契約までが打ち切られることになった。エリカはその顧客のＣＥＯに電話をかけ、何とか更新をしてはもらえないか頼んだ。たった一本の電話に人生がかかっている。辛いことだが、そこまで弱い立場になってしまったのである。そのCEOも、他の顧客とあまり変わらなかった。その場しのぎの嘘を言ったのだ。契約が途切れるのは、ほんの短い間だけだという。一、二年もすれば、また元に戻れるというのだ。そうは言えなかったが、その契約がなくなってしまえば、会社は一週間とはもたない。打ち切りは死刑宣告に等しいのだ。そのまま電話を切った彼女は、自分が案外、平静であることに気づいた。身体が震えているわけでもなければ、過呼吸になっているということもない。「本当に大変な時というのは、案外そういうものなんだ」とエリカは思った。大きな感情がやってきたのは一時間くらい経った後のことだ。彼女はトイレに隠れて人知れず泣いた。涙はなかなか止まらなかった。今すぐ家に帰り、ベッドに潜り込みたいと思った。

その週の終わりに、エリカは社員を集めた。全員、会議室にやってきて席に着いた。きつい冗談を言い合っている。エリカは一人一人を見回していった。皆、もうすぐ失業してしまうのだ。一人はトム。いつもノートパソコンを持ち歩いている。重要なことは、すべて、そのパソコンに打ち込む。ビングもいる。彼女は頭の回転が異常に速く、何かを話し出しても最後まで言い終わる前に次の話を始めることがある。エルシーは、自分に自信が持てない人だ。アリソンは、節約のため、男性のルームメイトと一つのベッドに寝ている。ただし、二人は本当にただのルームメイトでプラトニックな関係である。エミリオは胃が悪く、いつもコンピュータの上に胃薬を並べている。変わった人というのは案外、多いものだ。

危機にもかかわらず、エリカは不気味なほど落ち着いていた。もはや、会社を潰すしか選択肢がなくなったことを皆に告げた。つまり倒産ということだ。国全体が不景気なのだから、誰が悪いわけでもない。そう言った後、しばらく話を続けた。どうしても、「自分があの時、ああしていれば」というところへ考えが及んでしまう。誰も悪くないという言葉とは矛盾するのだが、一方で、自分にもっとできることがあったのでは、という気持ちもあったのだ。それが正当かどうかには関係なく、とにかく責めるべき具体的な対象が必要だった。彼女は起業家たちの決まり文句とも言える箴言《しんげん》も口にした。「この世には失敗など存在しない」というのだ。あらゆる出来事は学びのための貴重な体験であるという。そんな言葉は何の慰めにもならなかった。

その日から何週間かは、色々とすることがあった。オフィスや備品を売却しなくてはならなかったし、あちこちへ手紙も書いた。だが、やがて、何もなくなった。何もすることがないというのは思った以上に心細く、彼女はそのことに自分でショックを受けていた。彼女は突然、進むべき道を失ってしまったのだ。

自分では、静かで平穏な暮らしが好きな人間だと思っていたのだが、実際に静かになってみると、ひどい気分だった。スコットランドの哲学者、デイヴィッド・ヒュームはこんなことを言っている。「人間にはすること、仕事が必要である。人間の心がこれほど常に変わらず、強く求めるものは他にない。活動に向かう熱意を支える基礎になっているのはその欲求だろう」

エリカの思考にはまとまりがなくなった。内容を整理して話をすることもできなくなったし、何かを思いついてメモを取るということもなくなってしまった。実のあることは何もしていないのに、いつも疲れきっている。何より欲していたのは、乗り越えるべき課題である。

仕方がないので、彼女は自分がこなすべき日課を自分で決めた。まず、会社の危機を何とか乗り越えようと奔走していて、長い間行っていなかったジムに再び熱心に通い始めた。毎朝、身支度を整えるとスターバックスに行く。ブリーフケースに携帯電話とノートパソコンを入れて行くのだ。失業中の身で、勤め人に混じって歩くのは辛いことだった。周囲は健康な人ばかりなのに、自分一人だけが病気をしているような気分である。国内にいながら、事実上は外国へ追放されてしまったようでもある。コーヒーを飲んで、足取り重くオフィスへと戻って行く大勢の人たちを彼女は見つめた。皆、特に何も考えていなさそうに見える。彼らにはしなくてはいけないことがあるが、それが彼女にはないのだ。行くところがない人だと思われるのも嫌なので、入るスターバックスは次々に変えていった。

失業をすると、心理的にはどのようなコストがかかるのか、という調査が以前、行なわれたことがある。雑誌『ジ・アトランティック』に載ったエッセイの中で、ドン・ペックがその調査について触れていた。失業の期間が長く続いた人は鬱になりやすいという。就職できて何年か経った後でもその傾向は残る。そして、いったん就職すると、その職にずっとしがみつこうとし、リスクを極端に怖れるようになる。アルコール依存症になる人や、配偶者に暴力を振るうようになる人も多い。心の健康だけでなく、身体の健康も損なわれがちになる。三〇歳で失業した人の平均寿命は、失業を経験しない人に比べ、一年半ほど短いとも言われる。研究者の中には、失業が長期間続くことによる心理的負担は、配偶者を失った場合のそれにも匹敵するとする人もいる。

エリカとハロルドの関係はうまくいかなくなっていた。ハロルドには、生い立ちのせいもあり、人はただ存在するだけで価値があると考えるところがあった。エリカはそうではなかった。エリカは、人は存在するだけでは価値がなく、その人が何をするかで価値が決まると思っていたのだ。ハロルドの興味はあれこれと変わり、何にでも喜んで首を突っ込むところがあった。会社がなくなってからの何週間か、彼は読書をして過ごした。エリカには登るべき頂《いただき》のようなもの、自分がやらなくてはと思える使命がどうしても必要だったが、ハロルドにはそれは必要ではない。面白そうだと思える仕事ならば、何でも喜んでしようと思っていた。実際、間もなく、ある歴史関係の公的機関に就職し、プログラムオフィサー（研究・助成プログラムの企画立案、運営管理を行なう人）として働き始めたのだ。エリカは、どこでも働ければいいというわけにはいかない。彼女は、ビジネスの世界で再び経営者として成功したいと思っていたので、それにつながるような仕事でなければ困るのだ。彼女はスターバックスから、つてを頼ってあちこちに電話をかけていった。どこか、管理職として自分を雇ってくれるところはないかを探したのだ。

しかし、誰に電話をしても、まともに話すらできない。ほとんどの人が留守で、伝言を頼んでも折り返し電話をしてくる人はまずいなかった。この方法では無理だと悟ったエリカは新たに起業する道を探り始めた。フランチャイズに加盟してスムージーの店を出すことも考えたし、その他には、モンゴル料理の店、ベビーシッターの斡旋会社、ピクルスの製造会社などを始めることも検討した。ペット向けホテルというアイデアもあった。だが、そのどれも、元々考えていた自分のキャリアパスには馴染まないものである。

数カ月が経った頃、エリカは友人から「戦略立案のできる人材を探している会社がある」と聞かされた。「インターコム」というケーブルテレビの会社だったが、それは彼女がずっと以前から嫌っていた会社だった。サービスが最悪で、修理担当者の教育も行き届いていなかったからだ。カスタマーサポートに問い合わせをしても、対応がいつも遅かった。CEOはナルシストで有名だ。ただ、もちろん、とてもそんなことを言っていられるような状況ではなかったので、エリカは入社したい旨を伝えた。

面接担当者は時間になってもなかなか現れなかった。相当長い間、待たせた挙句、ようやく部屋に入ってきたが、その態度はまさに慇懃無礼《いんぎんぶれい》という感じだった。彼はエリカにこんなふうに言った。「弊社は、世界でも最も知性の高い人材を抱えた会社ですよ。ここに来て毎日働くことは大変な喜びです。まさに『ベスト&ブライテスト』の世界ですね」

デイヴィッド・ハルバースタムの『ベスト&ブライテスト』という本のことはエリカも知っていた。しかし、ベトナム戦争について書いた本であるということを、この人はわかっていないのではないかとエリカは思った。

彼は自分のことを話し始めた。予想通りだった。「私も、その最高の人たちに肩を並べる人間にならなくてはいけません。伝説に残るくらいの仕事をしなくてはいけないのです」どうやら、その「伝説に残る」というのが、会社のスローガンか何かのようだった。意識高揚のため、社内で連呼されているのだろう。その後は、ただビジネスの世界の流行語、専門用語を散りばめただけのような話が続いた。「結局、『海を蒸発させる』式の戦略はうまくいかないですね。そうではなくウィン‐ウィンの関係を構築することが大切です」という具合に。その他にも、「ドリルダウン分析」、「中抜き」、「エンドツーエンド」、「ミッションクリティカル」、「ブルーオーシャン戦略」などの用語が次々に出てきた。会社の基本方針について話していたのだとは思うが、具体的に何が言いたいのかはよくわからなかった。

エリカはただ、作り笑いを浮かべて座っているしかなかった。必死の思い、すがるような気持ちだ。やや卑屈にもなっていた。「入社したらどういう仕事がしたいですか？」と尋ねられた時には、面接担当者と同じように流行語や専門用語を使った中身のない回答をした。このことに関しては後から自己嫌悪を感じることになる。

面接の終わりに「一週間以内に電話をします」と言われたが、実際に電話がかかってきたのは二週間後だった。それまでの間は、携帯電話が振動しているような錯覚に絶えず襲われた。本物であれ、錯覚であれ、少しでも振動を感じた時には飛びつくような勢いで出た。二週間後にようやく電話がかかってきた後、それは再度面接をしたいという連絡だった。だが、さらに一カ月後、エリカはようやく就職することができた。立派なオフィスを与えられ、ミーティングに出るようになると、彼女は自尊心が蘇るのを感じた。

過信

人間の脳は自分を過信するようにできている。実際には絶対という確信が持てないはずのことを、絶対だと思い込む。自分の意志ではどうにもできないことをできるかのように信じ込むこともある。そう信じ込むために偽りの物語まで作り上げるのだ。自動車を運転する人の約九〇パーセントは、自分の運転技術は平均以上だと信じている。大学教授の九四パーセントが、自分は教師として並以上だと思っている。起業家の九〇パーセントは、自分の事業が成功すると思っている。そして、ＳＡＴ受験者の九八パーセントが、自分のリーダーとしての能力は平均以上だと思っているという。

大学生は総じて、自分が高報酬の仕事に就ける可能性を過大評価する傾向がある。また海外旅行ができる可能性や、将来、安定した結婚生活を送れる可能性も過大評価しやすい。中年くらいの年齢の人が服を買う時には、サイズが小さすぎるものを選ぶことが多い。すぐに痩《や》せられると思うからだ。だが、中年以上になれば、年々、太っていくのが普通である。自分だけは普通の人と違うと思っていることになる。ＰＧＡツアーに出場しているプロゴルファーに「六フィート（約一・八三メートル）のパットを、自分ならどのくらいの確率でカップに入れることができると思うか？」と尋ねた場合、平均すれば約七〇パーセントという答えになるのだが、実際には六フィートのパットがカップに入る確率は五四パーセントにすぎない。

自分に対する過信にも色々な種類がある。その中には、自分の無意識の性向をコントロールする能力に対する過信というのがある。たとえば、スポーツクラブの会員になったのはいいが結局、通わないという人は、本当は意志が弱いにもかかわらず、会員になった時点では何とかコントロールできるはず、と過信していたわけだ。自分のことはよくわかっているという過信を抱く人も多い。ペンシルベニア州立大学の学生に「誰かが自分の目の前で性差別的な発言をしたらどうするか？」と尋ねた調査では、約半数の学生が「断固抗議する」と答えている。しかし、実際に彼らの目の前に性差別発言をする人間が現れた時、それに対して少しでも何かを言った学生は質問した中の約一六パーセントにすぎなかった。

自分の知識も過信しがちである。ポール・J・H・シューメーカーとJ・エドワード・ルッソの二人は、企業の管理職を対象としたアンケートを実施した。自社が属する業界についての知識を問うアンケートである。広告業界の管理職の場合、彼らが九〇パーセントの確率で正しいと信じていた回答のうち、六一パーセントは誤りだった。コンピュータ業界の場合は、本人が九五パーセントの確率で正しいと信じていた回答のうち、八〇パーセントは誤りという結果になった。シューメーカーとルッソが調査した人は二〇〇〇人を超えるが、そのうちの九九パーセントが自分の回答の正解率を過大に見積もっていた。

「自分が今、知っていること」も過大評価するが、それだけでなく、「自分が知り得ること」も過大評価する傾向がある。世の中には、あまりに複雑で、またあまりにランダム性が高くて、近い将来のことも確信をもって予測することがほぼ不可能、という事象がある。株式市場などはその例だろう。予測が不可能ならば、不可能だということを踏まえて行動をすればよいのだが、自分は予測できると信じて行動している人が非常に多い。それは証券業界で起きていることを見ればよくわかる。ブラッド・バーバーとテランス・オーディーンは、ディスカウントブローカー（手数料を割り引いて、証券売買の注文を獲得しようとするタイプのブローカー）たちの口座で実施された六万六〇〇〇件を超える取引について調査をした。それでわかったのは、自分の予測に自信を持っているトレーダーほど、多くの取引をしていたこと、そして、彼らのあげた利益が、市場全体の平均を下回っていたということである。

幸運に酔ってしまうということもある。MITのアンドリュー・ローによれば、何日か幸運が続き、大きな利益をあげた株のトレーダーの脳ではドーパミンが放出され、そのせいで自分に対する大きな過信が生まれるという。単なる幸運にすぎないのに、それを自分の実力だと勘違いするのだ。株の値動きを予測するコツをつかんだと思い込む。大きな損失を被るリスクがあるのに、それを顧みなくなってしまう。

何かについて判断を下した時には、その判断をした理由を自分でよくわかっていると思ってしまう。しかし、それもやはり過信である。私たちは、自分の取った行動の理由を説明するために、話をでっちあげてしまうことさえある。本当は、行動を取った時に自分の内面で何が起きていたのか、まったくわからなかったとしても、適当な話を作ってしまえるのだ。いわば、行動を取ってしまった後で自分に嘘をついていることになる。まるで、その時の状況をよく見た上で合理的な判断を下したかのような説明をしてしまう。ハーバード大学のダニエル・ギルバートは、人間には「心の免疫システム」とでも呼ぶべきものが備わっていると言っている。これは、自分が優れた人間だという証拠になるような情報は誇張してとらえ、反対に、自分の優秀さを疑わせるような情報は無視するというはたらきを持ったシステムである。たとえば、ＩＱテストの結果が良くなかったと告げられた人は、ＩＱテストの短所について書いた新聞記事を長い時間をかけてじっくり読むという。そして、自分のことを高く評価してくれた上司がいた場合、その上司が賢明で優秀であると書かれた報告書を見つけると、とても興味を持って読むことになる。

興味深いのは、自信の強さは、その人の能力の高さとほとんど関係がないということである。むしろ、能力の低い人ほど自分の能力を過大評価する傾向があることが、大規模な調査の結果、突き止められている。ある調査では、被験者に、論理的思考、文法力、ユーモアのセンス、という三種類の能力を問うテストを受けさせた。すると、下位四分の一までの成績だった人たちが、テストの対象となった能力に関して最も自分を過信しているという結果が得られたという。つまり、能力の低い人は、ただ能力が低いだけではなく、自分の能力の低さを否定しがちだということになる。

人間はほぼすべて、自分を過信しがちな生き物であると見て、まず間違いはないだろう。エリカが入ったケーブルテレビ会社の社員たちも例外ではなかったが、彼らは単に自分たちの力を過信していただけではなかった。それだけではなく、能力を人に見せびらかそうとするのである。ＣＥＯのブライズ・タガートは、どの会社に行っても、必ず大きな改革を仕掛けた。入社するとすぐに「旧態依然の官僚主義、古い考え方に対し、戦いを挑む」などと言って、宣戦布告をするのだ。その改革の熱意が時に、経験豊かなマネージャーや、古くから受け継がれてきた慣例に対する軽蔑にすり替わることもあった。彼はよく真夜中に指示を出したが、その多くが単なる思いつきにすぎず、おかげで社内のあちこちの部署が大混乱に陥った。金言、警句の類を多用するのも特徴だった。どれも言葉の上ではなるほどもっともと思わせるものの、社内の現状とはまったく関係がないことがほとんどである。社員たちがプレゼンテーションをしても、じっと座って見ていることができない。何週間もかけて入念に準備されたプレゼンテーションをしばらく上の空で眺め、ついには「どうも心に訴えかけてくるものがないな」などと言い放つ。そして、取り巻きたちが追従《ついしょう》笑いをする中、外へ出て行ってしまうのである。

タガートは人から「勇気ある改革者」だと思われたがった。誰も存在に気づいていないニッチ市場を押さえるため、という名目で色々な企業を次々に買収する。おかげで会社は肥大化し、管理が困難になっていた。会計処理は煩雑になったし、組織図は複雑すぎて、見てもなかなか全体像が把握できない。だが、最新の技術を手中に収めておけるというメリットを優先し、そうした問題には目をつぶったのである。

ミーティングでは必ずタガートが最初に話をした。その言葉があまりに確信に満ちているため、異議を申し立てたり、疑問を挟んだりするものはほとんどいなかった。上級の幹部たちは、一様に彼の多様化戦略、新たな分野への進出を支持する発言をした。扱う製品やサービスが多様になれば、それだけリスクが分散できるというのである。しかし、同じ会社の中に種類の違う部門がいくつもできると、皆、他の部門のことは何も知らないという状況になってしまう。それに、この戦略では、買収の交渉を担当する幹部の発言力ばかりが強くなる。特定の市場で長らく仕事をし、現場に通用する具体的なノウハウを多く持った幹部は冷遇されることになるのだ。

社内では、製品やサービスの改善よりも管理の方に時間や労力が割かれるようになった。仕事の内容が多岐にわたるようになったため、社員の業績の比較が難しいという問題も起きた。すべての評価に同様に使える基準が存在しないからである。経営幹部たちは仕方なく、統一評価のための擬似的な基準を独自に作り上げた。その基準を使えば一応、客観的に業績を評価しているように見える。しかし、その評価はあまりに短絡的で、長期的成長の可能性などはまるで無視されていた。そのため、誰もが、その基準に照らして高評価になるような仕事ばかりをするようになり、長期間、安定して高い成果をあげるべく努力するような人間はいなくなってしまった。

財務部、経理部では、CEOの承認を得て難解なリスク管理手法の導入に熱心に取り組んでいた。理解できると自称するごく少数の人たちの間では素晴らしい手法とされていたものの、そのせいで実際にどの程度のリスクがあるのかが見えにくくなってしまった。一つエリカが気づいたのは、パワーポイントでグラフを作る際に、過去の実績の部分と将来の予測の部分とを誰も色分けしていないということである。普通は、過去の部分は背景を白、将来の部分は背景を黄色にする（あるいはグラフの線を破線にする）などして、明確に区別できるようにするものだ。しかし、この会社の人間は愚かにもそれをしていなかった。自分たちの予測能力を過信していたため、過去と未来を区別する必要性を感じていなかったのだ。彼らは、「マッチョ」な文化に浸かって生きていた。自分に何か知らないこと、わからないことがある、それを認めるなど決してあり得ないことだった。

不思議なのは、会社の多様化が進むほど、社員たちが画一化していったということだ。事業の種類が増え、世界各地に拠点を置くようになったのだから、担当する仕事も多岐にわたるようになり、赴任先で様々な文化に触れることになる。当然、価値観も会社に期待することも人によって大きく違ってくるはず、と思えるのだが実際にはそうではなかった。逆に、皆の考え方が驚くほど同じになっていったのである。一種の「群集心理」のようなものが生まれていたようでもあった。意見に違いがないので、コミュニケーションや意思決定は簡単にすんでしまう。誰も彼もが一斉に同じ方向に進むのだ。これは、ノートパソコンやスマートフォンで全社員が結ばれ、電子の速さで情報が行き交うグローバル企業ではよく起きることである。

そんな中、CEOや幹部たちが会社の成功を喧伝する言葉はますます大仰《おおぎょう》なものになっていった。ミーティングの席や会社内の行事でも、皆が会社を称える言葉を口にした。「アメリカ一の偉大な企業」と言う者もいたし、「世界で最も革新的な企業」などと言う者までいた。

エリカにとって何よりいら立たしかったのは、とにかくミーティングが多かったことだ。ミーティングに出席しても、エリカには何も言うことがなかった。それは、会社に何も問題を見つけられなかったからではない。どこを見回しても問題だらけである。ではなぜ何も言えなかったかというと、言葉が通じなかったからだ。社内で状況分析に使われている言語は、非常に閉鎖的なものだった。エリカにもまた、文化や人間関係、あるいは人間の心理などに注目した独自の物の見方というものがあり、それを説明する言葉も彼女独特のものだ。それは当然、彼女の新しい同僚たちの見方や言葉とは違っていた。彼らはともかくまず、大量のデータを集める。そして、そこから何らかの法則を導き出したり、システムを構築したりする。両者には重なり合うところは何もなかった。

彼らのやり方は、明らかに誰かに教わったものである。おそらく、ビジネススクールで教わったのだろう。彼らは、経営管理を一種の科学にする訓練を受けてきたのだ。製品やサービスの質を向上するための訓練は受けていない。学ぶのは、組織の掌握の仕方である。彼らの頭の中には、ダイナミックシステム論、シックスシグマ分析、タグチメソッド、物質 - 場分析（構造物質 - 場分析）、TRIZ（旧ソ連で生まれた問題解決技法）、BPR（ビジネスプロセス・リエンジニアリング）といった用語が詰まっていて、会話の中にも頻繁に出てくる。エリカは試しに、「BPR」をウィキペディアで調べてみた。そして、その中で引用されていた経営管理の本を見ると、こんなふうに書かれていた。「ＢＰＲにより、ＪＩＴ（ジャストインタイム）、ＴＱＭ（統合的品質管理）などの質を向上させ、プロセス指向を組織の戦略ツール、および、コアコンピタンスとすることができる。ＢＰＲでは、コアビジネスプロセスに集中し、ＪＩＴ、ＴＱＭツールボックスの中のいずれかのテクニックをイネーブラーとして活用し、一方でプロセスビジョンを拡張する」

エリカは、こういう文章を本で読み、ミーティングでは耳でも聞いた。だが、それが目の前の問題とどう関係するのかはさっぱりわからなかった。単に頭の中で言葉が踊るだけである。こういう言葉を発する人たちは正確さと明瞭さを重んじるはずだ。科学的であろうとしているはずなのだ。にもかかわらず、専門用語は宙に浮かぶだけで、こちらに何も明確なことを伝えない。

合理主義

もちろん、彼らのような人間が偶然に生まれたわけではない。ジョン・メイナード・ケインズは、「自分は誰からも知的影響を受けていないと信じている実際家たちも、多くは、すでに故人となったいずれかの経済学者の奴隷である」という有名な言葉を残している。今、エリカが共に仕事をしているのは、長い伝統を持つ思想の奴隷たちだ。その思想とは「合理主義」である。合理主義では、人間の歴史を、意識の歴史、論理的思考の積み重ねの歴史と見る。あるいは、理性と感情、あるいは本能との間の戦いの歴史と見る、と言ってもいい。人間の持つ最高の能力である理性が、感情や本能など、動物としての特質と常に戦ってきたと見るわけだ。理性は徐々に感情を打ち負かしつつあるのだ、という楽観的な考え方もある。科学が神話に取って代わり、論理が感情に対して勝利しているという。

そういう歴史観について語る場合、話は古代ギリシャから始まるのが通例となっている。プラトンは、人間の魂が「理性」、「意志」、「欲望」の三つの部分に分かれると考えた。理性は真実を追求し、自らの人格全体にとっての最善を追求する。意志は、他人からの称賛、名誉を追求する。欲望は生物としての基本的な快を追求する。プラトンにとって、理性とは、野生のままの、互いに相性の良くない二頭の馬を操る御者《ぎょしゃ》のようなものだった。「魂の中のより良き部分、秩序や哲学に通じる部分が優勢になれば、私たちは自らを御し、幸福で調和のとれた人生を歩むことができるだろう」とプラトンは書いている。

古代ギリシャ、ローマの時代は、物語などから推測する限り、理性が大きく勢力を伸ばしたのだと考えられる。しかし、ローマ帝国の滅亡後は、感情が再び勢いを取り戻し、ヨーロッパはいわゆる「暗黒時代」へと突入した。教育は衰退し、科学はその発達を止め、迷信が幅を利かせるようになった。停滞が終わり、再び物事が動き出したのは、ルネサンスの時代である。この時代には、科学や会計学に大きな進歩が見られた。そして一七世紀になると、科学者、技術者たちが、それまでになかったまったく新しい機械を作り出し、その結果、人々の考え方、社会のあり方を根底から変えてしまった。偉大な研究者が何人も現れ、世界に対する理解を深めていったが、彼らのとった方法は、世界を細かく切り刻むというものだった。それまで「世界は生き物」という比喩が一般的だったのだが、それに代わって「世界は機械」という比喩が主流となった。世界は、多数の部品から構成される精密な時計のようなもの、と考えられるようになったのだ。この極めて合理的な宇宙を造り上げた神は、いわば聖なる時計職人というわけだ。

さらに、フランシス・ベーコンやルネ・デカルトなどの偉人たちの力により、従来のものとは根本的に異なる思考方法が生み出された。それが科学的方法である。デカルトには、人間の知性をそれまでとは違う新しいものに生まれ変わらせようという意図があった。彼の思考方法では、どのような物事も必ず、ゼロから考える。そして、それに関わるあらゆる命題を一つ一つ論理的、意識的に検討して、どれが間違いなく真であるかを確かめていく。彼は、人間の知性を論理を基礎として再構築しようとしたとも言える。ベーコンは「この科学時代においては、心をあるがままに任せていてはいけない。一歩一歩確かめながら、正しい道を歩ませなくてはならないのだ」と主張した。必要なのは、まず正しい思考のための「確かな計画」であり、そして信頼できる新たな思考方法であった。

この方法で考えるためには、まず、偏見や習慣、先入観といったものをすべて頭の中から追い払う必要がある。その上で、冷静に一切の感情を交えず、一定の距離を置いて対象物と向かわなくてはならない。対象物はいったん最小の構成要素にまで分解する。そして、はじめは最も単純な要素から一つ一つ意識的に秩序正しく吟味し、次第に複雑な要素へと進んでいく。普段、私たちが使っている言語は曖昧で混乱が生じやすいので、この思考のためには特殊な科学的言語が必要になる。この方法の目的は、一つは人間の行動をある程度、共通化することである。法律が果たしているのと同様のはたらきをさせるわけだ。もちろん、確かな真実に到達するということも大きな目的だ。

科学的方法を採れば、それまでならば勘、直感ですませていたところが、はるかに正確、厳密になる。物理学、化学、生物学など、自然科学の世界では、そのおかげで驚くべき成果をあげることができた。

必然的に、同様の思考方法は、「社会科学」と呼ばれる学問分野でも利用されるようになった。そうすることで、自然科学と同様の進歩が期待できると考えられたのである。一八世紀、フランス啓蒙主義の思想家たちは、人間の持つありとあらゆる知識を体系的にまとめるべく『百科全書』という偉大な百科事典を作り上げた。その中でデュマルセは、次のように書いている。「哲学者にとって理性は、キリスト教徒にとっての神の恩寵のようなものである。恩寵がキリスト教徒を動かすように、理性は哲学者を動かす」

何世紀にもわたり、社会科学者たちは、自分たちの学問を「人間の特質についての科学」にしようその理論を基に人間の行動を予測できるモデルである。これまでに、政治学者、国際関係学者などがいくつもの複雑なモデルを作ってきた。経営コンサルタントたちは、企業経営をより科学的に理解するための様々な実験を行なうようになった。そして、政治は抽象的な「イデオロギー」を中心に展開されるようになった。イデオロギーとは、論理的に整合性のとれた一つの信念体系のことである。あらゆることをそのイデオロギーに沿って決めていく壮大なシステムが政治ということだ。

科学的な思考方法、つまり合理的な思考の仕方は、現在ではあらゆるところに応用されているし、ごく当たり前のもの、どうしても必要なものにも見える。合理主義はある意味で、非常に魅力的である。まず魅力的なのは、明解であるというところだ。不明瞭なもの、不確かなものというのは人間を不安にさせるが、明解なものは安心である。人間の自分自身に対する見方は、その時代を支配するテクノロジーに大きく影響される。機械工業が優勢な時代には、人間を一種の機械装置のように見ることが流行した。人間を理解するための科学も、当然、工学や物理学に似たものになった。

一九世紀、二〇世紀は合理主義にとって栄光の時代となった。しかし、人間に大きな成功をもたらした合理主義にも限界、偏りはある。合理主義的な思考というのは、つまり還元主義的な思考である。ともかく、あらゆる問題を小さな要素に分けなくてはならない。この方法では、創発システムについて考えることができないのだ。ガイ・クラクストンが著書『わがままな心（*The Wayward Mind*）』の中で書いているとおり、合理主義的な思考においては、観察よりも説明の方に価値が置かれる。状況をじっくり見ることよりも、問題解決の方に長い時間をかけるのだ。最終目的があらかじめ決まっているので、途中で横道にそれることはない。言葉や数字に置き換えられる知識を、そうでない知識よりも優先する。状況や前後関係に関係なく適用できる法則や原理を追い求め、個別の状況の特殊性はあまり重視しない。

さらに、合理主義的な思考には、いくつかの前提条件が存在する。一つは、人間が対象物を完全に客観的に見ることが可能である、という前提。感情や無意識の先入観はすべて排除できるということだ。たとえば、社会科学者であれば、ある社会をまったく外側から観察できるということを意味する。もう一つは、推論は完全に（少なくともほぼ完全に）意識の制御下に置くことができる、という前提。

理性は感情や欲望よりも強く、また感情や欲望から切り離せるという前提。知覚は無色透明なレンズのようなものであるという前提。これは、知覚が私たちに、世界のありのままの姿を正確に伝えてくれるということである。

人間の行動は、物理学の諸法則にも似た一定の法則に従うという前提。ただし、その法則のすべてを私たちが知っているわけではない。会社も、社会も、国も、宇宙も、すべては大きな機械であり、不変の因果律に従って動く。そのため、社会科学、行動科学も、物理学を模倣することができ、物理学のような学問になれる。

合理主義は、一種、極端な思想も生み出した。科学革命は、「科学主義」あるいは「科学原理主義」などと呼ばれる考え方を生んだのである。アーヴィング・クリストルは、この科学主義を「理性の象皮病《ぞうひびょう》」などと表現している。合理的探求の原理をあらゆることに際限なく適用しようとする態度である。また、合理的探求に馴染まない要素を初めから存在しないものとして排除してしまう。

過去の何世紀かの間に、純粋な理性に対する過度の信頼が、大きな誤り、悲劇につながるということが何度も繰り返し起きている。一八世紀終わりのフランス革命では、理性を基礎にまったく新しい世界を作る、という名目で多くの人が無残に殺された。社会ダーウィニストと呼ばれた人たちは、適者生存が人間進化の不変の法則であると信じ、差別を正当化しようとした。フレデリック・テイラーの強い影響を受けた企業経営者たちは、工場労働者たちを極めて精度の高い歯車のように扱おうとした。二〇世紀には共産主義者たちが、理性に基づいて国家と人間を完全に新しく作り変えようとした。旧ソ連では実際にそういうことが行なわれている。西欧には、都市を一つの「機械」とみなし、理性に基づいて再構築しようと考える人たちが現れた。道路や工場など、すべてを機械の部品であると考え、機械が最も効率よくはたらくように配置しようとしたのである。そのために古くからある既存の建物、施設はいったんすべて撤去し、それを、新たな他車線のハイウェイや、均一化された住宅などに置き換えようと考えた。先進国が支援の一環として発展途上国で大規模開発を行なう場合には、各地域の実情をあまり考慮しないため、多くの問題が発生している。大銀行、中央銀行の金融アナリストたちの中には、景気循環は人間の手で制御でき、極端な好況でも不況でもない「大平穏期」は人為的に作り出せると信じている人が多くいる。

合理主義的な思考方法が多くの偉大な発見を生んだことは事実である。だが、人間や人間の作り出す社会について考察し、説明しようとすると、どうしても壁に突き当たることになる。根本的な制約があるからだ。合理主義的な思考においては、意識的な認知(「レベル2の認知」とも呼ばれる)が重視される。これは、物事を定量化、公式化して、論理的に納得するという認知である。無意識の認知による影響は無視するということだ(無意識の認知は「レベル1の認知」とも呼ばれる)。無意識の認知は、雲のように気まぐれにかたちを変えるため、つかみどころがなく、定量化や公式化などまずできない。合理主義思考を信奉する人たちは、その思考法でうまく理解できない情報をすべて切り捨てるか、過小評価する傾向にある。

ライオネル・トリリングは著書『文学と精神分析』の中で、この問題について次のように書いている。「政治学にしろ、商学にしろ、対象を体系的に説明したいと願う人たちは、体系化に馴染むような要素ばかりを選び出している。たとえ人間の感情などの要素を考慮することがあったとしても、体系化の可能な範囲にとどまる。あらかじめ自分たちの扱う範囲を自ら決めてしまっているのだ。人間の心に関わる理論や原理を構築する場合は、その範囲から出ないよう注意が払われる。これは結局、感情や想像力といったものの存在をほぼ否定することにつながってしまう。これでは知性を単なる一つの機械とみなすことになる。知性を信頼するあまり、かえって知性の幅を狭めてしまっているとも言えるだろう」

人間の心の中で合理主義者が目を向けるのは、ほぼ意識のみである。それ以外には何も存在しないと考える。無意識の重要性を認めるわけにはいかない。いったん、その暗く、底のない流れに足を踏み入れてしまったら、秩序立てて物を考えることも、先の予測をすることもまったく不可能になってしまう。合理主義者たちが名声と権威を得ることができたのは、人間の行動を含め、あらゆることがその思考方法により理解、制御できると考えられたからである。それが無理だということになれば、名声も権威もすべて、失われてしまう。

最近の五〇年ほどは、科学的な思考方法が経済学の分野にも急激に勢力を伸ばすようになった。だが、経済学は元々、純粋に合理主義的な思考をする学問分野ではなかった。たとえば、アダム・スミスは、道徳の感情が人間の行動に影響を与えると信じており、他人の称賛を求める気持ちや、称賛に値する人間でいたいという気持ちも、行動を左右すると考えていた。ソースティン・ヴェブレン、ヨーゼフ・シュンペーター、フリードリヒ・ハイエクなどは、自らの主張を展開するのに公式などは使っていない。あくまで言葉で考えを述べている。彼らが揃って強調していたのは、経済活動には常に不確実性がつきまとうということだ。人間を動かすのは理性とは限らず、想像力によって動かされることも大いにあり得るからである。突然、パラダイムシフトが起きることもあり得る。たとえ似たような状況であっても、多くの人が急に以前とはまったく違う見方をするようになるということもあり得るのだ。ジョン・メイナード・ケインズは「経済学は一種の道徳科学（モラルサイエンス）であり、経済学が研究対象にするような現実は、決して数式で表されるような普遍的法則でとらえることはできない」と言った。彼は経済学について次のように書き残している。「経済学では人間の内面や価値観の他、期待や不安などの心理も扱う。一貫性と均一性のある対象を研究する学問ではないことは、必ず念頭に置いておかねばならない」

ところが、二〇世紀の間に状況が変わっていった。合理主義の精神が徐々に経済学を支配するようになったのである。経済学者たちは、目覚しい成果をあげる物理学などの「ハードサイエンス」に少しでも近づきたいと考えた。そのためには、物理学と同じような厳密さが必要だと考えるようになったのだ。著名な経済学者、アーヴィング・フィッシャーは、博士論文を物理学者の指導の下で書いた。後には、経済の仕組みが目で見てわかる装置というのも作っている。レバーやポンプを備えた装置で、その動きを見ていれば経済がわかるというのだ。ポール・サミュエルソンのように、熱力学の数学的原理を経済学に応用した人もいた。金融の分野には、エマニュエル・ダーマンのように、もとは物理学者だったという研究者が現れた。ダーマンは、いくつものデリバティブモデルの開発において中心的な役割を果たしている。

数学的モデルは、経済活動の基本的な部分について理解するのには非常に有用な道具である。だが、人間というものの、ある種の特性を見えにくくしてしまうという弊害もある。数学的モデルもやはり、人間の行動は総じて一貫していて、誰もが似通っており、そのためかなりの程度予測が可能であるという前提に立ったものだからだ。ジョージ・A・アカロフ、ロバート・シラーの次の言葉からもそれは明らかだ。「感覚や感情、嗜好などは一人一人違っているが、人間を集団として見る時にはそれは重要な意味を持たない。経済において何か突発的なことが起きるとしたら、それは専門家や政府が一般の人間には理解の難しい突飛な行動を取った場合に限られると考えていいだろう」

近年では、経済学者たちは、人間が経済活動を行なう主たる動機は「他者の排除」であるとみなすようになっている。他人を負かし、自らは利益を得たい、というのが主な動機、というわけだ。そうして、経済学を、心理学や、倫理学など、他の社会科学とは違った特別な学問にしているのだ。人間の感情、美意識などをあえて無視することで成り立っていると言ってもいいだろう。人間の持つ性質をごく単純化してとらえているのである。

迷　走

ＣＥＯのタガートや他の経営幹部たちは、以上のような合理主義の歴史を詳しく知っていたわけではない。合理主義は彼らにとっては空気のようなもので、物の見方や思考法に大きな影響を与えてはいるのだが、本人はその自覚さえなかったのだ。大学で取った経済学の授業も、ビジネススクールで取った経営戦略の授業も、そして、日々読んでいる経営管理関連の本も、すべて合理主義的な考え方が基礎である。大量に得られる情報の中から、パワーポイントのスライドにまとめやすいものだけを選び出すのにも、合理主義的な思考方法が非常に役に立つ。

不況は長期化し、深刻化していた。そうなるにつれ、タガートたちの行動はますます破滅的なものになり、会社の存続すら脅かすほどになってきた。コストの削減が避けられなくなった時、彼らが最初に削減したのは、人と人との結びつきに関わるコストだった。ウェブサイトに会社の電話番号を載せるのをやめたことなどはその例だろう。それにより、顧客は何か問題に直面しても、一切、会社の人間と話をすることができなくなったのだ。親睦を深めるためのパーティーなども開かれなくなった。オフィスのスペースも減らされた。長年勤めてようやく自分のオフィスが与えられたのに、パーティションで間仕切りしただけの部屋に移らされ、自尊心を傷つけられたという人もいた。幹部たちが作った見取り図を見る限りでは、確かに以前より効率的なフロアになったように見える。だが、それはあくまで表面的な印象にすぎなかった。

ジム・コリンズによれば、組織は、進行性の病気のように段階を追って衰退していくもの、ということになる。初期は、表面上、何の問題もない。しかし、その時すでに内部は病に冒されているのだ。いったん病気になれば、あとは死に向かって定められた道を進むだけだという。コリンズの言うとおり、タガートの会社も徐々に、段階を追って衰退していった。

景気が後退し始めた時、会社の幹部たちはむしろ喜んでいた。ジョン・F・ケネディの「『危機』という中国語は、二つの文字からできている。ひとつは危険を表す文字、もう一つは好機を表す文字である」という言葉を互いにかけ合っていた。収益が減っていることも、新しいことに挑戦せよという警告と受け止め、積極的に組織の再編、改革に取り組む。各部門の長は別の人間に入れ替える。不況をてこに大きく飛躍を遂げるべく、長期的戦略を立てた。なりふり構わず、犠牲を厭わずに会社を成長させる戦略だ。一〇パーセント以上の成長が見込める部門だけに資金を集中し、成長せず横ばい状態が続きそうな部門はなくしてしまう。「これまでやってきたことを、ただ繰り返すような贅沢は我々にはもはや許されない」タガートはそう言い放った。「古い台本は破って捨てる。すべてをゼロから考えるんだ」

企業買収は以前にも増して盛んに行なわれるようになった。ただのケーブルテレビ会社でいることに退屈していたタガートはテレビ局を買収し、スターたちと親しくつき合うようになった。ディナーパーティーに出かけて行き、ゴールデンタイムに流す番組について話し合ったりもした。技術的なサービスを提供してきたケーブル会社と、テレビ番組というアーティスティックな商品を作る会社が一緒になって、果たして文化の衝突は起きないのか、そんなことをタガートは考えてみようともしない。

買収した中には、バイオ企業もあれば、家電のネットショップもあった。次々に色々な会社が買収されていく状況に、社員たちはすっかり浮き足立っていた。買収が成立する度に、幹部の間をメモが行き交う。メモには、勝ち誇ったような、威勢のいい言葉が並んでいた。「今回の買収により、我々の勢力は倍加されることになる。そして、会社はまた変貌する。目の前に広がる風景も一変するだろう。まさに革命的な変化だ。新時代の到来を告げる素晴らしい商品も手に入れた。必ずや圧倒的な支持を得ることだろう。我々は、この目で夜明けを見届けることができるのだ」といった具合に。どの買収も、会社を一気に苦境から救う「銀の弾丸（西洋では、銀の弾丸で狼男や悪魔などを撃退できるとされ、この言葉が特効薬の意味で使われる）」のように思えた。しかし、何週間、何カ月と経つと、結局、苦境はまだ続いており、単に負債が増えただけだとわかるのだ。

新しいものばかりが大事にされ、古いものは皆、ないがしろにされた。昔からつき合いのある仕入先や外注業者は冷遇されたし、長く勤めている社員たちは、給料を下げられた上、以前より多く働くことを要求された。会社は日に日に、救命ボートのようになる。弱い者、負けた者は船外へ放り出される。生き残った者はますます船に強くしがみつく。士気は下がっていく。当然、顧客は逃げる。悪いニュースが届くと、犯人探しが始まる。だが、責任の所在が明らかでなく、誰が悪いのかはわからない。取締役会のメンバーが皆で物事を決めているからだ。全員が犯人ならば、犯人はいないのと同じことになってしまう。

エリカは、その様子をずっと見ていて、嫌悪感と恐怖心でいっぱいになった。彼女はすでに自ら起こした会社の死を経験しているが、それはある程度、仕方のないことだった。今回は違う。明らかに経営幹部の不手際である。あまりにも手際が悪すぎる。資本主義の歴史の中でも稀に見るひどさと言えるかもしれない。もしこの会社がなくなったらどうすればいいだろう。雇ってくれるところはあるだろうか。

会社の業績は日を追うごとに悪化した。ある日、ミーティングで新たな業績数字が報告されると、タガートの取り巻きの一人が「それは何かの間違いだろう」と言った。その時だ。後ろの方からうめき声のような音が聞こえた。他には誰も気づかなかったようだが、エリカにははっきり聞こえたのだ。

彼女はタイミングを見計らって振り返り、その音の発生源を突き止めようとした。声のしたあたりにいたのは、年配の男だった。白髪で二重顎、白の半袖シャツに赤と青のレップタイ。大きなミーティングで見かけたことは何度もあるが、何か発言をするのは聞いたことがない。エリカは彼をじっと見たが、彼はうつむいて、自分の肉付きの良い手を見ている。しかし、すぐに顔を上げエリカの方を見た。二人の視線は合い、しばらく動きが止まったが、彼がニヤニヤ笑い出したのでエリカは慌てて目をそらした。

ミーティングが終わると、エリカは彼のあとについて廊下へ出た。彼女は彼を呼び止めると思い切って「何を考えているんですか?」と話しかけた。彼は疑わしげな目でこちらを見た。

「ひどいもんですよね」エリカが小声で言った。

「まったくひどい。信じがたいほどひどいな」彼は答えた。

これが革命の始まりだった。

男の名前はレイモンド。勤続三二年だという。彼ほど技術を知っている人間はいないので、誰も辞めさせることはできない。だが、意思決定の権限からは遠ざけられている。ただ、他人の尻拭いばかりをさせられる毎日だ。彼から話を聞いて、エリカは、自分以外にも会社に対して不満を抱いている人がいると知った。実はそういう人が大勢いて、目立たないよう密かに活動していたのだ。いわば、地下の反体制活動家たちである。個人のメールアドレスを使って連絡を取り合っていた。はじめのうちは愚痴を言っているだけだったのだが、やがて計画的に動くようになった。エリカは彼らに、その活動が重要であることを訴えた。自分たちが生き残っていくためには、どうしても必要であると言ったのだ。会社が潰れるようなことがあれば、全員が困ることになる。そして、これまで会社に注ぎ込んできた時間も労力も全部、無駄になってしまう。このまま死に向かっていくのを黙って見ているわけにはいかない。必ず何か潰さずにすむ手立てはあるはずだ。

15章　科学と知恵——「メティス」という境地

タガートとその取り巻きたちの言動に愕然《がくぜん》とさせられる日々は続いていた。帰宅は深夜になることも多い。時には、ハロルドに愚痴を言ってしまうこともあった。ハロルドには、仕事上の具体的なアドバイスはできず、その意味ではあまり役に立たない。彼はもう何年もビジネスの世界からは遠ざかっていたからだ。それでも、何とか力になりたいとは思っていた。目の前の問題についてどう考えるべきか、ヒントになるようなことが言いたかった。

ハロルド自身は新しい職場にすっかり馴染んでいた。はじめのうちは展示会の目録の文章を書く仕事をしていたが、やがて昇進し、学芸員として働くようになった。展示会の企画、運営にも携わるようになった。ハロルドが働いていたのは、一九世紀に設立された機関だった。歴史を扱うだけあって、まるで時が止まっているかのような雰囲気がある。保管庫には、数え切れないほどの遺物、歴史資料が収められていた。ハロルドは、空いた時間ができると、地下の保管庫に行って、よく古い箱やファイルを引っ張り出して中を見ていた。時には、特に貴重な史料が収められた金庫室に入ってみることもあった。

中でも最も貴重だったのが、リンカーンが暗殺された日に、殺害現場となったフォード劇場に出演していた女優が着ていた衣装である。狙撃の直後、彼女は大統領に駆け寄り、介抱のために大統領の頭を自分の膝にのせた。そのため、派手な花柄のいたるところに血痕《けっこん》がある。

入って間もない頃のある日、ハロルドは一人で地下へ行き、白い手袋をはめて箱からドレスを取り出してみたことがある。彼はドレスを自分の膝の上にのせたのだが、その時、心の中は言葉ではとても表現し切れないような感情で満たされた。あえて言えば、それは畏敬の念ということになるかもしれない。彼の気持ちは、おそらくオランダの歴史家、ヨハン・ホイジンガの次の言葉で表されているものに近いだろう。「過去にじかに触れた時に人間が抱く感情は、純粋に芸術を楽しむ時の感情に似ている。同じくらいの深みのある感情だ。どちらも陶酔に近い。もはや自分には属さず、周囲の世界に溢れ出すような感情である。自分は今、物事の本質に触れている、という気持ち、歴史を通じて真実を体験しているという気持ちと言えるかもしれない」

収蔵品の中に迷い込んでいる時、ハロルドは別の時代に旅したような気分になった。長く働くほど、過去に浸ることが増えた。彼は、特定の時代をテーマに展示会をいくつも企画した。ビクトリア朝時代、アメリカ独立戦争の時代、さらにもっと古い時代のこともあった。また、展示会に際しては、テーマとなる時代に関係するものをネットオークションで購入することもあった。たとえば、新聞など古い印刷物、生活雑貨などである。ハロルドは、そうしたものを手にする時、かつて同じものに触れた過去の人たちの手に思いを馳せた。ルーペでじっくりと観察したりもした。そんなふうにして彼は時を超えようとしたのだ。

ハロルドにとっては、出勤がすなわち失われた時代への旅だった。ノートパソコンと彼の読みかけの本を除けば、ほぼ何もかもがハロルドの生まれる前に作られたものばかりだったからだ。什器《じゅうき》、ペン、印刷物、カーペットなどもそうだったし、古い胸像などもそうだ。ハロルドは騎士の時代、貴族の時代に行きたかったというわけではないが、過去の時代の理想、理念などには心震わされた。古代ギリシャ人たちの名誉を重んじる考え方、中世の騎士道、ビクトリア朝時代の紳士の作法、そういうものにハロルドは魅了されていたのだ。

ある展示会では、ハロルドの書いた目録の文章が出版社の目にとまり、サミュエル・F・B・モールスについての本を書くよう依頼された。それをきっかけに、彼は、だいたい二年に一冊くらいの割合で本を出すようになった。歴史書や人物の伝記である。どれもさほど多く売れるようなものではない。決してデイヴィッド・マッカラ（アメリカの作家、歴史家）のようになったわけではないのだ。なぜかナポレオン、リンカーン、ワシントン、フランクリン・ルーズベルトといった大物を取りあげなかった、というのもその理由の一つだろう。ハロルドが注目したのはもっと地味な人物である。ただし、それぞれに相当な業績を残し、称賛に値する人ばかりだ。大物とは違って控えめに生きている人にとって、生き方の良き手本になるような人たちと言えるだろう。

エリカがタガートと戦っている頃、ハロルドはイギリス啓蒙主義に関する本を書いていた。デイヴィッド・ヒューム、アダム・スミス、エドマンド・バークをはじめ、何人かの思想家、政治家、経済学者について、その人物像をまとめて紹介する本だ。いずれも、一八世紀イギリスの思想に強い影響を与えた論客ばかりである。ある夜、彼はエリカに、フランス啓蒙主義とイギリス啓蒙主義の違いについて話した。彼女の仕事に役立つのではないかと思ったからだ。

フランス啓蒙主義を主導したのは、デカルト、ルソー、ヴォルテール、コンドルセといった思想家たちである。彼らが生きた封建主義的な社会では、まだ人々は迷信に支配されていた。そんな社会を明解な理性の光で照らそうとしたのだ。科学革命に触発された彼らは、個人の理性の力を強く信じていた。理性により従来の知識、認識の誤りを見つけ出すことができる、論理的に考えれば、いずれ必ず真実へと到達できると信じたのだ。タガートたちはいわば、フランス啓蒙主義の子供、それもできの悪い子供たちということになるだろう。

イギリス啓蒙主義は、時代はだいたい同じだが、フランスの啓蒙主義とは異なっている。イギリス啓蒙主義の主導者たちも、理性の重要さは認識していた。何も理性の価値を否定していたわけではない。ただ、彼らは個人の理性の力には限界があるとし、理性が人間にとって最重要なものであるとは考えなかった。デイヴィッド・ヒュームは次のように書いている。「理性は熱情の奴隷となるしかなく、熱情に奉仕し、従属する以上の役割を持ってはいない。そのふりすらできないのだ」エドマンド・バークも同じようなことを言っている。「我々は、無教育の感情に支配される存在である。個人が自らの理性だけに頼って生き、他人と関わっていくというのは恐ろしいことである。個人の理性などごく小さなものにすぎないからだ」

フランスの啓蒙主義者たちが、論理、科学、普遍的な法則などを重んじるのに対し、イギリスの啓蒙主義者たちは、感情、愛情などの力を強調している。言い換えれば、イギリス啓蒙主義者は、人間の行動は無意識、つまり「レベル1の認知」によって大きく影響されると考えていたことになる。エドマンド・バークは、初期の頃に『現代の不満の原因・崇高と美の観念の起原』という美的感覚についての本を書いている。バークは、人間の美の感じ方には大きな共通点があると気づいていた。人間は白紙の状態で生まれてくるわけではない。教育によっていかようにも変えられる存在というわけではないのだ。生まれつき、ある程度の性向を持っており、その性向とともに育つ。好きなもの、嫌いなものは生まれた時からかなりの程度、決まっているということだ。バークは「感覚や想像力は、理性よりも先に我々の魂を占拠する。理性が魂に入り込み、感覚や想像力に対抗するようになるのは、ずっと後のことだ」とも書いている。

フランスの啓蒙主義者たちは、自立した個人どうしが相互利益のために社会契約を結ぶような世界を思い描いていた。それに対し、イギリスの啓蒙主義者たちは、人間には生まれつき他者と関わっていくための感覚が備わっていることを強調した。また、この感覚は、意識の下のレベルではたらくものと考えた。人間には、生まれながらに他人との「仲間意識」、「連帯感」というものがあるというのだ。これは、まず他人の痛み、喜びを自分のことのように受け止める感覚である。この感覚の背景には、他人から称賛されたい、称賛に値する存在でありたいという欲求がある。イギリス啓蒙主義者たちは、道徳、倫理は、この無意識の欲求から生じてくるものだと考えた。決して、抽象的な法から論理的に導き出すようなものではないという。

フランス啓蒙主義者やその子孫たちには、社会やその制度を一種の機械であるとみなす傾向がある。機械のように、分解することやゼロから設計し直すことが容易にできると考えるのだ。だが、イギリス啓蒙主義の子孫たちは、社会や制度を一種の生命体とみなす。また、多数の生物が複雑に関係し合うネットワークであると考えるのだ。その複雑さは無限に高まる可能性がある。彼らの考え方からすれば、問題をいくつもの要素に分解して考えようとするのは誤りということになる。なぜなら、答えは個々の要素の中にあるのではなく、要素間の関係の中にあるからだ。彼らは状況、前後関係も重視する。抽象的な普遍法則などには疑いの目を向ける。普遍法則よりも、歴史の前例の方が未来を予測する手がかりとして信頼できると考える。

イギリス啓蒙主義者は、改革を二種類に分ける。一つは、組織や制度の根本的な性質を変えてしまう改革。これは、いわば、工学的な方法による改革だ。もう一つは、本質の部分を変えずに、問題のある部分だけに修正を加える改革。これは、いわば医学的な方法による改革だろう。治療をすることで、本質を蘇らせるということだ。ハロルドはエリカに、今はイギリス啓蒙主義的な発想が役立つ時なのではないかと言った。タガートたちとは違う発想をすることが苦境からの脱出につながるのでは、という。

古い議論

実は、「理性か感覚か」という議論は、非常に歴史の古いものである。知の歴史は、両者の間を絶えず揺れ動いてきたと言ってもいい。アルフレッド・ノース・ホワイトヘッドの言葉を借りれば、人間の頭の中は「単純化したり複雑化したり」を繰り返してきたということになる。頭の中が単純化された時代というのは、理性、合理主義的な思考が重視された時代である。人間の行動は、数学的な法則に還元できるとみなされた。反対に、複雑化された時代には、直感や想像力が重視された。一部の指導者たち、芸術家たちがその優れた直感や想像力によって、行くべき道を皆に示した。どちらの時代も、その傾向が行き過ぎ、極端になってしまうことがあった。

過去三〇年の間に心理学に起きた「認知革命」と呼ばれる大変革は、この古くからの議論に新しい光を当てた。いくつかの科学的な発見によって、フランス啓蒙主義者の考えよりもイギリス啓蒙主義者の考えの方が、より真実に近いということがわかってきたのだ。フランス啓蒙主義者たちは、人間を「理性的動物」であるとみなした。論理の力が、人間を他の動物とはまったく異なる存在にしていると考えたのである。一九世紀、二〇世紀のマルクス主義者たちは、人間を「物質的動物」とみなした。つまり、物理的な条件によって行動、態度が変わるということだ。しかし、イギリス啓蒙主義の思想家たちは、人間を「社会的動物」とみなした。どうやら、その見方が正しかったようなのだ。

人間にとっては、レベル1の認知が非常に重要であるということになるが、そうなるとまた新たな疑問が生じる。それは「レベル1の直感に果たしてどれほどの力があるのか」ということだ。果たして、私たちの直感や想像力は、どのくらいあてにできるものなのだろうか。

感覚や感情、あるいは無意識といったものが、原始的なもの、粗野で、得体の知れないもの、と思われていた時代には、こんな疑問が生じるはずもなかった。「無意識は『ジキル博士とハイド氏』におけるハイド氏のようなもの」と思っている限り、考える必要もないことだ。しかし、今では、認識が変わり始めている。人間の無意識は、かつて考えられていたよりも繊細で、洗練されたものであるとわかってきたからだ。ただし、今のところ、無意識にどのような強み、弱みがあるかということについて、万人が賛成する意見というのは存在しない。

研究者の中には、たとえどのような強みがあろうと、無意識は結局、原始的な「獣の心」または未熟な子供の心にすぎない、と主張する人もいる。シカゴ大学のリチャード・セイラー、キャス・サンスティーン（サンスティーンは後にハーバード大学に移籍）は著書『実践 行動経済学――健康、富、幸福への聡明な選択』の中で次のように書いている。「レベル2の認知は『スター・トレック』のミスター・スポックに似ている。冷静で思慮深く、長期的な視野もある。それに対し、レベル1の認知は『ザ・シンプソンズ』のホーマー・シンプソンのようなものだ。子供っぽく、いい加減で、衝動的で、思慮が浅い」朝の五時に目覚まし時計が鳴ったとすると、ミスター・スポックなら、すぐにベッドから出るのが最も利益になるとわかるだろう。しかし、ホーマーは腹を立てて、目覚まし時計をほうり投げてしまうに違いない。

無意識が子供っぽく衝動的だという見解にも一理ある。無意識は主観的だからだ。また、情報を固体ではなく、液体のように扱うのが特徴である。情報を保管することはするのだが、ファイルにしまってそのまま、ということはない。保管した情報があちこちに移動するのだ。たとえば、七〇歳の人と、二六歳の人とで、記憶を想起する時の脳の状態を比較すると、前者の方が多くの箇所で活性化が見られるという。記憶は、単にしまわれたものがそのまま引き出されるわけではない。脳の中で書き換えられるのだ。後に起きた出来事の影響を受け、その前に起きた出来事についての記憶は変化する。そのため（他にも理由は多くあるが）、無意識の記憶処理システムは極めて信頼性が低いと言える。

スペースシャトル・チャレンジャー号の爆発事故の翌日、アーリック・ナイサーは、一〇六人の学生に「チャレンジャー号の事故のニュースを知った時、あなたはどこにいましたか？」と尋ね、その時のことを詳細に書いてもらった。そして、二年半後、ナイサーは同じ学生たちに同じ質問をした。すると、約二五パーセントが、最初に尋ねた時とまったく違った説明をしたのだ。また、約半数の学生の説明に、何かしら重大な食い違いが見られた。一応、最初と同じと言える説明をした学生は一〇パーセントにも満たなかった。犯罪の目撃者に何カ月も経ってから証言をさせると、多くの場合、その内容が事実と大きく異なってしまうことも知られている。有罪が確定し、すでに刑に服していたが、後にDNA鑑定で無罪が証明されたという人は、アメリカだけで一九八九年から二〇〇七年の間に二〇一人にもなった。その二〇一人のうちの実に七七パーセントが、誤った目撃者証言が決め手となり有罪とされたのである。

無意識は、その時々の状況、前後関係に大きく影響を受ける。そして、その時にどういう気分でいるかによって、人間の知的能力、知覚のはたらきにはかなりの変化が生じる。トロント大学のテイラー・シュミッツによれば、良い気分でいる時には、周辺視力が良くなるのだという。同様のことは、医師を対象にした実験でも確かめられている。その実験では、被験者となる医師を二つのグループに分け、一方には小さなキャンディの袋を渡し、もう一方には何も渡さずに、ある患者についての情報を与えて診断をしてもらった。その患者は肝臓の病気だったのだが、それに気づくまでの時間は、キャンディをもらったグループの方がもらわなかったグループより短かった。

気分は、ほんのちょっとしたことで変わる。「あなたは今、幸せですか」という質問を、晴れた日にするのと、雨の日にするのとでは答えが違ってくる。晴れた日には、「何もかも順調で幸せ」というふうに答える人が増える。ところが雨の日には、同じ人でも自分の人生に対する見方がまったく変わってしまう（ただし、事前にその日の天気が晴れなのか雨なのかを意識させると、天気の気分への影響は薄れてしまう）。

つり橋を使った有名な実験もある。まず男性の被験者に、カナダ、ブリティッシュコロンビアの、ぐらぐら揺れるつり橋を渡ってもらう。恐怖により心臓の鼓動が速くなるが、まだ鼓動がもとに戻らないうちに、若い女性が近寄ってきて、アンケートへの協力を求めるのだ。彼女は「もっと詳しいことを調べたい」などと適当な口実をつけて自分の電話番号を教える。被験者の男性の約六五パーセントが、後で女性に電話をし、デートに誘ったという。ただ普通にベンチに座っている男性に同じことをした場合、後で電話をかけた人の割合は約三〇パーセントにとどまった。つり橋を渡った直後の男性は、恐怖による高ぶりを、女性に会ったことによるものと勘違いしたわけだ。

すでに書いたとおり、無意識が衝動的で、目先の報酬に飛びつきやすいというのは確かである。無意識は、とにかく今、気分良くなりたいのだ。そして苦痛や恐怖からはできる限り、逃れようとする。進化という観点から見れば、これは理にかなっていると言える。はるかな昔には、この性質のおかげでライオンの襲撃から身をかわせたということも多かっただろう。

だが、現代の人間は違う。長期的には痩《や》せた方が良いことがわかっていて、自分でも痩せたいと望んでいるのに、今、目の前のドーナッツは食べたい、という困った状態になっている。客観的な視点は大事だと知っているけれど、つい自分の現状を肯定する心地よい言葉の方に耳を傾けてしまう。野球で際どいタッチプレーを見た時には、自分のひいきのチームが守備側ならばアウトだと確信するし、逆に攻撃側ならば間違いなくセーフだと思う。ヘンリー・デイヴィッド・ソローは「私たちが耳に入れ、理解するのは、すでに半分知っている話だけである」と言っている。

無意識には「ステレオタイプ」という問題もある。無意識には、何にでもパターンを探したがるという性向があるのだ。実際にはパターンがないところにも強引に見つけてしまい、厳密には違っているものも、何となくだいたい同じ、という認識をしてしまう。たとえば、バスケットボールを観戦している時、ある選手のシュートが続けて入るのを見ると、次も入るような気がするし、続けて外れるのを見ると次も外れるような気がする。これは、パターンの存在を感じているということだ。これに関してはＮＢＡの試合などを対象に数多くの調査が行なわれているが、いくら調査しても、そんなパターンが存在するという証拠は見つからない。ある選手のシュートが二本続けて入ったとしても、それで次の三本目のシュートの成功率が普段より上がるということはない。成功率は他のシュートとまったく同じなのだ。

ステレオタイプは、他人に対する認識に強く影響する。それを裏づける実験結果もある。被験者にある人を見せて、その人の体重を想像してもらう、という実験では、対象となった人がトラックの運転手だと言われると、体重を多めに見積もることがわかった。同じ人でもダンサーだと言われれば、体重が軽いと思うことがわかっている。人種に対する無意識の偏見もほとんどの人が持っている。どれほど善意の人であろうと、その人がどの人種であろうと変わらない。バージニア大学、ワシントン大学の「プロジェクト・インプリシット（Implicit＝暗黙の）」と名づけられたプロジェクトでは、人種偏見に関する実験も多数実施されている。被験者に白人、黒人の顔を短時間だけ見せ、それぞれを無意識に何に結びつけやすいかを調べる実験などはその例だ。プロジェクトのこれまでの調査によれば、人種に対する無意識の偏見は九〇パーセントの人に見られることがわかっている。これが高齢者に対する偏見だと、比率はさらに上がる。

もう一つ、無意識の問題は、極端に数に弱いということだ。「ペンとメモ帳を買って値段が合わせて一ドル一〇セントだったとする。メモ帳の方がペンよりも一ドル高いとすると、ペンの値段はいくらか」という問題を出されると、無意識は「ペンは一〇セントだ」と思う。反射的にそう思ってしまうのだ。正しい答えは「五セント」なのだが、どうしても、一ドルと一〇セントに分けたがる。

無意識はリスクの計算も苦手だ。無意識は、めったに出会うことのない大きなリスクを不当なほど恐れる一方、日常生活の中で比較的出会いやすいリスクは無視しがちである。実際には自動車での移動の方が危険であるにもかかわらず、飛行機を怖れる人が多いというのはその例だ。チェーンソーで負傷する人より、公園の遊具による負傷者の方が一〇倍近くも多いのに、だいたいの人がチェーンソーの方を怖れるというのも同様だ。

このように、無意識には重大な欠点がいくつもある。特に何か判断を下すということに関しては弱いと言わざるを得ない。つまり、タガートやその取り巻きたちが大学やビジネススクールに行ったことには一定の意味はあるということだ。データを論理的、体系的に分析する方法を学べば役立つのは確かだ。しかし、それですべてが言い尽くされるわけではない。無意識には、理性にできないことができるからだ。ある面では愚かにも見える無意識は、別の面では非常に賢い。

第六の感覚

第一に、意識は無意識に包まれるように存在している。無意識を抜きにして意識のことを考えるのは無意味なことである。意識は、無意識から入力される情報を受け取ってはたらく。目標や方向性についての指示は無意識からなされるのだ。両者がより合わさって機能することで、人間はうまく生きていくことができる。無意識は意識よりも強力である。無意識は、遠い過去から蓄積された、本人も持っていることを自覚していない膨大な記憶を利用することができる。しかし、意識が利用できるのは、ほぼ、脳の「ワーキングメモリ」に収められた直近の記憶だけである。無意識はいくつもの要素から成り、それぞれが独自の機能を持っている。一方、意識は要素に分かれたりはしていない。全体が均一である。情報処理能力は無意識の方がはるかに高い。一説には、無意識の潜在的な情報処理能力は、意識の二〇万倍以上とも言われる。

すでに触れた無意識の数々の弱点は、実は、長所の裏返しでもある。たとえば、状況に左右されやすいというのは、状況に非常に敏感であるということだ。それが非常に有利にはたらくこともある。無意識が情報を固体でなく液体のように扱うということもすでに書いた。その特徴も、どう判断すべきか不明瞭な、流動的な状況に置かれた場合には、役立つことがある。柔軟な対処ができるからだ。ステレオタイプに影響されやすいというのも便利なことが多い。少しの違いはあっても、だいたい似ているものは「同じ」とみなせなければ、日常生活はとても送れないだろう。無意識は、意識のように物事を明確に理解するのではなく、何となく、曖昧に認識することができる。私たちの人生は、大半が先のわからない不確実な状況で占められることを考えれば、この特性は有用だと言えるだろう。認識が曖昧ならば、先の展開がどうなろうと、かなりの程度それに合わせた対応ができる。

無意識は日々、相当に難しい仕事をこなしている。具体的に何をしているのかを簡単に見ておこう。無意識は、身体の各部分が今、どこにあるのかを常に監視している。そのためには「固有受容感覚」と呼ばれる感覚が使われる。よく知られている五感以外の第六の感覚だ。この感覚に関連して、医師のジョナサン・コールは、イアン・ウォーターマンという人の事例を紹介している。神経に損傷を受け、固有受容感覚の一部を失った人だ。長年に及ぶ忍耐強い訓練の結果、ウォーターマンは、意識で同様の監視ができるようになった。おかげで、歩くことも、服を着ることも、自動車の運転さえも再びできるようになった。ただ、ある夜、台所に立っている時に停電が起きた。それは彼にとっては大問題だったのだ。真っ暗では自分の手足がどこにあるのかが見えない。見えなければ、うまく動かすことができない。無理に動かそうとしたため、手足がもつれ、結局、床に倒れてしまった。

無意識は、身体の感覚と絶えず対話をしている。その対話が極めて重要なのだ。身体は、無意識にメッセージを送り続けている。そのメッセージは、無意識の思考に欠かすことのできないものだ。身体の状態、動きが思考に影響するということである。そのことは実験によって確かめられている。議論をしている人に、相手を手で押すような動きをさせると、議論がより攻撃的になる。反対に、相手を自分の方へ引っ張るような動きをさせると、攻撃性が下がるのだ。もし人間を何もない容器の中に閉じ込め、身体を動かしても意味のない状態にすると、脳は機能できなくなってしまう。

無意識は、意識の助けなしに信じがたいほど複雑な仕事をこなすことができる。たとえば自動車の運転は、はじめのうち、習得するまでの間は自分の動きを意識する必要がある。ところが、いったん身につけてしまえば、運転のための知識は無意識に送られる。おかげでラジオを聴きながらでも、同乗者と話をしながらでもコーヒーを飲みながらでも運転ができる。意識して道路を見ている必要もない。多くの人は、見ず知らずの人には無意識に丁重な態度をとる。それで無用な対決が避けられるのだ。不正を目にした時には、意識しなくても腹が立ってくる。

どういう分野の活動でも、最高のレベルになると、無意識の果たす役割が非常に大きくなる。何をするにしても初心者のうちは、脳のあちこちの部位が不規則にはたらいてしまう。ところが熟達してきて、無意識にできるようになると、はたらく部位が狭い範囲に限定され、さほど活発なはたらきは見られなくなる。つまり、熟練者は、少ない思考で大きな成果をあげるということだ。世界でもトップクラスという人なら、ほとんど「自動的」に動いている状態になっているはずだ。実際、スポーツ中継などでアナウンサーが選手の動きを「無意識の動き」と表現することはよくある。歌手にしろ、ゴルフ選手にしろ、自分の動きを意識して考えてしまうとかえってうまくできなくなる。ジョナ・レーラーはこの状況を「思考による窒息」と呼んでいる。

無意識は、知覚にも重要な役割を果たしている。無意識は、外界から情報を取り入れる際、同時にその情報を整理し、解釈も加えている。これはいわば、その情報について十分に理解するための準備作業をしているとも言える。重要なのは、あらゆる情報を、状況込みで取り入れるということだ。無意識の知覚の中でも特に驚くべきなのは、おそらく「盲視《もうし》」という現象だろう。（多くは脳卒中が原因で）脳の視覚野を損傷した人は、意識の上ではまったく目が見えなくなる。しかし、ティルブルグ大学のベアトリス・デ・ゲルダーがそういう状況の人を対象に行なった実験では、興味深い結果が得られている。ゲルダーは、目の見えないはずの患者に、色々なもので散らかった廊下を歩くよう言った。すると、巧みに障害物をよけて歩き、無事に端までたどり着くことができたのだ。同様の障害を抱えた患者については、他の研究者がまた違った種類の実験をしている。色々な図形が描かれたカードを次々に見せ、どの図形かを当ててもらうという実験もその一つだ。見えていないはずなのに、かなり高い確率で図形を当てることができる。意識の視覚は失われたが、どうやら無意識がその後を引き継いでいるらしいのだ。

こうした無意識の知覚は、驚くほど繊細で敏感である。養鶏場には、ほぼ必ず、ひよこのオス・メスを見分ける専門家がいる。孵化したばかりのひよこのオス・メスを実に正確に見分けるのだ。素人の目には、どちらもまったく同じに見えて区別がつかない。ところが、彼らは一時間あたり八〇〇羽から一〇〇〇羽のひよこを見分け、九九パーセント間違えることがないという。なぜ、そんなことができるのか。それは本人にも説明できない。もちろんオスとメスには何か違いがあり、彼らは見て瞬時にそれがわかるのだ。

無意識の知覚に関しては、多くの研究者により次のような実験も行なわれている。文字「X」を、コンピュータ画面の四つの象限間で次々に移動させ、その様子を被験者に見せる、という実験だ。Xの動きは、実は複雑な数式によって決められている。次にXがどの象限に表示されるかは、直近の何回かにどこに表示されたかで決まるのだ。ただし、式が複雑すぎるため、一見、表示にパターンがあるとは思えず、単にランダムに表示されているとしか思えない。ところが被験者は、しばらく画面を見ているうちに、次に表示される象限をかなりの精度で予測できるようになる。当てずっぽうで推測した場合よりも明らかに正解率が上がるのだ。しかも、長く画面を見ているほど、正解率は上がっていく。何も言わずに表示パターンを決める数式を変更すると、正解率は下がってしまうが、なぜ当たらなくなったのか本人にもわからない。

イラク、アフガニスタンに派遣されたアメリカ兵を対象にした調査も行なわれている。ある調査によれば、兵士の中には、爆弾が仕掛けられていそうな場所を他より敏感に察知する人がいるという。その場に少し不似合いな岩がある、ゴミが不自然に積み上げられている、といったごくわずかな手がかりを見つけ出すのだ。たとえば、エドワード・ティアニー一等軍曹は、爆弾が仕掛けてある車に気づき、すぐにその場から逃げたおかげで命が助かった。しかし、なぜそれに気づけたのかは自分でもわからなかった。彼は、ニューヨーク・タイムズ紙のベネディクト・キャリーに「身体が急に冷たくなる感じがしたんです。わかりますか。これは危ないぞという感じ」と言っている。

アントニオ・ダマシオ、ハンナ・ダマシオらが行なった画期的な実験もある。彼らは被験者にカードゲームをさせた。被験者たちは一人二〇〇〇ドルを渡され、四つの束のいずれかからカードを選ぶよう指示される。もし選んだのが「良い」カードならば他のプレーヤーからお金がもらえる。しかし、「悪い」カードを選んでしまうと、お金を取られることになる。実は四つの束には手が加えられており、良いカード、悪いカードの比率は均等ではない。四つのうち二つは、わずかだが「とても良い」カードが不自然に多く、残り二つは、やはりわずかだが「とても悪い」カードが不自然に多い。カード選びを一五回繰り返す頃、被験者は、好きな束と嫌いな束を区別できるようになる。なぜ、好きなのか、嫌いなのかは自分にもわからない。一〇回目あたりから、悪いカードの多い束に手を伸ばす際、かすかに発汗量が増える被験者がいることも確かめられている。

無意識は、本人が知っていると自覚していないことも知っている。それに関し、スイスの医師、エドゥアール・クラパレードは自らの患者を被験者にちょっとした実験を行なった。その患者は健忘症を患っていたので、会う度に初対面のように自己紹介をすることになる。ある時、彼は手の中にピンを忍ばせて行った。自己紹介をして、握手すると、ピンが患者の手に刺さった。次に会いに行った時も、患者はやはり医師のことを忘れているので、また自己紹介をした。会ったことは喜んでくれたのだが、握手をしようと手を出したら、拒否されてしまった。無意識が本人も知らない間に「この人の手は痛い」と学習したらしい。

この種の「暗黙的学習」は、誰もが生きていれば色々な場面で行なっている。たとえば、野球のフライの捕球は決してやさしい行為ではない。コンピュータに同じことをさせようとしても不可能である。それだけの計算能力を持ったコンピュータがないのだ。ファウルを捕るためには、ボールの落下点を正確に知らなくてはならない。そのために必要な軌道計算は膨大な数にのぼる。しかし、人間なら、一〇歳くらいの子供でも、少し練習すればボールの落ち方の暗黙の法則を習得してしまう。フライが飛んできた時、捕球の際の動き方を決めるポイントとなるのは、自分がボールを見上げる角度である。ボールが飛んでくる間は、その角度が変わらないよう、自分の位置を移動させることになる。打者に向かって移動する場合、角度が下がっていくようなら、移動の速度を上げなくてはならない。逆に角度が上がっていくようなら、移動の速度を落とす。この暗黙の法則に従えば、おそらくうまく落下点に到達できるだろう。

この法則は一種の経験則だが、こういう経験則が役立つのは、何も野球だけに限ったことではない。他のもっと重要な場面にも活かされているはずだ。無意識は、情報を保管する際、大きく分けて二通りの方法を使う。一つは、「逐次的」な保管の仕方である。これは、ある出来事を起きたとおり細部にいたるまでそのまま記憶するという方法だ。もう一つはあえて細部はぼかして、要点だけを大づかみに記憶するという方法である。この場合、情報は不正確なものになるが、次にほぼ同じようなことが起きた時に参考にしやすいという長所がある。たとえば、葬式に出る時には、前に葬式に出た時にどうしたか、という記憶を参考に行動を決める人が多い。もし、過去の葬式の際の行動をすべて正確に思い出してしまったら、収拾がつかなくなってしまうだろう。中には役立つ情報もあれば、そうでない情報もあるはずである。あまりに情報が多すぎれば、必要な情報が見つからず混乱するだけだ。しかし、どういう服を着ていたか、歩き方はどうだったか、どんな声を出していたか、ということだけを大まかに思い出せれば役に立つ。この場合、知りたいのは、だいたいどうすれば他人の顰蹙《ひんしゅく》を買うことなく過ごせるかということだけだからだ。

暗黙の知識も、ステレオタイプも、自分を取り巻く世界のあらましを知るという上では非常に有用である。大過なく日常を送るためには不可欠な情報と言ってもいいだろう。パーティーの席では皆がどういう行動を取るか、どういう人が来そうかがわかるのとわからないのとでは大きく違う。同じように人が大勢集まる場でも「スター・トレック・コンベンション」と、聖書研究グループの会議と、ロックコンサートでは、来る人の種類も取るべき行動も違うだろう。それが事前にわかっていれば役立つことは間違いない。世界を一般化して理解するという特性は、無意識の弱みにもなれば、大変な強みにもなるわけだ。

以上のようなことから、無意識は、意識に比べ複雑な問題の解決が得意である。選択肢や可変要素がさほど多くない問題なら、意識はうまく解決できる。だが、選択肢も可変要素も多数になってしまうような問題は、無意識の方がうまく解決できるのだ。また、意識は、構成要素が明確にわかるような問題ならうまく対処できるが、そうでない問題への対処は難しい。構造が曖昧な問題に関しては、無意識の方がうまく対処できると言えるだろう。

アムステルダム大学のアプ・ディクステルホイス、ロラン・ノルドグレンらは、次のような実験を行なった。はじめに、四つのアパートに関する四八項目から成る情報を被験者に提供する。その中では、四つのうち一つだけが、他に比べて便利で外観もきれいだということにしてある（一つのアパートについてだけ、良い情報ばかりを提供する。残りの三つに関しては良い情報と悪い情報の両方を提供する）。被験者はあらかじめ三つのグループに分けておく。一つのグループには、情報提供後、すぐに「どのアパートが良いと思いますか」と尋ねる。また一つのグループには、数分間考える時間を与えてから同じ質問をする。三つ目のグループは、数分後に質問をする点は二つ目のグループと同じだが、その間、無関係の作業をさせて考える時間を与えない。

三つ目のグループでは、被験者の五九パーセントが、良い情報ばかりが与えられたアパートを選択した。この数字は、二つ目のグループでは四七パーセント、一つ目のグループでは三六パーセントとなった。二つ目のグループの場合、被験者は意識で思考をしているはずである。ところが、三つ目のグループの場合は、他の作業をさせられて意識は思考できないので、無意識が思考し始める。無意識で思考したからこそ、数多く与えられた情報の全体の傾向を大づかみに把握でき、的確な回答ができたと思われる。意識で思考すると、一度に少数の項目についてしか把握できず、なかなか全体像を短時間に把握することは難しくなる。即座に回答を求められたグループが的確な回答をしていないことから、「無意識の思考」と「何も考えないこと」とは明らかに違うとわかる。十分な時間を与えられた時、無意識の思考は意識的な思考よりも情報を的確に処理できたということだ。

ティモシー・ウィルソンはまた少し違った実験を行なっている（前述のアプ・ディクステルホイスも、後に被験者を変えてそれと同様の実験をした）。被験者となった学生に、はじめに五種類のポスターを見せて好きなものを選ばせ、しばらく後に自分の選んだものをまだ気に入っているかを確かめるという実験だ。「まだ気に入っている」と答えた人の割合が最も低かったのは、被験者の中でも、選ぶ前にじっくり検討するように指示したグループである。つまり意識的な思考をしたグループは、自分の選択に対する満足度が低かったわけだ。自分の選択への満足度が最も高かったのは、ポスターを少し見て、しばらく別のことをしてから選んだ、というグループだった。ディクステルホイスらは、同様の実験を家具ショップのイケアで行ない、やはり同じような結果を得ている。買い物にも色々あるが、中でも家具を買う時が何より頭を悩ませるという人も多いだろう。イケアでの実験では、長い時間をかけて慎重に検討した人よりも、意識的な検討はあまりしなかった人の方が後の満足度が高いという結果になった。ただ、オランダの有名デパートで、家具ほど悩む必要のない商品を買った人を対象に同じ調査をした時には違った結果が出た。この場合は、意識的にじっくり検討した人の方が、後の満足度は高かったのである。

無意識の思考は天然のもので、自由闊達《かったつ》だ。それに対し、意識的な思考は、一歩ずつしか前へ進めないし、いくつかのごく限られた事実や、限られた原理、法則に頼る傾向にある。無意識の思考は、枠に縛られることなく、連想によって自由に大きく広がっていく。何か役に立つ情報、発想はないか、脳の中をくまなく探す。ディクステルホイスが「脳の中の日の当たらない場所、忘れられ、ほこりをかぶったような片隅、ちょっとした隙間」などと表現した部分まで探しまわるのだ。そして、無意識は、意識であれば決して関係があるとはみなさないような物事を自由自在に結びつけてしまう。同時に多種多様な要素を考慮することができる。要素の重要度、優先度も、時々の状況に応じて変えられる。あちらこちらへと忙しく注意を移し、同時に複数の情報を処理することができる。意識が懸命に他のことをしている間にも無意識は仕事を続ける。新しく出会った状況が既知のモデルに合うか確かめたり、直面した問題の構成要素について再検討したり、といったことをするのだ。その構成要素の総和が全体と等しくなっているかを確かめ、なっていないとしたら、欠けているものを探すことになる。無意識は雰囲気を察知することに長けている。あるいは、物事のつながり、パターン、類似性を発見することに長けており、比喩の才がある。感情、感覚を含め、ありとあらゆる道具を縦横に駆使し、問題解決にあたるのだ。

無意識の思考は原始的なものであり、他の動物たちと共通のものだとよく言われる。一方、意識的な思考は進化の結果、新たに生まれたもので、人間独自のものだと言われる。だが、一九六三年、ウルリック・ナイサーは、興味深い提言を行なっている。何と、人間を人間たらしめているのは、実は無意識ではないか、というのだ。無意識が洗練され、高度な能力を持ったことで、人間は人間になったのだという。ナイサーは次のように言っている。

ここで一つ注目しておくべきなのは、人間の大脳は解剖学的に言って、一種の「分散型システム」であるということだ。つまり、同時に複数の処理を進めることができるシステムということになる。原始的な動物たちの神経系との大きな違いはそこにあるのだ。人間の思考と他の動物の思考の間の決定的な違いは、「意識のあるなし」ではないのかもしれない。大事なのは、意識の外で複雑な情報処理ができるかどうか、ということではないだろうか。

認識論的謙虚

無意識と意識はパートナーである。両者は補完し合っている。両方あってこその人間なのだ。問題は、両者をどう使いこなすかということである。いつ意識を使い、いつ無意識を使うのがいいか、また両者をいかに協調させるのがいいか、それがわかれば何よりいいのは確かだ。これまでの研究では、どうすればいいかはまだわかっていない。それは今後の課題ということになるだろうが、同時に、念頭に置いておくべきことがある。それは、私たちの知っていること、知り得ることはあまりに少ない、という事実だ。まずはその事実を認識することから始める必要がある。

ハロルドは、エリカを助けようと、イギリス啓蒙主義の話をした。その際、彼が強調したかったのは、イギリス啓蒙主義者たちの思想の中心をなしていた「認識論的謙虚」という観念である。認識論というのは、「人はどのようにして物事を正しく知ることができるのか」、また、「自分が何を知っているのかを知るにはどうすればよいのか」といったことを探求する学問だ。そして、認識論的謙虚とは、私たちがいかに何も知らないか、知り得ないことがいかに多いかを認識する態度のことだ。

これは、人生に向き合う時に取るべき態度と言えるだろう。知らないこと、知り得ないことには、

「自分自身」も含まれる。自分がいかに自分自身を知らないかも認識すべきなのだ。私たちは、自分自身が一体、何を考え、何を信じているのかをほとんど知ることができない。私たちにとって最大の謎は自分自身なのである。

自分自身と同様、他人を理解することも非常に難しい。ジョージ・エリオットは『急進主義者フィーリクス・ホルト』の中で、「もしチェスの駒一つ一つに心があり、それぞれの感情や考えがあったとしたら、チェスは一体、どういうゲームになるだろう」と書いている。しかも、対戦相手の駒だけでなく、自分自身の駒でさえ、動きがまったく読めないのだとしたら、どうなってしまうだろうか、というのだ。もしそうだとすれば、そもそも論理的な戦略など立てようがなくなってしまう、とジョージ・エリオットは言う。だが、このチェスでさえ、私たちの実人生に比べればずっと楽なものである。

他者について完全に理解できなければ、どのような状況であれ、その本質に迫ることはできない。そして、どのような出来事も、起きた場所から、歴史の流れから切り離して理解することはできない。それ以前に無限の出来事が起きており、些細な原因が無数に積み重なっているのだ。そうした原因の中には、すぐに目に見えるものもあれば、そうでないものもあるだろう。

自分には何もわからない、という謙虚な態度でいることは大事だが、それは必ずしも、消極的、受け身になれということではない。認識論的謙虚というのは、あくまで行動のためにとる態度なのだ。まず、自らの無知を認識する、そこからすべての知恵は生まれると考える。己に限界があることを知り、その限界を前提として行動の仕方、手順を決めるのだ。日々の習慣さえ、無知を前提としたものにする。

大切なのは、あらゆる問題に通用する「解決手法」など存在しないと認識することだ。定量的、合理的な状況分析は確かに有効だが、その分析が教えてくれるのは真実の一部でしかない。真実の全体像が見えるわけではないのである。

たとえば、春にトウモロコシの種を植えるとする。どの日に植えるのがいいか。仮にそれを科学者に尋ねたとしよう。科学者は、おそらく過去の天候変化のパターンを調べるはずだ。過去の記録を見れば、種を植えるのに適した温度もわかるに違いない。きっと、その土地の緯度や標高なども考慮に入れて、どの日が良いかを答えてくれるだろう。では、同じことを農家の人に尋ねたとしたらどうか。農家には、先祖からの言い伝えがある。北米では「トウモロコシの種は、オークの葉がリスの耳の大きさになった時に植えよ」とされている。年によって天候がいかに変化しようとも、農家はこの言い伝えのおかげで簡単に適切な日を知ることができる。

これは、科学者が得るのとは違った種類の知識である。関係する多数の要素の相互関係をすべて統合し、全体としてとらえた結果として得られるものだ。その知識が得られるまでには長い時間がかかる。対象は念入りに観察するのだが、それだけではいけない。自由な連想、想像が必要である。周囲のあらゆる事象を比較し、互いの関係を確かめる。似ているものどうしを比較することもあれば、まったく似ておらず、無関係に見えるものどうしを比較することもある。そうして、今、起こりつつある出来事に隠されたハーモニーやリズムを知っていくのだ。

謙虚さを持った人間は、科学者の手法と農民の手法を併用する。また、他の手法もあればそれを取り入れる。一つのパラダイムだけに頼ることをよしとはしない。答えの出ないまま、疑問を持ち続けることは決して楽ではない。何かが「わからない」という状態は不安である。しかし、その状態を長く続けることでしか、知識は蓄積されていかない。私たちの今、持っている知識の多くは、そうして蓄積されてきたものである。

ハゼという小さな魚がいる。ハゼは浅い海に生息する魚である。干潮の時、彼らの活動範囲は、小さな水たまりの中だけに限定される。ただし、一つの水たまりにだけとどまるわけではない。ジャンプ力があるからだ。乾いた岩や砂の上をジャンプで飛び越え、他の水たまりへと移動できる。私たちの知性にもそういう態度が必要だろう。一つのパラダイムだけにとどまらず、ジャンプして次々に別のパラダイムへと移動する。そうすることで知識はより真実に近いものとなるのだ。しかし、ハゼにはなぜ、そういうことができるのか。水たまりの中にいながら、隣の水たまりがどこにあるのか、水たまりまでの間の陸地がどうなっているのかをじっくり調べることはできないはずだ。では、彼らは闇雲に飛び出しているのか。そうではないだろう。ハゼを普段とは違う、見知らぬ海に連れて行くと、まったくジャンプをしなくなるからだ。

秘密は満潮時にある。満潮時、ハゼはあちこち泳ぎ回り、様子を調べている。そのおかげで彼らの頭の中には、周囲の地図が入っているのである。高いところ、低いところがわかれば、干潮の時に水が干上がるところ、水たまりが残るところもわかる。もちろん、ハゼなので、人間のように意識的な思考をしているのではなく、本能でそれを察知しているのだ。

人間にも同様の能力はある。一〇万世代以上にもわたり、人類はこの世界の状況を観察し続けてきた。それにより、数々の危険を回避し、好機をつかみとることができたのだ。新しい土地に移り住んだり、外国へ旅行したりすると、私たちの注意は、周囲のすべてに対して開かれる。それはまるで生まれたばかりの赤ん坊のような状態である。次から次へと色々なものが注意をとらえる。

だが、そんな状態になるのは、物理的にその場に身を置いた時だけだ。仮にその場について書かれた本を読んだとしても、そうはならない。自分の身を置いて、浸りきらなくてはいけないのだ。直接、行ってみないことには、本当のことは絶対にわからない。いくらデータを集めたところで、知ることはできないだろう。人間もそうだ。直接会って関わらない限り、本当に知ることはできない。「習うより慣れよ」という日本語のことわざ通りということである。

実際にその場に身を置き、直接見て、触れれば、一つ一つの事象が特別なもの、他とは違ったものだと感じられる。一度に一〇〇〇〇もの感覚が押し寄せて来る。私たちの遠い祖先たちが、誰も足を踏み入れていない新しい土地を歩く時もそうだっただろう。小さな川を見つければ、そこで水を飲むことができる。それを繰り返すうち、やがて川は喜びの感情と結びつくようになった。同じように、深い森や岩だらけの渓谷では、恐ろしい目に遭うことが多かった。そのため、そうした風景は恐怖と結びつくようになったのだと考えられる。

私たちの脳は、どのような状況についても早く判断を下したがる。大量の感覚情報が絶えず流れ込んでくるのだが、そのすべてについて早く判断をしたいのだ。早く、何らかの解釈を加えた上で、情報をしまい込みたいのである。人間は、「わからない」ことを嫌う。それで、解釈らしきものが目の前にあるとすぐに飛びついてしまう。「わかった」ことにしたいからだ。コリン・キャメラーは、そのことについてカードゲームを使った実験をしている。被験者にカードゲームをさせたのだが、そのゲームは、自分の勝てる確率がどのくらいなのか、まったく予測できないというものだった。そういうゲームをした時には、脳内の恐怖を司る部位の活性化が観察された。先がわからないことで恐怖に駆られていたと考えられる。恐怖に駆られれば、人は恐怖を早く消したいと望む。早く「わかった」状態になりたいと望むのだ。パターンさえわかれば恐怖から逃れられるからである。どうなった時に勝つことができ、どうなった時に負けてしまうのか、そのパターンを知りたいと望む。

ここで言う「謙虚」な態度とは、この「わからない」という恐怖に耐える態度である。賢く謙虚な人は物事を急いで理解しようとせず、自制することができる。ジョン・キーツの言う「消極的能力」を持っているのだ。消極的能力とは、不確実なものや未解決のもの、疑わしいものをそのまま受容できる能力のことである。いら立って無理に論理的、合理的な解釈を与えて終わらせようとはしない。

対処すべき状況、問題が複雑なほど、忍耐強さが求められることになる。混乱していてよくわからないものをそのまま見ているのは辛いが、耐え忍ばなくてはならない。ただ、それだけの強さを持てる人はなかなかいない。謙虚な人は、自分の無知を認識するだけでなく、「わからない」という状況に対する弱さも認識する必要があるだろう。わからなさに耐えかね、断片的な情報だけを基にあらゆることを説明してしまうこともある。これは心理学の用語で「アンカリング」と呼ばれる。あるいは、最近の経験によって得られた教訓を、他より優先的に適用しようとする、という傾向もある。最近の経験は想起しやすいので、そうなりがちである。心理学用語では「可用性の誤謬《ごびゅう》」などと呼ばれる。さらに、自分の中にすでにあるステレオタイプに当てはめて状況を解釈してしまおうとする傾向もある。状況の中から、ステレオタイプに合う事実ばかりを探すのだ。心理学用語では「帰属の誤謬」などと呼ばれる。

謙虚な人は、自分がどういう誤りをしやすいかを知っていて、常に警戒を怠らない。そして、無意識の知覚にも絶えず注意を向けている。仮説を立てることはあっても、それを普遍の法則だとは考えない。新たな情報を基に絶えず仮説を更新する用意がある。いつまでも探求をやめないし、得られた情報にすぐに解釈は加えない。いったん奥にしまっておき、熟成を待つ。色々なことを同時に検討するだけでなく、一つのことを様々な角度から見る。それも、ただ見るのではなく、じっくりと見る。しばらくある角度で見たら、ゆっくりと角度を変えて、またよく見るのだ。たとえ同じ人間であっても、いつも態度が同じとは限らない。だから、状況が変わった時は、すでに知っている人も知らない人と同じとみなす。行動も考え方も、歩き方も笑い方もすべてが変わるという前提で見る。本人も気づかない間に、日常生活のあらゆるパターンが新しいものに変わってしまうかもしれない。そのつもりで観察する。もちろん、表面と内面の両方をよく見る。どういう服を着てどんな装飾品を身につけ、何を持っているかということだけでなく、その人が何を望み、何を目標としているかということも見なくてはならない。

このように、物事をすぐに決めつけず、慎重な態度を維持していれば、その間に無意識がはたらくことになる。無意識が、大量のデータを自由自在に組み合わせ、似ているものどうしを結びつけたり、隠されたパターンを見つけ出したりする。そのようにして、直面している状況の全体像をつかもうとするのだ。無意識が注目するデータは、意識が注目しない些細なものであることも多い。たとえば、「日光はどの角度から当たっているか」、「皆の挨拶の仕方はどうか」、「歩くのは速いか、遅いか」というくらいのことも考慮する。さらに、無意識は一つ一つの事物を個別に認識するだけでなく、事物間の関係も知ろうとする。二つ以上の事物の間で何が起きているかにも関心を向けるわけである。「AさんとBさんはどのくらい親しいか」、「経営幹部と一般社員の認識は一致しているか」といったことも探るのだ。言ってみれば、川の中で泳ぐ魚一匹一匹についてだけではなく、魚が泳ぐ水の質にも目を向けるということになる。

無意識は忙しくはたらき、大量の情報を処理するが、どこかの時点で動きを止め、静かになることがある。それは、情報がいったん一つに統合された時、ある状況の全体像が一応、把握できた時だ。「誰かが話し始めるのを聞いただけで、その話がどう終わるかまで予測できた」という経験をしたことはないだろうか。それは、無意識が一仕事を終え、静かになっている時かもしれない。この時、頭の中の現実の地図はひとまず完成している。現実の世界の状況と地図の内容に不整合はなく、調和が取れている。この状態には、徐々に到達することもあれば、あるタイミングで、ちょっとしたひらめきをきっかけに一気に到達することもある。脳内の地図が瞬時にできあがってしまうこともあり得るわけだ。この時点を境に、状況に対する意識的な認識も一変する。持っている情報は同じでも解釈がまったく変わるのだ。とてつもなく複雑に見えたことが、極めて単純に見えるようになる。

そうなるのは、あくまで「わからない」という、不安でいら立たしい状態に長い間、場合によっては何カ月、何年もの間、耐えた後である。それなしではあり得ないことだ。辛く、味気ない時間を過ごした後、ようやく達することができる境地。古代ギリシャ人が「メティス」と呼んだのはこれだったのではないだろうか。意識と無意識が対話をすることではじめて到達できる境地だ。

この境地に達した人が理解していることを言葉で表現するのは非常に難しい。脳内には、現実をそのまま写した地図があるのだが、地図なので、その内容は言葉にはしにくい。ただ、その地図のおかげで、どういう時にどういう行動を取ればいいかが的確にわかるし、何かが起きる時にも、先の展開をあらかじめ正確に予測することができる。

特徴的なのは、状況が全般的に理解できると同時に、細部もよくわかるということだ。これは、自動車の整備工が車を見るのに似ている。整備工にはもちろん、車の全般的な状況もわかるが、同時にその車の個々の部品の状態もわかる。それと同じことだろう。メティスの境地に達した人は、自分が行動する時、だいたいどういうルールに従えばいいのかを知っている。またそのルールの範囲外のことも知っている。仮にその人が医師なら、治療の手順は正確に覚えているが、手順に従うだけではいけないこともわかっている、ということだ。そして、手順以外のことをすべき時が来れば、確実にそれを察知できる。料理人なら、「まず油を熱し、その後に材料を炒《いた》める」という大まかな手順が頭に入っているだけでなく、それ以上のこと、油が物理的にどういう状態になった時が炒め始めのタイミングとして最適か、といった細かいこともわかっているわけだ。

アイザイア・バーリンがトルストイについて論じた有名な随筆『ハリネズミと狐——「戦争と平和」の歴史哲学』を読めば、メティスの境地がどういうものか、かなり正確にわかるはずだ。この文章からわかるのは、その境地が、一つの質問、一つの発見だけで到達できるものではないということだ。到達のためには、人生に関して、人生における経験というものに関して、どうしても認識しておくべきことがあるとバーリンは言う。それを明確に意識している必要はないが、少なくとも、何となくはわかっていなくてはならないというのだ。

バーリンは次のように書いている。「人生はいくつもの出来事の連続だが、私たちは常にその出来事の流れの只中にいる。只中にいるため、私たちは出来事の流れを外から観察することができない。正確に評価、解釈することもできないし、まして操作することなど決してできない。自分自身が当事者としてその出来事を経験している限り、それは不可能なのだ。客観的、科学的に観察しようとすれば、流れの外に出る必要がある。中にいるか、外にいるかで物の見え方はまったく変わってしまうだろう。真偽、善悪の判断も、何が重要で何が重要でないかの判断も大きく変わる。主観と客観、美と醜、動と静の区別も中と外では違ってくるのだ。過去、現在、未来の区別さえ、違ってしまう恐れがある……」

「実際には、自分が当事者である出来事を外から観察するなど、不可能なことだ（「外」と言える場所など、どこにもない）。だが一方で、たとえ自分がその中に含まれてしまっている出来事であっても、その本質を的確に感じ取る能力を持つ人間もいる。その出来事がどういうもので、自分はどう対処すべきかを直感できる人間がいるのだ。何をどう感じ取ったのか、言葉で説明することはできない。しかし、確かに何かがわかる。また、他人の人生の出来事に関して同様の直感がはたらくこともある。彼らは自分自身が浸かっている流れの存在を無視できるのである。ただそういう人間は、他人からは思慮が浅いと思われやすい（その見方が当たっていることもある）。科学的、形而上学的な手法は役立たないのだが、それを重視する者から見れば、彼らは思慮の浅い人間でしかないのだ。いくら科学的、客観的な検証をしようとしても、結局は表面的な、意識でとらえやすい部分の検証だけに終わるだけだというのに。そんな検証をしたとしても、惨めな失敗が待っているだけだ。まったく誤った、役立たない理論しか得られない」

バーリンによれば、「知恵」というのは、科学的な知識とは違うものである。知恵のある人は、自分がたまたま置かれた場の状況を敏感に察知でき、臨機応変にその状況に対処できる。言葉や数字で明確に表せるような普遍の法則に頼らなくても、対処の仕方がわかるのだ。そして、いざという時に頼りになる経験則も多く知っている。人類は遠い昔から経験則に助けられてきた。農民たちはそれに頼って作物を育ててきたし、現代でも文明の及ばない未開の部族はそうだろう。「知恵は、言葉では表現できない感覚である。私たちを導く宇宙の力かもしれない。知恵の力によって、真実がわかり、どう生きるべきかも知ることができる」バーリンはそう書いた。

ある夜、ハロルドはエリカに、バーリンの文章をそのまま読んで聞かせた。ただ、その内容はあまりに抽象的だったし、エリカも聞いていて疲れたようだった。どのくらいわかってもらえたかはハロルドにはまったくわからない。

16章　反乱——組織の改革

レイモンドはエリカと毎日、昼食を共にするようになった。二人とも一一時四五分にカフェテリアに来る（レイモンドは元々、他の人よりも早く出社していて、昼食も一時間前倒しでとっていたのだが、エリカのために四五分遅らせた）。しばらくすると、考え方の似た人たちが他にも少しずつ加わり始めた。皆、二人に合わせ、正午少し前に現れる。何週間か経つ頃には、二、三〇人にもなっていた。それだけの人数が、カフェテリアの隅に集まり、早めに昼食をとるのだ。

昼食メンバーは少々、妙な年齢構成になっていた。まず、エリカの友人たちは三十代ばかり。それに、レイモンドの古い仲間たちがいる。彼らは五十代、六十代である。昼食時の話題の大半は、タガートのことである。タガートがどんなバカなことをしたのか、そのことを話し合う。ある日、会社は、社員の新規採用を凍結すると発表した。「そんなことをしていいわけがない」レイモンドは笑いながらそう言った。「派遣とインターンだけ入れるっていうんだ。そのまま正社員にせずに使い続けると言っている。インターンなら前からいる。もう五年、一〇年、働いている人もいるね。でも、これからも正社員になれずに、給料ずっと据え置きなんて。そんなの通りっこない」

レイモンドはミネソタ州北部の牧場で生まれた男である。これまでファッションの流行などとはまったく無縁に生きてきた。彼の生涯を映画にするとしたら、主演はおそらく、ジーン・ハックマンということになるのではないだろうか。

　レイモンドとエリカの態度は違っていた。レイモンドは、タガートたちの行動について自分なりの見解を述べる。彼は意見を言うだけだ。エリカはそれを聞いて、どうすれば状況を変えられるかを考える。具体的な行動の計画を練るのだ。特に何か義務があるわけではないので、レイモンドはとにかく存分に意見を言った。ＣＥＯが愚かな経営判断をして状況を悪化させていくことに対し、好きなだけ辛辣なコメントをしたのだ。彼はそれだけで満足していた。しかし、エリカは何か行動を起こしたかった。手をこまねいていては、皆がせっかく積み上げてきたものをタガートがすべてぶち壊してしまう。エリカはまだこれから何十年と生きなくてはならないのに、このままでは、この先の人生は台無しになるだろう。自分の作った会社を失った上に、ようやく雇われた会社まで潰してしまいたくはない。会社を成長させるべく雇われたはずなのに、みすみす消滅させるのではたまらない。だが、エリカを駆り立てていたのは、そういう気持ちだけではなかった。子供の頃に母親と二人、どこへ行っても厄介者扱いされたあの感じが蘇っていたのだ。高い教育を受けたくせに実は何もわかっていない連中、そんな連中に見下され、軽く見られていると思うだけで、本当に腹が立ってくる。怒りのために夜中に目が覚めてしまうことも度々だった。

　エリカはレイモンドにも行動を促した。「今、何かしなくては！　ただ座って話をしている時ではないですよ！」何度もそう言ったのだ。おかげで、レイモンドもある程度は協力する姿勢を見せるようになってきた。

　レイモンドの昼食は毎日、家から持ってきたサンドイッチとドクター・ブラウンのクリームソーダだった。いつもと同じ食事をしながら、彼は「提言書を作ろう」というエリカの意見に同意した。こうすれば会社を立て直せる、という戦略をいくつかまとめて提出しようというのだ。ただ、行動するにあたって、彼はいくつか条件を出した。一つは、秘密行動は絶対にしないこと。何も隠し立てをせず、すべてを公明正大に進める。二つ目は、クーデターはしないこと。誰か個人を標的にはしない。トップの首をすげ替えることを目的にはしないということだ。ただ、経営方針の転換を求めるだけである。三つ目は、常に協調的態度を取ること。誰かの行動の妨害はしない。建設的な代替案を示すだけだ。

エリカの目には、レイモンドはどうでもいい差異に拘泥《こうでい》しているようにしか見えなかった。あのタガートが、レイモンドの提案する経営方針を採用するようになるとは、まったく考えられない。経営方針を変えるというのは、つまりトップを変えるということである。しかし、レイモンドにはどうしても、この条件が必要だったのだろう。世代の違いもあり、エリカより会社への忠誠心がどうしても強かったのだ。

彼らは、会社を救うための提言書の作成にとりかかった。レイモンドが出した条件のとおり、隠し立てはせず、人目につくカフェテリアで堂々と作業をした。作成に加わったメンバーは、自分たちのグループを「ブランチ・クラブ」と呼んだ。レイモンドが以前、早い時間に昼食をとっていたことにちなんだ名前である。

提言書の作成には何週間もかかったが、その間、エリカはレイモンドのリーダーシップに感心させられた。はじめに彼が皆に話したのは、「自分には何ができないか」ということだった。彼は、「僕はすぐ気が散って集中できないから」と言って、話し合いの前に携帯電話の電源をオフにした。実は、気が散りやすいのは彼だけに限ったことではないのだ。人間の脳は、何かあるとすぐに注意がそれるようになっている。ただ、レイモンドが他の人間と違うのは、それを自覚するだけの賢さがあったということだ。それから彼は「一般化は苦手だな」ということも言った。これも、本当は人間として当たり前のことだ。誰もが、抽象的な概念を扱うよりも、具体的な事象を扱う方が簡単である。とはいえ、自覚できる分だけ彼は賢いのだ。「今日の議題、ここに書いておいていいかな」とも言った。

「そうでないと、どうも僕は話題をあれこれ変えてしまうから」これも、ほとんどの人がそうだ。意識していなければ、人間は一つのことを一〇秒以上続けてはなかなか考えられない。その限界を知った上で、一つのことを長く考えられる工夫をしたのである。毎回、彼は最初に「今日話し合うことのリスト」を作り、それを見ながら議論を進めた。

レイモンドは自分の弱点を実によく知っていた。たとえば、「三つ以上の物事を同時に比較するのは難しい」ということ。だから、三つのことを目の前に提示され、比較するよう言われたら、二つずつの比較に変換して考えるようにしていた。そうして混乱を防ぐのだ。自分の意見の正しさを裏づける話ばかりをよく聞いてしまう癖もある。そこで、彼は皆に、できるだけ自分の意見の「反証」を先に提示してくれと頼んでいた。反証が提示されても、それをすぐに退けたりしないよう心がけた。いつも慎重に、安全な道、無難な道ばかりを歩こうとする癖もある。それがわかっていたので、あえてリスクの多い道について先に検討するようにしていた。

ブランチ・クラブでは、経営方針に関して、幹部たちに八個ないし一〇個の提言をしたいと考えていた。一回の会合では、一つの提言についてのみ話し合った。一つの提言について、食事をしながら話し合ったのだ。ただ、その間、次々に新しいアイデアが出てきたというわけではない。ある日の終業後、レイモンドはエリカに「ビジネスミーティングというのは、何もアイデアがほしくてやるわけじゃないんだよ」と話したことがある。会議の場で新しいアイデアを募ることは少なく、多くの場合は、基本方針の徹底が目的になるのだという。方針を全員が理解しているか、また全員が方針に賛同しているかを確認する場になるということだ。

「どうだろう。何かおかしいと思うところはあるかな？」雇用に関する提言について話し合った時、レイモンドは皆にこんなふうに尋ねた。実は人間の脳は、自らの行動の誤りを見つけることに非常に長けている。これに関しては、ドイツ、ドルトムント大学のマイケル・ファルケンシュタインが、一九九〇年代はじめにキーボードを使った実験を行なっている。被験者がキーボードを弾いている時の脳の活動状態を調べたのだ。すると、被験者が誤ったキーを押した時には、前頭葉の電位が約一〇マイクロボルト低下するという結果が得られた。また、マンチェスター大学のパトリック・ラビットが行なったタイピングに関する実験でも、タイプミスをした時にはキーを押す圧力が少しだけ弱まるという結果が出ている。どこかの時点で誤りを察知した無意識が、最後の最後で指を押し止めようとした、ということかもしれない。いずれにしろ、脳には、自分自身の誤りを察知するような、一種の「フィードバック・メカニズム」が備わっているということである。テストの時、一度書いた答えが何となく間違っている気がして直したら合っていた、ということがよくあるのはそのためだろう。これまでに多数の研究が行なわれているが、それによると、「おかしい」と思って答えを書き直した場合、書き直した答えの方が正解であるということは実際に多いという。いわば、レイモンドは、メンバーたちの脳のフィードバック・メカニズムを作動させるべく警告信号を発したということになる。

エリカがレイモンドの言動に関して強い不満を抱くこともなかったわけではない。グループは、一応、全般的なスケジュールを立てて話し合いを進めていた。だいたい、一つの提言について三日を割り当てるというスケジュールだ。三日目には、提言の内容について皆が合意しなくてはならないことになる。その合意に向けての話し合いの最中に、レイモンドは急に立場を変えることがあるのだ。今まで同意していたものとはまったく異なる意見を述べ始めたりする。エリカは激怒して「さっきまで反対のことを言ってたでしょう！」と叫んでしまう。

「ああ、その通りだよ。僕の一部は賛成だけど、一部は反対しているんだ。人格がいくつにも分かれているからね。その全部に物を言わせないと」レイモンドはそんなジョークを言っていた。研究によれば、いわゆる「弁証法的な思考」をする人は、そうでない人よりも、より良く、深く物を考えられるという。レイモンドは、自分の頭の中で、二つの対立する意見を戦わせていた。単に一方に賛成、反対という前提で考えるのではなく、二つを比較、対照することで、より正しい判断をしようとしていたわけだ。

ブランチ・クラブでは、どの提言に関しても、すでに議論を尽くしたと思われた時には、多数決をとった。そして、案が承認されると、レイモンドは必ず、提言を書いた紙を皆に見せながら「うん、せめてこれが『価値ある失敗』に終わるといいね」と笑顔で言うのだった。

最初にこれを言われた時、エリカには意味がわからなかった。どういう意味かと尋ねると、レイモンドは説明してくれた。「有名な経営学者のピーター・ドラッカーが言っているんだよ。彼が見てきたところでは、経営上、下された判断のうち、後に正しいとわかるものは全体の約三分の一らしい。三分の一はまったくの間違いでもないが正しくもない、そして残りの三分の一は明らかな間違い。要するに、何か決断したら、その三分の二は間違いか、完全な間違いってことさ。今、僕らは自分たちが素晴らしい決定をしたと思っているけれど、そう思いたいからそう思えるってところがあるからね。誰もが自尊心を持っていて、それを守りたい。だから、自分はうまくやっていると思うんだ。でも、生きていくっていうのは、次々に失敗を生み出すってことだよ。絶えず間違えながらしか、僕らは前に進めないんだ。何かをすれば必ず少しは失敗する。だからそれを次に修正する。歩くのと同じだ。僕らは歩く時、一歩踏み出すごとに重心を移動させ、いったんバランスを崩している。すぐ後に反対側の脚を前に出すことで崩れを解消するから、倒れずに進むことができる」

エリカは家でよくレイモンドのことを話した。今日のレイモンドはこうだった、ああだったということをハロルドに話して聞かせるのだ。ハロルド自身は、レイモンドにはバーベキューや、会社のパーティーなどで二、三度会ったくらいだ。しかし、彼を見ていると、思い出す人がいた。それはダウンタウンの劇場で大道具係をしていた人物である。その人物はとにかくずっと劇場で仕事をしたいと思っていたのだが、俳優になりたいと考えたことは一度もなかった。高校時代に、舞台の上で演じたこともあったのだが、どうも自分には合わない気がしたので、裏方に回ったのだ。彼は劇団のチームワークが好きだった。チーム全員で一つのものを作り上げること、そこに自分が何か貢献できるということが楽しかった。また、自分はある意味で、演出家や主演俳優よりも舞台についてよく知っているのだと思えることも嬉しかった。演出家や俳優たちはどうしても、自分のことに関心が向かいがちなので、劇が上演される舞台そのものは意外に見ていないものなのだ。ハロルドのレイモンドに対するイメージは彼に似ていた。自分が主役になるより、物事をうまく前に進ませることが好きな人ということだ。ただ、実際にエリカたちのグループが行動を開始すると、ハロルドの見方は変わった。本当はタガートと戦うつもりなどないのではないか。舞台に上がって主役を演じることに乗り気でないのは確かだが、それは裏方に回りたいというより、単にやる気がないというだけではないのか。

その見方が正しいのかどうか、エリカにはよくわからなかった。毎日、カフェテリアに集まる時に様子を見ているのだが、レイモンドという人間がつかみ切れない。彼には色々な性格が同居した、得体の知れないところがあったのだ。ある一面では極めて謙虚である。しかし、同時に非常に頑固でもある。態度が控えめな人間を見ると、何となく、こちらの言いなりになってくれそうな気がするのだが彼は違う。ここから先は一切譲らない、というような頑なさを内に秘めている。彼は、自分が無知であることをよく自覚していて、それが大きな強みにつながっている。ところが、一方で過剰とも思えるほど自信家でもある。どれが本当の彼なのかを見極めることは難しかった。

公開首脳会議

ブランチ・クラブのミーティングは、特に社内の中堅層に注目されていた。社員の多くは、期待を込めてレイモンドやエリカのことを見ていた。彼らの異議申立てが、崩壊へと向かう会社を救うかもしれない。そういう気持ちだった。タガートやその取り巻きたちは、彼らを軽蔑の目で見ていた。単なる敗者、はみ出し者たちの寄せ集めと思っていたのだ。

エリカにとって目下の最大の懸案は、「とっかかりのなさ」だった。すでに提言はすべてまとめあげた。彼らのアイデアがすべて詰まった、二五ページに及ぶ提言書が完成していたのである。しかし、その内容をいつ、どのようにして皆に知らせればいいのかがわからなかったのだ。良い方法が見つからなかった。まず直属の上司に渡し、そこからさらにその上司に、という具合に上層部まで回してもらおうかとも思ったが、途中でどこかへ行ってしまう恐れがある。業界誌に渡すという手もあったが、それだと「秘密行動はしない」というレイモンドが掲げた条件に反してしまう。

幸い、しばらくするとチャンスが巡ってきた。会社の危機がテレビの対談番組で話題にされたのだ。番組の司会者は、危機をわかりやすく伝えるため、インターコムのケーブルテレビチューナーを粉々に破壊し、破片をスタジオのセットにしつらえられた便器に流したりもした。

テレビに出たからといって、株価は必ずしも大きく動くわけではない。だが、その時の反応は凄まじいものだった。翌日には売り一色になってしまったのだ。数年前には七三ドルにまで上がったことがある株が、たった一日で二三ドルから一四ドルにまで急落した。

嵐を前に、タガートは一刻も早く何らかの手を打つ必要に迫られた。そして、いかにも彼らしく、自分が公の場に出ることが最善策だと考えた。それで十分、信頼が回復できるだろうと踏んでいたのだ。彼は経営幹部を招集し、緊急会議を開くことにした。「チャンスをつかむ公開首脳会議」と名づけられたその会議は、ウォール街のアナリストたちも見られるよう、インターネットで中継された。タガートは会議の開催を社員に知らせる際、こんなふうに話した。「我々にはもちろん、言いたいことがある。しかし、同時に君たちの意見も聞きたい。我々のプランを伝えるが、君たちにもアイデアを出してほしい。また、どういう問題を抱えているのか話してほしいのだ。これは学びの機会だ。共に学び、共に前に進もう」エリカにとっては、まさに待ち望んでいた言葉である。彼女は「会議に出て、自分たちの提言を発表しよう」とレイモンドに言った。レイモンドは、慎重なのか、怯えていたのかはわからないが、エリカが発表するのならいい、と答えた。自分は手伝いをするという。

会議の開催場所は、ダウンタウンの劇場だった。タガートと幹部たちがライトの光を浴び、舞台上に置かれた椅子に座り、他の社員たちはすべて暗い客席にいた。お互いの話を聞くのに、これが一番いいやり方だと考えたのだ。「まず知ってもらいたいのは、私は会社の現状を悲観してはいないということだ。私はむしろ今、わくわくしている」タガートはそう切り出した。「これから急成長できそうな、強い予感がする。とても強い予感だ。間もなく飛躍的な成長を遂げるだろうことを私は確信する。我が社の経営陣は全米最高だし、従業員も、製品もすべて最高だ！　私は日々、ありったけの情熱を仕事に注ぎ込んでいる。

経営を引き継いだ時から、私は常に、成長ということを重視してきた。他に類を見ないほどの成長を遂げる会社にしたかったのだ。昔の流儀がもはや通用しないことは、私も承知している。古いルールブックは破り捨て、絶え間なく変化していかなくてはならない。既成の概念を根本から覆すようなブレイクスルーが必要だ。バリューチェーンの革命などもその一つだろう。経営の手法自体を従来のものとはまったく変える。我々が率先して動かねば。他社のやり方を学んで、それを追いかけるわけにはいかない。とてもそんなゆとりはないのだ。

私たちが選んだ道は、危険も多い道だ。そういう道を進む以上、外からは理解してもらいにくいこともあるだろう。評価の尺度によっては、していることが誤解され、その価値をわかってもらえないこともあり得る。善意ではあるが、長期的な視野に欠けるために、批判する人もいるに違いない。私たちには、独自の評価基準がある。今日、君たちに言いたいのは、その独自基準に照らせば、私たちはあらゆる面で、目標を達しているか、あるいは目標を超える成果をあげているということだ。変革は、思った以上の速度で進んでいる。より良い方向へ変わっている。私たちは何もかも調べ尽くしている。問題の原因となるものがあれば、すべて突き止め、それを排除しているのだ。最大限の力を集めてことに当たっている。爆発的な成長はもう目の前だ。

私は、人の心を読むことに長けている。私たちの中に、現状を憂慮する者がいることも知っている。しかし、私は今日ここで君たちに言いたい。だから、君たちの中に、現状を憂慮する者がいることも知っている。

私は、人の心を読むことに長けている。だから、君たちの中に、現状を憂慮する者がいることも知っている。しかし、私は今日ここで君たちに言いたい。私たちの計画が極めて慎重に周到に練られたものだということを。革命が完了した時に振り返れば、必ずそれがわかるだろう。近く、私たちはまた新たな段階へと進む。計画がさらに前進するわけだ。企業買収によりソーシャルネットワーキングなどの成長市場へと新たに進出する。これで会社は大きく変わるだろう。視聴者や顧客との接点が一気に倍増するのだ。最先端技術を手に入れ、業界を一気に変えられる地位に就く。これから自社を再構築し、業界を再編成していく」

タガートはこの調子でそのあとしばらく話し続けた。それが終わると、何人かの幹部が、今後の業績予測、成長の見込みなどについて具体的な数字をあげて説明した。

経営側からの話はすべて終わったが、皆、今、聞いた話をどう考えるべきかわからなかった。どれもこれも前に聞いたことばかりである。山の頂にまで行けるという話だったのだが、これまでのところ何も良いことは起きていない。それでもまだ信じたかった。タガートはカリスマ性のあるリーダーだったし、幹部たちも優秀な人間ばかりだったからだ。タガートのビジョンに魅了されているというわけではないが、彼に敵意までは抱いていない。先が見えないので態度が決められないのだ。

レイモンドが急に立ち上がり、客席に設置されたマイクに向かって言った。「すみません。いくつか提案をさせていただいてよろしいでしょうか」

「もちろんだよ。レイ」タガートはそう答えた。普段、レイモンドのことを「レイ」と呼ぶ者は誰もいなかったのだが。

「そこで話してもいいですか」レイモンドは、舞台の上の演壇を指さして言った。

「もちろん」

レイモンドは、壇上に出るよう、身振りでエリカを促した。エリカはいざとなると自信がなくなり、足がすくむのを感じたけれど、それでも舞台に上がった。レイモンドが話を始める。

「タガートさん、あなたもご存知だと思います。ここのところ、私のような年寄りや、若くて元気の良い人たちが何人か集まってあれこれ話し合っていたのを。少しでもあなた方の仕事の手助けができないか、それを話していたのです。私たちは、あなたとは持っている情報の量が違います。ですから私たちのアイデアは的外れで役に立たないかもしれない。『そのくらいのことならもう考えている』と思うかもしれません。

ですが、一つだけはっきりさせておきたいことがあります。この会社が元々、何の会社だったのかということです。当社はケーブルテレビ会社です。私も含めた技術者たちが地中にケーブルを敷設し、家庭に接続したことからすべてが始まりました。新技術を開発し、実用化すること。それが当社の存在価値です。だからこそ、私たちは会社を誇りに思い、誇りから暗黙の行動規範が生まれました。会社の名に恥じない行動をしようと自然に思うことできたのですか。今は、正直に言って会社のアイデンティティが揺らいでいると思います。仕事の種類が増えてしまいましたし、いくつもの違った文化が混ざり合わないまま併存しています。私が入社した頃、当社の目標と言えば、ケーブル会社としての仕事の質を少しでも上げることであり、成長することではありませんでした。単に数字上の業績を良くすることではなかったのです。今もそれが変わっていないのかどうか、私にはわかりません。

年寄りの戯言《ざれごと》、と思われるでしょう。もう過ぎてしまった時代を懐かしんでいるだけだと。私はジョン・コッチの下で働き始めました。もう、その名前を知っている人も少ないでしょう。私はその頃、まだほんの子供のようなものでした。コッチは当社の生《は》え抜きでした。よそから引き抜かれて上に立った人ではありません。乗っている車も、着ている服も、話し方も、私たちと大差ありません。誰よりも働いて会社に貢献していましたが、給料は一般の社員よりやや多いという程度です。CEOなど役員のようなケタ違いの給料をもらっていたわけではないのです。コッチと話をしてみれば、彼がごく普通の人だとわかります。仕事をする時には、一般の社員たちが良いと考えることを、彼もやはり同じように良いと考えます。一般の社員たちがどうすれば力を存分に発揮できるか、力を発揮できないのはどういう時かもよくわかっています。

コッチは壮大な計画に向いた人ではなかったでしょう。彼のしていることは専ら調整でしたから。『自分は世話役だから』というのが口癖でした。リーダーというのは世話役だととらえていたのです。先人から引き継いだ素晴らしいものの価値を守ること、それが自分の役目だと思っていました。価値あるものを台無しにしたくなかったのです。いつもピーター・ドラッカーの古い教えを守ろうと心がけていたのを覚えています。何か決断を下す時には、必ず、『何を期待してこの決断を下したのか』をメモに書いていましたね。何カ月か経つと、再びメモを見て、果たして期待通りに事が運んだか、期待通りでなかったことは何かを確認します。失敗から少しでも多くのことを学ぼうとしていました」

レイモンドの回想は、その後、数分続いた。彼の言葉は、タガートたちをあからさまに批判するものではまったくなかった。終始、話が回顧的、感傷的になってしまうことを謝罪していた。もとに戻ること、昔に返ることはもちろんできない、と認めてもいた。だが、昔と今とでは、あまりに違いすぎるのではないか、と彼は言いたかったのだ。この会社に昔あった魂は失われ、空気があまりに殺伐としてしまっている。この違いには心が痛むし、とても無視することはできない、そう言っていた。

レイモンドが感情に訴えかけるような話し方をしたので、その後を引き継ぐエリカも同じように話そうとした。いつもの彼女とは違う。彼女はもっと理詰めで知的な話し方が好きだったからだ。だが、どうもそういう雰囲気ではない。

やはりエリカも、何人かの仲間と議論を重ねたことを話した。自分たちのアイデアのたとえ一部でも、タガートたち経営陣の役に立てば、ということも言った。また、エリカは、財務面の話を始めた。「私たちが特に重点を置いて話し合ったのは、キャッシュの大切さについてです」彼女はそう言った。「経費をまかなうにはキャッシュが必要です。銀行にキャッシュがあれば、少しくらい不測の事態が起きても、動揺することはないでしょう」だが、ここ何年か、キャッシュの流失が多すぎるのではないか。どうも今のリーダーは、キャッシュを蓄えておくのは臆病者のすることで、負債を増やすことが勇気の証拠だとでも考えているようだ。次から次へと企業を買収し、負債を積み上げているのを見ると、そうとしか思えない。エリカはそう主張した。

次に話したのは、会社の組織についてだった。組織が複雑になりすぎて、誰が何の仕事をしているのかが非常にわかりにくい。毎朝、出社する度に「私はX担当です」と皆に言って回る人は少ないだろう。第一、責任がいくつもの階層に分散してしまっているため、どこからどこまでが自分の担当なのか範囲が明確でない。エリカは、この複雑化した組織を単純にするためのアイデアが自分たちにはあると言った。

さらに話題は、戦略のことへと進んだ。企業にとって活発さは大事だが、中には自滅的な活発さというのもある、とエリカは言う。競馬場でも、すべての馬に賭け金をつぎ込めば、間違いなく損をする。競馬に勝つ人は、賭ける馬を慎重に選ぶ。確かな根拠を基に有利だとわかる馬がいない限り賭けないのだ。ウォーレン・バフェットも言っている。「自分のこれまでの稼ぎの大半は、一〇にも満たない決断から生まれている」と。これは、一人の人間が生きているうちに持てる優れた見識の数はごく限られたものである、ということを意味する。そして、本当に優れた見識が背景にあると確信できない限りは、動かないのが賢明なのだ。

エリカは会社の収益についても言及した。まず、ケーブル部門は以前と変わらず好調だということを指摘した。他のすべての部門は、ケーブル部門のあげる利益に依存している。会社の根幹がまだ健全なうちに、原点に返るべきではないだろうか。今こそその時だ。

電話会議を減らし、社員どうしが直接顔を合わせる機会を増やすよう努力することも重要だろう。コミュニケーションにおいては、実は、言葉よりも身振りや表情といった身体的な要素が重要になる。モニターの画面だけで、お互いを理解することは難しい。同じアイデアやプランを共有することはなかなかできないのである。そこでエリカが提案したのは、彼女が「マルチパラダイムチーム」と名づけたチームを編成することだ。マルチパラダイムチームは、元々、担当する業務の違う人たち、違う部署に属する人たちを集めて作る。そのチームで同じ一つの問題について考えるようにするのだ。一つの問題を違った視点で見る、ということである。人間という動物は元来、少人数のグループで行動するように進化している。これまでの調査でも、一人で物を考えるより、何人かで考えた方が、良い結果になるという証拠が多く得られている。たとえば、「ウェイソン選択問題（カードを使った問題で、四枚カード問題とも呼ばれる）」を解く実験では、一人で考えた場合に正解率がわずか九パーセントだった問題を、少人数のグループなら七五パーセントの高率で正解できた、ということも起きた。種類の違う人を集めておけば、同じ問題を一人一人が違うモデルを基準に分析することになる。モデルが一つだと、モデルに合うよう現実の方を歪めてしまうことになりやすいが、モデルが複数になれば、それを多少でも防げる。

「この会社の人たちは、あまりにお互いのことを知らないと思います」エリカはそう言い、自分が入社した当時の出来事を話した。同僚の一人と昼食を共にした時のことだ。彼女は、その同僚に、すでに知り合いになった他の何人かの社員のことを話したのだが、相手はこう答えたのだ。「いやあ、まだ入って一〇年だからね。知らない人の方が多いよ」

人間の「社会的自己」は、ただ毎日、会社と家とを往復し、仕事をしているだけでは決して満足できない。エリカはこう言った。「バカげていると思う人もいるでしょうし、あまりにも陳腐だと思う人もいるでしょう。でも、やはり何か仕事以外に皆と交流し、楽しめる機会を作るべきだと思うんです。たとえば、毎週金曜日には、イベントをするとか。カフェテリアでパーティーを開いて、ビンゴ大会をしてもいいでしょう。ソフトボールやバレーボールの大会をしてもいいです。そういう場があれば、社員の間に友情が育まれます」

エリカはこの調子で次々に話していった。たとえば、社内通達の内容についても話したし(何をすべきか、だけでなく、それをすべき理由を社員に伝えるような内容にしてほしいと言った)、人材採用手順の改善についても話した(低い階層にいる人間も面接に参加させるべき、と訴えた)。さらに、若い社員にメンター(指導員)をつける制度の導入も主張した。どんな仕事であれ、最も重要な技術、技能は暗黙知である。つまり、言葉で説明されたからといって身につくものではないということだ。その技術、技能を持った人をそばで見て、真似る以外に方法はない。メンターがいれば、若い社員は、メンターを真似ればいいことになる。管理職向けに、業績連動のボーナスを設けてはどうかという提案もした。仕事が成功したら、すぐにもらえるというボーナスである。自分の仕事が評価されたことをすぐに実感できるということだ。ブランドの再定義に関するアイデアもいくつか披露した。ここ何年か、インターコムはGEやシティグループなどのような「巨大な多国籍企業」というブランドイメージを流布させてきた。だが、そのせいで、個々の顧客との関係が希薄になってしまったところがある。もう一度、かつてのように「決してクールではない」というイメージに戻すべきではないか。以前、顧客には冷蔵庫用のマグネットを配ったりしていた。それが今や、ゴルフのトーナメントのスポンサーである。何かが変わってしまっている。

レイモンドとエリカはさほど長くは話さなかった。合わせても一五分くらいのものだ。話が終わると、二人はタガートに自分たちの作った提言書を手渡し、席に戻った。他にも何人か発言者が出たが、どの人も怒りながら、経営陣を批判する言葉を口にした。この会議は当初の目的をまったく達することができなかった。アナリストたちは、タガートのプレゼンテーションのみを聴いており、その後に起きたことには一切、関心を向けなかったのだ。その日の午後、株価はさらに大きく下落した。レイモンドとエリカの言ったことは、社員たちにも幹部たちにもすぐには受け入れられなかった。感激した民衆が二人を新しい指導者に祭り上げる、というようなことはなく、相変わらず、タガートにすべてを委ねたままだ。しかし、徐々に状況は変わってきたのである。皆、二人の話を時間をかけて反芻《はんすう》するうちに、言わんとすることを理解し始めたのだ。この会社がかつて、ある種の気高さを持っていたことを思い出す人が増えていった。株価は低迷を続け、負債は増え続け、買収の効果も出ない、そんな状況も後押しをした。

少し前までは、社員の中にも、株主の中にも、タガートを「スター」のように思っている人が多かった。外部からやってきて、すべてを変えてくれる素晴らしい人物と思っていたのだ。その後、なかなか結果は出せなかったが、まだ新しい業界に適応するのに手間取っているだけで、いずれやってくれるだろう、という見方をする人が多かった。しかし、ついに、株主たちにも、役員たちにもわかる時がやってきた。彼は口ばかりのうぬぼれ屋にすぎないということを。会社をどうするか、ということよりも自分の体面を保つことばかりに熱心な人間だということを。そうなると、必然的に、トップを交代させるべき、という意見が強くなってくる。それも生え抜きの人材がいい、という話になる。会社の本質を深く理解していて、かつての輝きを取り戻してくれそうな人が望ましいということだ。求められるのは革命ではなく、復旧、復興だった。

当然、皆の目はレイモンドに向いた。ずっと裏方に回りたがっていた彼だが、主演を務めてくれ、という要請を断りはしなかった。あまり嬉しそうではなかったが、ともかくＣＥＯになることを承諾したのだ。そして、一定の成功を収めた。フォーブス誌の表紙を飾るようなＣＥＯではなかったが、ともかく、会社への信頼を回復することはできた。彼は、会社の究極の使命に寄与しない部門はすべて切り捨て、現場で作業をする技術者たちを昇進させた。そのおかげで、年中、薄汚れた作業着で、ファッションとは無縁の彼らを見下す人間は社内にはいなくなった。

何年かして、レイモンドは引退した。役員会は、外部からCEOを招聘《しょうへい》し、六年間はその体制を続けたが、そのCEOも辞めると、今度は内部から誰かを登用しようということになった。あれこれと駆け引きもあり、すんなりというわけにはいかなかったが、結局、役員会はエリカをCEOに選んだ。その時、エリカは四七歳になっていた。レイモンドがコッチのそばで学んだように、エリカもずっとレイモンドのそばにいて、多くのことを学んだ。彼女は、会社に革命を起こそうとはしなかったし、大胆なブレイクスルーなど一切求めなかった。それでも、会社は着実に成長したし、時代の変化にもうまく対応していった。エリカは会社を愛していたのだ。だから、古いものを大事に守りながら、ゆっくりと新しく生まれ変わらせることができた。

17章　すれ違い——恋愛から友愛へ

結婚した二人の関係は、多くの場合、時が経つにつれ、恋愛から友愛に変わっていく。はじめのうちは、激しい想い、熱情によって結びつけられている。それが、徐々に、もっと穏やかなものに変わっていくのだ。二人を結びつけるものは、友情に似た想いになり、静かな満足感、幸福感に満たされるようになる。

ただし、この移行がうまくいかない夫婦もいる。一九四七年から一九八九年の間に国連が五八の異なる文化圏から集めたデータによると、離婚率は総じて結婚四年目で最も高くなるという。ハロルドとエリカの場合、結婚四年目はうまく乗り切った。エリカがレイモンドの跡を継いでインターコムのCEOになったのは、ハロルドとの結婚後、一二年目のことだった。ハロルドが過去の時代の研究に没頭し、本を書く、という生活を続けている間に、エリカはビジネスの世界でそこまで上り詰めたわけだ。その後の一〇年間、二人はますます自分の仕事にのめり込んでいった。そのせいで「本当の夫婦」になるチャンスを逸したと言えるかもしれない。ほとんどの時間を仕事に取られていたし、どちらも皆の役に立ちたいという気持ちの強い人だったので、どうしても家のことはおろそかになる。夫婦間のコミュニケーションは少なくなりがちだった。

自分の立場が十分に固まってからは、多少、ゆとりを持って暮らせるようになったのだが、気づいてみると、夫婦の間で共有できることはとても少なくなっていた。自分たちが思っていたより、互いの違いは大きいのだということもわかった。喧嘩をするわけではない。ただ、関心の対象、領分が違うということだ。

今の地位に就くまでの間に散々、戦ってきたこともあり、二人とも、他人に気を遣ったり、他人に合わせたり、ということにうんざりしていた。ローアン・ブリゼンディーンは著書『女は人生で三度、生まれ変わる――脳の変化でみる女の一生』の中で次のように書いている。「女性は中年になると、他人を喜ばせることより、自分の気分が良くなることに関心を向けるようになる……エストロゲンの分泌量が減るのに伴い、オキシトシンの分泌量も減る。すると、他人の感情のちょっとした差異に鈍感になるのだ。他人との間の平和を保ちたいという気持ちも薄れる。友人と話しても、以前ほどドーパミンは放出されなくなる。小さな子供の世話をした時にオキシトシンの報酬が得られ、気持ちが和むということもなくなっていく。他人が今、何を望んでいるかに注意を向けることが減るのだ」一方、男性の側は、言うまでもないことだが、妻が五十代になったからといって、急に面倒見が良くなることもないし、それまで無口だった人が突然、話好きになることもない。

エリカは、ビジネスの世界ではちょっとしたスターになっていた。会社はすっかり業績を回復し、毎年、着実に利益をあげている。その実績から、彼女は色々なイベントに呼ばれ、話をするよう頼まれたのだ。尊敬の眼差しで見つめる聴衆を前に講演をする。そんな講演の後は、帰宅して、Tシャツ、短パンという格好で一心にコンピュータのキーボードを叩いているハロルドの姿を見るといつもがっかりした気持ちになった。お互いの生活ぶりはまるで違ったものになっていたのだ。エリカはとにかく外へ出て、動きまわるのが好きだった。彼女の一日のスケジュールは、ミーティングやランチなどの予定で埋まる。反対に、ハロルドは一人でいるのが好きだった。一人で、過ぎ去った時代への旅に出るのだ。カレンダーにはほとんど何の予定も書き込まれなかった。エリカは企業のトップとして次々に新たな課題に直面する。彼女は解決に必死になって取り組んだ。そんな時、ハロルドは、現実を離れて、本や史料の世界に迷い込んでいた。遠い過去の人たちの暮らしを想像し、とうの昔に亡くなった人たちと対話する、そんな日々だ。

ハロルドの浮世離れしたしたところは、見方によっては彼の魅力とも言えるのだが、エリカにはそれが、重大な人格的欠陥のように思え始めた。廊下によく靴下が脱ぎっぱなしになっていたりする。そういうところは、身勝手さやナルシシズムの表れに思えたし、無精ひげを伸ばすことは単なる怠惰と映った。一方のハロルドも、エリカの姿を見て愕然とすることがあった。会社にとって得になりそうな人に会うと、心にもないお世辞を言っている。そうせずにはいられない。連れられてレセプションやパーティーに出ることがあるが、そんな時、エリカは決まって、数分もすれば彼から離れて行ってしまう。そばにいる人と取り留めもない会話をしながら見回すと、彼女は遠くでどこかの会社のCEOと談笑している。本音では嫌っているのだろうとわかる相手である。それでも、笑って話すことができるのだ。そんなふうに、会社のためとはいえ簡単に妥協できてしまう彼女に対し、腹が立つこともよくあった。エリカの方は、ハロルドの消極的な態度に腹を立てていた。自己満足に浸っているから積極的に他人と接しようとしないのだと思っていた。

ウィリアム・ジェームズは「賢明であるというのは、何に目をつぶるべきかを知っているということである」と言った。二人は長年、お互いの欠点に目をつぶってきたはずだ。なのに今は、密かに相手を少し軽蔑するようになっている。

年月が経つうちに、いつの間にか真剣に話し合うこともなくなり、目と目を合わせるということもなくなった。夜は同じ家の中にいても、いる場所は違っていた。エリカはずっと誰かしらと電話しているし、ハロルドはずっとコンピュータに向かっている。結婚したばかりの頃は、何でも共有するのが当たり前だったのに、今はそうではなくなった。時にはエリカも、何か思いついてそれをハロルドに話したい、という気持ちになるのだが、それだけのためにハロルドの仕事部屋に急に入って行くことはできない。二人の間にはいくつか不文律があったのだ。少しくらい面白いことがあっても、すぐにそれを伝えるということができないのだ。

ハロルドには、エリカが話をしても、ろくに聴いていないのではないかと思えるところがあった。パーティーへの出席など、二人が一緒に行動しなくてはならない用事に関して、エリカはだいたい週に一度、ハロルドに再確認をする。なのに、ハロルドはよく不機嫌そうに「そんな話、聞いてないよ」と言うのだ。

「もう言ったわよ。話したじゃないの。あなたが単に私の言うことを聞いてないだけでしょう」エリカは、そう答える。

「勘違いだろう。話してないね」どちらも、絶対に自分の方が正しいと思っている。そして、相手のことを「頭がおかしいんじゃないか」と思う。

夫婦の関係について詳しく研究している心理学者、ジョン・ゴットマンは、「夫婦の間の関係が健全なものならば、相手に対してたまに否定的な言葉をかけることがあっても、肯定的な言葉をその五倍くらいかける」と言っている。ハロルドとエリカの場合は、まったくそんな状況ではない。彼らの場合は、否定的な言葉どころか、言葉自体、かけ合うことが少ないのだ。二人共、どこかで昔に戻りたいとは望んでいる。お互い、自然に相手のことを思いやり、愛することができた頃に戻りたかった。しかし、どちらも自分からそんなことを言い出して拒絶されることを恐れていた。そうして二人の距離は少しずつ遠ざかってしまう。関係が冷えてくると、どちらもが、それを相手の性格の欠点のせいにし始める。いつか結婚カウンセラーに相談する時が来たとしたら、必ず、自分の見方が正しいと認めてくれる、相手が全面的に悪いと言ってくれる、ハロルドもエリカもそんなことを思っていた。

仕事場でもパーティーの場でも明るく振る舞っていたから、家庭の中で何が起きているかは誰にもわからないだろう、彼らはそう信じていた。しかし、実際にはそんなことはなかった。やはり、わかるのだ。たとえば、ハロルドが何かの出来事について皆に話して聞かせたとする。彼が話し終わると、エリカが「この話、嘘よ」と言い出したりするのだ。その声にトゲがあることを誰もが感じ取った。

どちらも本当に悲しい気持ちで毎日を送っていた。エリカなど、風呂上りに髪を乾かす時に泣くことがあった。仕事での成功のために、家庭を犠牲にしてしまったのではないか、自分が得たのはそれだけの価値のあるものなのか、と自問自答してしまう。ハロルドも、時折、自分たちくらいの年齢の夫婦が街で手をつないで歩くのを見て、辛い気持ちになることがあった。今の彼にはとても想像がつかないことだったからだ。ハロルドに最も満足を与えてくれるのは仕事だったが、それだけでは不十分だった。自ら命を絶つことは考えないが、もし「不治の病で余命わずかだ」と言われても、自分はごく平静にその宣告を受け止めるだろうと感じていた。

孤独

ハロルドとエリカの関係は、妙な具合にこじれてしまっていた。両方が修復を望んでいるのに、悪循環に陥っていて、どうしても抜け出せない。それは孤独感が生む悪循環だった。孤独を感じている人は、周囲の人間に対して批判的な態度を取りがちになる。皆の言動を悪く解釈してしまいがちなのだ。そのせいで、ますます孤独になってしまう、という循環に陥る。悲しみによる悪循環もあった。夫婦二人共が悲しい気持ちを抱えていると、どちらも傷つきやすくなる。そして、お互いに、一緒にいると傷つくことがわかると、自衛のためにますます関わることを避けようとする。そうして徐々に遠ざかっていくわけだ。自分たちの現状を「運命」と受け止めてしまうことによる悪循環も起きた。「運命なので、もはや何をしても関係が好転するわけはない」と思い込むと、何の努力もしないため余計に状況は悪化し、それによってますます絶望感は深まっていく。

ハロルドは結婚後、太っていった。特に、中年以降は、ストレスが原因と見られる体重増加が目立っていた。ストレスがたまるとつい、酒を飲み過ぎ、それで太ってしまうのだ。彼には、自分の抱える問題を哲学的な問題として考える癖があった。中でも好んで援用したのは、ストア派の哲学である。「ストイック」という言葉の元になったことからもわかる通り、ストア派の哲学では、人間は幸せになるためにこの世に生まれた、などとは考えない。苦しみこそが人生と考える。ハロルドは自分に言い聞かせた。結婚を除けば、自分の人生はまずまず満足のできるものだった。だから、贅沢を言ってはいけない。このくらいの苦しみは耐えなくてはならないのだ。彼は家の中で起きることには、感情を持つまいとした。どんなことがあっても、心を動かさないことにしたのだ。

エリカは、自分が社会的に成功を収めたことから、結婚生活に対する見方もそれに影響されることになった。彼女には、「ハロルドは自分の成功を妬んでいる」と思えた。屈辱を感じているから、自分に辛く当たるのだと考えた。結婚したばかりの頃は、ハロルドの方が彼女よりも垢抜けていたが、今では逆になっている。社交の場に出ても、注目を集めるのは専ら彼女だ。どのパーティーに出ても花形である。そもそも、こんなに野心のない男と結婚したこと自体が間違いなのかもしれない。若気の至りだったのだ。そのツケを今、返させられているということなのだろう。エリカは、この問題から目を背けようとして、無意識のうちに家にいる時間が短くなり、たとえいたとしても心ここにあらずという状態になった。そうして、少しでも辛い思いをしなくてすむようにしていたのだ。

従来、中年以降の離婚というのは、男性の側から求めるものというイメージだった。若い女性と浮気をし、その人と再婚するために長年連れ添った妻の許を去る、というのが典型的なパターンとされていた。しかし、今や、五十代以降の離婚の六五パーセントは女性から求める、という時代になっている。その多くは、単純に「もう夫とは暮らしたくないから」という理由で離婚を求めるのだ。夫に対して愛情も、親しみも感じなくなったので、主婦としての務めを果たす意味を感じない。だから、そういう義務からは解放されたいというのである。エリカも、そろそろ、離婚も視野に入れて夫婦の今後のことを考えなくてはならないだろうと思っていた。ただし、仮に離婚をするにしても、双方ができるだけ傷つかない方法はないだろうか。それが気になるところだった。

離婚宣言

ある日、些細なことで少し口論をしたあと、エリカはハロルドに「私、今、部屋を探しているの」と告げた。もう別れたいというのだ。彼女は二人の現状について努めて冷静に話をした。もうしばらく前から、自分たちは離婚に向かっていたと思う、頭に離婚の文字がよぎるようになって一〇年は経っている、ということも言った。結婚したこと自体が間違いだったのかもしれない。この先、良い方向に変われるとは思わない、そんな材料は見当たらない。

話しながら、エリカはまるで急な崖を降りているような気分だった。こうして口にしてしまった以上、後戻りはできないだろう。頭は忙しく働いていた。いとこたちや、会社の人たちにはどう説明しよう。これから、また新しい誰かと付き合うということはできるのだろうか。公式の発表ではどういう話にすればいいか。

ハロルドは、あまり驚かなかったし、ショックも受けなかった。しかし、何をどうすべきか、ということはまともに考えられなかった。弁護士を雇うべきなのか、財産はどう分ければいいのか、そうしたことについて何も意見が言えない。ただエリカの言葉を黙って聞いているだけだ。一通り話を聞いたあとは、頼んでしまった屋根の修理について少し話しただけで、すぐにキッチンにウィスキーを取りに行ってしまった。

それから何日かの間は、何事もなかったかのように過ぎた。二人は再び、ばらばらの暮らしに戻った。だが、ハロルドは、自分の中で地殻変動が起きているのを感じていた。表面上は普段と変わらずに暮らしているように見えても、その間に内部で何かが起こり、物の見え方が変わってしまうということはあるのだ。

エリカの離婚発言から数週間が経ったある日、ハロルドは一人、ピッツァレストランで昼食をとっていた。窓からは通りが見え、その通りの向こうには、小学校の運動場が見えた。ちょうど休み時間なのか、何百人という子供たちが外に出ている。追いかけ合いをしている子もいれば、かけっこをしている子、取っ組み合いになっている子もいる。遊具によじ登っている子もいるし、ただおしゃべりをしている子もいる。子供はすごい。ただ、何にもない、広いところに解き放っておけば、そこを自分たちで楽しい場所に変えてしまう。いつの間にかお祭りのような騒ぎになる。

結婚した時、ハロルドは当然、自分たちも子供を持つものだと思っていた。自分の知っている家庭には、すべて子供がいたからだ。しかし、最初の数年、エリカはあまりに忙しすぎた。「今なら大丈夫」という時がまったく来ないのだ。結婚五年目に入る頃、彼はさりげなく、何かの話のついでに「子供がほしい」と言ってみたことがある。「今はダメ！」エリカは叫んだ。「軽々しくそういうことは言わないで」

あまりの剣幕にハロルドは驚いた。エリカは自室に引っ込んでしまった。

結局、子供のことを話題にしたのは、それが最初で最後だった。それは人生においても特に重要な話題だったはずなのに。そして、それが二人にとっては最も大きなすれ違いでもあった。そのすれ違いが、夫婦の関係における癌のようなものになっていた。

ハロルドは、毎日、子供のことを考えていたのだが、話題にするのは怖かった。衝突はできるだけ避けたかったのだ。第一、話をしたところで、子供を産むよう彼女を説得できる可能性はまったくないとわかっていた。強硬に主張せず、控えめな態度を守っていれば、いつかエリカも態度を変えるかもしれない。黙って、元気のない顔、浮かない顔を見せていれば、「そんなに子供がほしいのか」と同情してくれるのではないか。自分だけでなく、夫婦二人の幸せを考えてくれるのではないか。そんなふうにも思った。

ハロルドが不自然におとなしく、表向きだけは妙に従順になったことは、エリカも気づいていたし、嫌な気分だった。一方のハロルドは、エリカの傲慢さに密かに腹を立てていた。自分に相談せずに物事を決めてしまうからだ。子供を持つか否か、というのは人生でも特に重要な決断のはずだ。なのに、エリカはハロルドに相談しようともしなかった。

ハロルドは、時には「やはり少し話してみようか」とも思い、頭の中であれこれと会話の台本を考えてみたりもしたが、実際に話すことはなかった。子供のことを言うと彼女がなぜあれほど怒るのか、ということも疑問だった。自分の子供時代の経験が傷になっていたのだろうか。子供の時に辛い思いをしたから、絶対に産むまいと心に誓っていたのかもしれない。仕事に打ち込むあまり、他のことには注意が向かなかったのか。それとも、元々、母性本能に欠けているのか。いっそ無理矢理にでも、と考えることもあったが、せっかく生まれてきても母親に望まれていないというのでは子供があまりにかわいそうだ。

いつでもどこでも、子供がいるとつい見てしまう。すでに中年になり、あきらめてはいたが、憂鬱な気持ちで見ている。飛行機の中でも、そばに小さな赤ん坊が乗っていれば、こっそりと小さな手や足を見つめた。年配の男性が孫を連れて外を歩いているのを見ることもあった。男性は、慣れない手つきで子供に何かを食べさせたり、ベビーカーを押したりしている。歩道に大勢の子供が集まってふざけあっているのを見ることもある。楽しそうに、夢中で遊んでいる。きっと、寒いと暑いとか、そういうことは感じないのだろう。すりむいた膝も痛くはないのだ。見ていると腹が立ってきて、エリカのことが冷酷な人間に思えてくる。人に求めるばかりで自分は何も人に与えない、そんな利己的な人間に思えてしまう。仕事のことしか頭にないというのは、きっと、人として底が浅い証拠なのだ。そう思うと、エリカに対して嫌悪感が湧いてくる。

アルコール依存

ハロルドは、もう何年も軽い鬱状態にあった。相変わらず本も書いていたし、展示会の企画、運営の仕事もうまくやってはいた。だが、不思議にも、仕事ぶりを人に褒められるほど、憂鬱になっていく。世間的な評価が高まるほど、人知れず抱えた彼の孤独感が浮き彫りになるようだった。

結婚生活はまるで眠っているように停滞していた。子供もいない。世のため、人のためになるような仕事をしているわけでもない。彼には、すべてを捨ててもいい、と思えるものが何もなかったのだ。損得を抜きにして取り組めるものはなかった。エリカがいつもそばにいたことで、そのことはさらに明確になった。彼女を駆り立てている異常なほどの成功への執着心には少々、辟易としていたし、軽蔑する気持ちもあったが、自分にそんな欲求もエネルギーもないということが悲しくもあった。

寝る前にお酒を飲むことは長年の習慣だったが、この何年かはもっと早い時間から飲み始めるようになった。スコッチウィスキーがカフェインの役目を果たす。彼の脳はいつも疲れていて、ぼんやりとしているのだが、タンブラー一杯のウィスキーでほんの束の間、目覚める。色々なことがくっきりと見え始め、アイデアが次々に浮かぶ。もちろん、頭はすぐにまたぼやけてしまうし、悲しい気持ちになってしまうのだが、感じるのがたとえ悲しみでも何も感じないよりはましだったのだ。

ほぼ毎日、ハロルドはボトル三分の一ほどのスコッチを飲んだ。翌朝、目覚めると、もうこんな生活はやめるぞと誓うのだが、中毒になっていて、脳の学習機能がうまくはたらかないようだ。アルコールに限らず、どの依存症を抱えた人にも言えることだが、彼らは自分がどうすべきかはわかってい る。でも、それは頭でわかっているだけで、行動習慣を変えるほどの本質的な理解ではない。中毒、依存症を持つ人たちは、前頭前野の可塑性が失われていて、そのため失敗によって学習することができなくなっているという研究者もいる。

同じような人は多いのだが、ハロルドもある日突然、悟った。それは、はるか以前にエリカが「私は是が非でもアカデミーに入らなくては」と気づいた日に似ていたかもしれない。自分の力ではもう、この飲酒の習慣を変えることはできないとハロルドは思ったのだ。変化を促してくれるような環境に身を置くしかない。そう考えて、アルコホーリクス・アノニマス（ＡＡ）の会合に参加する決意をした。

それは、ハロルドのように、一人でいることを好む人間には容易なことではなかった。しかし、ともかく子供用ホッケーリンクの控え室で毎晩開かれていた会合に参加した。部屋に入ると、彼はすぐ、その場の環境が自分の衝動を抑えるのに間違いなく役立つものであると感じた。

彼はそれまでずっと、裕福な人、高い教育を受けた人ばかりに囲まれて生きてきたが、会合の参加者たちの多くは、事務員やセールスマン、バスの運転手（驚くほどバスの運転手が多い）など、それとは違う種類の人たちだった。すっかり自分だけの世界で生きることに慣れていたハロルドも、彼らと深く関わらざるを得ない。自信、自尊心を持つことを奨励されてきたのに、ここでは自分の負けを認めることが求められる。弱く、無力な存在であることを認めなくてはならないのだ。長い間、失敗から学ぶこともなかったのに、ＡＡの「一二のステップ」では、自分の失敗を直視しなくてはならない。苦しかった。苦しくてたまらないと思うことが何度もあった。信仰心というものをほぼなくしていたハロルドだが、集まった人たちからは何となく神を信じているらしい雰囲気が伝わってきた。誰も頭ごなしに「酒をやめろ」とは言わない。明確な、論理的な問題解決法があるわけではないのだ。

求められたのは魂の浄化である。心の最も深いところ、自分の存在そのものをすべて組み立て直す必要があると言われた。もし、自分のすべてを変えることができれば、その副作用として、断酒も達成できるだろう、というわけである。

ハロルドは「一二のステップ」の文言を読み、それに従った。だが、彼を本当に救ったのは、ＡＡの参加者たちだった。ＡＡの会合は誰にでも効果があるわけではない。また、専門の研究者でも、あらかじめ効果がある人、ない人を予測することはできないという。他の方法に比べて総じて効果が高いかどうかについても、意見が分かれている。

同じＡＡの会合でも、集まった人たちの人間関係がどうなるかはわからない。人間関係は、完全に一定のルールに従うわけではないからだ。グループどうしを比較した社会科学者たちの実験でも、メンバー間の人間関係の質が効果に大きく影響するという結果が得られている。ハロルドのグループには、精神的な核となるメンバーが三人いた。一人はオペラ好きの巨体の女性、一人はバイクの整備工、もう一人は銀行員だ。三人のつき合いはもう一〇年近くになっていた。彼らがグループの雰囲気を決めていたと言える。以前、グループでは、メンバーが嘘を言ったり、何かをごまかしたりすると、決して許さなかった。以前、グループでは、メンバーだった十代の少年が抗鬱パッチを身体に貼り、その副作用で死んでしまうということがあった。その時も、皆が精神的ショックから早く立ち直れるよう、三人が尽力している。メンバー間には常に、少なからず確執があったが、彼らはＡＡの行動ガイドラインに従って適切に対処していた。ハロルドも彼らのことを深く尊敬するようになり、自分の行動のお手本とした。

はじめの数カ月間、ハロルドは毎日のように参加し、その後は時々、顔を出すというくらいになった。会合が彼の人生を変えた、と言えば言い過ぎになるだろう。人生を変えたというほどではないが、収穫は非常に大きかったというのが正確なところだ。メンバーの中にはナルシスティックな人や、信じがたいほど未成熟な人も多く、また大半は人生をほとんど棒に振ってしまっていると言えた。それでも、会合で自分自身のことを話すというのは彼にとって大事なことだった。話そうとすれば、どうしても、内に秘めた切実な願望を意識せざるを得ない。自分よりも洗練されておらず、教育もない人たちを、いつの間にか尊敬の目で見ている自分に気づくこともあった。高校卒業以来、眠ってしまっていた感情が呼び起こされたような気もした。自分の心の動きを以前より強く認識するようになったことは確かである。

酒を飲むのをやめたわけではない。だが、午後一一時以降は飲まなくなった。最も変わったのは、飲酒習慣ではなく、心の持ち方だろう。いつの頃からか、ハロルドは、感情の乱れを極端に怖れるようになっていた。たとえ何かしようとしても、それによって感情が乱されそうな兆候を少しでも察知すると、やめてしまう。感情が乱されるような状況に身を置くことを徹底して避けていた。他人との対立などとんでもないことだった。対立は怒りを生み、不快感や心の傷も生むからだ。しかし、ＡＡ参加後、前ほどの恐怖心はなくなっていた。不快な感情にも正面から向き合えるようになったのである。何も、悲しむことや傷つくことを恐れて生きる必要はない。たとえ悲しいことがあっても、心に傷を負っても、生きていくことはできる。そう考えるようになったのだ。

インカネーションキャンプ

ハロルドがコネティカット川の「インカネーションキャンプ」に関わるようになったのは、まったくの偶然からだった。友人の一人が、「キャンプ場でカウンセラーをしている娘に会いに行くのだけれど、一緒に来ないか」と誘ってきたのがきっかけだ。コネティカット州の田舎で幹線道路を離れ、長い未舗装の私道を走る。やがてテントやグラウンド、池などを通り過ぎる。途中で九歳か一〇歳くらいの女の子たちを見かけた。皆で手をつないでいる。ハロルドはそれをうっとりと眺めた。その頃は、子供を見ると必ず、うっとりと眺めてしまっていたのだ。友人は山小屋のそばで車を停めた。車を降りたハロルドは友人と二人で丘を降り、一マイルほどの長さの細長い湖のほとりまで歩いた。湖は、木々に覆われたいくつかの丘に囲まれている。家も道路も一切見えない。広さ八〇〇エーカーのキャンプ場は他からは独立した一つの世界だった。その中には、ほぼ人の手が入らない自然が残されていた。

参加している子供たちの中には、裕福な家庭の子もいれば、貧しい家庭の子もいる。マンハッタンのプレップスクールの生徒がいるかと思えば、ブルックリンやブロンクスから奨学金をもらって来ている子もいる。人種も階級も実に様々だ。これほど偏りの少ない施設も珍しいとハロルドは思った。ハロルドがまず気づいたのは、備品や設備の古さである。どれもかなり傷んできている。やはり今、この種の多目的キャンプは苦境に立たされているということだろう。何でも専門化の時代なのだ。コンピュータや音楽、野球といったテーマのあるキャンプの方が親に支持される。あとで履歴書に書いた時に目に留まりやすいからだ。

「カウンターカルチャー的」な空気も、このキャンプの特徴だった。ヒッピーの精神がそこかしこに息づいているのが感じられた。ハロルドは初日から、カウンセラーたちと子供たちが声を合わせて『パフ』や『天使の兵隊』などの六〇年代のフォークソングを歌うのを聞いた。バスケットボールをする子がたくさんいたが、その上手さには驚かされた。その他、目についたのは触れ合いの場が多いことである。参加している子供もスタッフもいつも一緒に楽しんでいた。集まっている様子はまるでボノボの群れのようでもあった。皆、思い思いの場所でゆったりと過ごしている。お互いの髪を梳かしたり編んだりしている子もいれば、レスリングごっこをしている子もいる。湖に入って鬼ごっこをしている子もいる。

ハロルドの目が輝くのを見て、キャンプ場のディレクターは、「もし時間にゆとりがあるようなら、ここのボランティアスタッフになりませんか」と声をかけた。結局、その夏、ハロルドはあと二回キャンプ場を訪れ、子供たちのダンスの監督などいくつもの仕事をこなした。冬の間は、湖で泳ぐ時に使う桟橋を作るための資金集めをした。翌年の夏には、週末ごとに通い、散歩道の修復の手伝いもした。ソフトボールの指導プログラムを立ち上げたりもしている。練習試合ができるようリーグの編成までした。子供たちのソフトボールの試合を見てショックを受けたからだ。皆、バスケットボールは得意なのにソフトボールはひどいものだ。中には、ボールの投げ方を一度も教わったことのない子もいた。

八月のはじめには、ディレクターに頼まれ、コネティカット川のカヌー下りの旅にも同行することになった。そのために五日間の休みを取った。参加したのは、十代の子供たちが一五人、大学生のカウンセラーが二人、そしてハロルド。彼一人だけが、三〇歳以上も年上だったが、不思議に違和感はなかった。

川を下る間は、雑学コンテストを開催したり、歌を教えたりした。子供たちは、レディー・ガガやケイティ・ペリーのことを教えてくれた。夜になる頃にはすっかり打ち解け、皆、ハロルドにあれこれと相談を始めた。その年頃の子らしく、誰もが真剣で正直だ。恋愛のこと、両親の離婚のこと。親の期待にうまく応えられないことを悩んでいる子もいる。ハロルドは、彼らが自分を信頼してくれたことに感動し、一人一人の話にじっくりと耳を傾けた。子供たちは心から、誰か頼りになる人間を求めているようだった。きっと教師や、教育の専門家なら、こういう悩みにどう答えればいいかよく知っているのだろうと思ったが、もちろんハロルドにはわからない。

旅の最終日は大変だった。一日中オールを漕ぎ、強い風に逆らって進まなくてはならない。ハロルドは皆に「無事、目的地に着いたら、残った食糧でフードファイト（食べ物を投げ合って戦う遊び）だ！」と告げた。

やがて、最終キャンプ地にたどり着くと、子供たちはすぐ、それぞれが食べ物を手にとって互いに投げつけ始めた。大量のピーナッツバターやジャムが空を舞い、シャツはあっという間に染みだらけになる。小麦粉は、まるで雪のように地面に降り積もる。冷たくない雪だ。木の裏に隠れ、ミートローフで不意打ちを食わせる者もいれば、粉末オレンジジュースのシャワーを浴びせかける者もいた。

戦いが終わると、あたりは大混乱になっていた。一人残らず、頭の先から足の先まですっかり汚れてしまっている。彼らは全員で手をつなぎ、一列で川へ入って身体を洗った。そして川からあがると、服を着替え、最後のキャンプファイヤーをした。ハロルドはその旅にアルコールを一切、持って来ていなかったが、夜遅くまで楽しく過ごし、素面のままでテントに戻った。疲れ果てて寝袋に入った時、彼は幸福感に包まれていた。短い間にこれほど気分が変わるなんて、と思ったら、不意に泣きたくなってきた。

ハロルドは大人になってから一度も泣いたことはなかった。せいぜい、悲しい映画を観て暗闇の中で人知れず涙ぐんだ、という程度だ。この夜も、心の震えは感じたが、本当に泣いたわけではない。涙が目の奥にまで押し寄せてはいたが、結局、外に溢れ出ることはなかった。そして奇妙なことに、実際には泣いていないにもかかわらず、自分の泣いている姿を頭に思い浮かべていた。身体が宙に浮かび、寝袋の中で身を屈めて泣いている自分の姿を見つめる、そういう想像である。

泣きたい気分が去ると、彼は自分のこれまでの人生について考え始めた。また、もしかして送れたかもしれない人生についても。もっと勇気を持って自分の感情に表に出していたら、人生は大きく違ったのではないか、と思った。だが、考えているうちに眠ってしまった。

18章　道徳心——無意識の教育

ホテルの廊下は、ボディガードだらけだった。見たこともないような光景だ。エリカが向かっていたのは、ニューヨーク、セントラルパークを見渡せるホテルの最上階だ。エレベーターを降りると、大勢のボディガードたちがそれぞれに大股で廊下を行ったり来たりするのが見えた。彼らはお互いを無表情で見ながら、時折、腕の無線機に向かって話しかける。スケジュールの確認でもしているのだろうか。スイートルームの中には、サウジの王族もいれば、ロシアの新興財閥の当主や、アフリカの独裁者、中国の億万長者もいた。そのそれぞれに、まるで全身筋肉のような随行員がおり、部屋の外で待機していたのだ。もちろん、身辺を保護してもらうためでもあるが、同時に自分の威光を誇示するためでもあっただろう。

エレベーターからは、ホテルのコンシェルジュがエリカを案内してくれた。彼女の泊まるスイートルームへと連れて行ってくれたのだ。「インディアスイート」という妙な名前の部屋だ。コンシェルジュが皇帝を前にした宦官のようにうやうやしく身を屈め、招き入れた部屋は、大変な広さだった。エリカが子供の頃に暮らしていたアパートの部屋の四、五倍はある。内装や家具、調度品などもとても贅沢なものだ。クルミ材を使った英国風の天井、石造りの暖炉がいくつもあり、アルコーブのそばには、これもまた英国風のクラブチェアが並べられている。部屋の隅には、大理石の大きなチェステーブルも置かれていた。バスルームには、なんとシャワーが二つある。一方をシャンプー、もう一方をリンスに使えとでもいうのだろうか。エリカは、驚きに目を見開きながら部屋の中を歩き回った。「何、これ？　本当にここに泊まるの？」などと考えながら。

顧客にとって、コンシェルジュやウェイターのサービスのありがたみは、いわゆる「ラッファー曲線」を描いて変化するといえるだろう。こういう最高級ホテルの場合、彼らは顧客一人一人に最大限の注意を払ってくれる。だが、それが一定のレベルを超えると、彼らが動けば動くほど顧客は不便になり、居心地が悪くなってしまう。たとえばコーヒーを飲んでいると、一口ごとに注ぎ足してくれたりする。そうすると、こちらは味を同じに保つため、いちいち砂糖とミルクを足さなくてはならない。コートを着ようとすれば、すかさず着ているジャケットにブラシをかけ、ほこりを払い落としてくれる。エリカを案内したコンシェルジュも、無線ＬＡＮの設定をすると言い出した。コンピュータがすぐ使えるようにというわけだ。だが、そのためには、スーツケースを開けなくてはならない。エリカはたまらず、その申し出を断り、部屋を出るように言った。

これは、すべて、彼女を招いたとある人物の仕業である。その人物を、エリカは「メイクビリーブ（make believe＝架空の、空想上の）氏」と呼んでいた。この何年かの間にビジネス雑誌の表紙に繰り返し載った氏の動向を常に追いかけていたのだが、あるチャリティイベントで直接、会うことができた。その時、氏はエリカに「自分の会社の取締役にならないか」と言ってきたのだ。

メイクビリーブ氏は、エリカに特別の関心を持っているようだった。何かある度に誘ってきたし、相談をすると真剣に答えてくれた。クリスマスには毎年、プレゼントを贈ってくる。そのプレゼントというのが、彼が親しい友人にだけ贈る巨大な箱で、中には色々なものが詰め込まれている。ノートパソコンや、モロッコ製の羽毛布団カバー、アンティークなヴェネチアンプリントの服など、彼の趣味で選んだ贅沢な品々である。いかにもうぬぼれ屋らしく自分の伝記なども入れられていた。

氏は世界規模でビジネスを展開している。イリノイ州南部の片田舎の出身で、ほとんど何もないところから事業を起こし、今では世界を制覇するまでになったというわけだ。一八五センチほどもある長身で、髪には白いものが混じっている。最近では、ポロを楽しんだり、チャリティイベントを主催したりして日々を過ごすことが多くなった。

彼のモットーは「従業員思考をしない」ということだ。ごく若いうちからそうだった。どういう組織にいても、常にそれを自分が所有し、自分が動かしているという意識で仕事をしたのだ。働き始めたのは大学在学中で、最初の仕事は、春休みをフロリダのフォートローダーデールで過ごす学生たちを送迎するバスの運転手だった。それから数十年経った現在、彼は大企業グループの総師である。数々の買収を繰り返し、巨大なグループを作り上げた。その中には、大手の航空会社なども含まれていた。ただし、もう実務からは、ほぼ手を引いており、マッターホルン山頂でクリスマスカード用の写真のためにポーズを取る、ヨーロッパの有名サッカーチームの買収の交渉をする、というのが主な仕事になっている。その他には、小児糖尿病の研究資金集めのため、チャリティ演劇（演目はダンテの『神曲』だ）に出演することもあれば、優秀な五人の息子たちとともにＦ１レースの観戦に現れることもあった。

メイクビリーブ氏は、じっと座っているということのできない人である。また、どんな小さなしぐさにも、神経が行き届いている。「神に魅入られている」と彼が信じる人たちのしぐさを研究し、それを真似ていることが多かった。ジョン・Ｆ・ケネディの写真をじっくりと眺め、一キロ先を見ているようなその眼差しを完璧に真似ようとして、鏡の前で何時間も過ごしたこともある。いつも、数分おきに笑いが込み上げてくる。つい、目を大きく見開いて笑ってしまう。自分の送る人生があまりに素晴らしすぎて、とても信じられないのだ。数分おきに自分が王様であることを思い出して大喜びしている、そんな感じだった。

アスペン戦略グループの会合と、三極委員会の総会の間に少し空き時間ができ、彼はエリカを「相談がある」と言って呼び出した。相談というのは、彼の持つ航空会社のことである。年に一回、その年の航空会社の経営方針を定める書類を作成することになっていたのだが、エリカにそれを手伝ってほしいというのだ。いくつかの課題のうち、どれを優先して、どれを後回しにするか、その判断の手助けをしてくれという。課題としてはたとえば、オンラインチェックインシステムの改善、従業員健康保険プランの見直し、CFOの交代、全米各地からの中西部行きの便の削減、などがあった。こういう時に豪華なスイートルームを手配して歓待する、というのはいかにも彼らしいやり方だった。温かいもてなしで、何かを頼んだ相手に重圧をかけるのだ。

メイクビリーブ氏はあまりに有名すぎ、階下のレストランでは落ち着いて食事ができないので、二人はエリカの泊まるスイートルームで昼食をとった。彼はロシアン・リバー・ヴァレーのワインと、アメリカではあまり知られていないポルトガルのクラッカーを注文した。明らかに、趣味の良さをひけらかしているのだ。エリカにとってはいら立たしいことだった。食事中は、もちろん、航空会社の経営方針についても話したが、話題はその他にもあちこちに飛んだ。中国人民元の通貨価値について、または風力エネルギーについて、ヨガやラクロスについても話した。本のことも話題になった。メイクビリーブ氏は、ロバート・ジョーダンのファンタジー・シリーズなど、英雄の出てくる小説が好きだという。特に、英雄が最後に死んでしまうような話が好きらしい。

これはビジネスランチなのだが、エリカは寝室の扉を開け放していた。そして、靴を脱ぎ、ストッキングだけになった脚をカーペットの上であちこちに動かしていた。彼女はメイクビリーブ氏に少し惹かれていたのだ。二人とも、話をしながらテーブルを指でコツコツ叩くなど落ち着かない。結局、その日、エリカはメイクビリーブ氏と寝た。何も、ハロルドとの結婚生活がうまくいっていなかったからではない。決して寂しさからの行動ではなかった。フォーブス誌の表紙を飾る男とセックスするというのは、彼女にとって心躍る出来事だった。そういう、生涯、記憶に残るような体験に魅力を感じたのである。

メイクビリーブ氏となら、彼女の心の奥に秘めた願望もかないそうな気がした。彼女には、若い頃から、マスコミの注目を浴びるカップルの一人になりたいという願望があったのだ。二人で能力を補い合って何か大きなことを成し遂げる、そういうカップルの一人になりたかった。ビジネス界のＦ・スコット・フィッツジェラルドとゼルダになるのが夢だった。

ランチミーティングは二時間ほど続いた。その後、いよいよメイクビリーブ氏は、エリカを真剣に口説きにかかった。「君は僕の一番のアドバイザーだよ」リビングに移動し、エリカのそばに立った彼はそう言った。二番目は、彼に三五年にわたって助言を与えてくれている神父だという。カトリック・チャリティーズ、ナイツ・オブ・コロンバス、ペイパル・ファウンデーションといった大規模なカトリックの活動に熱心に協力しているのはそのためということだ。これが彼のいつものパターンだった。結婚している女性を口説く時には、いつも自分のカトリック教会への帰依を語るのである。本人は自覚していなかったが、この点は必ず同じだった。

エリカは彼が何を考えているのか、直感ですべてわかった。一つ間違いなく言えることは、彼が絶対に目の前のチャンスを逃すような男ではないということだ。

心の痛み

それから何年も経った後には、たとえフォーブス誌の表紙で彼の顔を見かけても、エリカは平気で笑えるようになった。あの日のことを思い出しても心が痛むようなことはなくなったのだ。しかし、メイクビリーブ氏と寝た当日の夜の気持ちはそれとはまったく違っていた。

セックスそのものは大したことではなかった。本当に何でもない。単なる運動でしかなく、心に響くものもなかった。それなのに、彼が去ってから一時間くらいすると、不思議な感覚がエリカを襲ったのだ。心が中で崩れていくような感じである。そして痛い。夕食の時、人と話している時には、その痛みはまだ遠く、鈍いものだったが、徐々に鋭い痛みに変わった。スイートルームで一人になると、まるで刃物で刺したような痛みになった。彼女は身をよじるほどの痛みに耐えながらしばらく座っていたが、やがてそれが自己嫌悪による痛みなのだと気づいた。彼女は自分が恥ずかしく、嫌でたまらなくなっていたのだ。その夜は、まさしく最悪の夜だった。色々な思いが一斉に押し寄せてくる。午後の出来事だけではなく、過去の悪い出来事を次々に何の脈絡もなく思い出す。自責の念で心の中がいっぱいになって、何をどうすることもできない。

夜中になっても眠れない。頭はぼんやりしているのだが、眠ることができない。気づくとベッドの中で身悶えし、枕を叩いている。起き直ったり、またドスンと音を立てて仰向けになったり。あまりの苦しさに、いつの間にか大きなうめき声をあげてしまっている。ついには立ち上がって、部屋を歩き回り始めた。キッチンのミニバーへ行ってスコッチウィスキーの瓶を開ける。しかし、少しくらいお酒を飲んだところで何の慰めにもならなかった。彼女は人に責められることを恐れていたのではない。これがどういう結果につながろうと、何も怖いとは思わなかったのだ。それまで生きてきて、神の存在を感じたことはなかったし、神の裁きを受けるなどとは考えたこともなかった。自分のしたことが「罪」であるとさえ、思っていなかったのだ。罪になると思ったわけではなく、ただ心が痛んだのである。ほんの何時間か眠れば、翌日になれば、こんな痛みはなくなるのかもしれない。けだるい気分は残るのだろうけど、もうこれほど痛いとは感じないかもしれない。エリカはそう思った。それから数日間、感情の嵐は収まらなかった。トム・ウェイツの陰鬱な曲ばかりを聴き、飛行機の中で仕事をしようとしても集中できず、代わりにフォークナーの小説を読んだ。嵐は去っても傷はなかなか癒えず、少しのことにすぐにうろたえてしまう状態が何週間か続いた。完全に元のエリカに戻ることはもうなかった。彼女はもう二度と不倫はしないだろう。自分が不倫をする、そう考えただけで、ひどい嫌悪感に襲われてどうしようもなくなるからだ。

理性と欲望の葛藤?

昔ながらの言い方だと、エリカは一時の身勝手な欲望に負けた、ということになる。彼女が弱い人間だったばかりに、熱情に駆られ、結婚の日にハロルドと交わした誓いを破ったというわけだ。

こういう言い方をする背景には、人間の心に対する伝統的な理解がある。それは、人間の心の中には常に道徳をめぐる葛藤がある、という考え方だ。一方には身勝手で粗野な熱情がある。もう一方には、正しい見識と理性がある。理性は、論理に基づいてその時々の状況を評価し、適切な道徳原理を当てはめる。いくつかの事情が絡み合っていてもうまく解きほぐし、正しい行動は何かを判断する。理性には、意志の力を利用して、熱情を抑えるというはたらきもある。理性が意志を制御して、熱情を抑えることができた時、人間は他人から尊敬される行動を取ることができる。ナンシー・レーガンの麻薬撲滅キャンペーンのスローガンは「とにかくノー!(Just Say No!)」だったが、理性もそれと同じで、熱情に「とにかくノー」と言うのが仕事だ。もし、理性がはたらかなければ、人間は一時の身勝手な欲望にすぐに支配され、無軌道な行動を取ることになる。それが昔からの考え方である。

だとすれば、理性、つまり意識は善玉で、熱情、つまり本能や無意識は悪玉ということになる。理性は道徳を守り、本能は罪を犯すというわけだ。

しかし、エリカの心の痛みは、これではとても説明できない。確かに、エリカはメイクビリーブ氏との不倫の後、心の痛みに苦しんだのだが、別に彼女は一時の熱情に負けたことを悔いているわけではない。後から冷静になって考えてみたら、道徳に反していると悟った、というわけでもないのだ。彼女の場合は、むしろ不倫をしていた最中の方が冷静だったくらいである。その最中より、後になってからの方が、痛みのせいですっかり取り乱し、理性のはたらかない状態に陥っていた。理性を駆使して再検討してみたら、良くないことをしたとわかったのでうろたえた、ということではない。理性や意識とは関係なく、ただ、心が痛んだのだ。エリカ本人にとっても、この痛みは、不倫という行動そのものと同じくらい謎だった。

エリカは、ドラマなどによくあるように、理性と欲望の狭間で葛藤していたわけではない。それよりは、メイクビリーブ氏が目の前にいた昼間と、彼が去った後の夜とで、同じ出来事のとらえ方が変わった、という方が正確だろう。元あった感情が別の感情に置き換わり、そのせいで知覚に変化が生じたということである。

自分が二人いるような感じだ。二人はまったく違う人間である。一人は、不倫をどちらかと言えば楽しいことだと思う自分。もう一人は、それをひどく嫌悪する自分。エデンの園から追放されたアダムとイブのようでもあった。突然、目を開かれ、自分が裸だと気づいたような。何とも思っていなかったことを急に恥ずかしいと感じ出したのだ。違う人間に変わってしまうと、元の自分の行動が説明できなくなる。「あんなことをするなんて、何を考えていたんだろう」と思う。

メイクビリーブ氏との事件は、エリカの心に傷跡を残した。この傷跡は、再び同じような状況になった時に痛むのだ。その痛みのおかげで、彼女の行動は考えるまでもなく決まる。自分が不倫をするかもと考えるだけで、痛みと強い嫌悪感が襲ってくる。それに逆らってまで行動しようという気は起きない。猫は、一度火傷をしたストーブのそばには寄らなくなる。それと同じだ。この体験によって学習し、より道徳的に物を考えるようになったというわけではない。単に、同様の状況に対する反応が以前とは変わったということである。

エリカの体験からわかるのは、道徳に対する合理主義者たちの見解は正しくないということだ。人間が合理的、客観的な状況分析によって善悪を判断するということはむしろ少ない。善悪の判断は、心の深いところで無意識のうちに行なわれることが多いのだ。それは決して冷たい、理知的なものではなく、エリカの場合と同様、もっと熱く、感情的なものである。何かを見たり聞いたりすれば、それだけで心の中ではほぼ自動的に善悪の判断が下される。私たちが改めて意識的に考える必要はないのだ。自分でもなぜかは説明できないけれど、これは正しい、これは間違っているということがわかる。誰かが不正をはたらくのを見れば反射的に怒りを覚えるし、他人に優しくしている人を見れば、ひとりでに心が温かくなる。

バージニア大学のジョナサン・ハイトは、この種の瞬間的な善悪判断の実例を多数紹介している。たとえば、スーパーで鶏肉を買ってきて、その鶏肉に性器を挿入して快感を得ている男がいたとしたら、あなたはどう感じるだろうか。しかも、男がその鶏肉を調理して食べたとしたら。または、飼っていた犬が死んでしまったので、食べたという人がいたらどうだろう。もし、国旗でトイレ掃除をする人がいたら？　一緒に旅をしていた兄妹がコンドームをつけてセックスをしたとしたらどうか。しかも存分に楽しんだあとで、「もう二度としない」と誓ったとしたら。

どの例も、特に他人に迷惑をかけているわけではない。それでも、多くの人が、こうした話を聞くと反射的に嫌悪感を示す。ハイトは、そのことをいくつもの調査によって確かめた。また、調査の対象になった人のほとんどが、なぜこの話をそれほど不快に感じるのか、理由を説明できないということも確かめている。理由はわからないが、ただ不快なのだ。

もし、従来から言われているとおり、道徳的な判断が主として理性によるものなのだとしたら、冷静で理知的な人ほど道徳的な行動を取ると期待できるはずである。その点に関してもすでに調査が行なわれている。それでわかったのは、理知的な人だからといって、道徳的に行動するとは限らないということだ。二つの間にはほとんど相関関係は見られなかった。マイケル・ガザニガは著書『人間らしさとはなにか？——人間のユニークさを明かす科学の最前線』の中で次のように書いている。「合理的思考の能力と、行動の道徳性の間に相関関係を見つけることは難しい。合理的に考えられるからと言って、困っている他人を助けるなど、道徳的な行動が取れるわけではないのだ。ほぼどの研究でも、両者の間には一切、関係は見つかっていない」

合理的思考が人を道徳的行動に導くのなら、感情的でない人ほど道徳的ということになるだろう。しかし、極端に言えば、実はその反対が正しい。ジョナ・レーラーが言っているとおり、殺人やレイプについて書かれた文章を読むと、多くの人が無意識のうちに感情的な反応をする。たとえば、手のひらの発汗量が増え、血圧が上昇するなどの現象が見られるのだ。しかし、中には、そうした反応がまったく見られない人もいる。彼らは非常に理性的で道徳的な人間というわけではない。変質者である。他人の痛みに共感する能力を欠いているのだ。人が苦しんだり、死んだりする恐ろしい場面を見ても、心を動かされることがない。自分のほしいものを得るためならば、他人をどれほど苦しく、恐ろしい目に遭わせても平気である。それによって心の痛みや不快感を覚えることがないからだ。妻に暴力を振るう男性についての調査によれば、暴力を振るっている時、彼らの血圧や脈拍は低下することがわかっている。

合理的に考える能力が高いほど人間が道徳的になるのだとすれば、ほぼ、どのような状況でも、合理的な人間ほど、道徳的な判断をし、道徳的な行動をとるはずだ。彼らは、どのような場合でも、普遍的な道徳律に照らして判断をし、自らの行動を決めるはずである。しかし、調査をしてみると、そういう相関関係は一切、見られないとわかるのだ。

この一世紀の間に行なわれた様々な実験の結果を見ると、人間が特定の場面でどういう行動をとるか、普段の性格的傾向から予測することは難しいとわかる。同じ人間であっても、状況によって行動は大きく変わり得る。一九二〇年代、イェール大学の心理学者、ヒュー・ハーツホーンと、マーク・メイは、一万人の子供たちを対象に実験を行なっている。彼らを、嘘をつく、不正をする、盗みをするといった不道徳な行動を取りやすそうな状況に置き、反応を調べたのだ。すると、多くの子供たちが状況によって行動を大きく変化させることがわかった。ある状況で不道徳な行動をとったとしても、別の状況ではそうではないということが多かったのだ。対象となった子供たちの性格特性や、合理的思考能力も調べられたが、行動との間に相関関係はなかった。同様の実験は、もっと後の時代にも行なわれているが、やはり総じて結果は同じである。子供に限らない。家では嘘ばかりついている子が、学校では何でも正直に言うということが多々あった。仕事場ではいつも勇気ある行動を見せる人が、教会に行くとおどおどすることもある。晴れた日にとても親切にしてくれた人が、翌日曇ったら不機嫌になり、冷たい仕打ちをしてくることもある。人間の行動は、一部の研究者たちが言うような一貫性のあるものではなく、時々の状況に大きく左右される不安定なものなのだ。

道徳と無意識

道徳と、直感や感情、無意識などとの関係は、最近になってかなり見直されている。善悪の判断には、理性よりも無意識や感情が重要な役割を果たすとわかってきたのである。ある行動が道徳にかなうか否かは、論理的な思考を経て判断されることもないわけではないが、それ以上に、直感により反射的に判断されることが多い。むしろ、普通は論理的な思考の前に知覚の段階で判断が下されてしまっていると見るのが妥当、そういう考えが支持を集め始めている。この見方が正しいとするなら、昔から言われていた「理性と本能の葛藤」などはさほど重要ではないことになる。葛藤は、主として私たちが自覚していない無意識の中に存在すると見るべきである。

私たちは皆、生まれながらに、利己的な願望を持っている。誰もができる限り自分の地位を高めたいし、他人に比べて優れていると思われたい。他人に対して権力を振るいたい、刹那《せつな》的な欲望も満たしたい。そういう利己的な願望が私たちを行動へと駆り立てている。そして、願望は知覚を歪曲する。メイクビリーブ氏は、はじめからエリカを利用してやろうと意図していたわけではないし、結婚生活を壊してやろうと思っていたわけでもない。だが、彼が無意識のうちにせよ、エリカを自分より下の存在と見ていたということは言える。自分と同じ人間というより、物に近い存在と見ていた。だから、目的のために利用することが簡単にできたのだ。同様に、連続殺人を犯すような人間は、他人を自分と同等の人間と見ていないことが多い。平気で殺してしまえるのはそのためだ。無意識によって知覚が歪められ、人間が人間に見えなくなっているのである。

フランス人ジャーナリスト、ジャン・アツフェルトは、著書『マチェーテの季節（*Machete Season*）』の取材のため、ルワンダ虐殺の関係者にインタビューした。彼らは皆、熱狂的な民族意識にとらえられていた。そのせいで、隣人のことを素直な目で見られなくなっていたのだ。近所に住むツチ族の人間を殺害したという男性は、アツフェルトに対し、次のように話した。「私は急いで彼を殺した。その時は何も考えなかったな。あの丘の上で、すぐ近所に暮らしていたし、とても親しかったけど。でも、そんなのは全部、後から考えたことだ。ああ、隣人の命を奪ってしまった、なんてことは後から思ったことなんだよ。殺すときは、以前と同じようには見てないからね。もう親しい人間だとは思わない。全然知らないアカの他人と同じさ。こっちも向こうも普通じゃなくなっているから。毎日、顔を合わせていたんだよ。見た目だって、私や私の周りの人たちと何にも変わらない。なのに、あの時は、長いことそばで暮らした人間だなんて思い出しもしない」

無意識の願望、衝動にとっては、意識的な知覚は「おもちゃ」のようなものである。自在に操ることができる。好きなように知覚を歪め、願望や衝動による行動を、さも正当なもののように見せかけることもできる。本当は自分自身の冷酷さや怠惰が原因であるにもかかわらず、周囲の環境のせいにしたり、誰か他人のせいにしたりするのだ。無意識によって知覚が歪められると、必然的に思考まで歪められることになる。

ただし、無意識の願望のすべてが利己的というわけではない。人間という動物には、どうしても周囲の他人との協調が必要である。協調に失敗した者が子孫を残せる可能性は低い。つまり、現在の私たちは、おそらく協調に成功した人間の子孫であるはずだ。家族などの集団の中で、他人とうまくつき合って生き延びた者の末裔《まつえい》ということである。

人間の他にも、同じような「社会性」を持つ動物や昆虫はいる。よく調べてみると、仲間のために利他的な行動を取る能力を備えた生物は意外にいるのだ。たとえば、一九五〇年代のラットを使った実験の結果を見てもそれは明らかである。その実験ではまず、ラットがレバーを押すと毎回ではないが時々、餌が与えられる、という仕掛けを用意した。ラットはしばらくすると、この仕掛けの使い方を学習し、積極的にレバーを押して餌を獲得しようとし始める。ただ問題は、このレバーを押すと、隣の部屋にいるラットに電気ショックが与えられる場合があるということだ。実験を続けていると、ラットはいずれかの時点でそれに気づいて行動を変える。できる限り仲間が苦しまずにすむよう、食習慣を変えるのだ。餓死するわけにはいかないのでレバーは押すのだが、その頻度を減らす。自分の餌の量が減ってしまっても仲間のためにそうするのである。仲間への同じような感情移入はもちろん霊長類にも見られる。フランス・ドゥ・ヴァールなど、それを重点的に調べている研究者もいる。たとえばチンパンジーは、互いのことを慰めたり、元気づけたりする。怪我した仲間の看護もする。何か一つのものを分かち合うのを楽しんでいるように見えることもある。これだけで動物にも道徳はあるとまでは言えないが、道徳が生まれる心理的基盤のようなものが存在するのは確かだ。

人間には、他者と結びつき、協調し合っていくことに役立つ感情がいくつか備わっている。社会規範に反する行動を取ってしまった時、恥ずかしいと思う感情などはその一つだ。尊厳を無視するようなことをされると、反射的に怒りを覚えるというのもそうだろう。そばにいる人があくびをするのを見ると、自分もあくびをしてしまうというのもそうだ。他人のあくびに早く反応する人ほど、他のもっと複雑な行動においても他人と協調する度合いが高いという傾向はあるようだ。

　他者との自然な共感に関しては、アダム・スミスが著書『道徳感情論』の中で見事に言い表している。それは、後の「ミラーニューロン」の発見を前もって予期していたかのような文章でもある。アダム・スミスはこんなふうに書いている。「私たちは、誰か他人が脚なり腕なりを殴られそうな時、思わず自分の脚や腕を縮めて避けようとしてしまう。殴られてしまったのを見た時は、何となく自分も殴られたように感じ、本人ほどはないが、やはり痛みも覚える」彼はその他、人間は周囲の人たちに尊敬、尊重されたいという欲求も持っていると言っている。「自然が人間を社会的な存在として作った時から、私たちは生まれながらに同胞を喜ばせたいという欲求を持つようになり、同胞を不快にさせることを嫌悪するようになった。同胞から好ましいとみなされることを喜び、好ましくないとみなされることを悲しむ。そんな気持ちを自然が与えたのだ」

　人間が遠い過去から持っていたそういう社会的な感情が道徳の基礎になったのだろう。イェール大学教授のポール・ブルームは、乳児を被験者にした実験を行なっている。この実験では、幾何学的図形が人間のような動きをするアニメーションを乳児に見せた。アニメーションでは、赤い円が丘を登ろうとする。その赤い円を、黄色の四角形が助けようとし、緑の三角形は邪魔しようとする。乳児は、早ければ生後六カ月で、三角形ではなく四角形に対して好意を持っているとわかる態度を見せたという。また、時には、別の図形が現れて、四角形や三角形を罰したり、報酬を与えたりするシーンを盛り込んだバージョンを見せることもあった。この場合、生後八カ月の乳児は、円を邪魔した三角形に報酬を与えた図形より、罰した図形の方に好意を示した。ブルームはこの結果について「人間は、誕生後ごく早い段階ですでに原始的な正義感を有しているようだ」と言っている。

もし、この見解が正しいとすると、私たちは子供たちに正義とは何かを白紙から教えなくてよいことになる。話をし始める頃には、すでに正義に反する行動には敵意を示すようになるからだ。集団のために自らを犠牲にする人を称賛すべき、ということは教える前から知っている。そして、友人を裏切る人間、家族や集団に害を与える人間は軽蔑すべき、ということもはじめから知っている。規則の中に道徳に関係するものとそうでないものがあることも、特に教える必要はない。「人を殴るな」という規則は前者だし、「学校でガムを噛んではいけない」という規則は後者だが、子供は教えなくても両者を区別できる。どういう仲間を好ましいと考えるべきか、またどう行動すれば仲間から好まれるかを、私たちはよく知っている。社会に害を与えるような人間は否定すべきだし、逆に社会を良くすることに貢献する人間は称賛すべきだ。戦いの最中に敵の前から逃亡するような人間が称賛される社会は、この地球上には一つも存在しないはずである。

親や先生による教育が道徳の理解に役立っていることは確かである。しかし、ジェームズ・Q・ウィルソンが著書『道徳感（*The Moral Sense*）』に書いているとおり、その教育は、すでにほぼわかっていることを補強するだけだ。言語を学ぶ準備が整い、父親、母親への愛着を表現できるようになる頃には、もう、一通りの道徳的偏見を持っている状態である。あとからそれを改善、微調整したり、発展させたりということはできても、奪い取ってしまうことはできない。

大義に従う者を尊敬し、配偶者を裏切る者を軽蔑する。そういう判断は瞬間的で、感情的である。感情が瞬時に微妙な評価をしているのだ。子供を失った悲しみに打ちひしがれている人を見れば、反射的に同情と憐れみの念が湧くだろう。一方、同じように悲しみに打ちひしがれていても、高級車が壊れたことが原因ならば、軽蔑の感情しか湧かないかもしれない。こういう感情が、道徳的判断に結びつくことになる。

この本ですでに書いてきたとおり、知覚というのは、複雑で複合的な作業である。ただ、周囲の環境からありのままの情報を取り入れるということではない。情報を取り入れる際には、個々の意味を解釈し、重要度を判断し、適切な感情を付随させる、という作業が同時に行なわれる。道徳的な判断もこの時に下されるわけだ。近年では、この道徳的判断は、美醜の判断、快、不快の判断に似たものだと考える研究者が増えている。判断時にはたらく脳の部位がかなり共通しているというのだ。

食べ物を口の中に入れた時には、即座にそれが美味《おい》しいかまずいかはわかる。考えて判断する必要はなく、理由も何もない。ただ、わかるのだ。山に登って風景を見れば、即座に美しいとわかるだろう。これも考える必要はない。ただわかる。道徳的判断はある意味でこれに似ている。道徳的に正しいかどうかは考えなくても見た瞬間にわかるのだ。オランダ、マックス・プランク心理言語学研究所では、ある文章が読まれるのを聞いてから、その内容を評価する感情が生じるまでの間の時間を計測する実験を行なった。それによると、安楽死など判断の難しい問題について書かれた文章であっても、読まれるのを聞いてから評価する感情が生じるまでの時間は二〇〇ミリ秒から二五〇ミリ秒と極めて短かったという。それが嫌悪すべきことなのか、恥じて赤面すべきことなのか意識して考える必要はない。判断はひとりでに下される。

もし、いちいち意識して考えなければ道徳的判断が一切できないのだとしたら、人間の社会はひどい場所になってしまうだろう。理性による判断には時間がかかるからだ。とても次々に起きる出来事に対処し切れないだろう。トマス・ジェファーソンは何世紀も前にすでにそのことを知っていたようで、次のような言葉を残している。

道徳律が仮に科学に類するものだったとしたら、私たちの創造主はあまりに不手際であると言わざるを得ない。科学者になれる人間は、ごくわずかである。一人科学者がいれば、その周りには科学者でない人間が何千人といる。科学者でない人間たちはどうなってしまうのか。人間は、社会に生きるべく生まれついている。人間の道徳も、その目的に適うように作られているのだ。人間には、考えずとも事の善悪を感じ取る力が与えられている。社会に生きるという目的に照らせばそれが正しいか間違っているかは即座にわかる。この感覚は自然の一部である。聴覚や視覚、触覚などと同じだ。それが道徳の真の基礎を成している。

人間を他の動物と分けるのは、理性だけではない。理性とともに感情も高度な進化を遂げている。特に、社会的感情、道徳的感情と呼ぶべきものは、素晴らしい力を発揮する。

生まれつきの道徳心

人間には、他人に共感する能力がある。状況を問わず、私たちが他人と協調しようとする、協力し合おうとするのは、基本的にはこの能力があるためだと考える研究者もいる。しかし、どうやらそれだけではないようだ。人間には共感以外にも、生まれながらにいくつか道徳の基礎となる感情が備わっているらしい。そうした感情は、個々に明確に役割が決まっており、いずれもある特定の状況でのみ喚起される。

ジョナサン・ハイト、ジェシー・グレアム、クレイグ・ジョセフは、この基本的な感情について、舌の味蕾《みらい》にたとえて説明している。味蕾とは、味覚の受容器である。甘味、塩味、苦味、酸味など、味の種類ごとに対応する味蕾が異なっている。道徳の基礎となる感情も、同じように専門化しているというのだ。状況ごとに対応する感情が異なっているということである。ただし、文化ごとに料理が違い、味に対する解釈が違うのと同様、何を美徳とし、悪徳とするか、その解釈も文化ごとに違っている。同じ文化に属する人は、ほぼ同じ解釈を共有することになる。

道徳の基礎となる感情に具体的にどういうものがあり、互いにどう関係し合っているかということについては、研究者によって意見が分かれている。前述のジョナサン・ハイト、ジェシー・グレアムと、ブライアン・ノセックは、この感情を五つに分類している。一つは、「公平性／相互関係」に関わるもの。人の取り扱いの公平さに関わる感情ということだ。もう一つは、「被害／配慮」に関わるもの。他人が苦しんでいる様子を見た時に湧く感情などはこれに当てはまる。「権力／尊敬」に関わる感情もある。人間の社会には、階層構造が存在する。個々の人が他人からどの程度尊敬されるべきかが決まっているということだ。それで、誰か（自分自身も含む）に適切な敬意が払われていないのを見ると、憤りを覚えるのだ。「権力／尊敬」に関わる感情とは、たとえばそういうものを指す。「無垢《むく》／汚れ」に関する感情もある。これは元々、有害で危険な食べ物から身を守るために発達した感情ではないかと考えられている。汚染された食べ物に対する強い嫌悪の感情である。強い嫌悪感を持てば、危険な食べ物を口にせずにすむ。その感情が進化して、道徳的な「汚れ」にも嫌悪感を抱き、「汚れた」人から遠ざかるようになったというわけだ。ペンシルベニア大学の学生を対象にした調査で、「もしヒトラーの着ていたセーターを自分が着ることになったら、どんな気分になると思いますか」という質問がなされたことがある。その質問に対しては、「『汚らわしい』と思う」という類の答えが多く見られた。ヒトラーの持っていた悪徳がウイルスのようにセーターについていて、着ると感染してしまう、そんなふうに感じるようだった。

もう一つは「集団への帰属／忠誠」に関する感情だ。この感情は場合によっては問題を引き起こすこともある。人間は自らを、いずれかの集団に帰属する存在と考える傾向がある。集団への帰属意識は、その構成員への忠誠にもつながる。他の構成員から忠誠心を認めてもらうには、一定の基準を満たし、規範を守らなくてはならない。基準や規範は明文化されておらず、極めて曖昧であることが多いが、それでも基準を満たさないもの、規範を破った者に対しては、嫌悪の感情が向けられることになる。人間は、自らと同じ集団に属する者と、そうでないものを一七〇ミリ秒ほどで見分けられるという。調査の結果、同じ集団の人を見た場合と、違う集団の人を見た場合とで、脳の前帯状皮質の活動パターンに違いがあることがわかっている。たとえば、同じように痛みに苦しんでいる人を見たとしても、それが自分と同じ民族の人間の場合は、そうでない場合より、前帯状皮質が活発にはたらくのだ。その傾向は、白人でも、中国人でも同じであることが確認されている。

衝動の競技場

無意識の世界は、多数の衝動が支配権をめぐって戦う競技場のようになっている、と考える人もいる。利己的な衝動や、社会的な衝動、道徳的な衝動などが他の衝動と絶えず戦っているというわけだ。社会的な衝動は、多くの場合、反社会的な衝動と戦うことになる。他人を守り、慈しみたいという衝動が、勇気や強さを追い求める衝動と戦うこともあるだろう。勇気をもって大胆に行動したいという衝動が、謙虚でありたい、ありのままを受け入れたいという衝動と戦うこともあり得る。他人と協調したいという衝動が、競争したいという衝動と戦うこともある。こうした戦いは、決して論理に基づくものではなく、整合性、一貫性などは見られない。たとえ同じような状況に出会ったとしても、いつも同じ衝動が勝利を収めるとは限らないのだ。

これは、生きていく上で直面するジレンマの解決策は一つではないということである。同じようなジレンマに直面したとしても、場合によって違った解決をすることがあり得る。啓蒙思想の全盛期、哲学者たちは、道徳を論理に基づいて体系づけようとした。パズルのようにピースを組み合わせていけば全体ができあがると考えたのだ。しかし、実際にはそうはいかなかった。人間はそれほど単純ではなかったのである。矛盾し合う要素が多数混在していて、解きほぐすことなどとてもできない。人間の脳は、調和のとれた完全な世界ではなく、混乱した、不完全な世界に適応している。一人の人間の中にも、複数の道徳的自己が併存している。どの自己がどういう状況で表に出るかはわからないのだ。私たちは皆、中に群集を抱えて生きていると言ってもいい。

人間が「できる限り道徳的でありたい」という強い衝動を持っていることは確かである。ただ、同時に、自分の行動が道徳にもとる恐れがある場合、それを正当化しようとする衝動も強い。つまり、多くの人間が幼い頃から道徳心を持っているからといって、いつも道徳的に行動するとは限らないということだ。私たちが生来持っている道徳心にとって重要なのは、自分、あるいは他人の行動が称賛できるものか否か、である。良いと思えるかどうかが大事で、実際にどういう行動を取ったかはさほど大事ではない。道徳的に行動したいのではなく、道徳的だと他人から思われたい、自分もそう思いたい、という願望が極めて強いのだ。その願望に取り憑かれていると言っても言い過ぎではないかもしれない。

道徳の教育

道徳が理性によって生まれていると信じる人たちは、哲学的思索が重要だと考える。深く思索すればするほど、人間は道徳的になれるというわけだ。しかし、道徳は直感的、感情的なものと考える人たちは、思索よりも人間どうしの交流を重視する。人間が一人で道徳的になるのは難しい。基本的な道徳心は生まれながらに持っているとはいっても、それだけで道徳的に生きることはまず不可能である。そこで私たちの祖先は、何百年、何千年もの間に、道徳心を向上させるのに役立つ社会習慣を多数生み出してきた。

まず、一般に礼儀作法、エチケットなどと呼ばれるものがそれにあたるだろう。礼儀作法は、世界中のあらゆる文化に存在し、日常生活を律している。たとえば、西洋の社会には、「エレベーターを降りるときは女性が先」、「フォークは左側に置く」といった作法がある。どれも一つ一つは些細なこと、どうでもいいことのように見えるが、作法を守ろうとすれば、自然に自分の行動の細かいところにまで気を配ることになる。絶えず気を配っていれば、そうでない人とは脳内のネットワークの構造が違ってくるだろう。

他人との会話も、道徳心の向上に役立つ。ほんの短い世間話であっても、私たちは、相手が道徳的に振る舞っていると感じれば温かく接するし、そうでない場合は冷たくする。その場にいない人の噂話をすることもある。その時に耳にしたちょっとした言葉がすべて、自分は今後どう振る舞うべきかの指標になるのだ。どういう行動が称賛され、どういう行動が非難されるかが少しずつでもわかるからだ。その両方が、私たちと周囲の人たちとの結びつきを強める役割を果たす。皆が同一の基準を念頭に置きながら行動するようになるからだ。

組織や団体の定める規則というのもある。私たちは生きている間に、いくつもの組織や集団に属することになる。通常、最初は家族、次が学校だろう。その後は、会社や役所などに入る人が多い。そのいずれにも一定のルールがあり、構成員にはどういう義務があるか、どういう行動が求められるか、などが決められている。外から与えられるそのルールが、行動をする上での足場となり、長い間に、心の中に深く浸透していく。報道機関であれば、取材する対象との間に、心理的に常に一定の距離をあけるということが求められる。科学者ならば、研究成果を他の研究者との間で共有することが義務となる。属する組織や集団のルールを深く理解するほど、自分の立場が確固たるものになっていく。

組織や団体の多くは、私たちが生まれる前から存在し、私たちが死んでからも存在し続ける。そこには、何世代もの人たちの考えたことが蓄積されていくことになる。人間という生物の特性は、おそらく未来永劫《えいごう》変わることはないが、組織は時代とともに改善、進歩していける。蓄積される優れた知恵の量は徐々に増えていくからである。そうして組織が進歩すれば、その結果として人類全体も進歩することになるだろう。

組織に属する人間は、自分の前に同じ組織に属し、知恵を蓄積してきた人間たちに深い敬意を払うべきである。知恵は一時的に自分の手の中にあるが、いずれ、新たな知恵を加えて後の人間に引き渡すことになる。政治理論学者、ヒュー・ヘクロは、次のように言う。「組織に属し、知恵を未来に引き渡す人間は、いわば先人たちから知恵を借りている債務者のようなものである。未来に知恵を貸し出す債権者の部分もあるが、圧倒的に債務の方が多い」

人間と組織との結びつきは非常に強い。それは、スポーツ選手にとっての競技、農民にとっての土地のようなものである。人間に強く結びつき、その心に大きな影響を与える。たとえ良い影響よりも悪い影響の方が多くなったとしても、その関係を解消することは容易ではないだろう。人間がどこにも帰属せずに長く生きることは非常に難しい。どの組織に属するかで、その人の「人となり」がかなりの程度、決まってしまう。

元メジャーリーガーのライン・サンドバーグは、二〇〇五年、野球殿堂入りを果たした。その際の彼のスピーチは、人間と組織との結びつきの強さがよくわかるものだった。彼はこんなふうに話した。「私はグラウンドに出る度、畏怖《いふ》を感じていました。尊敬の念と言ってもいいでしょう。私は教わりました。決して、対戦相手やチームメート、監督への尊敬、ユニフォームに対する敬意を忘れてはならないということを。いつも変わることなく素晴らしいプレーをしなくてはならないということを。チャンスには必ずヒットを打つ気構えを持つ。そして、三塁に到達できたら、コーチの指示に従っていつでも本塁に突入できるようにする。そういう姿勢を持てと教わってきたのです」

サンドバーグは、自分より前に殿堂入りした選手たちにも言及した。「ここにいる先人たちが私に教えてくれるのは、決していつもホームランを狙うようなバッティングをしてはならない、ということです。着実にランナーを三塁まで進めていく、そういう野球を忘れてはいけません。忘れてしまうのは、彼らに対する大変な無礼と言うべきでしょう。そして、私たちが子供の頃からプレーしてきた野球という競技に対しても無礼ということになります」

「尊敬、とにかく大事なのはそれです。確かに今回のことは大変な名誉です。これで、私のしてきたことが認められたと言ってくれる人も大勢います。でも、私は認められるために努力してきたわけではありません。真摯にプレーしてきたのは、トンネルの先に褒美が待っていると思ったからではないのです。ただ、そうすべきだからした、それだけです。そう仕向けたのは尊敬の念です……認められたのだとしたら、それは私に野球を教えてくれた人たちでしょう……彼らもすべきことをし、私もすべきことをした、それがすべてです」

個人の責任

道徳を直感的なものととらえる人たち、道徳的判断は主として無意識で行なわれると考える人たちも、決して「だから自分の意志ではどうしようもない」と言っているわけではない。無意識は強力で、中で起きていることは複雑すぎてよくわからないが、それでも、意識や理性が道徳に介入する余地は多く残されている。つまり、たとえ基本的には無意識のものであっても、やはり本人が個人的に責任を負うべきものということだ。

ただし、この「責任」は、道徳を専ら理性的なものととらえた場合の責任とは違ってくる。道徳は論理や意志に強く依存するもの、と考えた場合とは、責任の意味が変わるのだ。この責任がどういうものなのかは、比喩を使って説明するとわかりやすいかもしれない。まず、道徳を筋肉にたとえてみたらどうだろう。私たちは皆、筋肉を持って生まれてくる。毎日、ジムに通えば鍛えることができる。同様に、私たちは生まれつき「道徳の筋肉」も持っているのだ。良い行動習慣を常に守っていれば、その筋肉も鍛えることができる。

あるいは、カメラにたとえてみたらどうか。ハーバード大学のジョシュア・グリーンも言っているとおり、私たちの道徳心は、元来、撮影モード（ポートレート、スポーツ、風景など）を選べば、あとはシャッタースピードの設定やピント合わせをすべて自動でやってくれるカメラのようなものである。もちろん、自動であれば、時間もかからず効率的だ。しかし、あまり融通が利くとは言えない。そのため、多くのカメラにはマニュアルモードが用意されている。マニュアルモードでは、シャッタースピードの設定もピント合わせも、その都度自分でしなくてはならない。マニュアルモードだと時間はかかる。だが、その代わり自動ではできないことができる。同じことは道徳心にも当てはまるとグリーンは言う。道徳心は普段、自動ではたらくのだが、特に重要な場面ではやはり「マニュアルモード」に切り替えることができる。意識的な道徳判断を無意識の判断に優先させることができるのだ。その方が遅くはなるが、より状況に応じた柔軟な判断が可能になる。

また、道徳心の場合は、自動モードも生まれた時のままずっと変わらないというわけではない。私たちが自分の意志で機能を強化することもできるのだ。たとえば、適切な環境に身を置くことで、機能強化を図るということもできるだろう。たとえ同じ状況に直面したとしても、軍隊や教会で長く時間を過ごしている人と、ナイトクラブなどあまり風紀の良くない場所で長く過ごしている人とでは、行動が違うはずである。

日頃から小さな奉仕活動を積み重ねていれば、何か大きな事故や災害などが起きた時にも素早く対応し、皆の役に立つ行動ができるようになるだろう。心構えが変わるからだ。自分を犠牲にしてでも人のためになるというのが基本姿勢になっていれば、改めて考えなくてもひとりでに身体が動くに違いない。

私たちは自分の「人生の物語」を選ぶこともできる。文化も国も、言語も、自分では選べない。遺伝子も、脳内の化学物質のはたらきも、自分で制御することはできない。たまたま生まれた社会が、自分にとっては嫌悪の対象にしかならないということもあり得る。どうしても選べないものばかりと言ってもいいかもしれない。それでも、人生の物語を選ぶことはできるのだ。自分の人生をどういう物語にしていくのか、ストーリーの基本的な部分は自らの意志で決められる。たとえ同じ状況に置かれたとしても、その感じ方、とらえ方は選んだ物語によって変わるだろう。

私たちは、他人の人間性を否定するような物語も語れる。また、他人の視野を広げるような物語を語ることもできる。第二次世界大戦中のポーランドに、レニー・リンデンベルクというユダヤ人の少女がいた。ある時、村人たちがレニーを捕まえ、井戸に投げ込もうとした。だが、その様子を偶然見かけた農家の女性が彼らのそばまで来てこう言った。「あら、この子は犬じゃないでしょう」その言葉を聞いた村人たちは投げ込むのをやめ、レニーの命は救われた。この女性は何も、同じ人間なのにユダヤ人だからといって殺してしまうことは道徳的に正しいのかという議論を持ちかけたわけではない。ただ、彼女の一言で、村人たちのレニーを見る目が変わったのだ。

何もかもを他人の陰謀や裏切りのせいにして、自分を罪から逃れさせるような物語も語れる。また、最悪の状況ですら自分の心の成長の糧にしてしまうような物語を語ることもできるのだ。ナチスの強制収容所に入れられ、間もなく、ほぼ間違いなく死んでしまう、そういう状況で、オーストリアの心理学者、ヴィクトール・E・フランクルは、一人の女性がこんなことを言うのを聞いた。「本当に辛い運命ですけど、私は感謝しているんです。これまでの私は、あまりに恵まれすぎていて、自分の心の未熟さに真剣に向き合ったことがありませんでした」彼女は、収容所の窓から見える木のことを話した。その木の枝が自分に話しかけてきたのだという。「私はここにいる――私はここにいる――私は命、永遠の命」と。普通に考えれば、何も良いところのない、ただ悲惨な状況である。他人に打ちのめされ、敗残者として死んでいくしかない。しかし、この物語によって、彼女は精神的な勝利を得ることができた。同じ状況に置かれれば、もっと他の物語を選ぶ人が多いはずである。

ジョナサン・ハイトも言っているとおり、無意識の感情は確かに強い力を持っているが、決して専制君主ではない。理性に無意識と同じことができるわけではないが、無意識に影響を与えることはできる。その影響は小さいとはいえ、積み重なれば大きな影響になり得る。それに、自分でも知らないうちに持ってしまう感情についてはどうしようもないが、その感情のままに行動をしないということはできる。そういう自由は与えられているのだ。感情は反射的に道徳的判断を下すのだが、その判断に従わないということはできる。判断に完全に逆らうような行動を取ることも可能だ。人間には、生来、道徳的に正しいことをしたいという願望があるので、無意識に任せておいて大丈夫と考える楽観的な人もいる。その一方で、「無意識の中では、道徳的感情と利己的な欲望とが常に戦っており、どちらが勝つかはわからない」という悲観的な考え方もある。後者が正しかったとしても、道徳的に間違った行動を促す感情に理性で抵抗することはできるのだ。

それに、絶えず理性により検証をしていれば、無意識の感情がより良いものになっていくということはある。反射的により優れた判断を下せるようになっていくということだ。政治学者ジーン・ベスキー・エルシュテインは、幼い頃、日曜学校で歌った賛美歌をよく思い出すという。それは「主は子供たちを愛しています／世界中の子供たちを／肌の色が黄色でも黒でも白でも同じように／主にとってはみんなが大事な子供たち／主は世界中の子供たちを愛しています」という歌だ。この歌は、シカゴ大学で研究活動をしている現在のエルシュテインの理論ほど洗練されたものではない。だが、早いうちから一つの人間観を心に植えつける力を持っている。繰り返し歌っていれば、無意識の感情に大きく影響するだろう。

針路の修正

エリカの家族は決して完璧なものではなかった。彼女の母親は心の病を抱えていたし、親戚にもいらいらさせられることが多かった。しかし、それでも、家族や国、仕事などを尊ぶ気持ちをエリカの心に刻み込んだのは彼らである。刻み込まれた観念は、エリカの価値判断に大きく影響を与えることになった。

ただ年齢を重ねるにつれ、エリカの心は変化した。良い意味でも悪い意味でも、以前とは物の見方が変わっていったのである。その変化は、服装や話し方など、表面的なことにも表れたし、もっと広い「生き方」にも表れた。

人に尋ねられたとしたら、以前からの価値観もまだ大切にしている、と彼女は答えただろう。だが、実際は、古い価値観は前ほどの影響を保てなくなっていたのだ。彼女の選んだ物語が、長い時間をかけ、家族、親戚が植えつけた観念の力を弱めた、ということかもしれない。

メイクビリーブ氏とホテルでベッドをともにした時のエリカは、すでに若い頃とはまったく違う人間になっていた。自分でも気づかないうちにそうなっていたのだ。この行動は、利己的な欲望に道徳的な感情が負けたというような単純な話ではない。一度の意思決定、道徳的判断だけで取った行動ではなかったのだ。むしろ、彼女の心に長年の間に起きた変化の一つの到達点と言うべきものだ。意識の上では、以前の価値観を捨てたわけではなかった。価値観が変わったのかときかれれば、むきになって否定したはずだ。ただ、無意識の世界の中で、古い価値観の力が弱まり、支配権をめぐる戦いに勝てないことが増えていたのである。見方によっては、エリカは以前よりも浅薄な人間になったとも言えた。彼女が本来持っていた深い人間性から切り離されてしまったようでもあった。

ホテルでの一件から何週間かが経ち、エリカが思ったのは、人間は時に自分でも信じられないような行動を取ってしまうということだった。とても自分とは思えず、まるで見知らぬ他人のような行動を取ってしまうことがある。だから、いつも警戒していなくてはならない。常にどこかで自分を客観的に見られるようにしておかないと危険だと思った。

エリカは今の自分が、針路を外れて漂流している船のように思えた。外れた針路は戻さなくてはならない。そして、針路を戻したら、何かの拍子にうっかりまた漂流しないよう、つなぎとめるものが必要だ。そうして、真理や道徳から遠く隔たってしまうのを防ぐのだ。彼女は自分の人生を変える必要があった。教会に通うことや地域活動に参加することも、そのための良い方法かもしれない。人間性の向上につながるような大きな目標を持つのもいいだろう。だが、彼女にとって何より大事だったのは、結婚生活の改善だった。結婚生活を今より幸福なものにすれば、きっと行動はもっと道徳的に正しいものになるはずだ。

彼女は自分のことを、ホレイショ・アルジャーの小説の登場人物のように見ているところがあった。アルジャーの小説には、貧しい環境から這い上がって大成功を収める人物が多く出てくるが、それがまさに彼女の自分に対するイメージだった。だが、成功を追い求める旅の中で、エリカはどこか人間性が破壊されたようになってしまっていた。今こそ自分を取り戻す時なのだろう。外れた針路を元に戻し、より良い港に辿りつけるように。

自分が漂流している船のようだと気づいたら、自分自身について、今まで見えなかったことが見えるようになった。心の奥に抱いている理想と、実際の行動とが食い違っていることにも気づいた。成熟を促されたとも言える。この場合の「成熟」とは、自分の心の中にいる色々な自分、心の色々なはたらきについてより深く理解するようになったということである。川を知り尽くした熟練の川下りのガイドのように、急流にも慌てることがなくなった。何度も同じところを通ってよくわかっているため、慌てる必要がないのだ。

　エリカは、自分がハロルドをまだ愛していることに気づいた。彼という人間に対する考えは、少し以前とは大きく変わった。以前の考え方は、今のエリカにとってはもはや信じがたいものになったのだ。ハロルドは、決してメイクビリーブ氏のような世界を動かす力を持った人間ではない。しかし、彼には謙虚さや探究心など、長所がたくさんある。興味を持ったことについては、とことんまで追求する。その情熱は、人間にとって最も重要な「人生の意味」の追求にも向けられていた。そういう人と共に生きていけることは幸福だろう。ハロルドは彼女のものだ。長年暮らす間に、二人は強く結びついていた。二人の関係は、必ずしも刺激的で心躍るものではなかったかもしれない。しかし、彼とともに生きること、それが彼女の人生だった。心に強い痛みを感じた理由はそこにあった。二人の関係を正しく理解していれば、もうメイクビリーブ氏に象徴されるような「おとぎの世界」に逃避することはないだろう。

19章　リーダー——選挙の心理学

リチャード・グレースは、選挙戦が本格的に始まる前に、すでに楽屋裏で大統領の風格を漂わせていた。そういう人間はなかなかいるものではない。エリカのところに、彼の選挙スタッフに加わってほしいという電話があったのは、まだ党の候補者指名を争っている時期のことだった。電話は数週間にわたり、毎日のように繰り返しかかってきた。ビジネス経験の豊富なマイノリティの女性を探しているという。条件に当てはまる人がいれば、選挙運動の指導的地位に就いてほしいというのだ。エリカはちょうど条件に当てはまっていた。電話をかけてきたのは、なんとリチャード・グレース本人だった。一回の電話は四五秒ほどで終わってしまうが、その間、やたらにお世辞をふりまいたり、必死に懇願したりした。態度はやけになれなれしい。そしてあきらめない。「どうです？　もう決心はつきましたかね」毎回そう言う。気づくとエリカは、ある高校の教室にいた。その高校の体育館で、支持を訴える集会があるという。エリカがハロルドとともに教室に入った時、すでに体育館は人でいっぱいだった。二人はそこでグレースに会うことになっていた。その後、集会を見せてもらってから、次のイベントへと向かうバンの中で詳しい話を聞く。

教室の中には三〇人ほどの人がいて、皆、落ち着かない様子でうろうろと歩いている。クッキーやコーラが置かれてはいたが、誰も手をつけようとはしない。突然、早足で誰かが近づいてくる音がした。勢いよく入ってきたのはグレースだった。彼の周りだけ何となく光が当たっているように見える。テレビでは見慣れた顔だが、初めて直接会って、エリカは不思議な感覚にとらわれた。生身の人間を見ているというより、異常に画質の高いテレビを見ているようなのである。

リチャード・グレースは、「こんな人が大統領だったら」と国中が夢に見るような姿をしていた。長身、板のように平らな腹部、まぶしいほどに白いシャツ、完璧な折り目をつけられたスラックス。伝統的に重要とされる髪の量も申し分ない。そして何より、そのグレゴリー・ペックのような顔立ち。後ろには、素行が良くないので有名な娘もいる。美しいのだが、行動は褒められたものではない。多忙な両親にずっと放任されていたためかもしれない。さらに後ろには、側近たちが付き従っている。彼らも、きっとグレースのようになりたいだろうし、グレースと同様に大統領になりたいという野心を密かに持っているに違いない。しかし、悲しいかな、彼らの外見はグレースとあまりに違う。腹が出て、髪も薄くなり、姿勢も悪い。大統領のそばにいて、時々、何かを耳打ちする戦術家になる運命である。グレースは、アフロディーテに愛された美少年アドニスのようだが、それに比べると醜いと言わざるを得ないのだ。遺伝子がほんの少し違っていたばかりに、側近たちが一生、雑務に追われるのに対し、グレースは一生、こまごました仕事を免れることができる。

グレースは教室に入ると、その全体をざっと見回した。そして、直前までそこで保健体育の授業が行なわれていたことを瞬時に見抜いた。男女の生殖器官のポスターが壁にかかっていたからだ。彼は意識の上では特に何も考えたわけではないが、無意識はすぐに問題に気づいた。その場で写真を撮られた時、後ろに子宮やペニスが写り込んでいる、というのはまずい。部屋の反対側へと移動したのはそのためだった。

この半年というもの、彼は一人になることがなかった。そして、この六年ほど、どこに行っても注目の的だった。普通の人が生きている現実の世界からは離れたところにいた。大統領になる、ただそれだけのために生きていたのだ。人間にとって生きる糧であるはずの、食事や睡眠さえ、他の人と同じようにとることができなくなっていた。

教室を動き回る彼は、全身にエネルギーとアドレナリンがみなぎっているようだ。第二次世界大戦の退役軍人四人のグループと、緊張してすっかり硬くなっている生徒代表二人、地元の支援者六人、郡政委員一人に、立て続けにその魔法の笑顔を見せた。アメリカンフットボールのランニングバックのように、彼は脚を絶えず止めずに動かす術を心得ているらしい。話す、笑う、そしてハグ、まったく動きを止めることがない。一日に一〇〇〇人もの人と、まるで親友のように接するのだ。

皆、めいめいに色々なことを言ってくる。驚くようなことを言う人もいる。いきなり「愛してます」という言う人もいた。グレースはすぐに「私も愛してますよ」と返す。「絶対勝ってくださいね！」、「息子の将来、任せましたよ！」、「五分だけお話ししてもいいですか？」、「私に就職口、ないですかね？」などなど。医療や保険制度の不備で起きた恐ろしい悲劇を訴える人もいる。かと思えば、物を贈ろうとする人もいる。本、美術品、手紙など。ただ彼の腕をつかむだけで満足、という人もいた。

グレースは人々との短いやりとりに身を委ねた。皆、わずか一五秒間にすべてを炸裂させているようだ。彼は、カミソリのような鋭さで、一人一人の唇の動き、目の表情などを感じ取り、それを真似ていた。真似をされると誰もが、彼に対して共感を覚える。しかも、彼はよく人の身体に触れる。腕や肩、時には腰に触れることもある。ほんの一瞬触れるだけで、相手は彼の人の良さを感じ、親しみも感じるようになる。有名であるがゆえに面倒なこともよく起きるが、それで彼がいら立った様子を見せることは決してなかった。写真を撮ってくれ、と言われれば、その人の身体に手をまわし、カメラの前でしっかりとポーズをとる。長年、写真を撮られる間に、地球上で製造されているありとあらゆるカメラに精通するようになった。カメラを渡された人が多少、手間取ったとしても、彼は辛抱強く使い方をアドバイスした。「そのボタンを押して。そうそう。そのまましばらく押し続けるんだよ」という具合に。腹話術の人形のように、一切、表情は変えない。終始、笑顔のままだ。彼は他人からの注目をエネルギーに変えて動き続けることができる。

いよいよ、グレースがエリカとハロルドのところへやって来た。彼はエリカとハグをして、ハロルドには少し意味ありげな笑顔を見せた。自分と会う女性に夫がついてきた時、必ず見せる表情だ。その後、彼の態度は変わった。心を開くと決めた相手だと態度が変わるのだ。それが、彼が多くの人を味方につける秘密だろう。普段の彼はあくまでエネルギッシュで、声も大きい。ところが、エリカとハロルドには、急に小声で話し出したのだ。いかにも内輪の話をするように、秘密めいた様子で。「またあとで」彼はエリカの耳元でそうささやいた。「来ていただいて、嬉しいです……本当に嬉しいです」そう言うと、グレースはエリカに真剣な、「あなたのことは何もかもわかっていますよ」と言いたげな表情を向けた。そして、ハロルドの頭の後ろで軽く手を叩いて自分の方を向かせてから、彼の目をのぞき込むように見て、その場を立ち去った。ハロルドを見た彼の目は、自分たちは陰謀を共有するパートナーなのだと言っているようでもあった。

体育館からものすごい歓声が聞こえた。皆、これから始まるショーを心から楽しみにしているのだ。一〇〇〇人もの人々が、我らがヒーローに一斉に笑顔を向け、手を振り、足を踏み鳴らした。大声で叫ぶ人もいれば、携帯電話やデジカメで盛んに写真を撮る人もいた。グレースは無造作にジャケットを脱ぎ捨て、恍惚とした表情の支援者たちの歓迎に応えた。

やがて始まった彼の演説は極めて単純な構成になっていた。「あなた」の話が一二分、「私」の話が一二分、という感じだ。前半、彼はまず聴衆を褒めたたえた。その良識、価値観、大義のために力を合わせられる団結力。どれをとっても素晴らしいと絶賛したのだ。自分がここに来たのは、何かを教えるためではないし、議論をするためでもない。ただ自分の声を皆の心に届けたい。彼はそう言った。誰もが持っている希望、恐れ、願い、そういうものを自分も皆の目の前で表現したい。自分もあなた方と同じ人間であり、友人や家族になれるはず、そのことを伝えたいのだという。それにしては彼一人が他よりあまりに美しすぎたが、この際、大した問題ではなかった。

　前半の一二分間では、さらに、聴衆の生活について話をした。どれも何百回もした話だが、それでも重要な箇所では必ず一瞬、間をおいた。まるで今、思いついたかのように話すのだ。また彼は、随所に拍手の湧くような言葉を挟むことを忘れなかった。聴衆自身のしていることを称賛するのだ。「この運動はもちろん、あなたたち自身のためになるものですが、同時にこの国全体のためにもなるものです」というふうに。

　一流の政治家は皆そうだが、グレースもやはり、聴衆の「聞きたいこと」と、聴衆に「聞かせるべきこと」のバランスをとるのが抜群にうまかった。聴衆のほとんどは普通の人であり、ただ政策だけを訴えても、集中力が続かない。しかし、政治について一定の見識と情熱を持っている人は多いのだ。グレースはそれをできる限り尊重した。同時に彼は、自分のことを政策通であり、政治の実務にも長けていると思っていた。各分野の専門家たちとも十分にわたり合っていける自信があったのだ。頭の中には、素人の視点と玄人の視点が距離をおいて同居しており、彼はその距離を常に保つよう努力していた。演説においては、時折、極めて現実的な、細かい話もしたが、細部を大胆に省略した「嘘でもないが正確には本当でもない」話をすることも多かった。そういう話も、拍手喝采を得て、場を盛り上げるには大事だったのである。結局のところ、彼は「マス市場」向けの商品のようなものだ。何百万という人の票を勝ち取らねばならない。そのための妥協はしながら、自分の真の考えも捨てずに持ち続けようとしていた。自尊心を保つためにはどうしても必要なことだった。周囲が自分に媚びへつらう人ばかりだと、前者が後者を窒息死させてしまう危険がつきまとう。

　演説の後半、グレースは専ら自分のことを話した。自分はまさにこの時代に最も必要とされる特質を備えた人間である、ということを聴衆に示そうとしたのだ。自分の生い立ち、家庭の話もした。トラックの運転手と図書館員の間に生まれたこと、父親が労働組合に入っていたこと。大統領候補になる人すべてがすることだが、彼も、政治のことを考えるようになる以前の自分はどういう人間だったのか、どういう出来事に影響を受けたのかを詳しく話そうとした。彼の場合、特に重要だったのは、軍隊での経験と妹の死である。その他にも色々なエピソードが語られた。どれもこれも本当の話ではあるが、何度も何度も繰り返し話してきたので、本人にとってはもはや現実味がなくなっていた。子供時代、青春時代は、演説原稿の中だけに存在するかのようだ。

どの選挙でも、自分という人間をどう定義するかということが重要なポイントになる。グレースは自分のことを「大人になったトム・ソーヤー」だとした。コンサルタントの意見を取り入れたのだ。そのため、中西部の小さな町で過ごした少年時代の出来事も多く話している。主に、いたずらをした話だ。大人が聞けば「かわいらしい」と思う類のいたずらである。いたずらのおかげで多くを学んだということも強調した。特に「公正、不公正とはどういうことか」がわかったのが大きい、と彼は言った。自分の考え方、行動は極めて健全なものであり、それが主に育った環境によるものだということもアピールした。そして、正義感、良識というものが幼い頃から心に染みついているのだ、ということを聴衆に強く訴えかけていた。

演説は「あなたは私、私はあなた！」という言葉で締めくくったが、その前には、一人の賢明な老婦人の話をした。その婦人が彼に語ってくれたことが偶然にも、彼があらゆる選挙に臨む際に基本としている考え方に合致するというのだ。老婦人は「ダイヤモンドを掘るのなら皆で力を合わせて掘った方がたくさん掘れる」という話をした。彼自身、皆で力を合わせて歩んでゆけば、道の終わりに必ず豊かな土地にたどり着ける、と考えていたので、ほぼ同じである。その土地にたどり着けば、心の中の葛藤はなくなり、穏やかな喜びに満たされると考えた。さすがに、彼が選挙に勝ったくらいでそんな夢のようなことが実現すると考える人は聴衆の中に誰もいなかったが、話を聞いている間だけは、普段の生活の悩みや苦しみが洗い流されたような気がした。そういう時間を与えてくれるだけでも、十分、グレースを支持する理由になったのだ。演説が終わると、会場は歓声と拍手に包まれた。熱狂の渦だ。彼もそれに負けないよう大声で叫んだ。

プライベートな演説

間もなく、側近が来てエリカとハロルドをバンに乗せた。エリカの座席は中列。ハロルドは後列だ。グレースはさっきの演説が嘘のように非常に落ち着いていて、むしろ「事務的」とも言える態度だった。四半期の業績を延々報告するだけの退屈な会議を終えて外に出てきた会社員、という雰囲気である。側近と少しスケジュールについて打ち合わせをし、ラジオ局の三分ほどの電話インタビューに応えた後、彼は真っ直ぐに隣に座るエリカを見た。

「ぜひともスタッフに加わっていただきたい。これは私の希望です」彼はそう言った。「私のところは政治と政策の専門家ばかりでね。組織運営の専門家というのはいないんですよ。あなたならできると思っています。スタッフのリーダーになっていただきたい。会社ならさしずめ、ＣＯＯということになりますか。もし私が当選すれば、ホワイトハウスでも引き続き同様の仕事をしてもらいますよ」

エリカは即座に、申し出を受けた。元々、そのつもりで来たのだ。そうでなければ、ここには来なかっただろう。

「それは素晴らしい。では、引き受けてもらえたということで、これからあなた方が入ることになる世界がどういうところかお話しすることにしよう。特にハロルド、君にはよく聞いてもらいたい。君の職業からして、この世界は不思議なことばかりだろうから。

まず覚えておくべきなのは、この世界にいる者は決して、仕事について不平や不満を言ってはならないということ。その権利がないんだ。自ら望んでしていることだからね。仕事自体が喜びであり、報酬だ。まあ、この点に関してはそう心配はいらないと思っている。我々の人間性には、きっと共通点の方が多いだろうから。それから大切なのは、今後の行動はすべて勝つためのものでなくてはならない、ということだ。勝ちにつながらないことはしない。勝つためには何もかもを成果に結びつける必要がある。まさか自分がするとは思ってもみなかったことをする場合もあるだろう。資金と支持を集めるにあたっては、『慎みの心』というものをすべて棚上げしてほしい。そして、絶えずしゃべり続けるんだ。どの部屋に入っても、すぐにしゃべる。集会に出たら、またしゃべる。支援者に会った時もやはりしゃべる。正気を失うくらいしゃべってほしい。『多話症』という感じかな。とにかく、そういう病気になるくらいしゃべらなくちゃいけないということだね。

問題は、一体、何をしゃべるのか、ということだけど、それは君自身のことだ。私の演説では、いつも私自身のことについて話している。あらゆる集会は、私について知ってもらうために開いている。新聞や雑誌も、地元では私のことを書いている。でも、いずれは君のことも書かれるようになるよ。そうなったら、君は君自身のことを話さなくちゃならない。

ただし、我々がやっているのはチームスポーツだということも忘れてはならない。一人では何もできない。これは、時には自分の思いを抑えなくてはならないということだ。党や我々チームにとって良いことを言い、信じるようにする。本来なら絶対に好きになれないような人とも戦友として協力し合っていく。党やチームより前に出過ぎてはいけない。いくら正しいことでも、党やチームを差し置いて自分が発言することは許されないし、自分自身が党やチームよりも注目を浴びることも許されない。内心では反対だと思っている政策でも、党の政策とあれば支持する。自分が個人的に良いと思っている政策に真っ向から反対することもあるだろう。選挙に勝ちさえすれば、何もかもを思い通りにできるし、何もかもを変えられるというふりをする。チームの皆が信じている神話があるのなら、自分も信じているふりをする。敵対するチームは、他に類を見ないほど邪悪で、アメリカを崩壊に導く存在だと自分に信じこませる。もし、そうでなければ、党の結束は難しくなってしまう。そういうものだと思ってほしい。

君たちは繭《まゆ》の中にいるようなものだ。以前、ダニの生態についての面白いエッセイを読んだことがある。ダニというのは、ほぼ三種類の刺激のみに反応して動くそうだ。一つは動物の皮膚、一つは温度、もう一つは動物の毛だ。ダニの生きる環境は、その三つだけから構成される。政治の世界に生きる者たちの環境も、とても狭い。そして狂っている。いつも最新の情報を得るために、異常なほど神経を研ぎ澄ませていなくてはいけない。情報のほとんどは価値がないので、翌日には完全に忘れるのだが、それでも無視はできないのだ。今は、我々の選挙運動をウェブカメラで撮影し、生中継をするブログなども存在する。そういうブログがもしあれば、見ておく必要があるだろう。ブログの持ち主は選挙になど行ったことがない二二歳の若者で、まともな歴史感覚などなく、集中力も長時間持続しないかもしれないが、それは関係ない。誰がブログを見ているかわからないからだ。生中継されているとなると、前もって準備し、十分に検討したことでないと発言できなくなる。その場で思いついたことを、公衆の面前ですぐに口にすることは不可能になるのだ。

今、話したようなことを実行すると、自分に正直でいるということはできなくなるだろう。世界を曇りのない目で見るということも不可能になってしまう。人間としての一貫性も失われるに違いない。絶え間なくバカげた演劇を上演しているような世界だが、なぜ我々がそれに耐えているかというと、これほど大きな成果のあげられる世界は他にないからだ。私とともにホワイトハウスに入れば、君はとても忙しくなるだろうが、君の決断はすべてが重要な決断ばかりになる。ホワイトハウスに入れば、我々はもう、国に従属しなくてすむ。国を指導し、教育する立場になるのだ。たとえいくら忙しくても、休みたいなどとは思わないだろうし、決して休みはしないだろう。

我々はホワイトハウスで、シングルヒットは狙わない。狙うのはホームランだけだ。私は臆病な大統領になるつもりはない。私は偉大な大統領になる。私は神からその資質を与えられている。私はどの分野の政策についても、誰よりもよく知っている。そして、政治の世界の誰よりも勇気と決断力がある。もう勝ち方はわかっているんだ。あとはボールを渡してもらうだけだ」

グレースのこの言葉を聞いたら、いくらカリスマ性があるとは言っても、多少、反発する人もいるに違いない。半信半疑、という気分になる人もいるだろう。しかし、エリカとハロルドは、どちらも彼に強く惹きつけられた。今までに数多く聞いた中でも、最も感動的な演説ではないか、と二人とも思っていた。まず、彼は自分のことがよく見えている。驚くべき見識も備えている。自らの仕事に対する責任感も強い。言葉を聞いていればそれが伝わってきた。まだ、ごく短い時間接しただけだが、すっかりスターに憧れるファンの心境になった。特にエリカはすっかり「この人のために働こう」という気持ちになっていた。この関係はその後、八年間続くのである。

選挙アドバイザー

ハロルドは今まで、選挙に強い関心を持ったことはなかった。投票率や公約などについて報道されていても、気をつけて見たことがない。グレースとの出会いから数日、エリカはすっかり選挙スタッフとしての仕事にのめり込んでいたが、ハロルドはその周りをうろうろするだけだった。特にやることがあるわけではない。ただ、暇な分、色々と観察したり、考えたりすることはできた。それで気がついたが、グレースの選挙アドバイザーたちの間に根本的な意見の相違があるということだ。一方に、選挙に勝つには有権者の喜ぶような政策を掲げることだ、という考えをするアドバイザーがいた。彼らの暮らしが良くなるような政策を掲げれば、資金も集まりやすくなるだろう。その政策を買うと思えば、お金を出すはずである。良い政策ほど良い値段で売れるはず、というのだ。

もう一方には、ともかく感情を喚起することに重きを置くアドバイザーがいた。候補者とそのチーム、そして有権者の間の心の絆を強調すること、明るい未来を期待させることが大事、というのだ。そして、有権者に対し「私はあなたたちと同じ普通の人間です」というメッセージを発する。同じものを見れば同じように感じるし、同じ状況に置かれれば、同じように行動する、ということを訴えるのである。利益誘導によって惹きつけるのではなく、心をつかむことで支持を得ようというわけだ。

ハロルドが良いと感じたのは、後者のアドバイザーだった。それは彼の学歴や職歴からしても当然と言えた。グレースは、ニューイングランドの予備選挙（党の候補者を決定するための選挙）で厳しい戦いを強いられそうだった。特に手強いのが、トーマス・ガルヴィングだ。両者の政策は基本的には同じだが、属する社会階層が違っており、どちらもがそれぞれの階層の象徴と言えた。階層と階層の戦いのような様相にもなっていた。グレースはトラック運転手の息子だったが、演説で詩を引用するなど、教養豊かな面を見せていた。また、高学歴者らしく、良い意味での理想主義者的イメージも売りである。これまでの予備選挙で、彼は常に、大卒有権者の票を他候補より二五パーセント以上多く獲得してきた。最初の一〇州の予備選挙では、必ず、集会を大学の構内で開催している。それも、学長室のすぐそばの部屋を使ったのだ。集会ではただ公約のリストを配るだけではなく、自分の経験を訴えることに力を入れた。恐怖を煽るのではなく希望を持たせ、相手に対決を挑むのではなく結束を呼びかけた。そして、分別と知性を持つことの大切さを語った。グレースが発したメッセージは「人生は素晴らしい。私たちの可能性は無限です。過去のしがらみを捨てて、未来へと歩いて行きましょう」というものだ。

ガルヴィングは、すでにアメリカに移住して三〇〇年になる旧家の出身だ。だが、そういう育ちにもかかわらず、好戦的なところがあった。彼は自分を戦士になぞらえていた。利益確保のために闘う戦士というわけだ。選挙戦を何やら一族どうしの争いのように見ているところがあった。一族の人間が忠誠を誓い合い、団結して、相手を全滅させるまで戦いを続ける。そういう戦いだ。彼は毎日のように、バーや工場で自らの姿を写真に撮らせ、それをイメージ作りに利用していた。フランネルのシャツを着てウィスキーを飲む写真、ピックアップトラックの助手席に乗り込んでいる写真などが次々に公開された。彼のメッセージは「今の社会は腐り切っている。ごく普通の人が幸せになれず、ひどい目に遭っている。こんな時代に必要なのは、強靭《きょうじん》なリーダー、人々の自立と理想のために闘うリーダーだ」というものだった。

どちらの候補者の戦略も非常に巧妙とは言えなかったが、一定の効果はあげていた。ガルヴィングは、どの予備選挙でも労働者階級からの得票数で他の候補者に大差をつけていた。グレースは都市部と、富裕層の多い郊外、そして大学周辺で多くの票を得ていた。地域別に見ると、グレースは沿岸部に強く、ガルヴィングは、南部や中西部の農業地帯や、かつての工業地帯などで支持を集めていた。特に、古くからスコットランド人やアイルランド人が多く入植した地域での強さが目立っていた。コネティカット州では、一七世紀にイギリス人が定住した街のほとんどをグレースが制した。それに対し、ガルヴィングは、その後の二〇〇年間に作られた街の大半を押さえた。実は、これはこの一〇〇年間の典型的なパターンである。いまだに、そんな古いパターンが生きているのだ。予備選挙が進むにつれ、各陣営がどういう運動をしようとあまり意味がなくなってきた。どこでも、はじめから運命で決まっていたかのように、予想通りの結果が出る。労働者階級の人口が多い州ではガルヴィングが勝ち、知識階級の人口が多い州ではグレースが勝つのだ。

ハロルドは、あまりにも鮮やかな文化的差異に興味を惹かれた。先進国でありながら、このように前近代的な部族社会的な違いが見られることが非常に面白いと思ったのだ。彼は、政党も他の組織、団体と同じように、いくつもの下位文化に区分けされていると考えた。下位文化の間に強い敵意があるわけではない。候補者が一本化されれば、違いを超えて一体となれる。とはいえ、教育水準が違えば、その影響は大きい。物の見方、価値観がそれでかなり違ってしまうからだ。良いリーダーの条件も、自分たちが暮らす世界の見え方も大きく隔たっている。何を正義とし、何を公正とするかも違っており、自由、安全保障、機会均等などに対する考えも違う。しかもその違いを本人が意識していないことも多い。

有権者は個々に極めて複雑な心の地図を持っているのだが、持ち主自身ですら、それがどういう地図なのかよくわかっていない。彼らは、候補者からかすかな信号を大量に受け取る。身振りや手振り、選んだ言葉、顔の表情、政策の優先順位、過去の経歴など、様々なことが信号になり得る。そうした信号を無意識のうちに心の地図と照らし合わせることで、一人一人の候補者に対しどういう感情を持つかを決めているのだ。

選挙戦でハロルドが見た有権者の姿は、合理主義的態度からはほど遠いものだった。各候補の政策を比較検討し、より自らの利益になるのはどの候補かを判断する、というのが合理主義的態度というものだ。だが、有権者は実際には、合理的判断よりも、自らの社会的アイデンティティの方を優先したのである。どういう政策を掲げているか、ではなく、自分にとって感情的に好ましい人物が多く集まっているか、という基準で支持する陣営を決めたとも言える。

政治学者のドナルド・グリーン、ブラッドリー・パルムクイスト、エリック・シックラーは、著書『政党の心と知性（*Partisan Hearts and Minds*）』の中で、多くの人が支持政党を親から受け継ぐ、と書いている。そうでなくても、大人になるとすぐに支持政党を決めてしまう人が多いという。それ以後、別の政党に鞍替えするという人はほとんどいない。中年以後は考えが変わった、などという人はまずいないのだ。世界大戦やウォーターゲート事件といった、歴史的な大事件が起きた場合でも、それによって大量の転向者が出た、などということはない。

さらに、同書によれば、党綱領を比較し、どちらが国益に適うかをよく検討してから支持政党を選ぶなどという人はほとんどいないという。著者は様々な種類のデータを基に研究をしているが、その結果言えるのは、政党選びは宗教の宗派選びや、社交クラブ選びに似ている、ということらしい。皆の頭の中には、民主党はこういう党、共和党はこういう党、というステレオタイプがあり、それによって「自分に似た人が多いのはどちらか」を判断して支持を決めているのである。

支持政党が決まれば、信条も知覚もそれに影響を受けて変わる。党員や他の支持者たちに合うように変わっていくのだ。ミネソタ大学のポール・ゴーレンは、過去のデータを利用し、特定の有権者たちの行動や信条が時間の経過とともにどう変化したかを追跡調査した。伝統的な通念からすれば、機会の均等に重きを置く人は民主党支持者になることが多く、「小さな政府」を好む人は共和党支持者になることが多い、と予想される。しかし、事実はそれとは違っていた。実際には、民主党支持者になった人がその影響で機会の均等に重きを置くようになり、共和党支持者になった人がその影響で小さな政府を好むようになる、と言う方が正しい。思想や価値観に応じて支持政党を決めるのではなく、支持政党が思想や価値観を決めるということだ。

現状認識も支持政党によって変わってしまう。一九六〇年に出版されたアンガス・キャンベルの古典的名著『アメリカの有権者（*The American Voter*）』でも、支持政党が認知のフィルターになることが述べられている。そのフィルターによって、支持する政党の世界観に合致しない事実は無視されてしまい、逆に世界観に合致する事実は誇張されるという。政治学者の中にはこの主張を批判する人もいたが、その後、多数の研究者の調査によって、キャンベルの主張の正しさが裏づけられている。人間の知覚は、その人がどの政党を支持するかに驚くほど影響を受けてしまうのだ。

プリンストン大学の政治学者、ラリー・バーテルズは、レーガン政権、クリントン政権終了時に収集されたデータに注目した。まず一九八八年には、有権者に「レーガン政権時代、インフレ率は低下したと思いますか?」という質問をし、回答してもらうという調査が行なわれている。事実としては、確かにインフレ率は一三・五パーセントから四・一パーセントに低下していた。しかし、強硬な民主党支持者の中で、インフレ率の低下を認めた人はわずか八パーセントしかいなかった。反対に、インフレ率が上昇したと思い込んでいた人はなんと五〇パーセント以上にものぼった。強硬な共和党支持者は、レーガン政権下の経済状況を非常に好意的にとらえていたし、民主党支持者よりも正確に把握していたと言える。インフレ率低下も四七パーセントの人が認識していた。

同様の調査は、クリントン政権終了時にも行なわれた。「この八年間で国の経済は良くなったか悪くなったか」を有権者に尋ねたのだ。この時は、共和党支持者の方が事実を正確に把握しておらず、見方も否定的だった。反対に、民主党支持者はとても好意的な見方をしていた。こうした結果からバーテルズは、支持政党は人間の世界観に確かに影響を与えると結論づけている。支持政党は、意見の違いを際立たせ、誇張するのである。

この種の認知の歪みは、十分に教育を施せばなくすことができるという人もいる。だが、その意見は正しくないようだ。ストーニーブルック大学のチャールズ・テイバーとミルトン・ロッジの調査によれば、高学歴の有権者は確かに事実を正しく認識していることが多いが、大きく誤った認識を持つことも決して少なくないという。しかも問題なのは、教育程度の高くない有権者に比べ、自分の誤りを訂正したがらない傾向があることだ。自分の認識は正しいという自信があまりに強いために、修正の必要性を感じないのである。

過去に行なわれた調査の結果を見ていると、どうやら人は、好きな美術品を見つけるような感覚で支持する候補者を決めているらしい、とわかる。自分の好みに合う人かどうかを見て決めているのだ。瞬間的な、一見、さほど重要でない要素が実はその決定に大きく影響する。たとえば、先に触れたプリンストン大学のアレックス・トドロフらの実験でも、それを裏づけるような結果が得られている。

彼らは被験者に、互いに敵対する二人の候補者のモノクロ写真を見せ、どちらの候補者が選挙で有利になりそうかを尋ねた（必ず、被験者にとって馴染みがないはずの人物の写真が選ばれた）。すると、被験者は総じて、実際の選挙でも良い戦績をあげている候補者を「有利」と判断した。被験者が選んだ候補の実際の戦績を平均すると、上院議員選挙では七二パーセント、下院議員選挙では六七パーセントの勝率となる。被験者たちは、わずか一秒ほど候補者の顔写真を見ただけにもかかわらず、驚くべき正確さで、どの候補が強いかを言い当てたのだ。同様の実験はアメリカ人以外も対象に含めるなど、他のかたちでも行なわれ、やはりほぼ同じ結果が得られている。チャッペル・ローソン、ガブリエル・レンツらが「見た目で勝ちそうなのはどっち（Looking Like a Winner）」と題して行なった実験もその一つだ。彼らは、アメリカとインドの被験者に、メキシコとブラジルの選挙の候補者の外見だけをごく短時間見せた。すると、アメリカ人もインド人も一致して、同じ候補者を有利と判断した。民族や文化の違いがあっても同じ結果が出たということだ。そして、アメリカ人、インド人の被験者の選択は、実際のメキシコ、ブラジルの選挙の結果を極めて正確に言い当てていた。

コーネル大学のダニエル・ベンジャミン、シカゴ大学のジェシー・シャピロは、州知事選の候補者が話をしている映像を音声なしで一〇秒間、被験者に見せた。この場合も、被験者はかなりの正確さで選挙結果を言い当てることができた。映像に音声をつけると正確さが低下してしまうという結果も得られている。スタンフォード大学のジョナ・バーガーらの調査では、投票ブースが置かれる場所も有権者の投票行動に影響することがわかった。投票所が学校にある場合には、他の場所に比べ、教育予算確保のため増税をすると主張した候補の得票率が伸びる。同様の候補の得票率は、有権者に学校の写真を見せるだけでも上がるという。

こうした調査の多くは研究室の中で行なわれたものだ。実際の選挙はもっと複雑だろう。選挙戦は長期間続くからだ。第一印象での判断のあと、何度か同じような判断が繰り返されることになるはずだ。投票をする頃には、長い間に下された多数の瞬間的な判断が複雑に絡み合った状態になっている。

いずれにしろ有権者の判断は直感的、感情的というわけだが、だからといって必ずしも非理性的で愚かだとは言えない。直感は理性よりもはるかに速く、はるかに複雑な情報処理ができる。そのため、直感に従った方がより高度で賢明な判断を下せる可能性があるのだ。選挙戦が長く続く間には、直感をはたらかせることもあれば、理性をはたらかせることもあるだろう。両者は互いに助け合い、影響し合う。

暗黙の論争

グレースは、最終的にはガルヴィングに勝つことができた。党の指名を勝ち取ったのだ。人口比で言えば、ガルヴィングに似た人よりも、グレースに似た人の方が多いのだから当然の結果と言えるかもしれない。今までのことはすべて許し合い、今度は結束して党どうしの戦いに挑むことになる。敵、味方の境界線が変わるわけだ。

大統領選挙の本選は、予備選挙よりも規模がはるかに大きい。そして、少なくとも表面上は、「バカげている」と感じることが多くなる。予備選挙の時は、どの陣営も、他の陣営の人間をすべて知っている状態である。いわば身内の争いというわけだ。だが、本選になり、他党との争いが始まると、お互いに相手陣営の人間をほとんど知らない状態になってしまう。敵方の人間は、別の太陽系からやって来た生き物のようなものである。だとすれば、ともかく相手は最悪の連中であるという前提で行動するのが賢明ということになる。

グレースのチームも、相手方の人間を便宜上、「この上もなく邪悪で、恐ろしいほど狡猾」とみなしていた。自分たちの陣営は、（各人の思考力が優れ、独立心も旺盛なために）内部に不和を抱えているが、敵方は（クローンのように画一的な人間ばかりなため）全体主義的に一糸乱れずに団結していると考えた。自分たちは一人一人に思慮があるために分裂しやすく、敵は思慮がないためにまとまりやすいと見たのだ。

秋頃になると、選挙戦は飛行機移動の連続だった。グレースは各地の空港の格納庫で次々に集会を開いた。少しでも集会の数を増やし、テレビに多く映るためだ。その時期、陣営内で話し合われることは専ら、テレビカメラをどこに、どのくらいの高さに設置するか、ということだった。

両候補の中傷合戦は激化し、大変な速度の応酬が繰り返された。メディアは競って世論調査の結果を発表し、どちらの候補が優位かを報じていた。一時間おきくらいに新たな数字が報じられている印象である。だが、それが、有権者の実際の投票行動にどう関係するのかは誰にもわからなかった。グレースの支持者たちは一喜一憂の状態だ。大物上院議員が格納庫での集会に応援に現れた日は、有頂天である。もう勝利は間違いないという気分になった。ところが翌日、議員が帰ってしまうと、意気消沈し、負けは確定したという気分になる。

選挙コンサルタントたちは、文言についてあれこれと注文をつけた。「家族」と言わず「勤労者世帯」と言え、「費用」と言わず「投資」と言え、という具合に。些細なことのようだが、こういうちょっとした言葉の選び方が、有権者の心理に大きく影響すると考えられているのだ。

選挙運動の中でも最も重要な部分は、実は候補者本人とは無関係に進められている。結果を何より左右するのは、テレビコマーシャルだからだ。コマーシャルの製作はコンサルタントたちの仕事だった。コマーシャルを使えば、普段、政治に関心が薄い有権者にも訴えかけることができる。また、彼らは、各候補の諸問題への態度について、驚くほど誤った認識を持っていることが多いのだ。

どちらの陣営も、問題とは言えないような問題をあげつらって中傷のネタにした。相手陣営の運動が子供の肥満の原因になっている、などと言って激しく非難し合ったこともあった。荒唐無稽としか言いようがない。因果関係が不明だったし、そもそもそれほどの影響力、権限が両陣営にあったとも思えない。レバノンで起きたちょっとした事件が大問題として取りあげられたこともあった。どちらも、自分たちなら問題に対処できる強さがあり、解決策も持っていると主張し、相手方の姿勢を国家への背信だと批判した。小さなスキャンダルも頻発していた。敵陣営から漏洩《ろうえい》したメモに「あいつらをぶっ潰せ」と書かれていたことで、グレース陣営が激怒したこともある。しかし、実のところ、彼らは何とも感じていなかったのだ。自分たち自身、ほとんど同じような内容のメモをいつもやりとりしていたからだ。

どれもこれも、愚かで底が浅い、と感じることばかりである。だが、ハロルドは、バカバカしいと切って捨てる気にはなれなかった。どのイベントを見ても、真の情熱を感じたからだ。数千人、時には数万人が、一斉にグレース支持を叫ぶ。その熱狂的な声には、非常に強い期待が込められていると思った。

ハロルドはこれまでの人生で学んできたことから、選挙期間に起きる一見、些細な、バカバカしい出来事は、どれも皆、単なる「きっかけ」にすぎないのだと悟った。人々の心の奥に様々な連想を呼び起こすきっかけだ。たとえば、グレースは国旗を製造する工場を訪問し、そこで一時間ほども費やして自身の写真を撮らせたりしていた。これ自体はバカげたことに見える。ただ、グレースがアメリカの国旗を手に持った写真を何枚も見た人は、きっと無意識のうちに色々な連想をするに違いない。あるいは、ジョン・ウェインの西部劇映画が多数撮られたモニュメントバレーで集会を開いた時、グレースはスツールに腰掛けていた。確かにあざとい演出だが、これもやはり連想を生むきっかけになるはずだ。

自分たちのしていることにどれほどの意味があるのかは、当事者にもまったくわかっていなかった。データだけは大量にあったが、役立つものはほとんどなかったのだ。何か対策を講じてみては、有権者の反応を見て、効果があったかどうかを判断する。演説の文言も、新たなものを加えては、それを聞いた有権者がうなずくかどうかを見る。うなずけばその言葉は残すし、そうでなければ使うのをやめる。

「有権者には、ここを刺激すると間違いなく喜ぶという隠れたポイントがあるのではないか」選挙コンサルタントはそう考え、恋人の身体を不器用にまさぐるように試行錯誤しながら、そのポイントを探す。両陣営は表面上、主に税制について論戦を交わしていたが、勝利の決め手は、その論戦の内容にあるのではない、とハロルドは感じた。大事なのは、議論によって間接的に浮き彫りになる候補者の根本的な価値観である。候補者は、具体的、物質的なことについて話し合う。それが話しやすいし、聞いている方も理解しやすいからだ。しかし、有権者の印象を決定づけるのは、もっと精神的、感情的なことだ。候補者が「自分はどういう人間なのか」、「どういう人間になろうとしているのか」を見せることが重要になる。

ハロルドは一度、飛行機の中で自分の考えをグレースとエリカに話してみた。演説や討論では、税制やエネルギー政策など具体的な問題を話題にするが、大事なのは、個々の問題についてどう考えているかではない。環境、地域社会、そして人類の発展について基本的にどういう価値観を持っているかが重要だ、ということを伝えたのだ。個別の問題は、単なるきっかけにすぎないということをわかってもらおうとした。グレースはあまりに疲れていて、ハロルドの話を十分に理解できなかった。集会と集会の合間は、彼にとっては休憩時間なのだ。頭もすっかり休んでしまっていてはたらかない。エリカは、スマートフォンに何やら打ち込みながら話を聞いていた。沈黙のあとで、グレースが力のない声で言った。「面白い話だ。私たちが当事者でさえなければね」

だが、ハロルドはその後も観察を続けた。元来、性格的に観察に向いているということもあった。それで発見したのが、両陣営の相手を攻撃する言葉には、「裏の意味」のようなものがある、ということだ。表面上の論争とは別に、いわば「暗黙の論争」が行なわれているのである。有権者は心の深いところでそれを感じ取るのだろう。投票行動にも大きく影響するはずだ。

たとえば、グレースと相手陣営の間では、リーダーとしての資質をめぐる暗黙の論争があった。相手候補は言葉の端々や態度で、自分の決断の早さを訴えていた。勇気をもって前に進める人間だということを知らせようとしていたのだ。彼は、自分のことが書かれた新聞記事もめったに読まないから、評論家が自分についてどう思っているのかまったく知らない、と言ったことがある（おそらく嘘だと思われるが）。自分がいかに真っ直ぐで、他人の意見に左右されない人間か、を示す演出だろう。ことあるごとに、友人に対する誠意、敵に対する断固たる姿勢、一度決めたことをやり遂げる意志など、数々の長所を兼ね備えていることをさりげなくアピールしていた。

それに対しグレースの方は、明らかにもっと思慮深いリーダー像を打ち出していた。幅広い書物を読んでいること。問題について徹底的に議論をする姿勢があること。そして、物事の細かいニュアンスがわかり、黒でも白でもないグレーの部分を理解できる人間であること、などを暗に訴えていたのだ。慎重で、知性的で、思いやりがあり、常に冷静、そういう演出である。インタビューなどでは、実際以上に本を読んでいる印象を与えることもあった。このように、両陣営は正反対とも言えるイメージを武器に闘いに挑んでいたというわけだ。

暗黙の論争においては、宗教に対する態度なども重要な争点になる。たとえば、教会に週に一度、必ず行く、という人は、おそらくグレースには投票しないだろう。逆に、普段、教会に行くことはないという人は、グレースに投票する可能性が高い。それは簡単に予測できる。グレース自身が、自分は教会に行かない人間であるという暗黙のメッセージを発しているからだ。実際の彼が信心深く、教会にも頻繁に行くのだとしても、それは関係がない。

宗教を巡る対立は、意図的に単純化され、強調されているところもあった。神は人事に積極的に介入すると信じている人はこちらの陣営、信じていない人はあちらの陣営を支持する、というふうにきれいに分かれるよう、実際以上に違いが強調されていたのだ。人間は神の意志に従い、神に与えられた道徳律に従って生きていくもの、という発想をする人たちは一方の陣営を支持し、一切、そういう発想をしない人たちはもう一方の陣営を支持するようになっていた。

その他、住んでいる地域、生活スタイル、属する社会集団に関わるメッセージも発せられていた。そのメッセージに応じ、人口密集地域に住む人たちの多くはグレースを支持したし、人口密度の少ない地域に住む人たちは対立候補を支持した。人と人の間の距離、個人の自由、地域社会に対する責任といったことに関し、両陣営がどういう意識を持っているのかを、有権者は言外から読み取っていたのだ。

各陣営の支持者の細かいプロフィールは、日々もたらされる世論調査のデータによって知ることができた。たとえば、バイクやモーターボート、スノーモービルなど、エンジンを使うスポーツを愛好する人たちはグレースを支持していなかった。一方、ハイキングやサイクリング、サーフィンなど、エンジンを使わないスポーツを愛好する人たちはグレースを支持していた。さらに、グレースの支持者たちは机の上が整頓されておらず、対立候補の支持者たちは、逆に机の上が整頓されているという傾向もあった。

ここで興味深いのは、あらゆる要素が他のすべての要素と関係し合っているということだ。生活スタイルは政治的信条に関係するし、政治的信条は人生観に関係する。人生観は宗教観、道徳観に関係する、という具合に。選挙運動はもちろん、脳内のネットワークに直接、はたらきかけるわけではないが、暗黙のメッセージを送ることで、ネットワークが機能するきっかけを与えることはできる。

たとえば、ある日、グレースの相手候補がハンティングに行ったとする。この行動は暗黙のメッセージになる。そして、このメッセージをきっかけに、有権者の脳内のネットワークが機能し、様々な連想がはたらくのだ。ハンティングと言えば銃である。銃は個人の自由を象徴する。また、銃は伝統的な地域社会を連想させる。伝統的な地域社会は、保守的な価値観、家族の尊重、神の崇拝などにつながる。これに対し、グレースが貧困者向けの給食施設を訪れたとしたらどうだろう。当然、慈善のための施設なので、慈悲の心を連想させる。社会正義、という言葉も思い浮かぶだろう。人生の敗者に対する思いやりも感じさせる。大統領になれば、富の分配を重視した政策を打ち出すはず、と思う有権者が多いに違いない。候補者は、連想の最初のきっかけを与えるだけでいい。そうすれば、有権者がそれぞれに後の連想をしてくれる。この連想によって多くのメッセージが伝わることになるのだ。

選挙戦をずっと熱心に観察していたハロルドはこのことに気づき、大変なことだと思った。表面上はバカげたことをしているように見えても、有権者はそこから無意識のうちに多岐にわたる情報を得ているのだ。その情報は人生のあらゆる面に関係している。こういう発見があると、政治というのは素晴らしい仕事、重要な仕事だと思えた。うんざりして何もかもやめてしまいたくなる時もあったが、徐々に本当の価値が彼にもわかるようになってきた。

無理な二極化

ハロルドにとって悩みの種だったのは、有権者のほとんどは中間的で、曖昧な価値観を持っているということだった。意見や嗜好が明確な人はむしろ少ないのだ。しかし、政治家の意見は曖昧というわけにはいかない。特に、選挙の際には、明確な意見を打ち出すことが求められる。考えがわかりにくく、有権者に十分に伝わらなければ、とても勝つことはできないだろう。

選挙運動は、元来は曖昧な国民の意見を無理に二極化するもの、と言ってもいいかもしれない。選挙の際は、政党も両極端、評論家たちも両極端に分かれることになる。民主党空間と共和党空間という、二つの巨大な思想空間ができると言ってもいい。どちらの空間の思考モデルがこの先の四年間、国を支配するかが決まるのだ。ただ、二者択一なので、どうしても、「どちらも気に入らない」という人が出てくる。その人たちはあきらめて、少しでもましな方を選ぶしかない。元々は分かれていないものを無理に分けているために、どうしても多くの人が辛い思いをする。

運動を進める間、グレースは自身の政党の思想空間に呑み込まれていた。心の底では、党とは違う、彼独自の価値観、思想を保ち続けていたが、最後の追い込みの時期になるとそれも難しくなった。まず、群衆の熱狂に呑まれてしまう。また党の都合、支援者の意見に振り回される。最後の数週間、彼はもはや人間には見えなかった。人間というよりは、政党の権化《ごんげ》のような存在になっていた。歴史によって生み出され、個人の意思を超越した存在である。

唯一、彼らしいところが残っていたとすれば、それは冷静さである。彼は常に冷静さを失わなかった。腹を立てて、支援者たちにつらく当たるようなこともなかったし、取り乱すこともなかった。どこにいても、その場で最も冷静な人間であり続けた。皆はその変わらぬ冷静さ、決して変わらぬ態度に惹きつけられた。彼をそばで見続けていたハロルドも「なぜ、あの人はいつもあんなに落ち着いているのだろう」とすっかり感心してしまった。

投票日当日も普段通りの彼だった。不安に駆られて意味不明な行動を取る、ということはまったくない。朝、目覚めた時から、自信に満ちた様子である。選挙終盤の経済情勢や、いくつか起きた大きな事件がすべて彼にとって有利にはたらいてくれたので、楽観しているのかもしれなかった。いよいよ当選が決まり、彼は笑顔を見せたが、有頂天になっているという感じではない。はじめから自分が勝つことを知っていたのかもしれない。幼い頃からその運命を信じ、疑うことはなかった、ということだろうか。

その日、誰よりハロルドを驚かせたのはエリカだった。彼女は最後の数週間の激務で消耗し尽くしていた。夜遅く、パーティー会場を離れてホテルの部屋に戻ると、アームチェアに腰掛けたエリカが声をあげて泣いていた。ハロルドは肘掛けに座り、彼女の背中に手を置いた。

エリカはこれまでの自分の人生を思い起こしていたのだ。メキシコから不法に国境を越えてアメリカに来た父方の祖父、中国から船に乗って来た母方の祖父にも思いを馳《は》せた。子供の頃、母親と暮らしたアパートも思い出した。ドアの閉まらない部屋だった。ペンキを何度も塗りなおしたせいで、枠よりも寸法が大きくなったのだ。母親が彼女にかけてくれた期待、託した夢を思った。それは後の彼女にとっては、ちっぽけな夢にも感じられた。そして、何より、今、頭の中にあるのは、ホワイトハウスのことである。自分はもうすぐ、ホワイトハウスで仕事をする。誇らしくもあるし、驚きでもある。選挙期間の大変な日々のことも思い出した。リンカーンがかつて暮らした、まさにその場所に自分を導いてくれたすべての人々に感謝した。彼女の背後には、何百年にも及ぶ歴史があった。何世代にもわたる祖先たち、両親。多くは労働者で、彼女のような特権を得るチャンスに恵まれたものは誰もいなかったのだ。

20章　真の「社会」主義――階層の流動化

ワシントンDCには、シンクタンクが密集するエリアがある。交差道路の角々にシンクタンクがあるという印象。外交政策を専門とするところもあれば、国内政策が主というところもある。また、国際経済専門のシンクタンクというのもあるし、特定の規制に関連する業務だけ、という変わり種もある。ここのことを地球上で最も退屈な場所、と思っている人も多い。

研究助手たちがコーヒーショップに集まっては、あれこれと話している。話題は、来春、上司が出席する（たとえば、「今後のＮＡＴＯを考える」といった類の）国際会議のテレビ中継をどうするか、というようなことだ。ジュニアフェローたちはタクシーに皆で同乗して連邦議会議事堂に向かい、その中で公開討論会のスケジュール調整をしたりする。シニアフェローたちは、多くは以前、どこかの省の副長官を務めていたような人物だが、今ではすっかり「パワーランチ」ならぬ「パワーレスランチ」が日課になっている。パワーランチは有力者たちの昼食会だが、パワーレスランチはかつての有力者たちが、もったいぶっているだけで大して重要でない話をする昼食会である。しかし、彼らには彼らなりの悩みがあった。それはアッパーミドルクラスに属するアメリカ人の多くに共通する悩みである。相当の稼ぎがあるにもかかわらず、可処分所得の六〇パーセントが子供の私立学校の授業料に消えてしまう。そのため、自分が使える分はほとんど残らないのだ。残るのは怒りだけである。人知れず、自分に対して深い哀れみを感じてしまう。

エリカがホワイトハウスの次席補佐官という地位に就き、多忙のためほとんど雲隠れしたようになってからは、ハロルドもこの楽しいパワーレスランチの仲間入りをした。ロバート・J・コールマンという人物の経営するシンクタンクに入り、シニアリサーチフェローとなったのだ。そこは社会政策を専門に研究するシンクタンクだった。コールマンは身長一五〇センチほどの小柄な投資銀行家で、彼より三〇センチほども背が高い妻がいた（女性としては大きい上に、小柄な夫と並ぶとさらに大柄に見えた）。彼にとって五人目の妻である。コールマンは、自分をホワイトハウスに呼びさえすればアメリカの抱える問題のほとんどは解決すると信じているような男だ。

ハロルドは自分が非常に特殊な場所に足を踏み入れたと感じていた。同僚のフェローたちは一風変わった人たちばかりだった。まず、皆が内向的で非社交的である。大学での猛勉強で身につけた知識が彼らの生きるよすがとなっており、また、厳密な調査、分析が彼らの権威の源になっていた。毎日、同じように出勤して黙々と仕事をする姿は、まるで、毎年決まった日時にサン・ファン・カピストラーノのカトリック寺院を訪れるツバメの群れのようであった。カトリックの神父のように、性的な欲望は厳しく抑圧されていて、現世的な快楽など二の次、そういう人たちに見えた。そんな彼らにとっては、各種の協議会が一種の懺悔《ざんげ》の場のようなものなのかもしれない。たとえば、給付金制度改革に関する協議会に四回出席すれば、現世的欲望を持ち、研究以外に関心を向けてしまった罪が赦される、というように。そう思えてしまうほど、彼らは熱心に出席していた。彼らは良い人たちではあったし、皆が素晴らしい知性の持ち主ではあったが、地位をめぐる競争心には並々ならぬものがあった。それはアッパーミドルクラスに蔓延《まんえん》する病弊《びょうへい》のようなものだろう。ほとんどがロースクールの出身者であり、ビジネススクール出身者に対しては敵意を抱いていた。そしてワシントンの住人らしく、総じてニューヨーカーが好きではなかった。勉強ばかりしてきただけに、体格の良いスポーツマンタイプの人間も快く思わなかった。皆、一応、エクササイズマシンは持っていて、子供部屋に置いて密かに使っている。ただ、どれだけトレーニングをしても、外見が良くなりすぎないよう注意しなければならない。もし、外見が良くなってしまったら、連邦議会の予算局で発言をする時に、軽く見られてしまい、話を真面目に聞いてもらえなくなってしまう。

ハロルドのオフィスのすぐ隣には、一度、政治家となったものの、いわゆる「人格と地位のアンバランス」が原因で挫折してしまったという人がいた。若い頃には、職業上の地位で自分の価値を測るような人生を歩んでいたような人だ。激しい競争を勝ち抜いて地位を上げるため、出世に役立つ社交術をいくつも身につけた。まださほど親しくない人にもあえてなれなれしい態度をとり、出会った人のファーストネームはすぐに覚えるよう心がけた。その他にも、ちょっとした態度や言葉で相手に好意をもたれるコツを多く会得《えとく》していた。その甲斐あって、実際にみるみるうちに出世していき、ついには上院議員に選出されたのだ。議員時代の彼は、演説の名手とされた。スケールが大きいだけで内容はあまりないのだが、なぜか人を惹きつけるのだ。いつも「これから世界は変わる」という類の話をしていた。その理由は技術革新だったり、地球環境の悪化だったり、人々の道徳心の劣化だったりしたが、ともかく、すごいこと、とんでもないことが起きると言って注目を集める。おかげで有名になり、上院外交委員長のポストも手に入れることができ、次期大統領候補と噂されるようにもなった。

まさに何もかもが思い通りだったのだが、徐々に自分に違和感を覚え始めた。急に夢から覚めたような、今までのことは全部冗談だったような気がし始めたのだ。上院議員の地位など、どうでもいいように思えた。すでに中年になっていた彼は、孤独を感じるようにもなった。議員どうしで友人になる人もいるのだが、彼には友人ができなかったのだ。キャサリン・ファウストとジョン・スクヴォレッツの研究によれば、アメリカの上院議員の間には、塩なめ場に集まる牛たちと同じような社交関係ができるという。塩なめ場の牛たちは、互いの邪魔にならないようにうまく塩をなめる。遠目《とおめ》には皆、仲良くしているように見えるのだ。そもそも、彼には自分と同じ地位の人間とのつき合い方がわからなかった。これまでの人生では、自分より上の人間との縦の関係しか経験していなかったからだ。自分と同等の人間との横の関係を築く努力をしていれば、仲間ができ、親友もできたかもしれないのに、それをしなかったのだ。社会的に成功を収めているだけに、友人のいない孤独感は余計に辛いものになった。

そして、とうとう危機が訪れた。ゴリラの群れのボスは、決して真夜中に目を覚まして「誰も本当の自分をわかってくれない」などと思ったりはしないだろう。そんなふうに自分を哀れんだりはしないはずだ。ところが、ハロルドの隣人は自分が可哀想になった。どうしても傷ついた心を癒したくなり、そのための行動に出た。長年のブランクのせいで、彼の友人を作る能力は、六歳児並みだった。そういう人間が、急に大人と友人関係を結ぼうとするのはあまりにも無理がある。セントバーナードが突然、人間とフレンチキスをしようとするようなものだ。やたらに高圧的になったかと思うと、泣き言を言ったりもする。友達になりたくて必死というのが透けて見えることも多い。女性にすごい勢いで迫ることもあった。ディナーパーティーで若い女性がそばに座ると、いきなり耳元でささやいたりするのだ。舌が耳に入るのではないか、という距離である。普通の女性なら皆、驚いてしまう。人生も半ばになって、ようやく自分にも心というものがあったのだと気づいた。それなのに、何もわからずに夢中で生きてきたら、いつの間にか自分が乗るべきでない列車の切符を手にしていた。それに乗れば一生、自分を殺して生きていくことを強いられる急行列車の切符だ。

しばらくすると、皆が驚くようなスキャンダルが噴出した。何人ものコールガールが彼の行状を暴露したのだ。格好のネタにメディアが一斉に飛びつく。彼は倫理委員会に呼び出され、追及される。風刺漫画などでも散々からかわれた。もはや議員を辞職するしかない。そして、かつては未来の大統領とまで言われた男が、気づけばシンクタンクの閑職に追いやられていた。毎日、特にやることもなく、午後はいつもハロルドと無駄話をしているというわけだ。

唯物論的な価値観

ワシントンDCに来てハロルドが気づいたのは、科学、特に社会科学や心理学の最新の研究成果が、政治の世界にはほとんどと言っていいほど取り入れられていないということだった。右派だろうが左派だろうが、この世界の人間は皆、ある前提を共有していた。それは個人主義的な世界観である。社会は、自律的な個人どうしの契約で成り立っているという見方だ。右派も左派も、個人の選択の幅を広げる政策を推進しているという点では共通している。どちらも、社会の絆、人と人とのつながり、地域への帰属意識、目に見えない規範、といったことには目を向けていない。

保守派の政治家たちは、市場における個人の自由を重視する。国が個人の経済的な選択肢を少しでも狭めるような動きをすれば断固反対する。個人の経済的自由の最大化を何より優先するのだ。まず、税金はなるべく減らそうとする。税金が少なくなれば、その分、国民が自由に使えるお金が増えるだろう。社会保障はできる限り民間で、と考える。年金なども個人が自分の責任で管理した方が良いというわけだ。私立学校の学費などに使えるクーポンを親に交付することで、子供の学校選択の幅を増やす「バウチャー制度」も、保守派の政治家らしい政策だ。

一方、リベラルの政治家たちは、モラル面での個人の自由を重視する。結婚、家族の構成、女性の役割、生死などに関わることについて、政府が何か個人の自由を制限するような動きを見せると強く反発する。常に、個人の社会的自由を最大化するような政策を推し進めようとする。妊娠中絶、安楽死といった問題に関しては、個人の意志に任せるべき、という考えだ。犯罪者の権利確保のために活動している政治家グループもある。宗教は、キリスト教だろうがユダヤ教だろうが、政治や行政から完全に切り離すべきだとする。そうでないと個人の良心を侵害することになるというのだ。

左派、右派の個人主義的思想は、それぞれ、一九六〇年代と八〇年代に非常に成功した政治運動を生むことになった。いずれにしろ、一世代くらいの間、政治の世界では、自主独立、個人主義、個人の自由を推し進める方向に風が吹いていた。社会や社会的義務、人の絆などを重視すべきだ、という意見が主流を成すことはなかったのだ。

また、ワシントンでハロルドが気づいたのは、彼らが皆、唯物論的な価値観を持っているということだ。リベラルも保守派も、社会に起きるあらゆる問題には金銭が関わっていると考える。そして、問題の解決にも金銭が重要な役割を果たすと考えるのだ。たとえば保守派なら、結婚率を回復させるためには「チャイルド・タックス・クレジット（子供のいる家庭への税額控除）」を導入しようと考えるし、都市の貧困問題に対しては、法人税の減税特区を作って企業誘致をするなどの対策をとろうとする。バウチャー制度によって教育の質向上を図るというのも同様の例だ。リベラルも、使い道は違うが、お金を使うという点では同じである。彼らはたとえば、壊れた学校の設備を修繕するための予算を確保する、大学の修了率を向上させるため、学生に奨学金を出す、といった対策を講じる。どちらの側も、物質的な条件を整えることが、直接、問題解決につながると考えている。一人一人の個性、属する文化などに目を向けることはなく、倫理、道徳などに重きを置くこともない。

いわば、彼らはアダム・スミスの思想の半分だけを取り入れ、半分を無視していることになる。アダム・スミスは有名な『国富論』という本を書いている。この本で彼は、「神の見えざる手」という表現を使い、個人が自由に自己の利益を追求すれば、結果として社会全体に資源が適切に分配されることになる、と述べている。しかし、アダム・スミスは同時に『道徳感情論』という本も書いているのだ。この本では、人間は利己的だが、他人への共感も持っていること、また他人からの尊敬を得たいという無意識の願望も持っていることが述べられている。そしてそれが、人格の形成に大きく影響するというのだ。アダム・スミスは、『国富論』に書いた経済活動はあくまで、『道徳感情論』に書いたことの基盤の上に成り立っているものだと考えていた。ところが、近年、よく知られているのは前者ばかりである。後者は時折、引用されることはあっても、その思想が活かされることはまずないと言える。前者だけを重視する価値観に浸かっていると、後者の持つ意味がよくわからなくなってしまうのだ。

ワシントンで高い地位に就くのは、多くは、銃や銀行などに詳しい人である。あるいは、戦争、予算、グローバル金融などに精通している人たちも、まるでタイタン（ギリシャ神話、ローマ神話に登場する神々の一人。巨大な身体を持つ）のように大股で闊歩《かっぽ》している。それに対し、家庭、幼児教育、地域社会の人間関係などに関心を寄せる人たちは、変わり者と見なされ、決して主役になることはない。試しに上院議員を一人呼び止めて、話しかけてみるとわかる。仮にあなたが「母子の絆は、人間形成にとって重要ですよね……」という類の話をしたとしよう。議員は優しく微笑みかけてはくれる。だが、きっとあなたのことを、孤独な若者のためのグループセラピーファーム（農業体験を通じて心の癒やしを得ることを目的とした施設）か何かを始めるために資金を募っている人間、と思い込むだろう。そして、税制や国防など、もっと大事なことを話し合うために立ち去ってしまうはずだ。

政治家本人は、誰もが極めて社会的な生き物である。彼らが現在の地位に就けたのは、人の感情を敏感に察知する優れたアンテナのおかげだ。にもかかわらず、政策を立案する段になると、その能力を使おうとはしなくなる。機械的に物を考えるようになり、厳密に定量化できることがら、明確に予算を見積もれることがら以外は、まともに取り扱わなくなるのである。

誤った政策

ハロルドは前々から、こういう精神構造からはろくな政策は生まれないと思っていた。なぜ、そう言えるのか、その理由は常に同じである。どの政策も、確かに物質的、経済的条件の改善にはつながるのだが、故意ではないとはいえ、例外なく人間の社会的関係には破壊的影響をもたらすのだ。

誤った政策には左派のものもあれば右派のものもある。たとえば、左派は、一九五〇年代、六〇年代に、老朽化した共同住宅の多くを新しいものに建て替えるプロジェクトを進めた。もちろん、これは善意の政策である。しかし、その結果、もとの住宅にはあった相互扶助のシステムが壊れることになり、コミュニティの絆が失われたのである。建物は傷んでいたとはいえ、そこには大切なものが存在したのだ。建て替えにより、物質的な環境は良くなったが、精神的な環境はかえって悪くなってしまった。外見的にはきれいになっても、実質は、皆が孤立して暮らす荒廃した場所になった。とても人間がまともに生きていけるところではなくなったのだ。

一九七〇年代の福祉政策は、家族を破壊した。婚外出産した女性に政府が金銭的援助をするようになったためである。援助により、彼女たちの物質的条件は良くなったが、ちょうど従来の価値観が揺らいでいた時代だったこともあいまって、婚外出産を助長する結果につながったのだ。家庭は、夫と妻と子供とで作るもの、という観念は壊れた。

右派の政策の中にも困った結果を生んだものが多くあった。大規模店舗の出店規制を緩和したことで、ウォルマートなどの巨大チェーンが各地に進出し、地元の個人商店が駆逐されたこともその一つだ。個人商店がなくなることで、地域の人たちの交流、つながりが失われてしまったのだ。金融市場のグローバル化も様々な悪影響をもたらした。地域の人々の事情をよく知った上で営業していた小規模銀行はなくなった。残ったのは、大銀行や躁《そう》病にかかったような金融ブローカーばかりである。彼らは、顧客からは遠く隔たったところで仕事をしており、一人一人の事情になどまるで頓着《とんちゃく》しない。

アメリカだけではない。海外でも同じようなことが起きている。ソビエト連邦崩壊後、ロシアには自由市場の専門家が大量に流れ込んだ。彼らは国営企業の民営化に関してはあれこれとアドバイスをしたが、地域社会の信頼関係をどう回復するか、治安をどう維持するか、ということには一切興味を持たなかった。だが、国家の真の繁栄のためには、それらが欠かせない要素になるのだ。アメリカはイラクに侵攻したが、独裁者を排除し、政府を新しいものに入れ替えれば、それで国は生まれ変わると考えていた。しかし、一世代にも及ぶ専制政治がイラク文化に与えた心理的影響についてはよくわかっていなかった。国民の間には、目には見えないところで、激しい憎悪の感情が生まれていたのである。何かきっかけがあれば簡単に民族間の殺し合いが起きる状況だったのだ。

同じような例はいくらでもあげられる。金融の規制緩和をすれば、海外の金融機関からの投資を呼び込みやすくなる。金銭的、心理的負担が減るからだ。特定の都市に経済特区を作るのは、税率を下げれば、その地域の経済が発展すると思うからである。奨学金を出すのは、中途退学者を減らすためだが、これは、中退者が大学を辞めるのは経済的に苦しいからで、その他に理由はないという前提に立つ政策だ。しかし、実際には、純粋に経済的理由で大学を修了できない学生は全体の八パーセントにすぎない。それより理由として大きいのは、入った大学に性格的に馴染《なじ》めないということや、学力不足で授業についていけない、といったことである。つまり、目に見えない、形のない理由が大きいということだ。これは、政府の人間の多くが共有する価値観では、存在を認識することが難しい問題である。

簡単に言えば、政府は国の経済、物質面を強化しようとして、それを下支えするはずの社会、人間の精神面を弱体化してしまっているということだ。ただし、社会は、政府の政策だけで弱体化したわけではない。私たちの文化に元々、家族のあり方など古い習慣を覆すような革命的な変化が起きていたことは確かだ。小さい商店の立ち並ぶダウンタウンが、チェーン店ばかりから成る大規模モールに取って代わられたことも、ある意味で時代の趨勢《すうせい》ということになるだろう。また、情報革命により、距離に関係なく趣味嗜好の似た人たちがつながれるようになったという事情もある。その一方で、同じ地域に住む人が直接顔を合わせてコミュニケーションをとる機会が減る、という現象が起きているのだ。

ロバート・D・パットナムは『孤独なボウリング――米国コミュニティの崩壊と再生』などの著書の中で、こうした状況が社会資本の縮小につながっていると述べている。人間関係が希薄になれば、自制心、他者に対する敬意、また他者に共感する心などが育まれにくくなる。高学歴で、ある程度の地位もある人間であれば、旧来の人間関係が崩れることで、自分が解放されたと感じることもあるかもしれない。そういう人は、また新たな種類の人たちと緩やかな人間関係を育み、その中で生きていくこともできるだろう。しかし、そうする力のない人たちにとっては深刻な事態である。現在は、特に教育程度の高くない人たちの間で、婚外出産が異常な勢いで増えるなど、家族の崩壊が進んでいる。犯罪も急増し、社会制度に対する信頼も揺らいでいる。

そのように秩序が乱れると、その回復のため、政府が社会に介入する機会が増えてしまう。イギリスの哲学者、フィリップ・ブロンドも言うとおり、個人主義革命は、その目的に反し、緩やかな人間関係を基礎とした自由な社会を生んだわけではなかった。個人主義革命が生んだのは、単に一人一人がばらばらになった社会だった。人と人の間に隙間ができると、その隙間を埋めるために政府が介入することになる。政府の仕事を増やすことにつながるのだ。暗黙の社会的制約が多く存在すれば、それで自然に秩序が保たれる。しかし、そうした制約が少なくなってくると、公権力が代わりに制約を与えざるを得なくなってしまう。現にイギリスでは、社会の制約が緩んだ結果、犯罪が急増し、多数の監視カメラの設置が必要になってしまった。地域社会が崩壊し、代わりに福祉を提供するなどして政府が肩代わりをするようになると、人々の間の社会的支援のネットワークはますます弱体化していく。市場も、伝統や、非公式の基準による制約が失われると、秩序維持のため、政府の介入を多く必要とする。これについてブロンドは次のように言っている。「一体、何という社会になってしまったのだろう。我が国には今や、両極端のものが同時に存在している。市民は分裂し、孤立化、無力化する一方で、その市民を統治する政府は官僚的、中央集権的なものになっているのだ」

社会の構造が健全でなくなると、政治は二極化することになる。一方の党は国家を代表し、もう一方の党は市場を代表する。一方は権力もお金も政府に集めようとするが、もう一方はそれを市場に渡そうとする。バウチャー制度などはそのための政策だ。だが、市民が生活していく上で本当に必要とする政府は両者の中間に位置するものである。その事実をどちらの党も無視しているのだ。

人間関係が希薄化し、社会が弱体化すると、人は自らの政治的態度によってアイデンティティを確立しようとする。他に手段が何もないために、それにしがみつくのだ。政治家やメディアの論客は、その心理の空白を巧みに利用し、政党を一種のカルトにしようとする。党への完全な忠誠を要求し、十分な心理的報酬を与えることで、その忠誠心に応えようとするのだ。

政党間の争いが「アイデンティティとアイデンティティの闘い」になってしまうと、もはや両者の間に妥協というのはあり得ない。一方に「自分に似た人」の集団があり、もう一方に「自分とは違う人」の集団があり、どちらの集団の地位が上かを決める争いになってしまうからだ。ほんの少しでも譲歩すれば、相手の方が人間的に上であることを認めたことになってしまう。党の境を越えて人間関係を築くようなことをすれば、追放である。政治家にとっては、党に対する忠誠は、上院や下院といった制度に対する忠誠に優先するのだ。政治は取引や妥協のためのものではなく、集団の名誉を勝ち取り、その優位性を証明する場になっているのだ。政党がそうして醜い争いをしていれば、政府や政治制度への信頼は崩壊するだろう。

人と人とのつながりが密な社会では、誰もが、社会を構成する組織や集団どうしの関係を肌で感じることができる。直接は関係がなさそうな組織でも、実は間接的に関係していることを十分に認識できるのだ。たとえば、家族は近隣の住民たちとつながっている。また、近隣の住民は皆、街につながっている。街は郡につながっている。郡は州に、州は連邦政府につながっている。そういうふうに、上から下までのつながりがすべて実感できるのである。ところが、人のつながりがなくなった社会では、そんな関係は崩壊してしまう。国の上から下までが一本につながっている感覚がないのだ。政府は、自分とは何の関係もないはずなのにあれこれと邪魔をしてくる煩《わずら》わしい存在、ということになる。政府のすることは多くの場合正しいはず、という信頼が持てず、国のリーダーに対しては皮肉で冷たい視線を向ける。

社会の人たちと友人、兄弟のような関係を築き、時折は自らを多少、犠牲にしても全体のために貢献する、そういう姿勢は見られなくなる。その代わりに、「どうせ誰かに盗られるのなら、自分が先に盗ってしまえ」という殺伐とした態度が蔓延する。国の債務の急増はその結果である。財政の均衡のために、政府が増税や歳出削減をしようとしても誰も受け入れようとはしない。どちらを実施するにしても、本当にそれで目的が達せられるのか疑わしい、と思うからだ。また、本当に皆が自分を犠牲にするのか、責任を逃れて得をする人が出るのではないか、と不安になるのである。人々の間に信頼関係がない社会では、政治は、ただ相手を批判し、攻撃して痛めつけるだけのものになり、物事を前に進めることができなくなってしまう。

発想の転換

ハロルドは、この状況を打破するのに、「認知革命」以後の心理学が役立つと信じていた。個人主義的な政治観、政策をまったく違うものに変えられると思っていたのだ。社会の健全性は、個人の選択肢の幅ではなく、その社会を構成する人間どうしの関係が健全かどうかで決まる、そういう価値観を広めるべきだと考えた。

つまり、自由は政治の究極の目的ではないということだ。政治活動において最も注目すべきことは、社会がどういう性格を持っているかということだ。政府や宗教、あるいは、企業や公的機関などの組織は、人間の無意識の選択肢に影響を与える。また、無意識の選択肢はその人の行動の基礎になる。その選択肢は、道徳にかなった健全なものになることもあるが、政府や組織の影響で、不健全なものになってしまうこともある。合理主義的な価値観では、個人が持てる能力を最大限に発揮できる環境を整えるのが政治の仕事、ということになる。しかし、これからの時代は、人間のネットワークの健全性を高めることを重要な仕事にしていかなくてはならない、とハロルドは考えた。経済中心の時代から、社会中心の時代へと変わっていくわけだ。

社会中心の時代になれば、政治家たちがもっと国民の人格、美徳といったことに関心を持ち、話題にするようになるだろう。もちろん、たとえば貧困地域の救済のために必要であれば、引き続きお金は使うべきである。しかし、人々の自制心を育てる文化がなければ、いくらお金をつぎ込んだところで社会的流動性が高まることはない。増税も減税も必要に応じて実施しなくてはならない。だが、いずれにしろ、互いに対する信用、信頼がない限り、起業は増えず、投資も活発にはならない。選挙もこれまでどおり実施していくが、市民一人一人に社会に対する責任感が生まれなければ、民主主義の繁栄はあり得ない。犯罪学者、ジェームズ・Q・ウィルソンは、長年にわたり公共政策について研究し、その成果を本にも書いているが、彼の主張を簡単にまとめると次のようになる。「それがどのような種類のものであれ、公の仕事の目的は、根本的には、人が道徳にかなった正しい行動を取るよう仕向けることである。相手が子供であろうと、生活保護の申請者であろうと、犯罪者予備軍であろうと、選挙の有権者であろうと、公務員であろうとそれは同じことだ」これはまさに社会中心の時代の政治のあり方と言えるだろう。

また、イギリスの元首相、ベンジャミン・ディズレーリもこんな言葉を残している。「人間の精神は、どのような法や政体よりも強い。この基本を認識していなければ、どのような政府も持続し得ないし、この基本を踏まえない限り、どのような法体系も持続し得ない」

結局、あらゆることは人格、人間性の問題ということになる。それは、すべては人間関係の問題ということでもある。人格は人間関係の中で育まれるからだ。人生においても、政治においても、人間関係こそが最も重要というわけだ。だからこそ、人生も政治も困難なのだ。人間関係ほど理解しがたいものはないからである。

ハロルドが足を踏み入れたのは、機械的、唯物論的な発想が支配する世界だった。そこに、人の感情や人間関係に注目する視点を加えることができれば、必ず良い結果が生まれると彼は思った。

「社会」主義

自らの考えを実際の政治や政策に応用すべく、試行錯誤していたハロルドだが、一つ困ったことがあった。それは「社会主義」という言葉の存在である。一九世紀、二〇世紀に自らを「社会主義者」と呼んでいた人たちは、厳密には「社会」主義者とは言えない。彼らは、言うなれば「国家主義者」である。彼らが重視したのは社会よりも国家だからだ。

真に社会主義と呼べるのは、人間の社会生活を何よりも優先させる態度だろう。気づいたのは、「コミュニタリアニズム(共同体主義)」という思想の存在である。この思想は、認知革命以後の心理学に合うのではないかと思った。大事なのは、経済という側面にも目を向けていることだ。社会は経済力によっていくつもの階層に分かれているが、果たしてそれぞれに階層の違う人たちが皆、社会という一つの事業に参加している一員だと思えるのだろうか。それとも、階層間の違いがあまりに大きすぎて、そんなことは無理だと思うのか。文化という視点も大事だ。社会の根幹を成す価値観を皆で共有する努力がなされているか、あるいは、その価値観に皆が自信を持てるような体制作りがなされているか。国家の組織は、文化を反映したものになっているか、ということも重要である。また、移民が入ってきた時、すぐに同化できるかということも重要になる。現在の政治状況ではまず、保守派は、国家が文化や個人の人格に手を出すことは難しいと言うだろう。リベラルは、やってみる価値はあるが、具体的にどうすべきかはなかなかわからない、と言うかもしれない。どちらも特有の言い方でかわしてしまうとは思うが、そういう発想があることを伝え、議論に参加してもらうことは大切だろう。

ハロルドは、その時点では自分のことをリベラルと呼ぶべきか、保守派と呼ぶべきかはわからなかった。一つヒントになるのがダニエル・パトリック・モイニハンの有名な言葉だ。「保守派にとっての真の理想は、政治ではなく、文化がその社会の成功を決めるということである。リベラルにとっての真の理想は、政治が文化を変えられるということ、文化を文化自身から救えるということである」

自分の仕事は、文化や人格の重要性をワシントンの住人たちに伝えることだとハロルドは思っていた。人間の行動を決めるのは、その人の人格や、属する文化である。そして、限られた範囲ではあるが、政府はその両方に影響を与えることができる。それを伝えなくてはならない。国家の持つ力は、火に似ている。うまく制御できていれば役に立つが、制御できずにあまり大きくなってしまえば死を招くことになる。その意味では、政府が個人の人生に介入することは好ましくないとも言える。そんなことをすれば、責任感のない人が増え、道徳にも悪影響を及ぼすかもしれない。だが、人生そのものに介入するのではなく、人生を送る環境に介入するということならいいのではないだろうか。人々が良い人間関係を育みやすい環境を整えることに、ある程度までなら関与していいのではないか。そういうかたちで、間接的に国民の精神に影響を与えるのだ。

それは、部分的には、ただ政府の基本的な仕事を遂行するだけでもできることだ。基本的な仕事とは、秩序の基本的な枠組みを決めること、外敵の攻撃を防ぎ、国民の安全を保障すること、経済活動に規制を加え、暴利をむさぼる者を罰すること、財産権を保護すること、犯罪者を罰すること、法の支配を堅持すること、最低限度の社会保険を提供すること、治安を維持すること、などである。

時には、すでに実施している政策をやめるということも必要になるだろう。文化の力を弱め、個人の人格形成を阻害するような政策はやめるべきだ。社会を維持するには、「努力をすれば、その分の報酬が得られる」と信じられる仕組みを作り、それを守ることが必要である。ただ、政府が問題なのは、努力していない人に不当な報酬を与えてしまいがちであるということだ。善意でそれをすることもあれば（過去には、結果的に勤労意欲を削ぐような福祉政策がよく行なわれた）、私利私欲のためということもある（ロビイストの支持を取りつけるための資金供与、自らが関与する業界、企業に対する税制優遇措置、助成金の交付、など）。これは、国民の社会、政府への信用、信頼を弱めるような政策だ。努力と報酬が結びつかなくなると、社会の雰囲気は確実に悪くなる。政治がまともに機能しておらず、社会は腐敗しているということを国民が感じ取るからだ。

しかし、方法次第で政府は人々を適切な方向に導ける、とハロルドは考えていた。好ましい文化や人格の形成のため、建設的な役割を果たすことができると考えたのだ。人々からの距離が遠い中央集権的な政府は、奴隷的な国民を生み出す。しかし、権力が分散し、地域の自治が進めば、国民はより能動的、協力的になるだろう。個人商店が集まって営業できるようなインフラを整えれば、地域住民どうしの交流が密になるかもしれない。それにより、さらに地域の開発、振興が進むかもしれない。チャータースクール（税補助は受けるが、通常の公的教育の規制は受けない学校）を作れば、生徒の親どうしの結びつきが強くなる可能性がある。大学がキャンパスの中だけにとどまらず、積極的に外へと活動の場を広げれば、多くの起業を促す力になることもあるだろう。社会階層の境界を越えて皆が参加できる国家的事業を立ち上げる、というのも一つの方法だ。社会的事業を始めるための起業基金を設立するというのもいい。資金は国や州などが出し、管理は地域の住民が自ら行なう。自ら積極的に地域社会に貢献する事業をしようという人が増えるはずだ。また、税制を簡素化し、公平性を高めるだけでも、活力が生まれる。皆の行動をより元気に、より活発にすることができ、創造的破壊を促すこともできるだろう。

アリストテレスは、「立法者は市民を飼い慣らす」と書き残している。その意図があろうとなかろうと、立法者が何かをすれば必ず、市民に何らかの行動を促すことになる。あるいは何らかの行動を思いとどまらせることもある。国を作ることは、必然的に人の心を作ることにつながるのだ。

エッセイの連載

ハロルドは、シンクタンクが発行している専門紙にエッセイを連載し始めた。自分の考える次世代の政治が社会をどう変えるかを書いたのだ。エッセイの基本的なテーマはいつも同じだった。人間の無意識の絆を断ち切ると、それが多くの社会問題の原因になるということ。政府には、断ち切られた絆を修復する力があるということ。

彼が最初のエッセイで書いたのは、おそらく人の心、絆などからは最も遠いところにあるように思えることである。それは、世界的なテロの脅威だ。テロの脅威を前にすると、人の絆が大切、などと言うのがあまりに感傷的にも思えてくる。専門家の多くは元々、テロは主に貧困、経済的機会の欠如が原因で起きると考えていた。問題の原因は物質的なことにあると見たわけだ。しかし、テロリストたちの素性について詳しく調査をしてみると、意外なことがわかってきた。これまでの調査データによれば、反西洋のテロリストの七五パーセントが中流家庭の出身で、驚いたことに、六三パーセントが一時的にせよいずれかの大学に籍を置いていたという。彼らの問題は物質的なものではなく、社会的なものだった。オリヴァー・ロイによると、テロリストの多くは、国や文化から切り離された人たちである。多くは、過去と現在の狭間の、何にも、どこにも属さない場所に捕らえられてしまっていた。過去を代表する人間であると見せかけているが、それは自分の人生に意味を与えるためだったのだ。暴力的なジハードは、自分を何かに結びつける、帰属させるための行為というわけだ。彼らの中に、テロ組織に入る前から政治に強い関心があったという者はむしろ少ない。だが、自分の存在を規定し、目的を与えてくれるような大きな信条を探し求めてはいた。つまり、テロ組織に入るという選択を思いとどまらせるためには、別のかたちで彼らに生きる意味を与えられるような大義が必要ということになる。

その後、ハロルドは軍事戦略について書いた。これも銃と暴力のタフな世界であり、心や絆とは本質的に無縁に思える。彼はエッセイの中で、イラクとアフガニスタンに派遣された軍関係者の話を書いている。それによれば、単に「悪い人間をできるだけ多く殺す」というやり方では、とても反政府活動を撲滅することはできないとわかったというのだ。唯一有効と思われるのは〝COIN〟(Counter Insurgency＝対反政府武力行動)と名づけられた作戦だという。この作戦は、現地住民の信頼を勝ち得るところから始まる。信頼を得るには、たとえば村を守ると言っても、ただ安全を確保するだけでは十分ではない。人々が「自分は安全だ」と感じるようにしなくてはならないのだ。そのためには、学校や医療施設、裁判所を作る必要があるし、灌漑用水路を整備する必要もあるだろう。機能しなくなった議会も再招集しなくてはならない。村の長老に権限を与えることも重要だ。まずはそうした「国づくり」の活動をうまく軌道に乗せることが不可欠である。それではじめて、人々の間にまとまりが生まれ、強い社会ができていく。社会が強くなり、自ら十分な知性と力を持つようになれば、独力で敵を知り、撃退することができる。そうならない限り、「安全だ」と感じることはないだろう。戦争は、あらゆる政治活動の中でも、最も「ハード」なものだが、その遂行のためには、人の話を聞く、気持ちを理解する、信頼関係を築く、といった非常に「ソフト」な社会的技能が欠かせない、とハロルドは書いた。特にイラクやアフガニスタンの場合には、いくら死体を積み上げても勝利にはつながらない。コミュニティを築き上げない限り、勝利はあり得ないというのだ。

エイズについてのエッセイも書いた。エイズに対するグローバル政策の問題を指摘したのだ。欧米各国はこれまで、この病気に関して多くの研究成果をあげ、治療のための薬剤の開発も進めてきた。しかし、いくら治療法が進んでも、人々が病気につながる行動を続ける限り、効果は限定されてしまうだろう。

たとえ知識を大量に積み上げても、それで人の行動を変えられるわけではない。ハロルドはそう指摘した。行動を変えるには、意識の向上が必要だが、それだけでは十分ではない。エイズの蔓延が特に深刻な国でも、大多数の人はＨＩＶの危険性を認識している。認識しているにもかかわらず、危険な行動を続けているのだ。コンドームを提供すればいいというものではない。コンドームは、すでに容易に入手できる状況になっている人が多いからだ。入手できても、実際に使うかどうかは別問題だ。感染率が下がらず、むしろ上がっている現状を見れば、あまり使われていないのは明らかだろう。経済を発展させればいいという意見があるが、それも決定的な策とは言えない。感染が広がる大きな原因とされる人々（主に鉱山労働者やトラック運転手）は多くが比較的、裕福だからだ。医療施設の充実はもちろん必要だが、劇的な効果は望めない。ハロルドは、八五八人の女性エイズ患者が治療を受けるナミビアの病院について書いた。一年にわたり努力を続けたが、彼女たちのパートナーの男性のうち、病院に来て検査を受けたのはたったの五人だという。エイズに感染していると告げられることは、死刑宣告を受けるに等しいため、ほとんどの男性が病院に来ないのだ。そもそも、彼らの文化では、男性は病院に近寄ることさえしないものなのだ。

ハロルドはナミビアの、中年層の人々が全員、エイズで死んだという村を訪ねている。彼らを最後まで看取ったのは子供たちである。普通に考えれば、それほどの出来事があれば、「どうしても生き残りたい」という気持ちが強くなるはずだ。にもかかわらず、子供たちは、自分の親を死に追いやったのとまったく同じ行動を繰り返している。彼らの行動は、あらゆる論理を受けつけない。合理的な説明が成り立たないのだ。人は自己の利益の最大化のために行動するという、一般に受け入れられている原理にはまったく当てはまらない。つまり、論理や自己利益などに注目していては、状況を変えられないということだ。彼らの人生には、それを規定する「ひな形」のようなものがあるのだ。それを変えることが最も効果的と考えられる。単にセックスの時の意思決定にだけ介入すればいいというわけではない。倫理に関する意識を根本的に変える必要がある。あらゆる刹那的な誘惑に負けない態度を国民が身につけるよう、仕向けなくてはならないのだ。国民を教育するわけだが、その種の教育は、宗教指導者の力を借りて進めると効果的であることが多い。宗教指導者は、何が良いことで、何が悪いことなのか、何が美徳で、何が悪徳なのか、という話し方をする。また、そうするのが義務だ、当然そうすべきだ、という話し方をする。何が真理で、どうすれば救済されるかも話すだろう。安全なセックスは、あくまで教育によって物の見方が本質的に変わった副産物として達成されることなのだ。

従来の専門的研究では、教育の際の話し方について注目されることはなかった。だが、これは重要なことである。話し手は、年長者であること、聞き手の近隣に暮らす、直接の知り合いであることが望ましい。欧米諸国は、ＨＩＶやエイズについて、科学的な知識、医療知識は多く提供してきた。ところが道徳面、文化面に関わる知識は十分に提供したとは言えない。人々の価値観、倫理観を変え、人生を変えるには、その知識が必要だ。人生の「ひな形」、無意識の行動パターンを変えるための知識が必要である。

ハロルドは住宅の変化に注目したエッセイも書いた。まず指摘したのは、アメリカの郊外では近年に至るまで地域社会の絆が維持されていた、という事実である。ところが、一九九〇年代になると、デベロッパーが「準郊外住宅」というものの開発を大々的に推し進めた。当時、住宅を購入する人たちに「近隣にはどういう施設がほしいか」と尋ねると、たとえば「ゴルフコース」という答えが返ってきた。ステータスシンボルになるものをほしがっていたのだ。だが、一〇年後、同じ人たちに同じ質問をすると、コミュニティセンターやコーヒーショップ、ハイキングコース、スポーツクラブなどをほしがる人が多くなっていた。彼らは極端に走りすぎたのだと言える。都心から遠く離れ、大きな家を手に入れた。彼らにしてみれば、それは「アメリカンドリームの実現」だったのだが、結局は、以前に暮らしていた人口密集地域での人間関係を懐かしむようになってしまった。そんな思いに、市場は部分的には応えるようになってきている。発展している都市の景観を再現したような住宅地を作るデベロッパーが現れているのだ。そこはまるで都心のダウンタウンのようである。多くの人が行き交い、通り沿いのカフェで食事をする人もいる。

社会的流動性

ハロルドが手がけた調査プロジェクトの中でも最も規模が大きかったのは、社会的流動性に関わるものだ。彼は、この何十年かの間、研究者たちはあまりにグローバリゼーションのことばかり考えすぎているのではないか、と思っていた。確かに、国境を越えて物や情報が行き来することは大幅に増えた。しかし、グローバリゼーションには、言われているほど社会を変える力はないのではないか、と思っていたのだ。たとえば、連邦労働統計局のデータを見ると、二一世紀に入ってしばらく、レイオフの原因となるとして話題となり注目を集めた「オフショア・アウトソーシング」は、実際にはさほど大きな影響を与えなかったとわかる。すべてのレイオフのうち、オフショア・アウトソーシングが原因となったのはわずか一・九パーセントにすぎない。また、ハーバード・ビジネススクールのパンカジ・ゲマワットによると、世界の設備投資の約九〇パーセントは現在も国内向けだという。

変化の真の原動力は、認知負荷の増大ではないかとハロルドは考えた。技術革新が進み、社会構造も大きく変化したことで、人間の認知能力への負荷は飛躍的に増えている。過去に比べてはるかに多く、はるかに複雑な情報を吸収し、処理しなくてはならない。社会環境も複雑になったため、その把握も大きな負担になる。これは、地域の中でも、世界全体でも同時に起きている現象だ。もはや、自分の身の回りですら、誰と誰、何と何がどういう関係なのかを正確に知ることは困難になっていると言えるかもしれない。

グローバリゼーションの話題になると、「情報が一瞬で二万キロ先にまで伝わる」というようなことばかりが強調される。しかし、情報がどれほど長い旅をしたとしても、本当に大事なのは、旅の最後の数センチである。私たちの目や耳に届いてから脳の様々な部位に入るまでの間が特に重要だ。つまり、情報そのものより、その認知の方が重要、ということになる。たとえ同じ情報を受け取っても、それをどういうレンズを通して見るかで意味が変わってしまう。そもそも受け取り手にその情報を理解する力があるか、受け取った情報を利用できるだけの教育、訓練を受けているか、ということも問題だ。また、情報によって喚起される感情、想起するアイデアなどは人によって違うはずである。その人が属する文化によっては、情報を歪めて理解してしまうこともあるし、他の文化の人より深く理解できることもある。

個人の認知負荷が増大したことによる影響は、広範囲に及んでいる。一つは、女性の役割が変化したことである。知的能力に関しては男女間に差異はない。そのため、以前に比べて大幅に増えた情報処理負担のうちのかなりの部分を女性が引き受けることになったのだ。これは結婚観の変化につながった。男性も女性も、自分と認知能力が釣り合ったパートナーを求めている。認知の負担を分け合えるような相手が望ましいのだ。簡単に言えば、似た者どうしの夫婦が増えているということである。高学歴の人は、やはり高学歴の相手を選び、そうでない人はそうでない相手を選ぶ。これは社会の不平等を拡大させる。一つの国の中に二つの別の国ができるようなものである。自分の置かれている状況を的確に把握できる能力を生まれながらに持っている人たちの国と、はじめからそんな能力を持つ可能性がない人たちの国だ。

教育を受けたことへの報奨は、過去何十年かの間、一貫して増えている。現在では、経済的報酬の多くは高学歴な人間に与えられるのだ。一九七〇年代には、経済面だけを見るかぎり、大学に行く価値はほとんどなかったという意見もある。大学卒業者とそうでない人の間で、収入レベルに大きな差はなかったということだ。しかし、一九八〇年代はじめからは差が開き始め、その傾向はずっと変わっていない。現代は、知性にお金が支払われる時代ということだろう。学歴ごとに世帯収入の中央値を比較すると、アメリカの場合、大学院卒業者の世帯が約九万三〇〇〇ドルなのに対し、大学卒業者の世帯が約七万五〇〇〇ドル、そして高卒者の世帯が約四万二〇〇〇ドルとなる。高校中退者の世帯になると、これが約二万八〇〇〇ドルにまで下がる。

さらに、高学歴者の間には、時折、他より突出して収入の高い人が現れることもよく知られている。これは、「スーパースター効果」と呼ばれる現象である。他人にはない独自の知的能力を備えた人の収入が跳ね上がるのだ。教育程度の高い人であっても、代わりの利く能力しか持たない人はコモディティ化してしまう。そのため、報酬はゆっくりとしか上がらないか、まったく停滞したままになる。

知的能力は親から子へと受け継がれることが多いため、報酬のレベルも親から子へと受け継がれる傾向が強くなる。一九五〇年代ならば、メイフラワー号に乗ってアメリカにやって来たピルグリム・ファーザーズの直系に生まれたからといって、特にそれが何か大きな意味を持つわけではなかった。だが、今は、どの家庭に生まれるかがかつてないほど人生に大きく影響するのである。年収九万ドルの家庭に生まれた子供なら、二四歳の時点で大学を卒業している確率は約五〇パーセントだが、年収七万ドルの家庭に生まれた子だと、この数字が約二五パーセントにまで下がる。家庭の年収が四万五〇〇〇ドルだと一〇パーセント、三万ドルだと六パーセントにも満たないほどになってしまう。

名門大学は、ほぼ特権階級の人間にしか入れない状態になっている。アンソニー・カーネベルとスティーブン・ローズがアメリカの一四六の名門大学について調査したところ、経済力が下位四分の一に入る家庭出身の学生は全体のわずか三パーセントしかいなかった。実に七四パーセントの学生は、上位四分の一の経済力を持つ家庭の出身だった。

ある程度の流動性のない社会は健全な社会とは呼べない。誰もが良い人生を送れる可能性があること、努力する意味が見いだせることが重要だ。本人の努力次第で上に行くこともできるし、はじめは上にいたとしても、努力しなければ下に落ちてしまうことがある、それが健全な社会だろう。しかし、現代の社会はとてもそうなってはいない。封建時代の身分差別のように明確ではないが、現代にもまた独自のかたちの不平等が生じている。ある意味では、封建時代と同じくらいに過酷で不公正と言えるかもしれない。

同じようなことは多数の国で起きており、すでに多額の資金を投入して対策を講じている国が多い。たとえば、アメリカでは、白人の生徒と黒人の生徒との間の成績の差を縮めるためにこれまで一兆ドルもの資金が使われている。教育向けの公的支出は、一九六〇年から二〇〇〇年の間に、実質ベースで二四〇パーセントも増加した。主要大学でも、かなり思い切った援助策を実施している。ハーバードなど特に財力のある大学は、年収約六万ドル未満の家庭の学生に限り、授業料を免除する、ということもしている。アメリカ政府は、貧困対策にも、すでに十分すぎるほどのお金を使っている。貧困者一人につき年に一万五〇〇〇ドルの給付を行なうなどしているからだ。単純に計算すれば、二人の子供を持つシングルマザーなら、年に四万五〇〇〇ドル受け取れることになる。

しかし、この問題はお金だけでは解決できない。実は最大の原因はお金ではないからだ。大きな問題は、成長過程の違いにある。子供の頃の意識と無意識の発達の仕方が家庭環境によって違っているのだ。ハロルドの場合は、自分とエリカの生い立ちを比較するだけでもそれがよくわかった。一方には、知的能力の向上を奨励するような雰囲気の中で育つ子供がいる。周囲に本が多くあり、読む人も多い。皆が当たり前のように質問し合ったり、議論をしたりしている。「将来、何になりたいか」という話も日常的にする。ところが、もう一方には、知的能力の向上を阻害するような雰囲気で育つ子供がいるのだ。たとえば、裕福な家庭の多い地域で幼稚園に行き、子供たちの前で絵本を途中まで読んだとする。おそらく約半数くらいは、話の続きがどうなるか予想することができるだろう。貧困地域の幼稚園では、結果が大きく違ってくる。話の続きを予想できる子供はせいぜい一〇パーセントほどにとどまるはずだ。このように、先を読む能力があるかないかは、将来の成功を大きく左右することになる。

一九六四年頃、まだ認知負荷がこれほど増大していなかった時代には、裕福な家庭の子供の将来と、そうでない家庭の子供の将来には大きな差はなかった。どういう家庭に生まれようと、高い教育を受けていようといまいと、大人になってから成功する可能性に大きな違いはなかったのだ。だが、認知負荷が増えるにつれて両者の差は開き、高い教育を受けるほど将来の展望が大きく開けるようになった。教育を受ければ、好循環に乗れる。高い認知能力を持ち、多くの報酬を受けて安定した家庭を築けば、その家庭で育つ子供は容易に知的能力を高めることができ、やはり将来、経済的に成功する可能性が高まる。反対に、十分な教育を受けられなかった子供は、悪循環に陥ってしまう。認知能力が低ければ経済的に成功は望めず、家庭は安定しない。その家庭で育つ子供が認知能力を高めることは難しいので、将来の経済的成功も難しくなる。

現在、大学卒業以上の学歴を持つ人と、そうでない人は、まったく異なった環境下で暮らしている。

中流家庭の子供の三分の二は、両親のいる家庭で育つ。しかし、貧困家庭の場合、両親のいる家庭で育つ子供は三分の一ほどしかいない。コミュニティ・カレッジ（公立の二年制大学）の学生の約半数は、過去に妊娠した経験か、誰かを妊娠させた経験を持つというデータもある。イザベル・ソーヒルの試算では、もし現在の家族の構成が一九七〇年代と同じであれば、貧困率が二五パーセント低下することになるという。

学歴は、個人の性格や態度にまで影響するようになっている。ロバート・パットナムの調査によると、大学卒業者には、そうでない人に比べ、周囲の人たちを信頼する傾向があるという。しかも、自分の運命を自分で決められると信じる傾向が強く、自分の目標に向かって行動する人が多い。

どちらの側に属する人も、望むことは基本的には変わらないはずだ。高い教育を受けていようといまいと、多くの人は、両親のいる安定した家庭で暮らしたいと思っている。誰もが大学の学位はほしい。子供には自分より良い暮らしをしてほしいと思っている。ただ、それに必要な精神的資質を備えているのは、多くが高学歴家庭に育った人なのだ。高校を中退せずに卒業し、フルタイムの職業を持ち、結婚するまで子供を持つことがなければ、貧困に陥ることはまずない。この条件を満たしていて貧困に陥る確率はわずか二パーセントである。とはいえ、その人たちのすべてが大学に行くわけではないし、自分が大学に行かなければ、子供が大学に行く可能性は低くなり、後に自分より良い暮らしをする可能性も下がってしまう。

社会的流動性について調査し、その関連で貧困や家庭の崩壊の問題について調べているうち、ハロルドは何度かいら立ちを覚えた。貧困の中で暮らし、悪循環に陥っている人たち一人一人に「なんでもっと努力しないんだ！」と言ってやりたい衝動に駆られたのである。フルタイムの仕事に就きたいのなら、面接を受けるべきだ。大学に行きたいのなら、SATを受けるべきだし、大学を卒業したいのなら、そのためにまた試験を受けるべきだ。退屈だからといって、家庭で少し問題が起きたからといって仕事を辞めるべきではない。そんなことをしていたら、まともに暮らせるわけがない。個人は、それぞれどうしてもある程度の責任を果たさなくてはならない。少なくとも、自分の下した決断に対しては責任を負わねばならないだろう。それができないのなら、決して成功の見込みはない。成功するためには、時に目標の達成に向け、なりふり構わず努力する必要もあるだろう。それは仕方のないことだ。

だが、ただ「自助努力をせよ」と言うだけで事態が好転するとは彼も思っていなかった。他人に言われて意識したからといって、即、目標達成のために努力できる人間になれるわけではないのだ。努力するためには、実はそのための能力がいる。それはいわば「無意識の能力」である。その能力を獲得していないと、たとえば、毎日毎日、繰り返し同じような仕事をするなどということは難しくなる。まったく行く気がしない朝に何とか会社に出勤する、ということもできない。気が狂いそうになるくらい嫌いな上司に丁重な態度で接するなど絶対に無理だろう。初対面の人に愛想よくすることも不可能だ。何となく憂鬱な気分の時や、困ったことが起きている時、他人に普段通りの顔を見せることもできないに違いない。基本的に、自分で自分のことが信じられないのだ。自分ならいつも適切な行動ができる、やるべきことをきちんとやりとげられるという信頼感がない。そして、「今、辛くても、我慢してがんばれば、後で良いことがある」という因果関係を信じることができない。

不平等である、という事実そのものが与える心理的影響も大きい。リチャード・ウィルキンソンとケイト・ピケットは、著書『平等社会——経済成長に代わる、次の目標』の中で、自分は社会の中でも低い地位にいるのだ、と思うだけで、人は強いストレスを感じ、心理的な負担がかかる、と書いている。社会が不平等であると実感し、自分は疎外されていると感じると、他人との関わりを嫌なこと、面倒なことと思うようになるのだ。面倒だからといって人と関わることを避けていると、肥満になりやすく、健康を害しやすくもなる。憂鬱になったり、不安を感じたりすることも増える。ウィルキンソンとピケットは、イギリスの公務員を対象に行なわれた調査を例にあげている。公務員の中には、地位が高く、責任の重い仕事をしている人もいれば、地位が低く、さほど責任のない仕事ばかりしている人もいる。想像すると、心臓疾患や消化器疾患などの病気にかかりやすいのは、前者の人たちのように思える。ところが調べてみると、事実は逆であることがわかるのだ。低い地位にいると思うことによるストレスが健康を害すると考えられる。

ハロルドは、人々の心の「内部モデル」を作り替えれば、様々な問題を解決できると考えていた。「努力して何かを成し遂げる」という価値観は、世代から世代へと受け継がれるものである。低所得者の多い地域では、その価値観の継承が行なわれていないのだ、とハロルドは思った。もし、そうなのだとしたら、状況改善のためには、どこかの時点で誰かが価値観を植えつけるしかない。これは一種、父親的、家父長的な役割を果たす人間が必要であるということだ。両親のどちらもがその役割を果たせないのなら、教会や慈善団体が代わりを務めることができるかもしれない。だがそれではとても間に合わないという場合は、政府が介入せざるを得ないだろう。まずは、中流階級に入るために最低限必要な、三つのことを達成できるよう、政府が支援をするのだ。三つのこととは、子供を産む前の結婚、高校の卒業、就職である。

ロン・ハスキンスとイザベル・ソーヒルは、著書『機会均等社会の創造（*Creating an Opportunity Society*）』の中で、次のように書いている。「長期的な幸福につながるとわかっていることであっても、他人の介入なしに独力で実行するのは難しい。それは低所得家庭の人たちに限った話ではない。私たち皆に共通することだ。ジャンクフードは避け、質の良いものを食べる、定年後のためにお金を貯めておく、といったことを誰にも促されずに実行するのは容易ではない」だが、一つの政策を導入すればそれで多くの人に必要な能力が身につく、ということはないだろう。人的資本政策は栄養に似ている。持続的に一定量ずつ摂取しなくてはならない。一度に多く取り入れれば、それだけ効果があるというものではないのである。ハロルドは、「社会的流動性のはしご」から閉めだされてしまった人たちを救済するための政策を複数考えた。それを順に実行していけば、効果があるのではないかと思ったのだ。

最も社会への影響が大きいのは、若者に焦点を当てた政策だろう。ジェームズ・ヘックマンも言っているとおり、何かを学べば、それを基にまた新たに何かを学ぶ可能性が高くなるし、技術を身につければ、それを基に新たな技術を身につけることが多い。したがって、若者の教育への投資は、年配者への投資よりも大きな成果につながりやすいのだ。政策の例としてはまず、十代の母親を対象にした子育て教室や、看護師を若い母親の自宅に派遣しての子育て指導などがあげられるだろう。そうすれば直接、育児に関する一定の指針を示すことができ、無軌道になりがちな家庭に一定の秩序を与えることもできる。早い段階から質の高い教育をしておけば、その家庭で育つ子供の発達への良い影響が長く持続するだろう。就学前の幼い子供のIQを高める教育をしたとしても、その効果は長続きせず、小学校に通う間にはごく普通のIQになってしまうことも多い。しかし、幼いうちに社会性や感情に関わる教育を十分に施せば、効果が長い間消えずに残り、やがて高学歴化や就業率の向上などにつながるはずである。

ハーレム・チルドレンズ・ゾーン（HCZ）が行なっているような、地域社会のまとまりを高める取り組みは、目覚しい成果をあげている。それを受け、今では同様の取り組みが多数なされるようになった。具体的内容はそれぞれに違う。ただ、どれもが、子供たちの学業成績を大幅に高めることで、地域の文化を根本から変革しようとしている点では共通している。KIPP（Knowledge Is Power Program＝知識は力）アカデミーなどの、「ノーナンセンス・スクール」と呼ばれる種類の学校もその一つだ。KIPPアカデミーは実際に、子供たちの将来の可能性の幅を大きく広げることに成功している。エリカもかつて通ったこの種の学校は、子供たちの生き方のすべてを変える。入学前とは違った、勤勉で規律正しい人間に変えるのだ。

学校の教室内で特に重要なのは、教師と生徒との関係である。クラスの人数は少ないに越したことはない。だが、教師の質が高ければ、たとえ人数が多くても、質の低い教師がついた少人数クラスよりも良い結果を生むことになる。教師の質を維持するには、給与とは別に能力給を設けるという方法が有効である。また、先生が生徒にとって好意を持てる人物かどうかも大切だ。好意を持てる人から学んだ方が、そうでない場合よりも学習成果が高まるのは間違いない。一人一人にメンター（指導者）をつけるメンタリングプログラムなども、子供たちと学校との結びつきを強めるのに役立つ。高校にしろ、大学にしろ、その場に、自分を日々、励まし、導いてくれる大事な人がいれば、途中で辞めてしまうことはまずない。たとえば、ニューヨーク市立大学では、ＡＳＡＰと呼ばれるプログラムを導入しており、メンターによる徹底した指導により、卒業率を高めることに成功しているようだ。

第一世代の人的資本政策は、人々と、大学を含めた学校、訓練施設などとの距離を縮めること、学校に入る人を増やすことを目的としたものがほとんどだった。第二世代になると、学校の中で、必要な知識、望ましい習慣、心的特性をどう身につけさせるか、学校に入ってから得られる成果をどう高めるか、ということに重点が移っている。ただコミュニティ・カレッジに入学できるチャンスを与えるだけでは不十分なのだ。入学したはいいが、その後、どうしていいのかがわからなければ何にもならない。それを教えてくれるカウンセラーがいない、もしくはいても頼りにならない、履修登録の手続きが煩雑、取りたいと思う授業は常に満員、卒業の要件は不可解、ということでは困る。多くは元々、資質に問題のある学生たちなのだから、学習に至るまでの障壁が高ければ簡単に挫折してしまう。そのため、第二世代の政策では、目に見えるカリキュラムを整えることよりも、そうした目に見えにくい部分の改善に注意が向けられている。

第三の政策

毎日、政治について考えをめぐらすうちに、ハロルドは自分の根本を成す信条が固まっていくのを感じていた。考えれば考えるほど、良い社会を作る上で何より大切なのは、社会を構成する個人の人としての成長、そして社会的流動性であると思うようになった。社会的流動性を高めるというのは、視界の広い社会を作るということである。皆が多くの機会を得られ、努力次第で人生を大きく変えられる、そういう社会を作ることだ。それが実現できれば、階層間の対立は弱まる。生まれた時に属していた階層に一生居続けるものと決まっていないのなら、対立する意味があまりないからだ。階層間の移動が容易であれば、人間の持つ創造性は存分に発揮されるだろう。現在、どの地位にいても、それが永続的なものでないとすれば、最初の地位に違いはあっても、不公平は少ないと言える。

ハロルドの住む国には、二つの有力な政治勢力が存在している。一つはリベラル勢力である。彼らは、政府を利用することで、国をより公平性の高いものにしようとしている。もう一つは保守派勢力である。彼らは、政府を小さくすることで、より自由な国を作ろうとしている。しかし、過去の歴史には、どちらとも違う政治勢力が存在した。小さいが活動的な政府を作り、社会的流動性を高めようとする勢力である。この勢力は、数百年前にカリブ海の小さな島で生まれた。

一八世紀、カリブ海に浮かぶセントクロイ島という島に、一人の少年がいた。父親は、まだ一〇歳の時に彼を捨てた。母親は、彼が一二歳の時に、隣のベッドで亡くなった。その後は、いとこに引き取られたが、いとこは間もなく自殺してしまう。おば、おじ、祖母などはいたが、彼らも数年の間に皆、亡くなってしまった。母親から受け継いだほんのわずかの財産も、遺言検認裁判所によって没収された。彼は兄とともに、極貧の孤児となったのだ。

この少年の名は、アレクサンダー・ハミルトン。ハミルトンは、一三歳で孤児となったにもかかわらず、次第に頭角を現し、一七歳の時には貿易会社の経営者にまでなった。二四歳の時には、ジョージ・ワシントンの参謀となり、アメリカ独立戦争の英雄ともなっている。さらに、三四歳で、アメリカ合衆国憲法の批准推進を目的とした八五篇の連作論文『ザ・フェデラリスト』のうちの五一篇を執筆した。その頃には、ニューヨークで弁護士としても成功していた。財務長官として、アメリカ史上最高とも言われるほどの業績をあげたが、四〇歳の時に辞任している。

ハミルトンは、彼がかつてそうであったような努力家の若者を政府の力で支援しようと考えた。そういう政治的伝統を作ったのだ。彼は、若く、野心的な人間が自らの能力を最大限に発揮できるような国を作りたいと望んでいた。彼らの力が国をより良いものにするのに役立つと考えたのだ。ハミルトン自身はそれについて次のように言っている。「意欲的な人間が次々に新しいものに触れられるようになっていれば、それが刺激となって彼らはますます努力をするようになるだろう。つまり、努力をしようという活力が国全体で高まるというわけだ」

「刺激」、「努力」、「活力」は、いずれもハミルトンの考え方を象徴する言葉である。彼は、皆の努力を助長することで国の活力を高める、そういう政策を推し進めようとした。当時はまだ、工業に対して懐疑的な人が多く、農業だけが価値あるものを作り、富を生むと信じている人がほとんど、という時代である。そんな時代に、ハミルトンは工業を擁護し、技術革新を促した。プランテーションの圧倒的な支配により、金融市場も取引業者もなかなか勢力を伸ばせずにいたが、ハミルトンは市場の活性化のために力を注いだ。それが国にとっての刺激になると信じたからだ。国の経済は事実上、少数の大地主によって分断されている状態だったが、ハミルトンは彼らの独占を打破することで、幅広い国民に機会を提供しようとした。まず、独立戦争の際の債務を国有化し、それを取引する資本市場を作りあげた。そして、国の経済を、全員が互いに競争する一つの大きな市場に統合しようとした。そして、政府が競争を助長すれば、市場の活力を高めることができると彼は考えた。

ハミルトンが始めた政策は、一九世紀前半のヘンリー・クレイとホイッグ党に引き継がれた。彼らは運河や鉄道など、内陸部の設備の改良を進めることで、新たな機会を作り出し、国をひとつに結びつけようとした。この時、政策を推進したホイッグ党員の中に、若き日のエイブラハム・リンカーンがいた。リンカーンもハミルトンと同じように貧しい家庭に育ち、同じように野心を抱いて休みなく努力することで自らの地位を上げた人間である。奴隷解放への功績が有名だが、実は、奴隷に関してより、労働や経済に関して行なわれた演説の方が多い。自己を変革する意志のある人が尊重され、誰もが「働くことは良いことだ」という考えを持つ、そういう国を作ろうと考えていたのである。「私は、人生の価値とは、自らの置かれた状況を改善していくことにあると考えています」一八六一年、リンカーンは移民たちにそう語りかけている。リンカーン政権下、つまり、南北戦争時代のアメリカ政府は、通貨の統一を成し遂げ、ホームステッド法、モリル・ランドグラント・カレッジ法などを可決させ、鉄道に関する法整備を行なった。いずれも、アメリカ国民の前に新たな可能性を提供する政策だったと言える。多くの人に起業家精神を発揮する機会が公平に与えられ、社会的流動性が大幅に高まったのだ。それが国作りに役立ったのである。

その後、ハミルトンの思想を受け継いだ人物として有名なのは、セオドア・ルーズベルトだろう。彼もまた、競争の人格形成に及ぼす力を信じていた。彼は、一九〇五年の大統領就任演説でも言っていたとおり、競争を促す環境に身を置くと、人間は活力、自立心、独創性などいくつもの重要な美徳を身につけると考えたのだ。

ルーズベルトもやはり、一人一人に公平に機会が与えられ、皆が自ら進んで努力をするような社会を作るには、時に政府が積極的に介入する必要があると信じていた。ルーズベルトは、次のように述べている。「政府が国民の生活に介入する際に最も大切なことは、競争の機会を作り出すことである。また、注意すべきなのは、政府が動いた結果、かえって機会を潰すようでは困るということだ」

ハミルトンの考え方は、非常に長きにわたってアメリカの政治を支配していたのだ。しかし、二〇世紀になると、その力は衰えた。二〇世紀に主に議論されたのは、「大きい政府か小さい政府か」ということである。ハミルトンの政策は、そのどちらとも違っていた。

ハロルドは、今こそ、かつての「小さいが活動的な政府」という考え方を復活させるべき時だと思うようになった。ただし、すべて昔のままというわけではない。二つの点で修正が必要になる。一つ重要なことは、ハミルトンの政策は、現在のように認知負荷が増大する前の時代のものだということだ。努力する若者に必要とされる知的能力がさほど高くなかった時代に適合した政策ということである。現在は、当時とは大きく状況が変わり、人間関係も複雑になっているし、処理すべき情報も圧倒的に増えている。そのことを考慮しなくてはならない。そして、ハミルトン、リンカーン、ルーズベルトの時代がもう一つ現代と大きく違うのは、彼らの時代には、国の社会資本や、国民の道徳心などが必ず一定以上のレベルにあるという前提で動けたという点である。誰もが地域社会の密な人間関係の中で生きるのが当たり前であり、多くの人が共通の規範、倫理、習慣に従って生活していたからだ。どういう時に何を考え、どう行動するかはある程度、予測できたわけだ。現代のリーダーにはそういうことは不可能である。かつて存在した地域社会やその倫理観はすでにほぼ、失われてしまっているので、それを改めて作らなくてはならない。

ハロルドは、ワシントンでの何年間かを、ハミルトンの思想を現代に蘇らせ、それを活かして第二世代の人的資本政策を推し進めることに費やした。彼は何もいわゆる「イデオロギー」を作ったわけではない。それに従えば必ず良い政府ができる、という理論を構築したわけでもない。この世界は一つの有機体であり、そんなイデオロギーや理論で対応するにはあまりに複雑すぎる。誰も存在すら気づかないような多数の要素が互いに絡み合っているので、一つの理論に基づいて行動するだけでは何も良い方向に変えることはできないだろう。できると思うのは過信である。

また、ハロルドは、英雄的なリーダーが現れて次々に改革を断行していく、などということは期待していなかった。彼はもっと抑制的な見方をしていた。政府にはさほど華々しいことはできないし、またそれが望ましいとも思っていたのだ。イギリスの政治哲学者マイケル・オークショットは、政府が自らの行動を過信することのないよう、次のように警告を発している。「政治活動というのは、無限に広がる底なしの海を旅するようなものだ。途中で港に立ち寄って休むこともできず、流されないようどこかに錨を下ろすこともできない。しかも、出発点もなければ、決まった目的地すらもない。バランスを保ってただ、浮かんでいるというだけでも大変なことである。海は友であると同時に敵でもある。次々に襲いかかる敵を友に変えて前進していくには、古くから受け継がれた知恵に頼るしかない」

政府について考える度、ハロルドは自分に言い聞かせていた。人間はこの世界のことを何も知らないのだということ、そして人間はほとんど何も知り得ないのだということを。物事を良くしたいと思い、そのための力がほしい、と強く思いすぎると、つい人間の限界を忘れてしまいがちになる。ただし、多くのアメリカ人がそうであるように、ハロルドも人間の進歩を信じていた。社会の基本的な性格を変えてしまうことに対しては、彼自身も本能的な嫌悪感を覚えるのだが、その一方で改革して問題を解決していきたいという強い意欲も持っていたのだ。

エッセイの連載は三年間続いた。その中に多数の政策提案を盛り込んだが、彼に賛同する人は多くなかった。ニューヨーク・タイムズ紙に驚くほど意見の似ているコラムニストがいた他は、ほんの数名である。それでも、まだ彼はあきらめてはいない。自分の意見は概ね正しいと信じていたし、いずれ自分と同じ結論に到達する人も増えてくるはずと思っていたからだ。カール・マルクスはかつて「ミルトンは、蚕《かいこ》が糸を出して繭《まゆ》を作るようにして『失楽園』を書いた。ただ、彼が生まれながらに持っていた力をそのまま表に出しただけだ」と言ったが、ハロルドは自分も同じように持てる力を存分に発揮できたと感じていた。エリカが一度に何週間も家を空けることがあるなど、辛いこともあったが、世界に多少でも貢献できていると思えるのは嬉しかった。それに、自分の「社会」主義的な発想は、いずれ何らかのかたちで世界に大きな影響を与えるはず、という確信もあった。

21章　新たな学び——過去との対話

スイスのダボスでは、毎年冬に、世界経済フォーラムの年次総会が開催される。規模も大きく非常に影響力のある会合である。この総会の期間には、毎晩、いくつものパーティーが開かれるのだが、出席者によって三つくらいのランクに分かれている。第一ランクは、会合の中核にいる人たちが出席するもの、第二ランクは、それより少し外側の人たちのもの。そして、第三ランクは、さらに外側の、中核からは遠い地位にいる人たちのパーティーである。第三ランクの出席者は、第二ランクの出席者を羨《うらや》み、第二ランクの人たちは、第一ランクの人たちを羨望の目で見ている。ランクが上がるほど、名声や権力という点では上になるが、経済などに関する専門知識は、ランクが上がっていくとむしろ減っていくと言っていいだろう。

最も中核に位置するのは、各国政府の要人や世界的な有名人ばかりが集まるパーティーだろう。かつての大統領や閣僚、中央銀行総裁、グローバル企業のトップ、アンジェリーナ・ジョリーなどの世界的な映画スターなどが一堂に会して、あれこれと語り合うのだ。ただし、これは、間違いなくすべてのパーティーの中で最も退屈なものである。こういう社交の場では常に言えることだが、ダボスにおいても、他人から見て興味深いのは、多くが中核から遠いところにいて、まだ地位を確立していない人たちである。中核に行くほど地位が安定して自分に満足した、他人から見れば退屈な人が増える。

そして外側にいる人たちのほとんどは、自分もいつか中核に行きたいと必死になっている。

ビジネスの世界で何十年も活躍し、グレース政権の八年間に次席補佐官と商務長官を務めるなど、公職でさらに目覚しいはたらきをしたエリカは、最も中核のパーティーへの出席資格を得ていた。最も排他的で最も退屈なパーティーに招かれる人になったわけだ。

すでに引退した彼女だが、まだ政府の仕事への一定の貢献は続けていた。たとえば、財政赤字、核拡散などの問題への対応に協力することもあるし、米欧関係の現状や、将来のグローバルな貿易協定について検討する場に顔を出すこともある。中には、ダボス会議への出席と聞くだけで、舞い上がってしまう人もいる。しかし、エリカはそうではなかった。これまでに何度もこういう場に出てきたからだ。もはや、要人や有名人が何人いようと、特に何も感じない。過去のリーダーたちの多くはすでに顔見知りだし、友人と呼べる人も何人かいた。彼らもエリカと同じような立場である。ダボスの後はジャクソンホール、さらに東京でも顔を合わせることになる。そして、現在の首脳たちではどうしても目先のことに追われて対応ができない長期的な問題について話し合い、「重大な懸念」を表明したりもするのだ。

エリカもはじめのうちは、元大統領や世界的なスターと話をするのだと思うと、緊張したり、自意識過剰になったりもした。だが、そんな気持ちはすぐに消えた。何となく、同じ編み物サークルのメンバーが世界の色々なリゾート地で繰り返し集まっているという感じなのである。スキャンダルが原因で自ら辞任した元大臣もいれば、公約を任期途中で撤回して非難を浴びた元大統領もいる。周囲からやんわりと圧力をかけられて辞めざるを得なくなった元国務長官もいる。そういう古傷には誰も触れない。現役時代に過ごした生臭い世界での出来事は、すべて水に流しているのだ。

彼らの夜のパーティーでの会話は本当に、悪夢かと思うほどつまらない。これだけのメンバーなので誰も知らなかった大変な事実が明らかになるのでは、と少しでも期待して行くと落胆してしまうだろう。かつては世界の大国を動かしていた人たちが集まっているというのに、話題と言えば、ゴルフや時差ボケの治し方、胆石《たんせき》の手術のことくらいである。昼間は保護主義台頭の懸念などについて熱い議論を交わしていたのに、夜は前立腺《ぜんりつせん》肥大の話ばかりしている、という具合。こういう時の会話には、いわゆる「チャタム・ハウス・ルール」が適用されるのだ。簡単に言えば、「誰も面白い話をしてはいけない」ということである。面白いと思えるのは、時折語られる、現役時代の楽屋裏でのバカげたエピソードくらいである。

どの人も必ず、パーティーで人を楽しませるためのネタとして、そういう楽屋裏話のレパートリーをいくつか持っていた。たとえば、ある元大統領には、ロシアのリーダー、ウラジーミル・プーチンとのエピソードがあった。ある時、彼はうっかり、プーチンに自分の飼い犬の自慢話をしてしまった。すると、次のモスクワサミットでプーチンは、ロットワイラーを四匹も連れて昼食会に現れ、「君のより大きいし、足が速くて強いぞ」と自慢し返したという。その話を聞くと、今度は元の国家安全保障担当補佐官も負けじとプーチンのエピソードを話す。彼は、プーチンに指輪を盗まれたというのだ。彼は、ある会議の時、ウェストポイント（陸軍士官学校）の卒業指輪をしていた。それを見たプーチンが「自分の指にはめてみたい」と言うので渡したら、話をしている間にさりげなくポケットに入れてしまった。国務省がかなり強く抗議し、返すよう言ったのだが、プーチンは返そうとしなかったらしい。イギリスの元首相は、バッキンガム宮殿でのカクテルパーティーをこっそり抜け出して、奥御殿《おくごてん》に忍び込んだ時の話をした。この時は、エリザベス女王と鉢合わせになって悲鳴をあげられたという。この手の話は確かに魅力的ではある。と同時に、「世界情勢の鍵を握る人物と言っても、中身は小学生とさほど変わらないのかもしれない」という印象を抱かせる。

エリカはいずれにしろ、こういう日々を楽しんではいた。任される仕事は大して面白くなかったが、それでも一応の成果をあげられていることに満足していた。引退後も引き続き、世界情勢を内側から見続けられることも嬉しかった。長い会合の途中、彼女は時々、その場から一歩身を引いて出席者たちの人生について思いを馳せることがあった。彼ら、彼女らは、一体どのようにしてグローバルエリートの頂点にまで上り詰めたのか。皆、生まれつき特別な才能があったとは思えない。人並み外れた知識があるわけでもないし、独創的な意見を持っているということもない。強いて何か一つ、特別なところをあげるとすれば、それは物事を単純化する才能ということになるだろう。何か複雑な問題を目の前にした時、その本質を素早くとらえて、簡単な言葉で説明する能力に長けているのだ。同じようなことは、その問題を最初に発見した人たちもすぐに気づいていて、よく知っていたはずである。ところがそれほど簡単な言葉で表現した人間は誰一人いなかった、ということが多い。簡単に表現することで、複雑だった問題は、忙しい人にも取り扱えるものに変わる。

　地位という点では、エリカはもう行き着くところまで行ってしまっていた。もうほぼ上はないという状態だ。どこに行っても重要人物として扱ってもらえる。見知らぬ人が急に近寄ってきて「お目にかかれて光栄です」などと言う時もある。それで嬉しい気分になるということはないが、人生の大半の時期、彼女を駆り立ててきた、「上に行かなくては」という焦燥感に悩まされることはもうなくなった。これで彼女が学んだのは、富や名声は人を幸せにするわけではないということだ。ただ、富や名声は、人を不安から自由にしてくれる。それを持っておらず、ほしいとむきになっている人たちは手に入らない不安に苦しむが、その苦しみからは解放されるのだ。

　頭の中では、彼女はまだ押しの強い若い女のままで、何も変わっていないつもりだった。だが、ある時、ショックを受ける出来事があった。不意に鏡に映った自分の顔を見てしまったのだ。驚いたことに、そこにあったのは二二歳の女の顔ではなかった。すっかり年寄りの顔である。

　そういえば、最近、女性の高い声が聞こえづらくなってきたし、騒がしいパーティーの席で人の話を聞き取るのも難しくなった。低い椅子に座った時は、腕で体を支えないと立ち上がれない。以前に比べると歯が黒ずんでいるし、歯茎《はぐき》が痩《や》せてしまったので、歯が長く見える。硬い物は避けて柔らかい物ばかり食べている（顎《あご》の周りの筋肉は、年を取ると若い頃に比べて最大で四〇パーセント程度減ると言われている）。

階段を降りる時には必ず手すりをつかむようになった。少し年上の友人が転んで腰の骨を折ったという話を聞いたからだ（高齢になって腰の骨を折ると、そのうちの約四〇パーセントの人は老人ホームに入ることになり、二〇パーセントの人は二度と歩くことができなくなる）。日に色々な種類の薬を飲むが、どうしてもなくしてしまうし、どれがどれだかわからなくなるので、とうとう整理用のケースを買った。

文化の流行からはいつの間にか取り残されていた。今、映画で主役を演じているのは、自分よりずっと若い世代の俳優たちである。彼女には誰が誰かもう見分けがつかない。ポップミュージックのヒット曲は、ほとんど彼女の耳には入らないうちに現れては消えていく。

一方で、エリカは人生の後半になって、ようやく自分のことを客観的に見られるようになったとも感じていた。世俗的に相当の成功を収め、安心して暮らせるようになったことで、はじめて自分の欠点に正面から向き合い始めたと言ってもいいのかもしれない。成功が彼女にかつてないほどの謙虚さをもたらしたということだ。

彼女は、人が年老いて衰えていく様子を容赦なく描いた小説や戯曲を多く読むようになった。たとえば、シェイクスピアの『お気に召すまま』に登場する厭世的なジェイクイズは、老年期のことを「ただ忘れっぽくなるだけで、あとは子供に返るようなもの」と表現している。二〇世紀中頃の発達心理学では、老年期はただ何もかもが衰えていく時期とされることがほとんどだった。人は年をとると、徐々に世の中との関わりを絶ち、死にゆく準備をする、と信じられていたのだ。年をとってから自分を大きく変えることなど、とてもできないとされた。フロイトはこんなことを書いている。「五

○歳頃になると、通常は、治療に必要な精神機能の柔軟性が失われ始める。年老いた人を教育するのはもはや不可能なのだ」

エリカはまったくそんなふうには感じていなかった。実際、最近の調査によって、高齢者であっても学習や成長は可能であることが証明されている。生涯、脳内のニューロンは新たなネットワークを作ることができるし、新たなニューロンも作られ続けるという。ワーキングメモリのはたらき、注意をそらすものを無視する能力、計算問題を解く能力など、衰えてしまう部分も確かにあるが、それ以外のほとんどの部分は衰えることはないのだ。多数のニューロンが死に、そのせいで、脳の複数の部位をつなぐネットワークにも欠落部分が多く生じる。だが、高齢者の脳は、そういう老化による影響を埋め合わせるべく再構成されるのだ。若い時に比べると、同じ結果を出すまでに時間がかかるかもしれないが、問題解決の能力という点で見ると、若い時とほぼ変わりがないと言える。航空管制官を対象とした調査によると、三十代の管制官の方が六十代に比べ、総じて記憶力は優れていたが、緊急事態への対応能力は六十代でも変わらなかったという。

年齢による変化に関しては、数十年にもわたる長期研究もいくつか行なわれているが、その結果を見る限り、引退後の人生に関しては楽観してもよさそうだ。老年期は、ただ衰えていくだけの時期ではないらしい。そして、単に穏やかに過ごすべき時期というわけでもないようである。研究によってわかったのは、人間は老年期になってもまだ進歩、成長するということだ。これは、一部の特別な人に限った話ではない。中には、高齢になってから「どうせもうすぐ死ぬのだから」とスカイダイビングを始めるすごい人もいるようだが、そういう人だけの話ではないのだ。

まず多くの人に共通しているのは、年をとるほど気分が明るくなるということだ。これは主として、感情を良くない方に動かす刺激にあまり注意を向けなくなるからだと考えられる。スタンフォード大学のローラ・カーステンセンによれば、高齢者は、若い人に比べ、感情を安定した状態に保つ能力に優れているという。嫌なことがあっても比較的早く立ち直るのだ。ＭＩＴのジョン・ガブリエリは、高齢者の脳の扁桃体が、明るく楽しい出来事に遭遇した時には活性化するが、辛く悲しい出来事に遭遇した時はあまり活性化しないことを実験で確かめている。良いことだけを認識する術《すべ》を長年の間に無意識のうちに身につけたということかもしれない。

男女による違いは、年齢が上がるにつれて少なくなっていく。女性は、多くが高齢になると若い時より自己主張が強くなるが、男性は他人に同調する傾向が強くなる。高齢になるほど、態度が活き活きとする人も多い。より自分らしく生きられるようになるとも言える。カリフォルニア大学バークレー校のノーマ・ハーンは、同じ人たちについて、若い時から五〇年間にわたって追跡調査を続けたが、その結果によると、全体に年を経るほど外交的になり、自分に自信を持つようになり、他人に対して友好的になるという傾向が見られたという。

人間は年をとるほど知恵がつくという考え方もあるが、これは一概にそうとはいえない。知恵を測るテスト（「社会的知識」、「感情的知識」、「情報的知識」などと呼ばれる、種類の異なる知識を同時に調べるテスト）を実施した結果によれば、どうやらある時点で頭打ちになるようだ。テストの成績は、中年の時点であるレベルに達し、そのあとは七五歳くらいまでほとんど変わらない。

とはいえ知恵をペーパーテストで測れるかどうかは疑問である。エリカは、ひとまず引退した今、中年の時期にはなかった知恵が自分についているのを感じていた。まず、一つの問題を色々な角度から見ることが、以前よりうまくできるようになった。すぐに結論に飛びつかず、状況をよく観察することもできるし、一時的な仮説と、確固たる結論の区別もうまくできる。自分自身の心の中の状態を、以前より正確に把握できるようになった。

ただ、エリカは、自分のことを「若い頃よりも活き活きしている」とは感じていなかった。若い頃、ロサンゼルスに出張して、クライアントの手配してくれたスイートルームに泊まった時などは、部屋の豪華さに大喜びし、笑いながら中を歩き回った。どこかへ出張する度、一泊余分に滞在して、美術館や博物館、名所をめぐったりもした。ポール・ゲッティ博物館、フリック・コレクションなどを一人で見て歩いた時のことは今でも思い出す。素晴らしい芸術にすっかり魅了され、圧倒される思いがしたものだ。彼女は、若い時に感じた妙に高揚した気分、不思議なエネルギーに満たされる感じをよく覚えていた。小説本を脇に抱えてヴェネツィアを歩き、道に迷った夜、チャールストンの古い大邸宅の中を見学した時、いつも同じような気分になった。今はもう味わうことがない。どこかへ行っても、観光のために余分に宿泊したりはしない。そんな時間がないのだ。

仕事が責任の重いものになるにつれ、文化的な活動をする機会は減っていった。元々詩や絵画、演劇などに関しては知識も豊富で、鋭い審美眼を持っていたエリカだが、次第にその目は衰えていき、今では人並みも怪しいくらいになっていた。ペンシルベニア大学の神経科学者、アンドリュー・B・ニューバーグは次のように言っている。「五〇歳くらいになると、若い頃のように、超越的で強烈な体験をすることは減る。その代わりに、もっと繊細で、精神のより深い部分に訴える体験をすることが増える。あるいは自分がすでに持っている考え方の微調整をするような体験が多くなる」

エリカが芸術から離れてしまったのには、仕事の内容も影響した。彼女は物事を整理し、前に進めることに素晴らしい才能を発揮した。企業のCEO、政府高官になれたのは、この才能のおかげである。そうして彼女はすっかり実利の世界の人間になっていったのだ。

知人の数は増えたが、それに反比例するように、本当の友人と呼べる人は少なくなった。ある追跡調査の結果によれば、子供の頃にいわゆる「ニグレクト」を体験した人は、老齢になった時に友人がいないことが多いという（子供の時に脳内にでき、潜在していた「世界のモデル」が、年をとってから表に出てくるということかもしれない）。エリカはまったくの孤独というわけではなかったが、大勢の人に囲まれながら寂しさを感じることもあった。いつ いなくなるかわからない「半友人」は本当にたくさんいるが、ごく親しい人はほとんどいない。

彼女は徐々に浅薄な人間になっていったとも言える。公の場では活動的だが、私生活は怠惰になっていた。そうなるように脳内のネットワークを配線し直したのだろう。仕事で成功するためにはどうしてもそれが必要だったのだ。だが、長年彼女を駆り立てていた「世俗的に成功したい」という願望がかなった今、その配線は状況に合わないものになっていた。

引退してからのエリカは、何かに感情を動かされることが減っていた。心の中では、本人も気づかない間に、浅薄な人格と深遠な人格とが激しく戦っていたのだろう。戦いの結果、浅薄な人格が勝利し、長らく優位を保ってきた。今もその優位が続いているのだ。

そんな彼女にも、当然、死は近づいてくる。この世を去る日はもう、そう遠くはない。死こそは誰にとっても最後の辺境、未踏の地である。どういうものか想像もつかない。エリカは、自分やハロルドが近いうちに死ぬとは思えなかった（これはごく普通のことである。非常に健全だ。二人は互いに九十代まで生きた親戚のことを話して安心していた。だが、もちろん、いくら親戚が長生きしていても、それは自分の寿命とはほとんど関係がない）。

しかし、年長の知人は毎年、一定の割合で亡くなっていく。主な病気の罹患率がどのくらいなのか、インターネットで検索すれば、彼女もすぐにわかったはずだ。女性は彼女くらいの年齢になると、五人に一人が癌《がん》にかかる。六人に一人が心臓病に、七人に一人は糖尿病になる。まるで戦場にいるようなものである。自分の属する小隊から、必ず数週間に一人は兵士が消えるのだ。

こうした事実に向き合うのは恐ろしいことでもあるが、だからこそ今のうち精一杯生きようという活力が生まれることもある。エリカもそうだった（まだ、自分だけは永遠に死なないように思えたので、複雑な気分ではあったが）。死が迫っているという自覚は、彼女の時間に対する認識を変えた。そして、心の中ではゆっくりと新たな動きが始まった。引退を機に、彼女の中の「浅薄な人格」の力は弱まっていた。脳に取り入れる情報の種類も以前とは大きく変わることになる。取り入れる情報の種類が変われば、脳内ネットワークの配線も変化していくだろう。「深遠な人格」の勢力を強め、これからの人生をより輝かせることもできるということだ。

死を意識したエリカが最初にしたことは、今後の生き方を記した計画書を作ることである。いかにも彼女らしいやり方だ。人生の最終章を活き活きと過ごしたい。その願いを実現するにはどうすればいいのかをじっくりと考えていった。紙を広げ、まず、自分の人生をいくつかの側面に分けてみた。具体的には、内面の充実、創造活動、地域の人たちとの関係、友人関係、社会への貢献、などである。そして、個々の側面に関し、自分はこれからどういうことをしていきたいのかを箇条書きにしていった。

彼女は短い回顧録が書きたかった。何か新しい芸術にも挑戦してみたいと思っていた。ともかく、難しいことに取り組み、ある程度以上の技能を身につけて達成感を覚えたかったのだ。年に一度くらい集まって、共に食事をし、お酒を飲んで談笑できるような、女友達のグループにも入りたいと思った。自分が学んできたことを若い人に伝える場もほしい。樹木の名前も覚えたい。森を歩いている時、自分の見ている木の名前がわかれば楽しいだろう。世間体《せけんてい》や建前を抜きにして、自分が本当は神を信じているか、いないのかも確かめたいと思った。

瞑　想

引退後の最初の何カ月間かは、とにかく昔の友人に再会したいという強い衝動に駆られた。アカデミー時代の友人とは完全に連絡が途絶えていたし、大学時代の友人もほとんどは消息がわからなかった。しかし、フェイスブックが役立ってくれた。すぐに、何十年も会ったことのなかった友人たちと楽しくメールをやりとりできるようになったのだ。

古い友人たちとの交流は、彼女に損得抜きの喜びを与えてくれたし、長らく眠っていた本来の人間性を呼び起こしてくれた。見つかった中には、大学時代のルームメイトもいた。ミッシーという南部出身の女性である。お互いの家が五〇キロも離れていないとわかったので、ある日二人は昼食の約束をした。エリカとミッシーが一緒に暮らしていたのは三年生の時だ。一緒に暮らしていたにもかかわらず、二人がさほど親しくなることはなかった。エリカはとても忙しかったし、医学部進学課程にいたミッシーも図書館にいることが多かったので、顔を合わせること自体が少なかったのである。

ミッシーは昔と変わらず痩せていて、小柄だった。髪は白くなっていたが、肌はまだきれいだ。卒業後は眼科医になり、家族もいるという。乳癌で両乳房を切除したが今は回復している。エリカより数年早く引退したらしい。

食事をしながら、ミッシーは自分のこの何年かの変化について興奮気味に話した。「気づきの瞑《めい》想《そう》」と呼ばれる瞑想を取り入れることで、人生が大きく変わったというのだ。エリカは少し嫌な予感がした。ヨガとか、僧院での修養とか、そういう話が始まるのかと思ったのだ。自己の内的宇宙との交信とか何とか、よくあるニューエイジ的な話だろうか。大学時代、物事を常に客観的に見るいかにも科学者タイプの人間だった彼女がまさか……。そう思ったが、心配はいらなかった。瞑想について話すミッシーの話し方は、大学で宿題について話していた時と変わらない。あくまで理性的、客観的態度を崩してはいなかったのだ。

「脚を組んで床に座って、背筋を伸ばすの」ミッシーはそう話した。「最初は自分の呼吸に意識を集中するのね。吸って、吐いて、吸って、吐いて、それを全部意識するの。しばらく続けると、呼吸をしている自分の体の細かい動きの一つ一つが感じられるようになる。鼻の穴が開いたり閉じたりするところとか、胸が上下するところとか、全部、感じられるのよ。そうなったら、一つの言葉を頭に思い浮かべて、それに思考を集中させる。同じ言葉を何度も思い浮かべるんじゃなくて、思い浮かべた状態をそのまま維持するの。思考が少しでもそれていると感じたら、すぐに元に戻す。思い浮かべる言葉は人によって違っていて、『イエス』、『神』、『主』、『ブッダ』というのが多いみたいだけど、私は『心』にしてる。

そうしていると、次々に色々な気持ちが湧いてくるし、色々なことを感じる。頭にいくつもの映像が浮かんでくるけど、何もしないで、ただ自然に任せておくの。無意識に沈んでいた思考が意識にまで浮かび上がってくる感じね。はじめのうちはなかなか集中できなかった。家事のこととか、返事をしてないメールのこととか、あれこれ考えちゃう。そういう時は、言葉を思い浮かべて戻すの。何度か練習していたら、だいたいはすぐに外の世界のことが頭から消えて集中できるようになるけど。今は、もう、一回言葉を思い浮かべたら、集中が途切れることはない。どう説明すればいいのかわからないけど、自分の意識を意識できるようになったって感じかな。

自分のアイデンティティっていうか、『自分』っていうものが消えてなくなるのよ。自分は消えて、感覚と感情だけが下の方から泡のように浮かんでくる。瞑想の目的は、それを全部、何の判断も解釈も加えずに受け入れること。友達に会ったみたいに笑顔で歓迎するの。私の先生は、谷間に流れてくる雲を見ているような感じって言ってた。雲は次々に違う形のが流れてくるでしょう。前にあったのはどこかへ行ってしまって、また新しいのが流れてくる。そんなふうに瞑想中に浮かぶ感覚や感情も次々に入れ替わるのよ。本当はいつも自分の中にあるんだけど、見ることはないものに触れているってことかもね。

言葉ではうまく説明できないけど、それは、これが本来、言葉にならないものだからだと思う。言葉で説明してしまうと、観念的でとてもつまらないものに聞こえる。瞑想に入っている時、私の中に状況を説明するナレーターはいないの。解説者もいない。そこには言葉がまったく存在しないのよ。

時間さえ感じなくなる。自分自身についての物語を語る自分はいなくなる。行動の逐一を実況するアナウンサーはどこかへ行ってしまう。ただ、感覚と感情が湧いてくるだけ。わかってもらえるかな？」

ミッシーはどうやら、自分の無意識を直接、知覚する方法を見つけたようだった。

「瞑想から戻ると、自分が変わっているのがわかる。世界が今までとは違って見えるから。ダニエル・シーゲルっていう人が、瞑想のことを、夜に暗い森を懐中電灯を持って歩くようなものだって言ってる。瞑想から覚めると、懐中電灯は消えてしまう。狭い範囲だけど照らしてくれていた明るい光が消えてしまうわけ。でもね、だんだん暗闇に目が慣れてきて、あたり全体の様子が見えるようになってくる。

前は、自分の感情は自分そのものだと思っていた。でも、今は感情が自分の中で浮かび上がったり、漂ったりするのを観察できる。自分の思考も自分そのものだと思っていたけれど、実は私たちは思考を体験しているだけ。私たちの中を漂っているだけのもの。自分が普段、物を見ている時の視点は、唯一のものじゃなくて、たくさんあるうちの一つでしかないってこともわかってくる。物の見方は他にもいくらでもあるのよ。仏教で言う『初心』を育ててるってことかもしれない。赤ん坊のような目で世界を見るっていうこと。すべてのものを意識的な選択や解釈をしないで、一体として見る、とも言えるかな」

ミッシーはサラダの皿を前に、アスパラガスにフォークを突き刺しながら、一気にこれだけ話した。彼女の話からすると、正しい訓練を積みさえすれば、意識の下に隠された無意識の王国をのぞき込むことができる、ということのようだ。私たちの目が色として認識しているのは、電磁スペクトルのうちのごく一部分にすぎない。それと同じで、通常、認識している心は、心のごく一部にすぎないのだ。視野を広げることができれば、自分が知っていたのとは大きく違った心の姿が見えるに違いない。

一般的なイメージでは、瞑想など科学とは相容れないもののように思えるが、意外なことに、神経科学者たちは瞑想に強い関心を示している。自分たちの学会にダライ・ラマを招いたりもしているし、自らチベットの修道院を訪れた神経科学者もいる。修道僧たちの実践していることの中には、科学上の発見と関係の深いものが多いからだ。

宗教の世界で古くから、啓示、悟り、解脱《げだつ》などと呼ばれてきた超越的な体験、見えなかったことが急に見えるようになる体験は、空想の産物などではなかったのだろう。てんかんの発作などによる幻覚というわけでもない。人間には、生まれつき聖なる体験をする能力が備わっているということになる。通常の知覚の限界を超えて何かを感じ取り、高みへと上る瞬間があるというわけだ。

アンドリュー・ニューバーグによれば、チベットの僧侶が深い瞑想に入っている時、カトリックの修道女が一心に祈りを捧げている時には、脳の頭頂葉と呼ばれる部位の活性が下がるという。頭頂葉には体性感覚野があり、自分の身体を認識する役割を果たす。このことが、自分がなくなる感覚、空間が無限に広がる感覚につながっているのかもしれない。さらに、キリスト教、ペンテコステ派の信者が宗教的高揚状態に入り、いわゆる「異言（外国語のように聞こえるが、明確な意味のない不思議な言語のこと）」を話している時には、それとはまた違った驚くべき変化が脳に起きていることがわかった。自分がなくなる感覚などはないようだ。頭頂葉の活性が下がるということもない。彼らの場合は、まず脳の記憶機能が低下する。感情や感覚に関わる機能は活性化する。ニューバーグはこのことについて、次のように述べている。「ペンテコステ派の伝統では、異言を話す目的は自分を変えることである。古くからある信条を強めることではないのだ。大事なのは、信者の心を開き、体験からより多くを学べるようにすることだ」宗教体験にも様々な種類があり、その時の脳の状態も色々に違っている。いずれも、その教義に合うような状態を作り出すようになっているのだろう。

脳の構造をいくら調べても、神が実在するかどうかはわからない。詳しく調べれば、脳の仕組みやはたらきはかなりの程度までわかるが、それを誰が設計したかまではわからないのだ。また、大きな謎なのが、「意識」というものの存在である。意識は、脳のはたらきによって生まれているはずのものだが、一方で、意識が脳のはたらきに影響を与えることもある。なぜ、そんなことが可能なのかはまったくわかっていない。瞑想に熟達した人の例でもわかるとおり、人間は自らの意志で、脳のはたらきを大きく変えてしまうこともできる。注意を内へと向けることで、無意識の状態を垣間見るということも可能だ。そうすれば、元々は分かれていた意識と無意識を一体化させることもできるだろう。そういう境地に達した人を、悟りを開いた人、啓示を受けた人などと呼ぶのかもしれない。

ミッシーは時折、サラダの皿から顔を上げてエリカの方を見た。頭がおかしくなったと思われていないか不安だったのだ。実は、この体験が自分にとってどれほどの意味があるのかさえ、よくわかっていなかった。彼女はずっと「言葉ではうまく説明ができない」と言って謝っていた。解釈を加えずに物事を一体として見る、というのはどういうことか、意識が拡大するというのは具体的にどんな感じなのか、それを説明するのは非常に難しいことだった。ミッシーはオーガニックなニンジンのシェイクや、そういった類のものを飲みながら話をしていたわけではない。彼女はオノ・ヨーコのような人とはわけが違うのだ。彼女は医師であり、今でもパートタイムとはいえ、仕事を続けている。ガソリンを大量に消費するSUVを乗り回しているし、今も白ワインを飲みながら昼食をとっている。ストイックな宗教家などではない。瞑想をしているのは、この方法で無意識に触れられるというのが科学的にあり得ることだと感じたからだ。

帰り際、彼女はエリカに、次の会合に参加して瞑想を試してみないかと誘った。しかし、エリカは気づくと、「やめとく。私には向いてないと思う」と答えていた。自分でもなぜそう答えたのかよくわからない。ただ、自分の内面をのぞき込むということには、嫌悪感を覚えた。彼女はこれまでずっと外ばかりを見てきたし、自分でも意識して常に外を向くようにしていた。自分は動き回るのが好きな人間なのだから、ただじっと座っているのには耐えられないとも思った。実は、自分の内面に目を向けるのが怖かったのだ。そこはきっと、とても飛び込む気が起きないような黒い水のたまったプールのようになっているだろう。活き活きとした人生を送るには、もっと他の方法もあるはずだ。

第二の教育

その後何カ月か、エリカは芸術の世界にのめり込んだ。エリカらしい貪欲さで、憑かれたようになって、芸術について多くのことを一度に吸収しようとしたのだ。西洋絵画史の本を何冊か読んだし、有名な詩を集めたアンソロジーを購入して、寝る前にベッドで読んだ。クラシックの名曲を網羅したCD全集を買って、車での移動中に聴いたりもしていた。友人を誘って久しぶりに美術館通いも再開した。

ほぼ誰にでも言えることだが、彼女もやはり、これまでの人生である種の教育を受けてきた。はじめはもちろん学校教育である。大学では経営学や経済学を学び、その後はいくつもの仕事をする中で、必要な専門知識を身につけることになった。ただ、これまで学んできたことは、結局ほとんどすべてが一本の線でつながっていたと言える。

しかし、今学ぼうとしていることはその延長線上にはない。学ぶことの種類が違うのだ。いわば「第二の教育」である。第二の教育は、感情に関する教育だ。何をどう感じればいいのかを学んでいる。学ぶことが違うので、当然、学び方も違ってくる。第一の教育では、学ぶべきことは、正面玄関を通って向こうから目の前にやってきた。何を学べばよいかは明確に知らされるのだ。ある意味で単純である。教えてくれる先生がいて、教わることの書かれた教科書がある。皆が同じように教科書を読み、先生の話を聞いて、学んでいく。

第二の教育はそうではない。決まったカリキュラムというのはないし、何をどれだけ学べばいいかも決まっていない。実のところ、エリカには学んでいるという自覚さえなかった。ただ思いつくままに、自分が楽しめそうなものを探しているだけだ。学習はその副作用と言った方がよかった。情報は彼女のところに正面玄関からやってくることはなかった。窓ガラスの割れ目から、床板の隙間から、偶然に入ってきてしまうという感じである。心にも、そういう割れ目や隙間がいくつもあるのだ。

エリカはジェイン・オースティンの『分別と多感』を読み、そしてフォード・マドックス・フォードの『かくも悲しい話を』、トルストイの『アンナ・カレーニナ』を読んだ。それでわかったのは、自分は登場人物に感情移入しやすいということだった。気づくと、その人になりきって同じような気持ちを味わっている。おかげで、自分には自分で気づいていなかった意外な感情があることが発見できた。小説にしろ、詩や絵画、交響曲にしろ、描かれていることが彼女の人生に直接、関係するようなものは一つもなかった。引退したＣＥＯのことを詩に書く人はそうはいないだろう。だが、そんなことはまったく重要ではなかった。重要なのは、そこにどのような感情が表現されているかということだった。

哲学者のロジャー・スクルートンは著書『文化の価値（*Culture Counts*）』の中で次のように書いている。「ワーズワースの『序曲』を読む人は、彼と同じように、純粋な希望によって自然界の姿を活き活きと描き出す方法を学ぶことができる。レンブラントの『夜警』を見る人は、市民自警団の団員たちの誇りと、市民生活に潜む静かな哀しみを感じ取るはずだ。モーツァルトの交響曲『ジュピター』を聴く人は、開いた水門から、人間であることの喜びと創造性が溢れでてくるのを感じるだろう。プルーストを読む人は、魅力的な子供の世界へと導かれる。そして不思議にも、その楽しい日々の中に、すでに後の嘆きを予感させるものが含まれていることを知らされるのだ」

エリカは次々に、物事の新しい見方を学んでいった。高齢であることなど、まったく関係はなかった。アメリカ、中国、アフリカと住むところが変われば、当然のことながら世界の見方は変わる。しかし、小説の世界に浸かることによっても、同じように視点を変えることはできるのだ。

試行錯誤しながら、エリカは徐々に自分の好みを知ることができた。長らく印象派が好きだと思い込んでいたが、今は不思議なくらいに感動がない。おそらく、どの作品にも馴染みがありすぎるせいだろう。魅了されたのは、フィレンツェ・ルネサンスの色彩や、レンブラントが描く、決して美しくはないが何かを知っていそうな人々の顔である。そうした作品たちによって、彼女の心は「調律」されていった。心は一〇〇万本くらいの弦から成る楽器のようなもので、見たもの、触れたものによってその弦は調律されていくのだ。好きな作品たちは、純粋に喜びだけの時間を与えてくれた。絵や彫刻の前に立つと、あるいは詩を読んでいると、心臓の鼓動が早くなり、身体が震えるのが感じられた。アンソニー・トロロープなどの小説を読んでいる時には、物語に描かれている感情をはっきりと自分の身体の中に感じることができた。また、描かれている感覚も実際に体験したかのように思えた。ウォルト・ホイットマンは自らの身体のことを「私の身体は硬い貝殻ではない」と表現したが、エリカには彼の言う意味がわかり始めていた。

脳の創作

エリカの芸術体験は、この本でも触れてきた様々な知覚から成る小宇宙のようなものである。見ること、聞くことは、ただ外界の情報を単純に取り入れることではない。もっと複雑で創造性の高い作業である。

たとえば、私たちが音楽を聴く時、音は空気中を秒速約三三五メートルで伝わり、耳の鼓膜《こまく》に到達する。鼓膜に到達した音の振動は、耳の中のいくつかの小さな骨を伝わり、蝸牛基底膜《かぎゅうきていまく》へと達する。

蝸牛基底膜で、振動は電気信号へと変換されて脳へと送られることになる。この電気信号が脳内のあちこちで処理されるわけだ。読者の中に正式な音楽教育を受けた人は少ないかもしれないが、母親の胎内で心臓の鼓動のリズムを聴いていた頃から今までの間に、無意識のうちに脳内に「音楽のモデル」を作り上げてきているはずである。音楽を聴く際には、そのモデルを基に曲の構造を把握し、常に次の展開を予測している。

音楽を聴きながら、私たちの脳は、常に高度な計算によって未来予測をしているのだ。直前の数音がYというパターンになっていれば、次に続くのはZというパターンといった具合に。ジョナ・レーラーは著書『プルーストの記憶、セザンヌの眼——脳科学を先取りした芸術家たち』の中で、次のように書いている。「私たち人間に音がどう聞こえるかは、生まれつきほぼ決まっているが、音楽がどう聞こえるかは、その人がどう育ったかで変わってくる。三分間のポップスから五時間にも及ぶワーグナーのオペラまで、私たちの文化の中で創造されたあらゆる作品たちは、音楽を構成するパターンにどのようなものがあり得るかを教えてくれる。そうしたパターンの数々は、長い時間をかけて私たちの脳の中に刻み込まれていくのだ」

音楽が予測の通りに展開すると、私たちは安心し、心地良いと感じる。情報の処理が滞りなく進むと、満足を感じるのだ。歌にしろ、物語にしろ、議論にしろ、脳内のモデルと一致すれば、心の中には大きな安心と幸福感が広がることになる。

だが、何もかも予想通りというのもいいことではない。よく知っているものと未知のものの間の、ほどよい緊張関係が大切である。脳は絶えず変化に注意を向けるよう進化しており、予想外の出来事を探すことに喜びを感じるようになっている。つまり、基本的には予想どおりだが、時折、軽く予想を外して肩透かしを食わせるような音楽に私たちは心を惹かれることになる。ダニエル・レヴィティンは、著書『音楽好きな脳——人はなぜ音楽に夢中になるのか』の中で、有名な「虹の彼方に」という曲を例にあげている。この曲は最初の二音で一気に一オクターブも音程が飛ぶ。これは多くの人の予測に反するので少し不快感を生じさせるが、同時に聴き手の注意を惹きつける。その後は、誰もが予測できるなめらかな音程変化が続くので、聴き手は安心する。レナード・メイヤーは、著書『音楽における感情と意味（*Emotion and Meaning in Music*）』の中で、ベートーヴェンの音楽を例にあげて同様のことを書いている。ベートーヴェンの音楽には、リズムやハーモニーに明確なパターンが存在するのだが、ただ同じパターンを繰り返すのではなく、時折、巧みに微妙な変更が加えられているのだ。これは人生にも言えることである。人生に変化はつきものだが、変化がそう頻繁でなく、穏やかなものにとどまっている限り、それが心地よい刺激となって幸福な人生を送ることができる。

脳は私たちが絵画を見る時にも、音楽を聴く場合に劣らず複雑な仕事をしている。重要なのは、絵画を作っているのは脳だということである。私たちは無意識のうちに二つの眼球を高速で複雑に動かし（この眼球の運動を「サッケード」と呼ぶ）、絵画のあらゆる部分を少しずつとらえていく。とらえられた画像は脳の中で組み合わされ、一枚の絵として再構成されるのだ。目の網膜には、中心あたりに「盲点」と呼ばれる光を感じ取れない部分（この部分から、脳へとつながる視神経が外に出ている）があるため、視界には常に欠落が存在することになる。この欠落を、脳は周囲の視界の情報を基にした推測で補っている。実は、推測によって作っているのは、盲点の部分の画像だけではない。他にもいくつもの情報を推測によって作り出し、絵画の上に載せている。作り出す情報の例としては、色の情報があげられる。照明の当たり方、見る角度など、いくつもの要因により、絵画から目に届く光の強さ、波長は、刻一刻と大きく変動する。つまり、色は本来、次々に変化して見えるはずなのだ。だが、脳は、内部モデルを利用することで架空の色を作り出し、それを絵画に載せている。そのため、私たちには、絵画の色がほぼ一定であまり変化しないように感じられる。こういう脳のはたらきがなければ、世界はきっと混沌とした場所になってしまうだろう。有用な情報など一切得られないに違いない。

架空の色を作り出す際、脳が具体的にどのような処理を行なっているかはまだよくわかっていない。ただ、そこに「比」が関わっていることは確かなようだ。たとえば、絵の中に緑の部分があり、それが黄、青、紫の部分で囲まれていたとする。どの部分から届く光も波長は大きく変動するのだが、波長の比は一定で変動しないはずである。黄色の部分からの光と、緑の部分からの光、両者の波長の比は常に一定になるはずだ。たとえどれほど条件が変化しようと、比を基にすれば、個々の部分の見え方を一定に保つことは十分に可能ということになる。ユニヴァーシティ・カレッジ・ロンドンのクリス・フリスは、これに関し「我々の世界の知覚は幻想だが、現実と一定の関係を保つ幻想である」と言っている。

脳は絵を作り出すだけではない。同時に評価もしている。また様々な調査の結果わかったのは、その評価の基準は誰でもかなりの程度、似ているということだ。デニス・ダットンは著書『芸術の本能（*The Art Instinct*）』の中で、世界中のどこでも、多くの人に好まれる絵には共通の性質があるということを書いている。好まれやすいのは、広々とした場所の風景、海や川、湖などの水、道、動物、あまり多くない数の人間などが描かれた絵だという。なぜそうなのか、ということについても数多くの研究者が調査に取り組んでいる。進化心理学者たちは、広々とした風景の絵を好む人が多い理由を、人類の起源に求めている。人類が誕生した場所とされるアフリカのサバンナの風景に似ているせいではないかというのだ。確かに、植物が密生しているような風景を好む人は少ない。人を寄せつけない感じがするからだろうか。反対に、何もない砂漠の風景を好む人が少ないのは、食べ物が少ないことを連想させるからかもしれない。広々とした草地の先に、藪《やぶ》や低木の茂みがあり、水辺も見える。植物の種類は多く、花が咲くものや、果実をつけるものもある。そして、いずれかの方向には、何にも妨げられない地平線や水平線が見える。好まれるのはそういう絵である。ケニア人に、自分の国の風景を描いた絵と、アメリカのハドソン・リバー派の絵を見せ、どちらが好きかを尋ねると、多くの人が後者が好きだと答えるという話もある。ハドソン・リバー派の絵に描かれたニューヨーク州の風景の方が、現在の乾燥したケニアの風景より、更新世のアフリカのサバンナに似ているからだと説明する人もいる。

その他、フラクタルを好むという傾向も、世界中の人々に共通して見られる。フラクタルとは、部分と全体が互いに似た構造になっている、という図形のことである。自然界にはフラクタルが多く存在する。たとえば、山脈は、部分と全体がだいたい同じような構造になっていることが多い。木の葉や枝などにもそうした構造が見られるし、木の集まった茂みや森などもそうだ。細かく枝分かれする川などもフラクタルの一種と言えるだろう。人間がフラクタルを好むのは、そこに緩やかな流れを感じ、しかも複雑すぎないからではないかと考えられる。人間がどの程度の複雑さを好むか、ということは、「フラクタル密度」という尺度を使って表現することができる。このフラクタル密度については、マイケル・ガザニガが次のように例をあげて説明している。仮にあなたが紙に木の絵を描くよう言われたとする。まだ何も書かず、白紙の状態の時、フラクタル密度は「一」ということになる。紙が真っ黒になるほど枝の密集した木を描いた場合、そのフラクタル密度は「二」になる。人間が好ましいと感じるのは、だいたいフラクタル密度「一・三」くらいの複雑さだという。多少、複雑だが、さほどでもない、という程度である。

エリカは、フェルメールやファン・エイク兄弟、ボッティチェリなどの作品を鑑賞する時にいちいちフラクタルのことを考えていたわけではない。重要なのはそこである。判断はすべて無意識で行なわれるのだ。彼女は、自覚の上ではただ絵の前に立ってその良さを存分に味わっているだけである。

創造活動

一通り芸術を鑑賞した後は、自分で創ることも始めた。エリカが最初に取り組んだのは、写真と水彩画である。だが、どちらもさほど熱中できなかったし、向いていないとも感じた。そんな時に偶然、きれいな木の板を見つけたので、それを加工して小さなまな板を作ってみた。自宅に置いて毎日使っていたら、大きな満足感、達成感が得られた。そのあとも自分で作れそうなものを探しては、色々な家庭用品を木材で作ることを続けた。

朝はプールで泳ぎ、散歩をする。そして午後になると、そのために新たに作った小さな作業場にこもるのだ。アメリカ国立衛生研究所加齢研究センターの初代所長、ジーン・コーエンによれば、何か活動をする場合、通常、重要なのはその内容よりも持続期間だという。彼はこんなふうに言っている。「つまり、読書会を開くのなら、同じ読書会を何カ月、何年にもわたって、定期的に開くべき、ということだ。その方が、映画に行ったかと思えば、次は講演会、さらに次はピクニックに行く、というように何種類ものことをするよりも、満足感を得られる可能性が高い」

木工を続けるうち、エリカは自分の中にいつの間にか多くの知識や技術が蓄積されていっていることに気づいた。作り始める前には、目の前にある木材をよく観察しなくてはならない。木材なら何でも同じというわけにはいかない。一つ一つよく観察し、その特性が何を作るのに適しているのか、ナプキン立てにするのがいいか、それともブックスタンドか、テーブルなのかを見極めなくてはならない。そういうことが時間が経つにつれ、うまくできるようになってきたのだ。

はじめの頃は、なかなか思うようにはいかなかった。それで、工具や木材の店に行って中をうろうろと歩き回ったこともあるし、木工フェアに行き、実際の職人の作業を見学したこともある。職人たちの持つ、独特の堅苦しい雰囲気はあまり好きになれなかったが、彼らの作り出す物は素晴らしいと思ったし、その出来栄えの正確さには感心させられた。そうして、人の作業を見て、自分でもやってみる、ということを繰り返すうちに、彼女の技術は向上していった。どうすればうまくいくのか、直感でわかることも増えた。触るだけで何も考えなくても手が勝手に動く、そういうことが多くなったのだ。驚いたのは、自分の作るものに独自のスタイルがあったことだ。どこで身についたのかはわからない。ただうまくなりたくて、ああでもないこうでもないとやっているうちに、自然に生まれていたのだ。

エリカには、いっぺんに多くのことをしようとしすぎるところがあった。人生も後半だというのに、しようとすることの所要時間を少なく見積もりすぎてしまうのだ。結果、なかなか満足のいく作品はできなかったが、気づくとそれを楽しんでいた。自分が理想とするのがどういうものなのか、おぼろげには見えていて、少しでもその理想に近づけようと修正を繰り返すのだが、どうしても理想と現実の差を埋めることはできない。しかし、彼女はあきらめなかった。マルセル・プルーストは死の床でも、小説『失われた時を求めて』に口述筆記で手を入れ続けていたというが、その気持ちがエリカにはわかるような気がした。プルーストが修正したのは、登場人物が死んでいく場面である。今、まさに死のうとしている自分にならない、心情が真に理解できるはず、と考えたのだ。

ミューズ（ギリシャ神話に出てくる文芸、音楽、芸術、学問などを司る女神）は現れたかと思うと消えてしまう。何時間も考えた挙句、何も思いつかず、脳が干上がるような感覚を覚えることもあった。脳のブドウ糖が使い尽くされ、何も考えられなくなった状態である。もはやどうすることもできず、ただぼんやりとしているしかない。かと思うと、真夜中に突然「きっとこうすればいい」というアイデアを思いついて目を覚ますこともあった。数学者、アンリ・ポアンカレは、ちょうどバスに乗り込む時に、数学史上最大の難問の一つと言われた問題の解法を突然、思いついたという。答えは向こうから彼のもとへやってきたのだ。「私は、すでに始めてしまっていた会話をそのまま続けていたが、その答えは絶対に正しいと確信できた」ポアンカレは後にそう書いている。それほどすごいものではないが、エリカにも時々、似たようなことは起きた。思いつくのは、車を駐車場に入れている時のこともあれば、紅茶を入れている時のこともあった。

芸術家や職人の多くがそうであるように、彼女もまた、ミューズのおもちゃになっていたということだろう。創造力は、目に見えない世界ではたらいていて、自分の意志で制御することはできない。詩人のエイミー・ローウェルはこんなことを書いている。「発想は特に明確な理由もなく頭に浮かぶ。たとえば『青銅の馬たち（*The Bronze Horses*）』の場合がそうだ。以前から馬は詩のいい題材だとは思っていて、一応、そのことは書きとめてあったが、そのあとは特に何も考えず放置していたのだ。しかし、私はこの時、自分でも気づかないうちに、『馬』という題材を無意識の側に渡していたのだろう。まるで手紙をポストに入れるように。半年後、突然、すでに詩になった言葉たちが頭に浮かんだ。使われているのは確かに私ならではの言葉だった。詩はすでにそこにあったのだ」

エリカには次第に、無意識という、手の届かないかまどに火をつけるちょっとしたコツがわかってきた。芸術というのは、ワーズワースも言っているとおり、ある感情を冷静に想起した時に生まれるものである。エリカは、まず自分を、様々な感情が泡のように表面に湧き立つような状態にした。そのために、スリル満点の演劇を見ることもあれば、山に登ることもある。悲劇的な小説を読むこともある。そうして、いったん心を興奮状態にしてから、再びリラックスさせるのだ。十分にリラックスすれば、自分の中に起こる感情を冷静に見つめ、それを的確に表現できるようになる。

エリカは、自分がリラックスするのに長い時間を要する人間だとわかっていた。これは年を重ねてようやくわかったことだ。一人きりになり、何にも邪魔されない状態でしばらく過ごさなければ、意識は静かになってくれない。ひとりでに湧き起こる感情をただ見つめている、という具合にはなかなかなれないのだ。途中で少しでも邪魔が入れば、その日はもうあきらめざるを得ない。

リラックスするのに向いているのは、午前中の比較的遅い時刻か、夕方頃だった。最初はヘッドフォンで穏やかな感じのクラシック音楽を聴いて気持ちを鎮める。窓のそばにいて、遠くの地平線を見ながら音楽を聴くのだ。場所は、なぜかはわからないが、作業場ではなく南向きの食堂が良いようだった。

新しいことを始める時には、あまり考えずにとにかくすぐにやってみて、失敗した方がいいのだ、ということもわかってきた。失敗したら、すぐにまたやり直し、また失敗して、を繰り返していく。そして、ほんの時折ではあるが、スポーツ選手や芸術家たちが「フロー」と呼んでいる状態がどういうものなのかがわかる瞬間も経験するようになった。自分の置かれた状況を説明するナレーターは静かになり、時間の感覚は消滅する。彼女が道具を操っているのではなく、道具が自ら動いて彼女を導いているような感じになる。取り組んでいる作業と自分が一体になるのだ。

なぜ、こんなことができるようになったのだろうか。脳のはたらきが改善されたのか。そうかもしれない。実際、芸術を学ぶセミナーなどに参加した子供のＩＱを調べると、参加前よりも少し向上していたという報告もなされている。音楽や演劇を学んだ子供は、人と関わるのに必要な基本的な能力が向上するとも言われている。ただ、これに関しては本当に効果があったのかは少々、怪しい。モーツァルトを聴いたり、美術館に行ったりしたくらいで頭が良くなることがあるとは思えない。

エリカのように創造活動をしていると、寿命も延びるのでは、と思う人もいるだろう。確かに、少しは延びると考えられる。知的刺激に寿命を延ばす効果があることを示す調査結果も得られているからだ。たとえば、大学の学位を持っている人の寿命は、平均すると、持っていない人よりも長いということがわかっている。他の要因を排除した調査でも、寿命に有意な差が見られるのだ。修道女を対象にした調査などはその例である。成人してから後はほぼ変わらない生活をしているにもかかわらず、大卒の修道女はそうでない修道女に比べて寿命が長いという傾向が見られた。青年期に語彙が豊富だった人は、そうでない人に比べ、高齢になってから認知症になる確率が低いということも言われている。アメリカ、カリフォルニア州で行なわれたある調査によると、高齢者の中でも、芸術セミナーに参加するなどして知的刺激を多く受けていた人たちは、他の人たちに比べ、医者にかかる回数が少なく、薬剤の使用も少なくすんでいたという。つまり、総じて、健康状態が良かったということだ。

もちろん、健康も寿命も大切だが、エリカにとって最も大きかったのは精神的な報酬である。心理療法を受ける人は二種類に分かれるという。これは、言ってみれば、「締めつけるべき人」と「緩めるべき人」ということになる。前者はあまりにも精神が自由で行動が常軌を逸している人である。後者は反対に、精神の抑制があまりに強すぎる人である。エリカは緩めるべき人だった。詩を読み、美術館に通い、木工に取り組むことは、彼女の精神を抑制から解放することに役立っていたと言える。

精神が解放されるにつれ、エリカは忍耐強くなり、冒険心も強くなって、ますます失敗を恐れず、新しいことに積極的に挑戦するようになった。マルコム・グラッドウェルによれば、若くして成功を収めた芸術家の多くは、いわば「コンセプト先行型」だという。はじめから「こういう物が作りたい」という明確な目標があって、その実現に向かって進むタイプ、ということだ。近年行なわれた多数の調査の結果を総合すると、そう言えるらしい。ピカソなどはこのタイプの典型ということになる。それに対し、晩年近くになって成功する芸術家の多くは、「試行錯誤型」である。セザンヌなどはこのタイプで、はじめのうちは明確な構想があったわけではないが、色々なことを試し、軌道修正していった結果、最終的には独自の高みに到達することができた。

エリカも試行錯誤によって前進しようとしていたわけだが、これは決して受け身の方法ではないし、またコンセプト先行型より楽だというわけでもない。有名な美術史家、ケネス・クラークは、一九七二年に「老芸術家のスタイル（old-age style）」と題してエッセイを書いている。それによると、老齢になってからも優れた活動をした芸術家たち、特にミケランジェロ、ティティアン、レンブラント、ドナテッロ、ターナー、セザンヌなどには、ある共通したパターンが見られるという。クラークは次のように書いている。「見られるのはまず孤独感、聖なる怒りである。それが『超越的厭世観』とでも呼ぶべきものへと発展している。理性に対する不信、本能への信頼なども共通の特徴だろう……老齢の芸術家たちの作品を、視野を狭め、表面に現れたことのみに注目して見たとしても、現実からの逃避、すでに確立された手法に対するいら立ち、自分の身につけた手法のすべてを完全に統合したいという焦り、などはすぐに感じられる。美術作品は一つの生命体であり、あらゆる部分がいずれも全体に対して責任を負うのだ、ということもよくわかる」

もちろん、偉大な芸術家たちのような天賦の才能はエリカにはなかったし、心中に強い苦悩を抱えていたわけでもない。元々は、残り少ない日々を精一杯生きたい、自分自身ですごいと思える物を作りたいと考えていただけだ。しかし、芸術に関わっていると、自分の心の深い部分に隠れていたものが見えてくるとエリカは気づいた。芸術家たちは、多くの人の心に埋もれているけれど、まだはっきりとした形を持っていない、そんな感情を表に出し、目に見えるようにしてくれるのだ。人類共有の「心の英知」を表現している、と言うこともできるだろう。表現された感情は、作品とともに生き続け、世代から世代へと受け継がれていく。ロジャー・スクルートンは次のように言っている。「私たちは、科学や技術と同じように文化を受け継いでいく。それは個人を利するためではない。放っておけば世界から消えてしまいかねない知恵を守り、人類全体を利するためだ」

幸せな新事業

ハロルドとエリカは、人生で最高と思える旅行をした。引退から数年経った夏のことだ。フランス各地の大聖堂を見て回る旅である。ハロルドは何カ月もかけて準備をした。高校生の時にしたように、大聖堂建築や中世史に関する本を読み漁ったのだ。読んで大事だと思ったことは、すべてタブレットPCに打ち込んで、どこへでも持ち歩けるようにした。彼は旅の計画をすべて立て、その上で、エリカにどこでどういう解説をするか、概要だけはあらかじめ決めた。ハロルドの解説は、かつて仕事でしていたプレゼンテーションとほぼ同じようなものだ。ただ、今回は話すのが専ら建築や騎士道精神についてである、ということ、そして、ただ立ったままではなく、街や教会の中を歩き回りながら話すというところが違う。

歴史について調べたといっても、ハロルドは、大勢いた国王たちの名前を逐一覚えていったわけでもないし、無数に起きた戦争の一つ一つについて、原因は何で、どういう結果になったか、ということを頭に入れたわけでもない。彼が興味を持ったのは、過去の人たちがどういう世界に生きていたのか、ということである。人間は集団ごと、時代ごとに、独自の記号体系を持ち、建築の様式や組織の形態、教育や訓練の方法、物語の作り方なども、必ず固有のものを持っている。いずれも、意識して選び取るわけではなく、意識することなく、いつの間にか持つようになるものだ。誰もが、特に意識しないうちに、固有の道徳、知的文化の中で生きている。中世の世界について調べた時、ハロルドは、自分がもし、その時代の道徳や知的文化の中で日々、暮らしたとしたら、果たしてどういう気分だろうか、ということを想像した。彼は一匹一匹の魚には興味がなかった。興味があったのは、その魚が泳いでいた海の方である。

彼はこういう、何かを学ぶ旅が好きだった。過去に触れ、過去を感じることが楽しかった。昼間に真っ暗な古い建物の中に入ってみる。カビのにおいがする城の、見張り用の細い隙間から外の森をのぞき見る。たったそれだけのことで、本で読んだことが一気に記憶に蘇り、空想の上で別の時代へと旅立つことができた。

二人は、カーン、ランス、シャルトルを回った。並んで歩きながらハロルドは、本を読んで知ったことや考えたことをエリカに小声で話してきかせた。話すのはエリカのためでもあったが、同時に自分にとっても楽しいことだった。「この時代の世の中は今よりももっと極端だったんだ」ハロルドはそう言った。「夏の暑さや、冬の寒さは人々にとっては、今より辛いものだった。何しろ、それを和らげてくれる文明の利器がないからね。明暗の差も今より激しかったし、健康と病気の差も激しかった。国境、領土の境は曖昧で、王様や領主が死ぬ度に変わった。政府はあっても、執行する法律は慣習法と、ローマ・カトリックの教会法を混ぜ合わせたものだ。混ぜ方は政府ごとに違う。豊作の年があるかと思うと飢饉の年がある。ある町では良い暮らしをしているのに、隣町では飢えているということもある。三人に一人は一四歳以下で、平均寿命は四〇歳くらい。四十代、五十代、六十代の人間はとても少ない。

感情の起伏は今よりもずっと激しかった。若者ばかりで、感情を鎮める年寄りがいないから。祭りの時なんかには、飲んで浮かれて騒ぐんだけど、その浮かれ方は、今の人間がまず見たこともないようなものだよ。同時に彼らは、いつも、とてつもない恐怖を抱えて生きていた。僕らが子供の頃にだけ感じたような恐怖を大人になっても持っていたんだ。誰かの甘い恋物語を聞いて感動した次の瞬間に、乞食の手足が切断されるのを見て歓声をあげたりもできる。これも極端だね。感動も、苦痛も、僕らが感じるより強いものだっただろう。色なんかも、今よりずっと鮮やかに感じられたんだと思う。常識も現代とは全然違う。現代なら誰もが当たり前と思うことが、彼らにとっては当たり前じゃなかったんだ。たとえば、今、僕らには『心神耗弱』という考え方がある。精神機能の障害により善悪を判断する能力が低下した者は、たとえ罪を犯してもその責任を問われない、ということだ。中世にそんなものはなかった。「司法の可謬性《かびゅう》」という発想はなかったし、犯罪者を更生させるということも考えなかった。ただ苦しみを与えて罰するというだけだ。これも極端なんだね。罪を犯した者とそうでない者、両者は完全に異質で、まったく違う扱いを受ける。罰せられるべき者と、救済されるべき者は違うんだ」

ハロルドがこの話をしたのは、シャルトルの街の中を、大聖堂に向かって歩いている時だった。コーヒーショップのある広場を横切る時には、一二世紀のフランス人がとても貧しく、不潔だったこと、しかし一方で理想の世界に憧れる気持ちがとても強かったことなどを話した。騎士道などはその象徴だ。騎士たちは非常に洗練された行動規範を持っており、それに従って生きることが理想とされた。騎士が貴婦人に見返りを求めず愛を捧げる「宮廷的愛」という考え方も生まれている。ハロルドは、宮廷での生活を支配していた複雑な礼儀作法や規則についても話した。宮廷内ではおびただしい数の儀式が行なわれていた。集団で何かをする時には、誓いの儀式など、いくつもの宗教上の儀式が必要になる。そうした儀式では多くの場合、皆が整列し、厳かに行進をするのだ。整列の順序は社会的序列によって決まり、身につける衣裳の素材、配色なども地位によって厳格に定められていた。

「芝居を演じているようなものだよね。現実の彼らの人生は、短くて理想からはほど遠い卑しいものだったけれど、芝居を演じることで、夢の中に生きているような気分になれたのかもしれない」ハロルドはそう言って、理想と現実がいかにかけ離れていたかという話をした。騎士たちが公平なルールに則って正々堂々と争うはずの競技会が、現実には無秩序な乱闘に終わりがちだったこと。宮廷的愛と言っても実際にはレイプが横行していたこと。頭の中には崇高な理想世界ができあがっていたのだが、それに近づくことすらできていなかった。現実の世界は、卑劣な人間であふれ、至るところに悪臭が漂っていた。

「でも美への憧れや、理想の世界を求める気持ちはとても強かったし、神への信仰も厚かった。そんな信仰心によってこれができたというわけさ」ハロルドはシャルトル大聖堂の方を指して言った。貴族も農民も、この大聖堂の建設のためには、皆、進んで労働力を提供したのだった。建設作業のため、いくつもの村が村ごと、近くに移転してきたほどだ。そうして、木や草でできたあばら屋がほとんどだった時代に、空まで届くような巨大な石の建造物を作り上げたのだ。

　大聖堂は、いくつもの繰り返しパターンを複雑に組み合わせることによって作られていた。繰り返しパターンは窓にも、アーチにも、あちこちに見つけることができる。無数の同じような石を積み上げている、というのもやはりパターンである。総じて言えば、部分が全体に似ていて、部分を拡大すると全体になる、という構造になっている。二人は、西側正面で一時間ほど過ごし、中央の扉に彫られた三位《さんみ》一体《いったい》のシンボルをじっくりと眺めた。扉の上部には、十二宮図や、「十二カ月の労働」の図などが彫られ、そこにはキリストの姿もあった。大聖堂を飾る大量のシンボルについて、ハロルドはできる限りの説明をした。こうしたシンボルたちが、文字の読めない巡礼者たちにどれほど多くのことを伝えていたか、ということも話した。シンボルを見れば、それをきっかけに、巡礼者の頭の中には次々に連想がはたらき、その連想が大きな畏怖の念を生んだはずである。

　聖堂内部に入ると、ハロルドは建物の設計について話し始めた。この聖堂の設計は、当時としては革命的と言えるほど壮麗なものである。一二世紀までの宗教的建造物は、ほとんどが物理的に重くなるように作られており、見る者に畏れを抱かせるものになっていた。ところが、この聖堂は軽く作られており、見た目にも重さを感じさせない。当時の人たちも、感覚が精神に与える影響を知っていて、それを利用していたと考えられる。一二世紀、サン＝ドニ大聖堂の修繕に取り組んだアボット・シュガーは「人が聖なる思考を始めるのは、その感覚を通じてである」という言葉を残している。

　ハロルドは人に何かを教えることが好きだった。また、これまでに色々なことをしてきたが、ツアーガイドほど楽しいと思えることはなかった。旅をしながら、その場に応じて歴史にまつわるあれやこれやを話していると、彼は不思議な感動を覚えるのだった。何世紀も昔の人たちは、きっと自分たちよりもはるかに多くのエネルギーを神に捧げていたのだろう、と思った。神聖な空間を作ることや、聖なる儀式を執り行なうことに、今よりも多くの時間を費やしていた。彼らは自らがより純粋な存在へと至るための入り口を作ろうとしたのかもしれない。ハロルドは、そんな「入り口」に心惹かれる。そして、現代的な場所、今、活発に動いている都市よりも、廃墟、大聖堂や宮殿、あるいは「聖地」と呼ばれている場所など、古い歴史を持つものに魅力を感じるのだ。特に、ヨーロッパでは、二つの対比が明確である。前者を象徴するような都市がフランクフルトだろうし、後者を象徴するのは、ブリュージュやヴェネツィアなどだろう。当然、ハロルドが好きなのは後者だった。

二人は大聖堂の中に一時間ほどいて、そのあと、夕食に行くことにした。外へ出る時、西側の門のそばで、二人は何体かの彫像が並んでいるのを見た。どれもハロルドの知らないものだ。教会の長老の像だろうか、寄進者、学者、あるいは、古代の英雄だろうか。エリカは思わず立ち止まって見つめた。彼らの身体は細長い円柱に彫られ、優美なローブをまとっている。ポーズはどれも皆、似ていて、一方の手は腰のそばに下ろされており、もう一方の手は首のそばで何かをつかんでいる。ただし、ハロルドの注意を引いたのは顔の表情である。

この旅の中で見てきた彫像には、あまり人間味のない、無個性な表情をしたものが多かった。作り手も、特定の個人の表情をとらえるというよりも、人間一般に共通する表情を描こうとしたのだろう。しかし、ここの彫像には、現実の人間の表情が描かれている。その人ならではの表情を描くことで、生命が吹き込まれているのだ。表情を見ていれば、一人一人の感情、人間性がわかった。私欲のなさそうな顔もあれば、超然とした顔もある。何かに耐えている顔や、不満を抑えて従っている、という顔もある。どれもが、個人的な経験から生まれた表情であり、その人だけが持つ希望や理想が反映されている。長い一日の終わりで疲れてはいたが、その顔、目を見ていると戦慄《せんりつ》が走るのを感じた。彼らが自分を見ているような気がしたのだ。互いに目を合わせ、共感し合っている、そう思えた。歴史家は時折、こういう「歴史的恍惚感」とでも呼ぶべき感覚を味わうことがあるという。何世紀もの隔たりが突然、魔法のように消え失せ、遠い過去に直接、触れているように感じられる驚くべき瞬間が訪れることがあるのだ。その瞬間がまさに今、ハロルドに訪れていた。彼の頬が紅潮するのがエリカにもわかった。

心身ともに疲れきったが、素晴らしい一日だった。ちょうど日が暮れる頃、二人はレストランに行き、ゆっくりと幸せな気持ちで食事をした。エリカは中世を生きた人たちに思いを馳せ、彼らの目にこの世界がどう映っていたかを想像した。現代の私たちにとっては何も特別な時間ではない。至るところが明るい光に照らされ、まるで魔法のように彼女には思えた。夜は、昼間と特に変わらない空間が広がっているだけだ。しかし、中世の人々にとって夜は、不思議な生き物たちが跋扈《ばっこ》する、幻想的で活気に満ちた時間だっただろう。教会の建物を作る石も、森の木々も、すべて亡霊や、精霊などの聖なる存在と共鳴し合っていたはずだ。大聖堂は単なる建物ではない。そこは、聖なるものが集う場所、天上界と地上界が出会う場所だった。人々は、強く神話を求めた。それで、ギリシャ、ローマ、キリスト教の神話、異教の神話までも、その論理、思想の違いを超えてすべて取り入れ、一つにまとめてしまった。聖人の骨に魔力が宿るなどと信じられたのはそのためである。物質界を構成するものは、すべて聖なる存在の力で姿を現したと考えられ、またすべての美しいものは神聖であると信じられた。これに比べると、現代の世界はあまりにも味気ない。そう考えてエリカはため息をついた。

ハロルドは、とても楽しかったと話し、「知識というのは、人に伝えることで、はじめて生命を持つんだね」とも言った。そして、しばらく考えてから、「もしかすると、ツアーガイドが僕の天職だったのかも。失敗したかな」とつけ加えた。それを聞いたエリカは目を輝かせて言った。「今からでも遅くないわ！」

その夜、二人は計画を立てた。ハロルドは、少人数のグループを先導するツアーガイドになる。ある程度以上、教養のある旅行者が対象だ。ツアーは、年に三回くらい実施する。ツアーの前には、今回の二人の旅行と同じように何カ月かかけて準備をする。行き先には、フランス、トルコ、聖地エルサレムなど、古い歴史のある場所を選ぶ。事務的な面に関しては、素人の自分たちでは不安なので旅行会社に委託する。旅行会社との折衝など、ガイド以外の部分はエリカが担当する。引退後の事業として本格的にやっていこうということになった。特定の学校の卒業生だけを相手に同じような小規模の旅行業をやっている会社はいくつかあったが、それには勝てるとエリカは思った。彼らの場合は、どうしても、顧客が友人、知人か、その知人くらいまでに限られてしまう。旅行の前からほとんどの人の顔がわかっているという安心感が売りなので、それはやむを得ない。そのため、発展性には欠けるのだ。

新会社を設立し、ハロルドとエリカは以後の八年間、この新事業に力を注いだ。彼らの企画するツアーは、旅をしながら人間の文明と歴史について学べるものになった。しかも、一流ホテルに泊まれて、美味しいワインが飲める。ただし、二人はほとんどの期間、自宅にいる。ツアー開催前の準備が必要だからだ。その間にハロルドは本を読み漁り、知識を仕入れる。ツアーは仕事とはいえ、実質上、費用を全部出してもらって旅に出ているのとほとんど変わりはなかった。目的地は、ギリシャなど、過去の人間の偉大な業績の跡が残る場所ばかりだ。ハロルドは本当に幸せだった。彼にとっては、ツアーそのものよりも、むしろ、その前の準備の方が楽しみなくらいである。エリカは年に三回、短期間に集中して膨大な量の知識を吸収することになった。旅に出ている間は時間が進むのが遅く感じられた。何もかもが、今まで知らなかったことばかりである。耳だけでなく、全身で受け止めるように話を聞いていた。

本当にリラックスできた、というのは、エリカにとって人生でこれがはじめてだったかもしれない。彼女は絶えず、何かに突き動かされるようにして生きてきた。常に、何か達成すべき目標があり、それに向かって真っ直ぐに進んできたのだ。今の仕事でも努力はしているが、純粋に楽しい努力である。

彼女のように、ずっと上に行こう、這い上がろうと闘ってきた人間にとって、これほど嬉しいことはなかった。

22章　人生の意味——最期の時

その不死身の連中が山に現れるようになったのがいつ頃なのかはよくわからない。コロラド州、アスペンの郊外でハイキングやサイクリング、クロスカントリースキーなどを楽しむ人たちの背後から、不意にF-18戦闘機を思わせる凄まじい音が聞こえてくる。振り返ると目に飛び込んでくるのは小さなスパンデックス繊維（デュポン社が開発した伸縮性に優れた合成繊維）の塊だ。よく見るとスポーツウェアを着込んだ老人である。引退後に、こうして真剣にフィットネスに取り組む高齢者が増えているのだ。彼もその一人に違いない。七〇歳を過ぎ、さすがに若い時より小さくなっている。スポーツウェアの中身は、身長一六〇センチ足らず、体重も五〇キロないかもしれない。それでも、猛スピードでこちらへやって来る。手首、足首にウェイトをつけているというのに。しわの寄った顔には、固い決意を感じさせる厳しい表情が浮かんでいる。山腹で息を切らして休んでいる若者を追い越し、このスーパー老人はすいすいと先へ行ってしまう。まさに小さな鉄人だ。

こういう老人は、多くが、若い頃から何をやっても成功してきた人たちだ。彼らはずっと勝ち続けてきた。そして今は、死に対しても勝つつもりで果敢に闘いを挑んでいる。何しろ幼い頃から大きな野心を持ち、懸命に努力を重ねてきたのだ。六歳の時にはすでに新聞配達をし、二二歳で大富豪になり、何人もの美しい女性たちと結婚、離婚を繰り返した。おかげで祖母はガートルード・スタインのような顔だったのに、孫娘はユマ・サーマンそっくり、という遺伝的にはほとんどあり得ないような現象も起きている。

引退後の彼らの目標は、永遠の若さを手に入れることである。そのために、専属のトレーナーも雇い、フィットネスクラブの短期集中コースにも参加する。長期間、別荘にこもって野菜中心のメニューを研究するなど、食生活の見直しにも取り組む。白血病にかかった時のために、骨髄の保存を検討したりもする。七〇歳でウィンドサーフィンを始める人もいるし、七五歳でK２登頂に挑戦する人もいる。九〇歳になってから、口臭予防のミントキャンディと同じような感覚で気軽にシアリス（勃起不全治療薬）を飲み始める人もいる。あまりに運動量が多すぎたために、トレーナーがついていけず冠状動脈血栓症で倒れてしまった、という人までいる。

彼らには時間も財力もあるし、まだ十分に集中力もある。「第二の青春」を迎えている、と言ってもいいだろう。野心的な人たちが財産を築いて引退すると、極めて良質な休暇を体験できるのだ。時間にもお金にもゆとりがあるので、ほとんどのことは自由にできる。気持ちさえ若ければ、若い頃には単なる趣味だったことでプロになってしまう、ということも可能だ。もちろん、若い頃と同じようなエネルギーはもはやない。しかし、ほんの短い間なら、同じくらいのやる気が蘇ることもあるし、手にはアメックスのプラチナカードもあるのだ。リゾート地では、ジョージ・ハミルトン、ケヴィン・コスナー、ジミー・バフェットなどのセレブたちと交流することもある。外出先の店でウェイトレスを誘惑したりもするが、それはうまくいかず、結局、妻のもとへと帰ることになる。彼らの現在の妻は、ほとんどが、数十年前、大富豪になってから容姿に惹かれて結婚した何人目かの妻である。イベントプランナーなどの仕事をしていることが多い。年齢は五十代くらいだが、美容整形のせいで、その姿はとても不自然なものになっている。必死に重力に抵抗した結果、脚はセリーナ・ウィリアムズを彷彿とさせる美しさになっているが、頬は明らかに伸びすぎだ。唇も無理にふくらませすぎ、枕のような形になってしまっている。

　近年、大金持ちの間では、教育に関心を持つことが流行しているため、彼らの中には、家を三軒、車六台、愛人四人に加え、チャータースクールを五校所有している、などという人が増えてきた。また、同じような老人どうしのつき合いも多い。ブリッジハンプトン、アスペン、マリブ、どのリゾート地でも、異様に元気な高齢者たちが集団で歩道を歩いてタパスレストランへと向かっているのを見ることができるはずだ。

　誰も本当にタパスレストランに行きたいと思っているわけではない。出てくる料理は、彼らにとってはどれもよくわからないものばかりだ。だが、流行に敏感だと思われたい、洗練された国際人と思われたいという原初的な本能のようなものに駆られ、つい足を向けてしまうのだ。それで何度も苦行のような食事をする羽目になっている。九〇分にもわたり、伝統的なデートフリッターや、アイオリソースをかけたイカ、コウイカ入りサフランライス、カナリア諸島から直送されたパプリカのグリルなどと格闘するのだ。どれも好きではなく、食べても楽しいとは思わない。ただ、広い世界には不思議な食べ物があるものだ、と思って耐え忍ぶだけである。

　行きたくもないレストランに向かって一マイルもの憂鬱な道のりを歩く間、彼らは、この種の男性独特の、めまいのするような空気を放つ。そして、徐々に謎の変身を遂げる。成功した男性を多く集めると、時間が経つにつれ、なぜか彼らの一人一人がドナルド・トランプに似てくるのだ。どうやらこれは人類普遍の法則らしい。彼らは元々、「男性光合成」とでも呼ぶべき機能の持ち主である。太陽光線をうぬぼれに変えて生きることができる。そんな男たちが多く集まれば、お互いがお互いのうぬぼれを増強し合う作用が起きてしまう。その結果、全員が自分の人格の中でも最も自己満足的な側面ばかりを前面に出すことになるのだ。

　状況によっては、愛情あふれる優しいおじいちゃんかもしれない。スタンフォード大学に行っていて、今は一年間の海外留学でカンボジアに行っている孫のことが話したくてたまらない、というような。ところが、同種の男性たちの集団の中に入り、独特の精神力学の中に引き込まれてしまうと、人格がまるで違ってしまう。裸足にサンダルを履いて、大股で歩き回っているような態度になる。普段の人格を子供っぽく変えたような態度と言ってもいいだろう。声が大きくなる、尊大になる、けたたましく笑う。一時的に「老人ギャング」といった雰囲気になる。会話は自慢話の応酬である。ヒステリーでも起こしたように競って自慢し合う。認知症にでもかかって自慢以外の話題をすべて忘れてしまったのか、と思わせるほどである。

瞑想的生活

エリカとハロルドは、引退後、アスペンに別荘を購入した。夏の間と、クリスマスシーズンの何週間かを過ごす家である。アスペンでは、二人もやはり、死に闘いを挑む老人たちによく遭遇した。猛スピードで横を走り抜けて行ったこともあるし、ダウンタウンで集まって大騒ぎしているところにも遭遇した。ただ、二人の生活は彼らとはまったく異質のものだった。成功した人間という点では共通しているかもしれないが、成功の種類が違っている。無意識のうちに、二人は一種の「カウンターカルチャー」を形成していた。ただし、裕福な人間たちの主流のライフスタイルをあえて拒絶していたわけではない。単に無視していたと言った方が正確だろう。両者は生き方も考え方も大きく違っていた。ただ質的に違うだけでなく、深みという点でも違った。エリカもハロルドも、人間の心とはどういうものなのか、よく理解している人たちだった。二人に会った人は、その堅実さ、深い思慮に強い印象を受けるはずだ。

夏の午後、二人は別荘のフロントポーチに置いた椅子に座り、はるか遠くのローリング・フォーク

・リバーを眺め、時折、そばを通るゴムボートに向かって手を振ったりして過ごした。そこで読書をすることもあった。読むものは、ハロルドは硬いノンフィクションが多く、エリカは主に小説だが、彼女は読んでいるうちによくうたた寝をしてしまう。ハロルドは、眠っているエリカを見つめた。彼女の顔立ちの中国人的な特徴は年を重ねるにつれ、ますます強くなってきている。そして、以前に比べて痩せて、小さくなった。彼は、以前に読んだマーク・サルツマンの小説を思い出した。英語を学んでいる中国人の話である。ある日、先生がその中国人に「人生で一番幸せだった出来事はなんですか？」と尋ねる。彼はしばらく考えた後、少し恥ずかしそうに笑いながらこう答えるのだ。「前に妻が北京に行って、アヒルを食べたことがあるんです。美味しいアヒルだったとよく話しています」つまり、彼にとって人生で最も幸せだった出来事は、妻が旅をしてアヒルを食べたことだというのである。

ハロルドは自分自身の人生を思い返してみた。この小説と似たことはなかったかと思ったのだ。それで思い出したのが、エリカが高校で成績優秀者になり、着ることを許されたという青いシャツのことである。そのシャツを着た時は本当に誇らしい気分だったと彼女は言っていた。それから、二人の会社が軌道に乗り、若い社員を雇えた時は感激したらしく、何度もその時の話をしている。会社の入社式や、大学の卒業式でスピーチをしてくれ、と頼まれるのも嬉しいようだ。彼は、青いシャツの話をエリカからもう何十回も聞かされている。最初に聞いたのはまだ若い頃で、人生は始まったばかりだった。彼女は夕食の席で話してくれたのだ。会社が順調で自信たっぷりだった時にも聞いた。会社が潰れて再就職した頃にも聞いた。そろそろ中年と呼ばれる年齢になっていた頃だ。会社のＣＥＯになり、政府高官にまでなってからも同じ話を聞いた。今、彼女は年老いて小さくなった。顔にも皺が刻まれている。その青いシャツの一件がハロルドにとって人生で最も幸せだった出来事かというと、そうとは言えない。何と言っても二人がまだ知り合う前の話なのだから、そう言い切ってしまうのは無理がある。

そんな午後、二人はよく話をした。時にはワインを飲みながら（エリカが一杯飲む間に、ハロルドは二杯、三杯と飲んでしまう）。夕方近くなると、エリカは立ち上がって、ハロルドのためにセーターを持って来る。そして、中に入って早い夕食の準備を始めるのだ。ハロルドは座ったまま、夕暮れを見つめる。

ここ八年くらい旅行業を続けてきたが、ついにそれもやめる時が来た。ハロルドは膝を悪くし、続いて、腰、足首も痛めた。足首は以前から腱に炎症を起こしやすかったのだが、それがいよいよひどくなってしまった。今はもう、ほとんど動けない状態である。杖を二本ついて、ぎこちなくゆっくりと歩くだけだ。テニスもゴルフもできないし、部屋の中を歩き回ることも難しい。立ち上がることすらもう簡単ではない。

ハロルドの身体は壊れ始めていた。この何年かは、何かの理由で必ず一年に一度は入院している。男性の中には年をとると痩せて華奢になる人もいるが、彼は動かないせいで、太って丸くなってきた。はじめのうちは、動く時に時々、人の助けがいる、というくらいだった。ところが次第に、助けを必要とすることが増えた。今まで自覚もなくできた簡単なことが、できない。ベッドから出る、椅子から立ち上がるということすら、一人ではできないことがあるのだ。エリカはハロルドの手を取り、背中をそらせた。ちょうど船に帆を張る時のような動きである。そうして彼の身体を起こした。

衰えがさらに進むと助けは常に必要になった。椅子から離れることはまずない。自分はもう人間の営みには参加できず、何もせずに見ているだけなのか。このまま、ただ弱っていくだけなのか。そう思ううちに鬱病になり、何度も発作を起こした。夜は不安で気が狂いそうになり、眠ることができない。これから起きることを思うと怖くてたまらないのだ。手術を受け、胸を開かれるかもしれない。血を吐いて窒息するかもしれない。手足を失うこともあり得る。視力、聴力も失い、いずれは意識も失ってしまうだろう。

パーティーなど、人の集まる場に出ていくことはできなくなった。部屋の中で座っているだけだ。だが、妻や介護士は辛抱強く世話をしてくれる。本当に、驚くほど良くしてくれるのだ。どれだけのことをしてもらっても、自分にはもう何も返すことができない。そう思うと余計にありがたかった。男のプライドなど、どうでもいい。少しはあったうぬぼれも消えてなくなった。今は自分の身体さえ思うようにならないのだ。彼女たちの愛情と奉仕に頼るより他ない。頼り切ってしまうのは、最初は難しいことだった。あれこれと構われると煩わしく、つい不機嫌になったこともある。だが、それでも変わらずに世話をしてくれたおかげで、彼のいら立ちは鎮まっていった。体調は安定し、一時よりは気分も明るくなった。

ハロルドは、別荘のポーチで座ったまま、目の前に広がる自然を見つめた。空を、山々を、木々を、水を、そして太陽を見た。日光や自然の風景が心や身体の健康に大きく影響する、ということは様々な調査によって確かめられている。たとえば、日光の弱い高緯度の地域では、低緯度の地域よりも鬱病の罹患《りかん》率が高くなる。同様のことは、日の出の時刻が遅くなるタイムゾーンの西端地域にも言える。夜勤の多い職業に就いている人は、常に昼間に働く人に比べ、乳癌《にゅうがん》の罹患率が高いというデータもある。同じような入院患者でも、窓から自然の風景が見える病室にいる人は、そうでない人に比べてわずかに回復が早いということも言われている。ミラノで行なわれた調査では、同じ双極性鬱病《そうきょくせいうつびょう》の入院患者を比べたところ、東向きの病室にいた人の方が西向きの病室にいた人よりも平均で約三日半、退院が早かったという。

同じ場所に長く座っているうち、ハロルドは少しずつ楽しみを見つけられるようになってきた。彼は座ったまま、下の草地に咲いている小さな花を見る。その花びらの壊れてしまいそうな美しさにしばらく意識を集中させてから、顔を上げる。遠い遠いところに氷に覆われた山の頂が見える。すると、まるで種類の違う感覚が同時に襲ってくる。自然の美しさに魅了されながらも、その偉大さに畏《おそ》れを感じ、素直に従う気持ちになるのだ。これは、ただ座っているだけでどこにも行かずにできる、彼だけの遊びだ。

その雄大な景色が彼は好きだった。見ているだけで気分が高揚した。自分が聖なる存在とつながっていること、この世のあらゆるものを支配する秩序に組み込まれていることを実感できた。この途方もなく巨大な世界全体を構成する一部分であることを自覚できたのだ。自然の中にいる時の方が、都会にいる時よりも、脳のワーキングメモリのはたらきが良くなり、注意力も高まると言われている。また、気分も明るくなるようだ。カナダの政治哲学者チャールズ・テイラーは、次のように書いている。「自然が私たちを惹きつけるのは、それがある意味で感情と同調するからである。自然には感情を反射するはたらきもある。そのおかげで、すでに自覚している感情はさらに強まり、眠っていた感情は呼び起こされる。自然は大きなピアノのようなもので、極めて鋭敏な感覚を持っていれば、その美しい音色を奏でることができるのだ。自然というピアノに向かい、音楽を奏でれば、自分の心の中にある最も素晴らしいものが表に現れ、さらにその素晴らしさを増すことになるだろう」

山々や木々の眺めはハロルドを慰め、元気づけた。だが、彼はそれで本当に満足だったわけではない。よく言われることだが、自然は宗教を生む素地ではあっても、宗教そのものではないのだ。

やはりまだ、辛い気持ちで過ごすことが多い。ひどい時には、辛い気持ちがガスのように身体中に充満しているように感じられた。辛くなかった時の自分がどんなふうだったのかさえ、ほとんど思い出せなくなる。でも、辛い気持ちが去ると、今度はどう辛かったのかがよく思い出せない。頭では覚えていても、実感が伴わないのだ。

色々と過去の記憶が蘇る。大半は人に関わる記憶で、断片的な映像の連続である。若い頃の遊び仲間だった女の子のことを急に思い出したりもした。雪道に停めた車の脇に立っている彼女の姿が頭に浮かんだのだ。両親に連れられて新しい家を見に行った日のことも思い出した。エリカとすれ違い、憂鬱な気持ちだった日々の映像も浮かぶ。その頃の同僚、飲み過ぎて赤くなった顔を洗っていた自分。だが、記憶には奇妙な欠落もたくさんあった。両親と夕食のテーブルを囲んでいた時のことなどはほとんど思い出せないのだ。何度も何度も同じことが起きたはずなのに。

何かを思い出すと、それをきっかけに次々に別のことが思い出されたりもした。たとえば、まず、ドッジボールをしていた時のことだ。四年生だった。思い出すのは、当時の担任の先生のことである。ハロルドはその先生に一目惚れしたのだ。けれども、覚えているのは雰囲気だけで、どういう顔だったかはもうわからない。確か長くて黒い髪をしていた。背は高かった。そう見えただけかもしれない。その他は、とにかくきれいだったということと、その時の自分の気持ち以外、すべてがぼんやりとしてしまっていた。

ハロルドはエリカに頼み、古い写真や書類、録音テープやフィルムなど、古い物がしまってある箱を持ってきてもらった。何十年もの間、整理もせずにため込んできた物たちである。箱の中を引っかき回してみると、出てくるのはいかにも彼らしい物ばかりだった。彼は若い頃から、良い思い出に関わる物しか取っておかないのだ。悪い思い出は消えるよう、関係するものをすべて処分してしまう。

古い物たちと次々に再会すると、少し頭が混乱してしまう。酒ばかり飲んでいた日々のことを思い出した時には、酔っ払っているような気分にもなった。様々な感情、感覚が現れては消える。一篇の詩を丸ごと思い出せるのに気づいて驚いたりもした。オリンピックや大統領選挙など、大きなイベントがあった頃のことも映像つきで思い出した。過ぎ去った時代の空気も、皆がどういう髪型をしていて、どういうジョークが流行っていたのかも全部、はっきりと覚えていた。

ハロルドは、何の脈絡もなく、長い間、時と戯れていた。高齢者の中には、自分の思考をうまく制御できず、話をしていても話題があちこちに飛んでしまうという障害を抱える人がいる。そういう障害があることは、心理学の研究によって確認されているが、ハロルドの状態はそれに似ていた。子供の頃にボディサーフィンをした日のことを考えていたかと思うと、次の瞬間には、先週出かけたドライブのことに思考が飛んだりしたからだ。ただし、彼の場合は意図的に過去のことを色々と想起していただけなので、特に問題はない。会話が混乱するようなこともなかった。

こんな昔話がある。ある日、一人の修道士が森に散歩に出かけた。途中、可愛い声で鳴く小鳥がいたので、立ち止まって聞き惚れていた。修道院に戻ってみると、そこにいたのは見知らぬ人たちばかり。なんと散歩に行っている間に五〇年の時が流れていたのだ。ハロルドも同じようなものかもしれなかった。過去のことをずっと思い返していると、時間の感覚がなくなっていくからだ。

彼は思い出によって少し若返ったようだった。心理学者のエレン・ランガーは一九七九年に、ニューハンプシャー州ピーターバラの古い修道院で興味深い実験を行なっている。彼女は被験者となる七十代、八十代の男性を修道院に招き、一週間滞在してもらったのだが、そこでは、音楽、映像など一九五〇年代に関わる色々なものに触れられるようになっていた。被験者たちはテレビ番組『エド・サリヴァン・ショー』を見たし、ナット・キング・コールの音楽も聴いた。一九五九年、ボルチモア・コルツとニューヨーク・ジャイアンツの対戦となったアメリカン・フットボールのチャンピオンシップゲームについて話したりもした。その一週間で、彼らは平均で一・三キログラムほども体重が増え、見た目も明らかに若返った。聴力と記憶力にも向上が見られた。関節も柔らかくなったし、知能テストの成績も六三パーセント上がった。この実験は厳密には科学的なものではなく、結果も示唆的なものとしか言えない。だが、過去を思い起こすことでハロルドの気分が多少でも晴れたのは確かだ。憂鬱だった気分が少し明るくなったのだ。

ハロルドが特によく思い出したのは、十代の頃のことだ。中でも思い出すことが多かったのは、一六歳前後のことである。これは研究者の間では、「レミニセンスバンプ（回想のこぶ）」と呼ばれている時期だ。青年期の後半から成人期のはじめにかけての記憶は、他の時期に比べて鮮明であることが多い。ハロルドも、自分の記憶があまりに正確で不思議に思うことがあった。

ただし、それとは逆のことが起きる場合もある。ジョージ・ヴァイラントは、自らが関わった長期追跡調査の中で、こんな体験をしている。彼は、ある高齢の被験者に、事実確認のため、本人の若い頃の調査記録が載っている書類を送った。すると、その被験者は、「送り先が間違っている」と言って書類を送り返してきたのだという。実際には、送り先は間違っていなかった。ただ、書類に記録されている事実を自分でまったく思い出せないだけだったのだ。似た例は他にもある。子供の頃、両親から虐待を受けていたという記録が残っているにもかかわらず、高齢になってすっかりその事実を忘れていた、という人がいたのである。七〇歳の時、その人は父親のことを「良き家庭人」、母親のことを「世界で一番優しい女性」と言っている。

ハロルドは、後ろ向きになることの楽しさも味わっていた。長年、彼は前向きに生きてきた。将来に備える、未来の目標に向かってコツコツ努力をする、そういう人生を歩んできたのだ。しかし、彼はついに、未来という重荷から解き放たれた。ウィリアム・ジェームズはこんなことを言っている。「若さ、そして細《ほそ》さを保とうとする努力をやめれば、我々の毎日はどれほど愉快なものになるだろうか」

年老いて、間もなく死に向かおうとしている。そうなってもまだ、ハロルドには一つどうしても知りたいことがあった。多くの人がそうであるように、彼もまた、人生を単なる出来事の連続とは見ていなかった。無数の出来事が起き、それを経験していくことだけが人生だとは思っていなかったのだ。

彼は、ごく当然のように、人生は自分に一つの問いを投げかけていると思っていた。「なぜ、生きるのか」という問いだ。ハロルドが知りたかったのはその答えである。彼は杖で椅子を叩きながら、自分の存在の意味について考えた。ここに至るまでの人生に果たして、どういう意味があったのかを知ろうとした。

ヴィクトール・E・フランクルは有名な著書『夜と霧』の中で「人間にとって、自らの生きる意味に対する関心は、何にも勝る重要な動機である」と書いている。さらに、ニーチェの言葉を引用して「自分がなぜ生きるかを知っている者は、どのように生きることにも耐える」とも書いた。ただ、フランクルは、同時にもう一つ重要なことを言っている。人生の意味について抽象的に考えても無益だということだ。あらゆる人の人生に共通する意味など、考えても無駄である。個々の人の人生の意味は、その人が置かれた状況に照らして考えなければわからない。ナチスの強制収容所の中でフランクルは次のように書いた。「私たちは自ら学ばねばならない。また何より、絶望した人たちに教えねばならない。大事なのは、私たちが人生に何を期待するかということではなく、人生が私たちに何を期待しているかである、ということを。人生の意味など問うのはやめよう。自分のことを、日々、刻々と、人生から意味を問われている存在だと考えるべきだ。答えは常に一貫していなくてはならないが、ただ言葉や思考の上で一貫していればいいわけではない。正しい行動、行為をし、その中で一貫している必要がある」

ハロルドは、これまでの自分を思い返していた。息子だった自分、夫だった自分、ビジネスコンサルタント、歴史家だった自分。人生は自分にどういう問いを投げかけていたのか。彼は、自分の天職、使命と言えることを探し求めてきた。それは簡単なことに思えた。しかし、探せば探すほど、見つけるのが困難になったのだ。正直に言えば、今までの人生は、ばらばらな出来事の連続にすぎなかった。そこには一貫性などない。とてもお金がほしくて、お金のために行動しているような時があるかと思えば、お金のことなどまったく忘れているような時もある。非常に野心的になる時もあれば、そうでない時もある。学者として生きたこともあったし、ビジネスマンとして生きたこともある。どれも仮面だが、では仮面の下の本当の自分はどういう人間なのか。アーヴィング・ゴッフマンは著書『行為と演技――日常生活における自己呈示』の中で、「本当の自分とは、絶えずかぶっている仮面のことである」と書いている。

人生のあり方については科学者や作家など多くの人が様々なことを言っている。たとえば、心理学者アブラハム・マズローの提唱した「人間の欲求の階層」も、人生のあり方を明らかにしようとした試みの一つと言えるだろう。マズローは人間の基本的欲求を、「生理的欲求」、「安全の欲求」、「所属と愛の欲求」、「承認の欲求」、「自己実現の欲求」の五段階に分類した。こうした欲求を満たすことが行動の動機、人生の目的となっていると考えたわけだ。ただし、最近の研究では、マズローの分類に対しては疑いの目が向けられるようになっている。実際の人生はこれほど明確な構造を持ったものではないし、進む方向に一定の傾向があるわけでもないというのだ。あまりの複雑さに、ハロルドはすっかり弱気になり、人生について知ろうとするなど無駄なことだと思う日もあった。車を買う、という単純な行為一つとっても、そこには実に多くのことが影響を与えている。ハロルドは考えてみた。最後に買った車を、自分はどういう理由で選んだのだろう。デザインが良かったからか。雑誌の記事で高く評価されていたからか、何となくブランドイメージが気に入っていたからか。あるいは、試乗した時の感触が良かったのか、ステータスシンボルになると思ったからか、それともディーラーが値引きしてくれたからか。おそらく、このすべてが理由になっていたのだろうが、個々の割合はわからない。何か決定を下す時には、だいたいいつも複数の要因が影響しているのだが、どれがどのくらい影響したか、明確にわかることはないのだ。表面的にはディーラーの一言で決断したような感じだったが、その背後で何がどうはたらいていたかは不明だ。

イマヌエル・カントは「たとえどれほど詳しく追究したところで、我々が自らの行動の起源を完全に解明できることは絶対にない」と言っている。たかが車を買うだけでこうである。人生の大目標が決まる際にはもっと多くの要因が、もっと複雑に影響するに違いない。もしハロルドが自分のことを真に正しく理解していたとしたら、一年後の自分が何を目指して行動しているかくらいは簡単に予測できたはずだ。ところが、実際には一カ月先のことさえ、自信をもって予測することはできなかった。自分のことを正しく理解していれば、自分にどういう特質、能力があるかくらいは知っていたはずだ。しかし、それもやはり明確にはわからなかった。人は自分の能力を実際よりもはるかに高く評価しがちだし、持っていない能力を持っていると思い込むこともある。自分から見た自分と、周囲の他人から見た自分との間に大きな違いがあることは、これまでにも多数の調査によって証明されている。

ハロルドは自分がどういう人間なのかをじっくり考えようとした。だが、そうするとすぐに、自分ではなく、自分が知っている他人や、自分のこれまでの体験について考え始めてしまう。仕事で携わったプロジェクトについて考えたこともあれば、喧嘩をした同僚のことを考えたこともある。彼は、誰と関わる時も、何が起きた時も自分は首尾一貫した存在だったと思っていた。だが、他人や出来事から切り離して、「自分は誰で、何のために生きているのか」を考えてみると、何もはっきりしたことはわからなくなる。視覚には、別のところに視線を向けている時には見える物が、真っ直ぐに見ようとすると見えなくなる、という不思議な現象が起きることがある。自分を見つめることもそれに似ている。

自分のことを他人に説明する時に、いつも定番の物語を使う人もいる。「貧乏な家庭に生まれたが、そこから身を起こして大金持ちになった」とか、「悪行を重ねた罪深い人間だったが、ある時、神によって救済された」とか、そういう類の物語だ。「人生の途中で、突然、あらゆるものに対する見方が変わった」という物語もある。それまでは真っ暗な森の中にいたが、ある時、真実の光が差してきて、正しいこと、間違っていることが見えるようになったというのだ。

ダン・マクアダムスの著書『贖罪する自己（*The Redemptive Self*）』によれば、アメリカ人は、他国の人に比べ、特に自分の人生を「贖罪の物語」にしたがる傾向が強いという。「若い頃は何もわかっておらず、罪深い生き方をしていたが、人生の師と言える人に出会ってからは、妻と出会ってからは、あるいはどこかの企業か団体で働き始めてからは悔い改め、それまでの償いをした」といった物語だ。はじめは道を誤っていたが、途中からは目標を持ち、正しい道を歩めるようになったというわけである。

定番の物語の中に、自分の人生に当てはまるものはなさそうだとハロルドは思った。また、自己分析を進めるうち、彼は強い悲しみを感じ始めた。まだやり残していることがあるのに、もう時間がない、という思いに苦しめられるようになったのである。精神分析医の中には、患者を椅子に座らせ、自分の内面を見つめるよう指示する、という治療を行なう人も多い。しかし、そのようにして自分を見つめると、害になることも珍しくない。それを裏づける調査結果も数多く得られている。鬱状態の人が自分を見つめると、良くない出来事や、負の感情ばかりに注目し、それに意識を集中させてしまう。すると、脳内では暗い記憶や感情に関わるネットワークばかりが強化され、支配的になっていくことになる。バージニア大学のティモシー・ウィルソンは、著書『自分を知り、自分を変える――適応的無意識の心理学』の中で、いくつかの実験結果に触れ、自己分析が鬱状態の人の症状をより深刻にする一方で、注意を拡散させることが症状を軽減させると述べている。自己分析は、否定的で自己破壊的な思考パターンを生み、それが問題解決の妨げになることがあるのだ。自分の将来について暗い予測ばかりするようになってしまうからだ。

ハロルドには、今になってこうして自分を見つめることそのものが無駄だと思えることもあった。「私は自分自身のことを、痛ましいほどに知らない。自分の部屋のことの方がよく知っているくらいだ」フランツ・カフカもそう言っている。「内なる世界を外の世界と同じように観察する、そんなことができるはずはない」

最期の時

夏の終わりのある日、ハロルドはその日もアスペンの別荘のポーチにいた。川の流れが見え、二階の書斎にいるエリカがキーボードを打っている音が聞こえてくる。膝の上には傷だらけの金属の箱が置かれ、彼は、その中に入った書類や写真を一枚ずつ取り出しては眺めていた。

古い写真が出てきた。六歳の頃に撮った写真だ。ピーコートを着て、滑り台に上っている。今、まさに滑り降りるところなのだろう。真剣な顔で下の斜面を見つめている。

「この子と今の自分に何か共通するところはあるだろうか?」ハロルドはそう自分に問いかけた。何もない。自分であるということ以外は何も共通点はない。知識、環境、経験、そして外見、何もかもが違っている。しかし、この子の中の何かが、間違いなく今の自分の中にも生きている。確かに、年齢とともに大きく変わってしまったことは多い。それでも、変わりようのないものはあるのだ。それを「魂」と言うのではないか。

魂は、脳の中のニューロンやシナプスで作られている。人間は皆、脳内のニューロンのネットワークがある程度できた状態で生まれてくる。そして、その後、徐々に新たなネットワークが形成されていく。生きていく上で経験した出来事、抱いた感情などの記憶がネットワークとして刻まれていくのだ。これは考えてみればとても面白いことだ。目に見えない感情によって、ニューロンのネットワークという形あるものができるのである。そして、脳は肉の塊なのに、その中の無数の電気信号から、精神や魂という目に見えないものが生じる。この事実にハロルドは魅了されていた。愛という感情からシナプスが生じ、また、多数のシナプスから愛が生じる、そこにはどのようなエネルギーが介在しているのだろうか。神の手なしにはとても不可能なことではないか。

ハロルドは、滑り台の手すりをつかんでいる少年を、その顔の表情を見た。少年が心の中にどのような愛情や恐怖を抱いているか、それは想像しなくてもハロルドにはわかった。今でもほぼ同じ感情を直接、体験できるからだ。この子がどんなふうに世界を見ているかもわかる。わざわざ思い出す必要もない。それも今の彼とそう変わらないからだ。この子は高いところが怖い。血を見ると気が遠くなる。恋をしているけれど、よく「自分は独りぼっちだ」とも感じている。すでに心の中に秘密の王国を持っている。その王国には、多くの国民がいて、人生の時期によってそれぞれが違った反応をする。大きく育っていく者、成熟していく者、自己主張をする者、おとなしくなる者、子供に返る者。秘密の王国は彼自身である。幼い時も今も変わらず。

王国の一部は、両親との関係から生まれた。両親は決して、深みのある人たちではなかった。ビジネスの世界に染まり切っていて、見栄《みえ》や外聞ばかりにとらわれているところがあった。彼の心の深いところからの欲求に応えてくれたとは言えないが、良い人たちだったし、彼をとても愛してくれた。公園に連れて行ってくれたのも両親のうちのどちらかだろう。カメラの後ろに立っていたはずである。写真を撮っただけでなく、アルバムに大事にしまっておいてくれたからこそ、今、こうして見ることができるのである。写真を撮った時には、そこに何らかの感情が生じたに違いない。撮った方にも撮られた方にも。アルバムにしまった両親にも感情は生じた。そして今、見ているハロルドにも。彼は写真を見ながら、父か母がカメラを持ってシャッターを切るところを想像した。こうして、感情は何十年もの時を超え、世代を超えてやりとりされていくのだ。

この感情のやりとりがまた、脳内のニューロンのネットワークを作っていく。つまり、突き詰めれば、魂をも作っていくわけだ。感情自体は一瞬しか続かない、はかないものだが、その影響は永遠と言えるほど長く残っていく。事実、ハロルドの脳には、はるかな昔、子供の頃に形成されたネットワークがまだ存在していた。その頃の愛情や恐怖が作ったネットワークは、まだ消えていない。たとえ数十年間、眠っていたとしても、必要な時がくれば突如としてはたらき出す。幼い頃、少しでも何かできると、両親がいつも褒めてくれた。その時に感じた嬉しい気持ちは、生涯、彼を動かす力となった。もとは労働者階級の出身だった祖父母は、自分たちはアメリカ中流階級の社会に完全には受け入れられていないと感じ続けていた。余計者として脇に追いやられているように感じていたのだ。その気持ちはハロルドにも伝わり、いつまでも消えずに残った。高校時代は友人に囲まれていた。毎日、食堂に皆で集まってふざけ合い、時には、肩に手を回してもたれかかったりもした。そんな友情の記憶は、今日に至るまで彼の支えとなってくれた。思えば子供の頃から人間関係には恵まれていた。彼が健康で長生きできたのはそのおかげかもしれない。

ハロルドは、自分がこれまで誰とどう関わってきたのか、それが自分にどう影響したのかを一つ一つ思い出そうとしたが、とても無理だった。関係があまりに複雑に絡み合っていたからだ。密集して生える苔《こけ》にも似ている。また、すべては無意識の世界で起きたことである。私たちは、ただ驚き、畏れ、感謝するしかない。無理に理解しようとはせず、謙虚な気持ちを受け入れるべきなのだ。自分の人生はすべて自分の支配下にある、そう思っている人もいる。自分は人生という船の船長であり、自分が舵をとらない限り、船が動くことはない、そう信じている人もいるのだ。しかし、ハロルドは、そうは思っていなかった。いつも頭の中で命令を下し、すべてを支配しているように見える「意識」は、実は主人ではなく、召使なのだと思っていた。意識は、心の中の秘密の王国で生まれる。そして、心のために奉仕するのだ。意識は絶えず心の動きを注視し、暴走することがないよう制御する。また、心を育む役割も果たす。誤りを正し、磨きをかけ、深みを与えるのだ。

彼にとって、自分の未来はいつでも謎だった。だが、今、物語は終わろうとしている。彼は運命を悟った。もはや未来を思う必要はなくなったのだ。死を強く怖れる気持ちは心の中にあったが、一方で自分がとても幸せな人間であるということはよくわかっていた。

果たして自分の人生はこれで良かったのか。幾度も自分に問いかけたが、答えは、いつも言葉にはならなかった。感情となって返ってくるだけだ。ハロルドは実に真剣に生きてきた。今は便利な時代である。表面だけ繕《つくろ》って生きることは簡単にできただろう。だが、彼はそうはしなかった。物事の表面ではなく本質を見つめ、様々なことに正面から取り組んだ。自分の能力を高めるため、最大限努力してきたかと問われれば、自信をもってそうだと答えられる。自分は聖人でも賢人でもないが、良い本を数多く読み、難しい問題にも進んで取り組んで、解決のために力を尽くしてきたのは間違いない。それは内面を豊かにすることにつながったはずである。

人類の知の世界に少しでも貢献できただろうか。後の世代に伝えられるものを何か残せたか。これに関してはあまり自信がない。何か新しいことを発見しようと努力はしていた。多くのエッセイを書き、講義もした。ただ、どちらかと言えば、彼は演者というよりも観客だったと言える。自分が何かを生み出すというよりは、他の誰かが生んだものについて考えていることが多かった。それに、あまりにもめまぐるしく興味の対象が変わりすぎた。内にこもってしまった時期もある。表舞台に立てば、他人からの攻撃にさらされて痛手を負うこともある。その危険を避けていたことがあったのだ。自分の生きてきた世界に何かを与えられるよう、すべきことをすべてしたとは言えないだろう。

信仰心を突き詰めることもできなかった。ハロルドは、科学の理解を超えた存在を信じていた。時空を超えた神の存在を信じる心を持ち続けてきたのだ。だが、結局、彼が特定の宗教に帰依《きえ》することはなかった。最後まで、世俗の世界だけに生き、現世を超越した神聖な瞬間など体験することはなかった。それにには悔いが残っていた。

愛する人はいたか、と問われれば、もちろんいた、と答える。彼は一人の素晴らしい女性を、ずっと変わることなく尊敬し、愛し続けてきた。その女性は彼の妻となった。彼女も彼を愛していた。ただし、その愛が、自分が彼女に向けたほど強く献身的なものでないことは、彼自身にもわかっていた。自分は彼女の陰に隠れた存在であり、彼女が成功したからこそ今の二人がある。彼女が一時、自分に対する興味を失ってしまったことも知っているし、途中、何年か寂しい時期を過ごしていたことも知っている。今となってはどうでもいいことだ。結局、彼女のそばにいられたこと、彼女のために尽くせたこと、それ自体が彼の人生にとって大きな贈り物だったのである。しかも、身体を悪くしてからは本当に良くしてくれた。これまでのすべてに礼をしてくれたようなものだ。動けなくなった彼を懸命に世話してくれた。仮に結婚生活がこの一カ月だけだったとしても、自分の人生は生きるに値するものだと思えただろう。人生が終わりに近づくにつれ、彼女への愛はますます大きくなった。

エリカがそばに来て、「そろそろ夕食にする？」ときいた。「ああ、もうそんな時間か」ハロルドは答えた。

「そうよ。冷蔵庫にチキンと、フライドポテトが用意してあるから、持ってくるわね」エリカはそう言うと、家の中に戻った。一人残ったハロルドは、夢想の中へと入り込んでいった。過去の風景がいくつもいくつも浮かんでくる。人生が投げかける問いも、人生の価値も、もはや考えることはできなくなった。残されたのは感覚だけだ。コンサートや映画を観ている時のように、自分というものが消えていく。幼い頃に戻ったようでもある。自分の部屋でおもちゃのトラックを走らせていた頃、何もかもが冒険だったあの頃。

戻ってきたエリカが、手に持っていたトレイを落とし、悲鳴を上げた。彼女はハロルドのもとへ駆け寄り、彼の手を握る。身体の力が抜けていて、一切の動きが止まっている。頭はがっくりとうなだれ、口からはよだれが出ている。彼女は彼の目を見た。長年、見慣れてきた目だ。息はしているのだが、目からは何の反応も感じられない。電話をかけに行こうとすると、ハロルドはエリカの手を強く握った。彼女はその場に腰を下ろし、彼の顔を見て涙を流した。

ハロルドは意識を失ってはいたが、まだ生きていた。頭の中では、ちょうど眠りに落ちる直前のように、次々に映像が現れては消えていた。何の秩序もない。物のとらえ方は今までとは違っている。言葉で何かを表現することはない。あえて言えば、分析的ではなく、総体的なとらえ方、ということになるだろう。要素に分けることなく、印象派の芸術家たちのように、あらゆるものを一度に受け止めるのだ。物の存在そのものを感じるのである。

文章にしようとすれば、どうしても、一度に一つのことしか書けなくなってしまう。しかし、ハロルドの体験は、そういうものではないのだ。子供の頃、自転車で小道を走ったこと、走りながら山々の連なる風景を見ていたこと、母親と宿題をしたこと、高校でアメリカン・フットボールをしたこと、大勢の人の前で講義をしたこと、他人からの褒め言葉、これまでに経験したセックス、読んできた本、アイデアをひらめいた瞬間、そういうものがすべてハロルドの中で一体となっていた。

ほんの束の間、かすかに意識が戻り、ハロルドはエリカが泣いているのを感じた。彼女を思う気持ちで一杯になる。二人の感情のやりとりはまだ続いていた。一方で生まれた感情の渦がもう一方に伝わり、また一方へと戻っていく。二人は同じ感情の渦を共有していたのだ。意識の世界の感情と無意識の世界の感情が一つになった。両者の違いはなくなった。溢れ出る優しい気持ちをとどめるものはどこにもなかった。何かに意識を集中することはもう今のハロルドにはできない。しかし、他者の心に入り込む力は強くなり、自分の心とエリカの心を直接つなぐことができた。気持ちを推《お》し量ることも、遠慮することもいらない。野心もなく、未来への憂い、過去のわだかまりもない。「あなたと私」がいるだけだ。二人の存在は融合された。魂が一つになり、その時、崇高な知恵が授けられた。人生の意味など、問う必要はなくなった。すでに答えは出たからだ。

やがてハロルドは秘密の王国に完全に入り込み、二度と意識を取り戻すことはなかった。最後の瞬間、彼には形というものがなくなり、他者との間を隔てる境界もなくなった。自意識を維持する力は失ったが、そのおかげで自由になれた。もちろん、意識は彼が生きている間、恩恵を与えてくれた。人生の方向を定めることにも、無意識を育てることにも、意識が大きく貢献した。ただ、意識には一つ、困ったところがある。それは「自分はいつか死ぬ」と知っていることだ。意識を失ってしまえば、それがわからなくなる。何も認識できない世界へと入っていくのだ。

秘密の王国とは、実は神の王国、つまり天国なのかもしれない。だが、本当のところをハロルドに尋ねるわけにはいかない。答えることはできないのだ。心臓はまだ脈を打っていたし、肺は呼吸を続けていて、脳波も止まってはいなかった。身体も時折、けいれんするように動いていた。この動きは、自発的なものではないと医者は言うだろうが、一般の人間は強い感情を呼び起こされてしまう。そして、一度、長く手を握りしめたのを、エリカは「さよなら」という意味だと受け取った。

生まれた時にあったものは、命が終わる時にも変わらずにそこにあった。感覚、感情、欲動、渇望などが渾然《こんぜん》一体となったもの。一般に「無意識」と呼ばれているものである。無意識は、決して人間の原始的な部分ではない。乗り越えるべき劣った特性などではないのだ。それは人間の中核である。目には見えず、理解しがたいが、何より大切なものである。ハロルドは、人生で一つ重要なことを学んだ。それは一つの物の見方である。人生をチェスのように見る人は多い。理性、論理に支配されるゲームというわけだ。しかし、ハロルドは、人生を、果てしなき魂と魂の交流と見たのだ。

謝辞

人生というのは、何がどこでどう結びつくか、わからないものだ。大学時代から私は脳や心に興味を持っていて、色々と勉強はしていた。しかし、それはあくまで趣味であり、本業――政治や政策、社会学、文化などに関わる執筆活動だ――の傍らにしていることにすぎなかった。ただ、長年、勉強を続ける間、私は何度も繰り返し同じことを思っていた。それは、脳や心の研究者たちが人間というものについて驚くべき洞察をしているにもかかわらず、彼らの研究成果は世の中一般に有意な影響を与えていない、ということだ。

この本は、その状況を変える試みである。神経科学や心理学を、社会学や政治学、文化学などと融合し、そこに伝記や小説の要素も加えたものだ。

危険な試みであることは言うまでもない。脳や心についての研究はまだ初期段階にあり、その成果には異論も多い。しかも、私は研究者ではなくジャーナリストである。ジャーナリストが高度な学問研究について一般向けの文章を書くと、細かいニュアンスを伝え切れなかったり、専門家にとってはまるで異質に見えるものを一緒くたにしてしまったりする。私のように、ニューヨーク・タイムズやPBS、ランダムハウスといったマスメディアを基盤に物を書く人間に対して反感を持つ人も当然、いるだろう。マスメディアでは、誰かがその生涯をかけて得た研究成果を、一パラグラフや一ページくらいに要約してしまうことも珍しくないからだ。

それでも、私はこれを十分に取り組む価値のある仕事だと考えている。神経科学者や心理学者たちの過去三〇年間の洞察は本当に重要だからだ。政治や社会、経済、そして私たち一人一人の人生を大きく変える力を持っていると言えるだろう。私は、それをできる限り科学的妥当性を損なわないように気をつけて書いた。同時に、多少異論のあること（まったくないことは珍しいが）に関しても、思い切って、ある程度断定的に書いている。私はサイエンスライターではない。それは自覚している。だから、脳のはたらきについて詳しく触れるようなことはしていない。脳がどのような部位から成っていて、それぞれがどういう役割を果たしているか、というところまで踏み込むことはほとんどしなかった。ただ必要に応じて、おおまかな説明をするくらいにとどめている。

この種の本を、専門家の誰が読んでも不満を持たないように書くのは不可能である。それでも、少なくとも題材に取りあげた研究を行なった人たちに対しては、その名を記すなどして最大限の敬意を払うよう努めたつもりだ。参考にした文献も、できる限り明記している。読者は原典に直接あたることで、私の書いたことの妥当性を自ら判断することができるはずである。また、本書の執筆、編集に関しては数多くの人の協力を得ているので、ここで名前をあげて感謝の意を表することにしよう。

南カリフォルニア大学のジェシー・グレアムは、原稿の査読をし、科学的な誤りがないかを確認してくれた。彼の妻サラ・グレアムは、文章を丹念にチェックしてくれた。心理学者で『ハウス・オン・クラッシュ・コーナー（*The House on Crash Corner*）』の著者ミンディ・グリーンスタインは原稿の大半を、コロンビア大学のウォルター・ミッセルは一部を査読してくれ、どちらも重要な提案をしてくれた。元ニューヨーク・タイムズ、現アメリカン・エンタープライズ研究所のシェリル・ミラーは、調査、校正、ファクトチェックを引き受け、実に素晴らしい仕事をしてくれた。彼女の知性、能力は、共に仕事をする幸運に恵まれた人たちの間ではすでに伝説になっている。私の両親ロイス・

ブルックス、マイケル・ブルックスも原稿を読んで感想を述べ、編集に関する提案をしてくれた。二人はいつもながら厳しい読者である。ニューヨーク・タイムズの同僚、デイヴィッド・レオンハルトからも貴重な意見をもらった。

本書を書くにあたって、私は数多くの専門の研究者たちと話をし、そのそれぞれから有益な情報を得ている。すべての名前を書くことはできないが、バージニア大学のジョナサン・ハイト、南カリフォルニア大学のアントニオ・ダマシオ、カリフォルニア大学サンタバーバラ校のマイケル・ガザニガ、ペンシルベニア大学のマーサ・ファラー、バージニア大学のティモシー・ウィルソンの名前だけは忘れるわけにいかないだろう。他にも、私の調査作業を正しい方向へと導いてくれた研究者は大勢いる。そのすべてにこの場を借りてお礼を言っておきたい。社会感情神経科学研究会、エッジ財団、テンプルトン財団、神経科学社会センターなど、各種団体のリーダーたちにも感謝している。彼らのおかげで、有識者の集まる学会や討論会に参加することができた。

担当編集者ウィル・マーフィーは、非常に優秀なだけでなく、常に私に元気を与える存在でい続けてくれた。エージェントのグレン・ハートリー、リン・チューも熱意あふれる仕事ぶりで私を助けてくれた。スピーキングエージェントのビル・リーは、原稿を査読してくれ、的確なアドバイスを与えてくれた。ニューヨーク・タイムズの友人たち、レイハン・サラム、リタ・コガンゾン、アリ・シュルマン、アン・スナイダーにも、絶えず変わることのない感謝の気持ちを伝えたい。この本のタイトルを決めるにあたっては、約二四〇〇万人もの人たちに意見をもらったが、その中でも特に、リンダ・レズニック、ヨシ・シーゲルの二人にはお礼を言いたい。

もちろん、三人の子供たち、ジョシュア、ナオミ、アーロンにも感謝している。そして、妻のサラにここでお礼が言えるのは、とても嬉しいことだ。感情についての本を書いたにもかかわらず、私は決して感情表現が上手な人間ではないからだ。それは妻が一番よく知ってくれているだろう。むしろ、感情表現が生まれつき下手だからこそ、こんな本を書こうと思った、という方が正確かもしれない。

訳者あとがき

中学一年生の時、父に投げ飛ばされた。気づくと、身体が宙を飛んでいた。自分があれほど軽いとは、思いもしなかった。こう書くと、柔道でもやっていたような筋骨隆々の男を思い描く人も多いだろうが、私の父はそれとは対極に位置する。華奢で、格闘技などとは無縁。その父にいきなり軽々と投げ飛ばされたのだ。

もちろん、そんなことをされるには、それなりの理由がある。

その頃の私は、英語のラジオ講座を聴いていた。一回聴いただけでは頭に入らないから、というので、カセットテープに録音もする。テープを買ってきてくれるのは、いつも父。毎日毎日、一生懸命、勉強に励んでいた……はずだった。そのはずだったのだが、だんだん、放送を聴くのも、録音をするのも面倒になってきた。何しろ、もっと楽しいことがいっぱいある。徐々にさぼることが増え、ついにはまったく聴かなくなってしまった。当然、録音もしない。何も知らない父は、相変わらず、定期的に新しいテープを買ってきてくれる。「もういらない」とはとても言えないから、「ありがとう」と言って受け取ったまま放っておく、そういう日々がしばらく続いた。

ところが、ある時、どういうわけだか、さぼっているのが父にばれてしまった。何も録音されていないテープの山も発見されてしまった。

「まずい！　ばれた！」と思う間もなく、私は投げ飛ばされていた。そのあと、どう謝って、どう許してもらったのか、何も覚えていない。

「叱られたので、その後は心を入れ替えて猛勉強をしました。おかげで今は英語でご飯を食べています」などという話をしたいのではない。そんなわかりやすい話ではないのだ。ただ、振り返ってみると、あの時から、自分の中で何かがほんの少し、変わった気がする。具体的に何がどう変わったのか、言葉で表現するのは難しいが、あえて言うと「人の信頼を裏切ることがとても難しくなった」ということになると思う。

投げ飛ばされた時、私は、「親に叱られている」という気がしなかった。「お前は悪いことをした。ダメだぞ！」というのではなく、「裏切られた、悲しい」という気持ちが伝わってきた。いや、伝わってきたというより、その気持ちを自分も共有した、と言った方が正確かもしれない。裏切られると、人はどういう気持ちになるか、強く実感したのだ。気持ちがわかってしまったら、そう簡単には裏切れない。

ニューヨーク・タイムズ紙の名コラムニスト、デイヴィッド・ブルックスが書いたこの本は、「人の心」、あるいは「人と人のつながり」についての本である。そう書くと、何やら説教臭い本のように思う人もいるかもしれない。「心を大切にしよう」、「絆が大事」、そういう、陳腐な建前論を振りかざす本だと思う人もいるだろう。だが、そうではない。人間という動物がいかに感情に左右されるか、他人との関係がいかに個人の人生に影響するか、それを科学的な調査、実験の結果に基づいて教えてくれる本なのだ。

「やっぱり一人は寂しいから、人とつながっていけたらいいね」というような生やさしい話が書かれているわけではない。私たちは普段、「自分」というものの存在を疑うことはない。自分は、周囲に誰がいようと、誰と関わろうと、一貫して自分だと思っている。しかし、この本を読むと、その考えが実は間違っているとわかる。「一貫した自分」などどこにも存在しない。誰とどう関わるかで自分は簡単に変化する。これは見方を変えれば、どこまでが自分でどこからが他人なのか、境界線が曖昧だということである。だから、私が父と感情を共有し、それによって変化したのも、何も特殊なことではない。人間にとってはごく普通のことなのだ。

この本では、ハロルドとエリカという夫婦の物語を通じ、他人と切り離しては存在し得ない人間の真の姿を描き出していく。ハロルドとエリカは、理想的な夫婦ではない。社会的には成功しているものの、色々と問題を抱えており、関係が常に良好というわけでもない。それでも心のあり方、関わり方を少しずつ変えていくことで、最後には「幸福だった」と言える人生を歩むことになる。かなり特殊な人生であり、そのまま真似できるものでもないが、この物語によって、読者の心に少しでも良い変化が起きれば、訳者としてこれほど嬉しいことはない。

なお、本文中では、数多くの文献に言及している。この本を読んでさらに詳しいことが知りたい、という意欲がわいたら、是非、原典に直接、あたってみてほしい。邦訳のあるものは、邦訳書のタイトルを記し、ないものは原題を併記してある。参考にしてもらえれば幸いである。文中の引用文は、邦訳書のある、なしにかかわらず、私の訳であることも申し添えておく。

最後になったが、翻訳にあたっては、早川書房の三村純氏に大変お世話になった。この場を借りてお礼を言いたい。

二〇一二年二月

人生《じんせい》の科学《かがく》

「無意識」があなたの一生を決める

2012年2月25日　初版発行
2012年5月31日　再版発行

＊

著　者　デイヴィッド・ブルックス
訳　者　夏《なつ》目《め》　大《だい》
発行者　早川　浩

＊

印刷所　精文堂印刷株式会社
製本所　大口製本印刷株式会社

＊

発行所　株式会社　早川書房
東京都千代田区神田多町2－2
電話　03-3252-3111（大代表）
振替　00160-3-47799
http://www.hayakawa-online.co.jp
定価はカバーに表示してあります
ISBN978-4-15-209277-9　C0098
Printed and bound in Japan
乱丁・落丁本は小社制作部宛お送り下さい。
送料小社負担にてお取りかえいたします。